岩波講座　東アジア近現代通史　第4巻

社会主義とナショナリズム　1920年代

岩波講座

東アジア近現代通史

4 社会主義とナショナリズム

1920年代

岩波書店

刊行にあたって

「韓国併合」一〇〇年(二〇一〇年)と辛亥革命一〇〇年(二〇一一年)を迎える東アジアは、今新しい時代に突入しようとしている。かつて中国は、清帝国崩壊後の混迷に乗じた日本の侵略によって亡国の危機にあった。しかし、今や驚異的な発展をとげ、日本が東アジアにおいて第一の経済大国であった時代は終わりを告げた。そして、世界経済の相互依存関係が強まるなかで、国民国家を超えたネットワークが東アジア各地の社会や文化を急速に変貌させつつある。

その一方、ソ連崩壊と冷戦構造の解体が地域統合を加速させたヨーロッパとは異なり、分断国家さえ存在する東アジアでは、植民地主義や戦争・冷戦の傷跡がなお癒えず、かえって歴史認識問題や領土問題が発生し、対立感情がかきたてられている。各国の歴史学は自国史の枠組みにとらわれ、「和解と協力の未来」を構想し得るような歴史認識を構築することは、依然として困難な課題であり続けている。グローバリゼーションの進展が、皮肉にも「閉ざす力」として機能し、ナショナリズムを鼓吹している状況もある。

そのような政治的・知的状況にある今だからこそ、侵略と闘争、支配と抵抗の局面を見すえつつも、和解と協力を展望しうる、一国史をこえた東アジア地域史の視座が求められている。本講座は、このような問題意識の上に立ち、新時代の歴史認識に向かって開かれた、二一世紀における東アジア近現代史のアカデミック・スタンダードを示すことを目指す、東アジア通史の初めての試みである。

本講座では、東アジア諸国が盛期を過ぎ動揺を見せはじめる一八世紀末頃を起点とし、冷戦構造が揺らぎ共同体構想が模索される現代にいたるまでの東アジア世界を追う。ここでいう東アジアとは、東北アジアや東南アジアはもとより、極東シベリアや南アジアなども包摂している。各巻は、通史・通空間論題・個別史／地域史の三部から構成され、現時点における研究の到達点を、全体と個別の両面にわたって読者に分かりやすく示してゆく。別巻では、アジア研究の来歴と展望を語り、通史ではカバーできない主題や新たに浮かび上がってきた課題などを考究する。

本講座が、未来に向けた歴史認識と国境や民族を超えた対話の可能性を切り開く出発点となることを願っている。

二〇一〇年八月

和田春樹
後藤乾一
木畑洋一
山室信一
趙　景達
中野　聡
川島　真

目　次

個別史／地域史

I　知識人と社会主義・ナショナリズム・国際主義

個別史／地域史

Ⅲ　国民国家体制と植民地体制の変容

通史

社会主義とナショナリズム　一九二〇年代

川島　真

第一次世界大戦の後に訪れた一九二〇年代は、まさに「新しい時代」の始まりでもあった。社会主義、民族自決、ナショナリズム、民主主義、平和主義など、その後の時代に深くかかわる事象や思想が現れ、戦争への反省に基づき国際連盟が組織された。また、大量生産方式に基づく大衆消費社会モデルがアメリカで登場したのもこの時代である。そうした意味で、一九二〇年代こそ二〇世紀の本格的な幕開けを告げた時期だと言うこともできるだろう。国際政治の面でも、第一次大戦で重大な被害を受けた欧州に代わり、次第にアメリカ合衆国とソヴィエト連邦が影響力を強め、東アジアでは南洋にも委任統治領をもち、東南アジアにも経済進出した日本の発言力が増した。日本、中国、シャムを除いて、ほとんどの地域が欧米諸国の植民地であった東アジアでは、自由主義、民族主義、民主主義などの思想とともに、社会主義の思想、コミンテルンの活動などによって、各地で自治や独立を求める動きが強まった。そこでは、文明や近代の尺度が、宗主国と植民地を包摂する論理となるのか、それとも両者を隔てる論理となるのかという問題があった。一九二〇年代に育まれたさまざまな思想潮流や政治の動きは、それぞれ連鎖、交錯しつつ、さまざまな矛盾や綻びを見せていたが、大恐慌を経た一九三〇年代には、それらの調整や折り合いがつかなくなり、個々の論理が突出して摩擦が生まれ、東アジアは戦争の時代へと突入することになる。

年表

一九二〇	**2・19** 中華民国政府、外蒙の自治取消式典。**3・12** 尼港事件。**5・23** インドネシアの東インド社会民主同盟が東インド共産主義者協会に改称。**7・14** 中国で直皖戦争。**7・28** コミンテルン、第二回大会において、「民族・植民地についてのテーゼ」を決議。**9・27** ソヴィエト・ロシアが第二次カラハン宣言。**11・15** 第一回国際連盟総会。日本、中国、シャムなどが原加盟国として参加。**12・15** 米暹(シャム)条約締結、シャムが関税自主権回復。
一九二一	**1・30** 台湾議会設置請願提出される。**5・20** 中独条約。両国が講和し、ドイツの在華特権が撤廃。**6・22** コミンテルン第三回大会。**7・11** モンゴル人民政府樹立。**7・23** 上海にて中国共産党創立大会。**10・17** 台湾文化協会設立。**11・12** ワシントン会議開催。**12・13** 四カ国条約。日英同盟破棄。
一九二二	**2・6** 九カ国条約調印。**2・11** 太平洋委任統治諸島に関する日米条約。**4・28** 第一次奉直戦争。**6・24** 日本、シベリアから撤退宣言(北樺太は除く)。**7・5** 仏領インドシナ総督、関税最高税率引き上げ。**11・21** ビルマ第一回立法評議会選挙で人民党が第一党に。**12・13** ロシア、ウクライナ、ベロルシア、ザカフカースがソヴィエト連邦の結成を宣言。
一九二三	**1・2** インド統治法がビルマにも適用され、ビルマは自治州となる。また、イギリスはインドにて両頭制適用。**1・23** 上海でラジオ放送開始。**5・6** 中国で臨城事件。**7・1** 朝鮮に戸籍令施行。**9・1** 関東大震災。**10・5** いわゆる賄選により曹錕が大総統就任。**12・21** ネパールがイギリスから独立。
一九二四	**1・20** 広州で国民党第一回全国大会。**5・26** アメリカでいわゆる「排日移民法」制定。**5・31** 中ソ協定締結。**6・19** 広州でメルラン仏領インドシナ総督の暗殺未遂事件。**11・26** モンゴル人民共和国成立。**11・28** 孫文が神戸でいわゆる「大アジア主義講演」。
一九二五	**1・20** 日ソ基本条約。**3・12** 孫文、北京で逝去。**3・19** 日本で治安維持法成立。**3・29** 日本で男子普通選挙法成立。**5・30** 上海で租界警察がデモを弾圧し、五・三〇運動が始まる。**6** グエン・アイ・クオック(後の

	ホー・チ・ミン）、広州でベトナム青年革命同志会結成。**7・1** 広州に国民政府成立。太平洋問題調査会（ＩＰＲ）創立大会（ホノルル）。**7・12** 東京放送局（ＪＯＡＫ）本放送開始。**10・26** 北京で関税特別会議。
一九二六	**3・20** 中山艦事件。**7・1** 広州国民政府、北伐開始。**9・13** 外務省が南洋貿易会議を主宰。**10・20** ベトナムで立憲党が政治活動開始。**12・25** 大正天皇没。昭和に改元。
一九二七	**3・14** 日本で金融恐慌始まる。**3・24** 南京事件。**4・12** 上海で蔣介石による四・一二クーデタ。**5・28** 第一次山東出兵。**7・4** スカルノ、インドネシア国民同盟設立。**12・25** ベトナム国民党結成。**12・30** 東京の上野―浅草間に地下鉄開通。
一九二八	**5・3** 第二次山東出兵（済南事件）。**5・27** インドネシア国民同盟、インドネシア国民党に改称。**6・8** 国民政府の北伐軍が北京入城。張作霖、北京から奉天に逃れ、関東軍に爆殺される（6・4）。**7・25** 米中関税条約調印。中国関税自主権回復へ。**10・1** ソ連、第一次五カ年計画開始。**10・27** 第二回インドネシア青年会議。「青年の誓い」を採択。
一九二九	**10・24** ウォール街で株価が大暴落。世界恐慌が始まる。

一　世界史の中の一九二〇年代

第一次世界大戦は、欧州に大きな戦禍をもたらし、世界史における近現代史の画期のひとつとなった。二〇世紀的な世界は、第一次大戦により始まったと見る向きもあるほどである。一九二〇年代は、まさに第一次世界大戦を経た、「新しい時代」の始まりでもあった。国際政治史の面だけでも、次のような変化が認められる。第一に、第一次大戦で重大な被害を受けた欧州の発言力が低下し、アメリカ合衆国とソヴィエト連邦、あるいは日本の発言力が増した。第二にロシア革命によって社会主義国という新たな国家モデルが生まれ、社会主義思想とともに、世界の知識人や指導者に影響を与えるようになった。第三にアメリカのウィルソン大統領の影響もあって、民族自決の理念が提唱され、世界各地に民族を単位とした国家をつくろうというナショナリズムの動きが広がった。第四に、戦争への反省などから、世界の平和と安定を目指す動きや国家間の協調を目指す動きが、国家や民間で生じ、軍縮への動きとともに、国際連盟をはじめとする国際組織や、太平洋問題調査会（ＩＰＲ）のような民間組織が生まれた。

一九二〇年代には、社会主義、民族自決、ナショナリズム、民主主義、平和主義などの二〇世紀を通底する事象や思想が現れたが、社会生活のありかたにも変化が生じた。たとえば、科学技術の進展により、ラジオなどの新たなメディアが登場し、効率や速さを尊ぶ風潮とともに、大衆文化の象徴としての（歌手や映画などの）〝スタア〟が生まれていく素地ができたり、東京にも地下鉄が開通するなど、交通手段として自動車が現れたりしたのもこの時期であった。こうした新しいライフスタイルを提供するようになっていくのが、世界経済のけん引役となったアメリカである。アメリカは、大量生産方式に基づく大衆消費社会モデルを世界に提供することになった。

このような〝大衆社会〟の出現などの社会状況の変化と世界戦争という経験は一定の関わりをもつ。たとえば、国民と国力全体を総動員する総力戦に際し、国家は経済活動とともに、国民の日常生活にまでその手を伸ばしたのだが、そのような支配や動員とともに、国民の支持をとりつけるために参政権を付与したり、福祉国家としての役割を担ったりするようにもなったのであった。

二　東アジアの一九二〇年代

東アジアの一九二〇年代も、このような世界史のひとコマではあったが、地域的な特色もまた見られる。東アジアでは、イギリス、フランスを中心とした欧米諸国の植民地が一九世紀に設けられ、また植民地とならなかった中国でも列強が多様な利権を設定していた。中国では一八九〇年代後半に中国分割といわれる現象が見られたが、東南アジアでは一九一〇年代に、シャムを除く地域で、欧米による植民地としての分割を終えたとみなされている。一九一〇年代には、東アジアの植民地化のプロセスがちょうど完了しつつあったと言えよう。その一九一〇年代に生じた第一次世界大戦は、総体的に見れば、欧州諸国の東アジアへの関心を薄れさせただけでなく、欧州経済の低迷と戦争需要によって植民地や中国の民族産業勃興の契機となった。そして、自由主義、民族主義、民主主義などの思想が広まった。たとえばウィルソンの一四カ条は、内容それ自体がアジアを含めた民族自決論を提唱していたか否かは別にして、ちょうど植民地化のプロセスを終えた東アジアでも民族自決権の行使を要求する独立運動の動きに結びついた。また、社会主義の思想、コミンテルンの活動などは、孫文をはじめとする東アジアの政治家や独立運動家にも影響を与えることになった。

このような東アジアの一九二〇年代を観る上で留意すべき点が二点ある。第一は「近代《モダニズム》」の特徴とも言える諸思想と、ナショナリズムの間の関係である。これは民主主義、民本主義であれ、社会主義であれ同様のことである。それらの思想やそれを主唱してきた組織や人びとは、ナショナリズムに直面した時にどのような立場をとるのか。国権回収運動などに対して、それらの現地社会の要請に従うことをよしとするのか、やはり〝文明〟や〝進歩〟の尺度に基づいて、そうした制度の必要性を主張するのかということである。この論点は、一九二〇年代と、東アジアが戦争の時代にはいっていく一九三〇年代とを関連付けていく重要な論点である。

第二は植民地の問題である。多くの地域が欧米諸国や日本の植民地であった東アジアにとって、この論点は重要となる。ここではまず、第一の論点と関連付けて、植民地におけるナショナリズムが宗主国と植民地の関係において、いかに位置づけられるという問題がある。また、それと同時に、いわゆる、「植民地における近代《コロニアル・モダン》」全般をどのように考えるのかということもある。日本の歴史を見ると、一九一〇年代から二〇年代半ばは大正デモクラシーとよばれる時期にあたり、一九二五年には男子普通選挙法が制定される。日本では、この普通選挙法の制定と治安維持法が同時に制定されたことが問題とされることが多い。だが、その大正デモクラシーと呼ばれる時期に、台湾で発生した議会設置の要請は認められないなど、植民地などからの政治的な権利の要求、請願運動などはほとんどとん挫していくことになった。では、植民地に参政権を付与しないということは何によって正当化されたのであろうか。また、民本主義を標榜して大正デモクラシーを謳歌したとされる人びとは植民地においてデモクラシーが「開花」しないことを／させないことを、どのように見たのであろうか。

次に、国際政治史の面から見れば、一九一〇年代末の東北アジアではロシアからの脅威が一時的にであれ後退し、やがてスターリン指導下のソ連、あるいはコミンテルンからの影響力が強まっていた。そして、イギリスは相対的にその地位を低下させつつも、依然として最大の利権保持者であるとともに、国際公共財の提供者であった。そこにアメリカと日本が主要パワーとして台頭してきたのである。そうした意味では、一九二〇年代の東アジアの国際政治は新たな局面を迎えたことになる。一九世紀末から植民地帝国となっていた日本は、世界五大国のひとつに数えられるようになり、東アジアや太平洋において強い勢力をもつに至った。これにたいして、ワシントン会議における諸条約によって、海軍軍縮などの勢力均衡原則と、(中国の保全を一応の前提とした)中国市場に対する門戸開放・機会均等原則に基づくワシントン体制が、日英米などの諸列強間で形成されたのもこの時期の特徴である。

他方、経済面では、第一次世界大戦期に欧州系企業の活動が後退したために、東アジア各地の民族産業が勃興したり、大きく収益を増加させたりしたことが知られている。また、日系企業は中国のみならず東南アジアなどへも進出した。一九二〇年代に入ると、欧州系企業の業績が回復し、アジア諸企業は不況に直面することになる。また、労働賃金などの影響で価格競争に耐えられなくなった日本の紡績業は、相次いで中国に進出し、現地生産を開始して(在華紡)、欧米企業のみならず中国の民族産業にも対抗していくことになった。また、第一次世界大戦後、日系企業は東南アジアから撤退したわけではなく、一九二〇年代以後の東南アジア(当時はまだ東南アジアという概念はなく、〝南洋〟、あるいは日本が委任統治した南洋諸島=内南洋と区別して外南洋と呼ばれた)では日本とイギリス、オランダなどとの間の、通商面、あるいは資源獲得面での競合関係が生まれることになった。

三 ウィルソンの一四カ条とナショナリズム

第一次世界大戦終結前の一九一八年一月、アメリカ大統領のウィルソンは連邦議会において、一四カ条の平和原則を提唱した。これは、ドイツの降伏を促す講和へのメッセージでもあり、また来るべき講和会議に向けて、その理念的原則を示そうとするものでもあった。そして、これは一九一七年一一月に、ロシア革命後のソヴィエト政権が出した「平和に関する布告」に呼応したものだともいわれる。

第一次世界大戦が終結すると、ウィルソンの提唱した諸原則は、国際連盟の形成、オーストリア=ハンガリー帝国やオスマン・トルコ帝国解体後の諸国の独立や自治などの実現へと結びついた。東アジアとウィルソンの一四カ条について考える時、そこに含まれると考えられていた民族自決原則、あるいは自由、解放の原則が、植民地統治下にあった地域や列強の侵略に晒されていた諸民族の独立、抵抗運動といかに関わったのかということに触れねばならない。だが、ここでは留意が必要である。第一に確かにウィルソンの思想それじたいに普遍性があったことは認められるが、その政策の基調は伝統的なモンロー主義にあり、ウィルソン政権期のアメリカは、アメリカ大陸内部の諸国・地域における紛争や争議に対する軍事介入を繰り返しており［篠田 二〇一〇］、アメリカ大陸の諸国に対して民族自決原則を適用していたとは言い難い面がある点である。第二に、その一四カ条の第五条の内容が必ずしも完全なる民族自決を提唱したものではないということである。その文言は、「植民地に関するすべての請求の、自由で柔軟、かつ絶対的に公平な調整。その際には、主権に関するそうしたすべての問題の決着に当たっては、当事者である住民の利害が、法的権利の決定を待つ政府の正当な請求と同等の重みを持たされなければならない、という原則に基づくものとする」とされている。それは、少なくとも「平和に関する布告」よりは、第一次世界大戦の戦後処理をにらんだ現実的なものであり、またあるいは世界の普遍的理念としてはやや穏健なものであった。だからこそ、その現実的な適用範囲はオーストリア＝ハンガリー帝国解体後、あるいはオスマン・トルコ解体後の諸地域の独立に、それも「限定的に」適用されたに過ぎなかったのである。

しかしそれでも、ウィルソンの提唱した議論は、ソヴィエト政権の布告とともにアジアの民族主義運動を鼓吹し、また植民地統治をしている側には、統治のあり方を再考させられる契機ともなった。日本が植民地統治を文治へと転換させ、中国に対する文化事業を重視するようになるのも、一九二〇年代の特徴であった。

四 国際／非国際組織と〝文化〟

一九二〇年代にはさまざまな国際組織が形成された。そこには、一九二〇年に発足した国際連盟のような国家間組織もあれば、IPRのような〝民間〟の組織も存在した。こうした場では、軍縮や平和とともに、衛生、医療、麻薬、労働、子ども、女性などに関する諸問題や知的交流が話し合われ、時にはグローバル・ガバナンスの形成へと至る制度作りもおこなわれた。そこでは、イギリスを中心とした欧州諸国とともにアメリカが主導的な役割を果たすとともに、東アジアでは日本の存在感が増した。国際連盟でも日本は理事会の常任理事国となった。

だが、日本のほかにも、アジアから中国、シャム、ペルシャなどが、ドイツに対する講和条約であるヴェルサイユ条約第一条、またはオーストリアに対する講和条約である、サン＝ジェルマン条約第一条に基づいて原加盟国として国際連盟に参加した。国際連盟には、第一次世界大戦後に独立した東欧諸国も加盟したが、東アジアの場合、大戦後に新たに独立した国があったわけではないものの、東アジア諸国における国際連盟に対する期待は当初比較的高かった。無論、ウィルソン主義に基づく期待もあったが、各国の外交当局には不平等条約や「正義」に反する列強の行為を糾弾できるのではないかという思惑があったようだ。だが、成立直後の国際連盟で、ペルシャが国内におけるロシアやイギリスの「侵略」を糾弾しようとして失敗し、それを見た中国も山東問題や二一カ条要求をめぐる諸問題を国際連盟に提起することを断念した［川島 二〇〇四］。国際連盟が必ずしも〝理想〟を体現する場ではないことを知ったのであろう。

また、国際連盟には常任理事国、非常任理事国などもあり、従来の一等国、二等国といった序列がそのまま持ち込まれた面もあった。しかし、〝全会一致〟を原則としていたこともあって、アジアからの参加諸国にも一定の地位と権利が保障され、最高機関である〝総会〟において主権国家として一票を有していた。また、東アジア諸国にとって国際連盟は、国際的地位の上昇(の感覚)をもたらす場としても機能する面があった。中国も、理事会の非常任理事国選挙に当たって〝地域(アジア洲などの「洲」ごとの)枠〟の採用を求め、それが認められてアジア選出の非常任理事国となり、時には理事会の議長を(持ち回りで)担当することにもなり、本国ではそれが国際的地位の上昇の象徴として捉えられた。

このほか、国際連盟には少なからぬ下部機関が設けられた。それらは、衛生や麻薬取締など、後世にグローバル・ガバナンスと呼ばれるようになる領域に取り組んだ。一九二五年にはシンガポールに極東伝染病情報局が設けられた[飯島 二〇〇九]。そうした組織には植民地代表(多くの場合、植民地総督府のメンバー)が参加することもあった。

また、一九二〇年代は「文化」が注目され、国際機関や民間組織が文化交流を盛んにおこなった時期でもあった。「文化」の重視は、戦争よりも平和や相互理解を重視し、紛争や対立を未然に防ぐことが求められた時代風潮を示したものであるとも言える。だが、そこでの〝文化〟には、一面で自由、民主、平等などの普遍価値が含まれ、それを広めていこうとする動力があった反面、いま一方では文化に国家や地域の個別的な価値をこめて、それを交流させることで相互の融和や、あるいは対外宣伝、浸透をはかろうとする側面があった。

実際、文化になぞらえながら普遍価値を唱えようとする場合、その近代的価値に対する発言力は〝文明国〟に有利であった。そのため、国際関係の文脈で強調された「文化」は、一面で国家間の、あるいは宗主国と植民地の間の階層性を強化する役割も果たすことになった。そして、植民地などでは、軍事力などの強権による統治でなく、「文化的」統治がおこなわれるに際しても、それが結局「文化の相違」を顕在化させ、次第に「文化の強要」「文化の衝突」へと至る可能性も秘めていたのであった[平野 一九八四]。一九三〇年代になると、戦争遂行の過程で「文化」はむしろ支配を内面化させ、包摂とともに境界を極立たせる装置としていっそう強調されるようになった。

五　委任統治と植民地

第一次世界大戦の結果、ドイツ、オーストリア＝ハンガリー、オスマン・トルコなどの帝国が解体し、またロシア帝国も瓦解した。その結果、欧州などには新たな国家が誕生し、ユーラシアにはソヴィエト連邦が一九二二年に成立した。他方、ドイツの海外植民地やオスマン・トルコ領の中東では、諸国家の独立は認められず、戦勝国に再分配されることになっていた。だが、アメリカ大統領のウィルソンの反対もあって、これらは植民地ではなく、国際連盟から委任された受任国が国際連盟の監督の下に統治する委任統治領となることが国際連盟規約で定められた。また、委任統治領は、当該住民の自治能力に応じてＡＢＣの三級に分けられた。独立に最も近いとされるＡには、シリアなどの中東地域、Ｂにはアフリカのドイツ領（南西アフリカを除く）、Ｃには太平洋上のドイツ領ニューギニアや西サモアが分類された。

このうち、東アジアに関わるのはドイツ領ニューギニアと西サモアであろう。この地域は、赤道を境にして北が日本、南がオーストラリアなどに委任された。日本は、カロリン諸島、マーシャル諸島、マリアナ諸島（グアムを除く）を委任統治することになった［等松 二〇〇七］。グアムを領有し、当該地域に既得権益を有するアメリカは、日本のこの委任統治に難色を示し、また国際連盟にも加盟していなかったので、日本は別途アメリカと太平洋委任統治諸島に関する日米条約を一九二二年に締結し、日本がアメリカの既得権益を承認する代わりに、アメリカも日本の委任統治を認めることになった。日本は同年にパラオ諸島のコロール島に南洋庁を設置して統治をおこなった。これにより、日本にとっての〝南洋〟は、必ずしも南シナ海から現在の東南アジアというわけではなく、南洋庁の統治する太平洋上の島々を指すことにもなった。そして、しばしば前者は外南洋、後者は内南洋と呼ばれるようになった。

日本の統治は比較的安定していたとされるが、一九三〇年代の漫画『冒険ダン吉』に描かれたように、あくまでも日本が未開地域に文明をもたらすという観点でなされていた。経済開発の面でも、砂糖王と言われた松江春次の率いる国策会社、南洋興発などがサトウキビ農園や砂糖精製工場を開き、沖縄などからも多くの移民が訪れ、一九三〇年代には日本人人口が現地人口を上回るようになった〔歴史学研究会編 二〇〇六〕。

国際連盟の監督下という文言はあっても、委任統治には実質的に植民地支配と変わらない面が多々存在していたし、実際に太平洋上の諸地域が独立するのは第二次世界大戦後に持ち越された。だが、委任統治制度によって、植民地が将来的には独立するという道筋が示され、また植民地支配と名のつく支配を新たにおこなうことが以後難しくなったことも確かであった。

六 ヴェルサイユ・ワシントン体制と東アジア

一九一九年のパリ講和会議において敗戦国ドイツに対するヴェルサイユ講和条約が締結され、欧州に新たな秩序が形成された(ヴェルサイユ体制)。この会議では、中国におけるドイツ利権の一部(山東利権)が日本に継承された。だが、中国はそれを不服として講和条約への調印を拒否し、一九二一年にドイツと単独で講和条約を締結した。そのため、二一カ条要求をめぐる問題や山東権益をめぐる問題が課題として残されていた。また、アメリカもヴェルサイユ条約への批准が議会で認められず、そして一九二一年に更新時期を迎える日英同盟の破棄および中国などにおける新たな秩序づくりが課題となっていた。

こうしたことを背景に、一九二一年末から二二年はじめにかけてワシントン会議が開催され、中国をめぐる九カ国条約、海軍軍縮に関する五カ国条約、太平洋に関する四カ国条約などが締結された。四カ国条約では、日英同盟の破棄が明文化された。一般に、このワシントン会議で締結された諸条約に基づく日英米の協調体制をワシントン体制という[服部 二〇〇一]。中国をめぐる九カ国条約には中国の北京政府も調印したが、そこでは中国における機会均等、領土保全など、義和団事件前後にアメリカの発した二度に亘る門戸開放宣言の内容が盛り込まれていた。また、中国市場における列強間の協調を基礎とする点で、一九一〇年代に利権拡大を目指した日本を牽制する面を有していた。だが、幣原喜重郎外相は、基本的に既存の権益を守りつつ、英米との協調を保ちながら経済権益を拡大することを目指していた。

他方、この体制下で中国の条約改正も考慮されていないわけではなかった。ワシントン会議でも、山東権益や二一カ条要求関連の諸問題に一定の解決が示され、九カ国条約でも関税自主権回復に向けての道筋が示されていた。だが、ワシントン体制の中国関連部分は、第一義的に(中国における)日英米、あるいは中国に権益を持つ列強の協調が重要であり、中国の条約改正を支えていくという要素に重点が置かれていたわけでない。そのため、北京政府による条約改正、あるいは国民党による革命外交をこの体制が積極的に支えるということはなく、むしろ中国ナショナリズムがこの体制の阻害要因になるものと捉えられた。

なお、この体制にはソ連、あるいは中国と平等条約を締結したドイツは含まれていなかった(ドイツは後に九カ国条約加盟)。さらに、この九カ国条約が批准されて効力を発したのは一九二五年であった。批准書交換が遅れた一因には、義和団賠償金の支払い方法をめぐって中仏間に問題が発生し、フランスが批准に応じなかったためである。そのため、関税自主権回復をめぐる会議の開催は遅れ、その間に北京政府の財政は事実上破綻してしまった。そして、ワシントン会議に代表を派遣できず、九カ国条約の拘束を受けなかった広東政府が北伐に成功することになるのである[川島 二〇一〇]。

他方、一九二〇年代の日英関係を見直せば、同盟が破棄されても、「同盟の残滓」ともいうべきものがないわけではなかったであろう。だが、たとえば中国において、いわゆる幣原外交の下にある日本がイギリスと完全に協調していたわけではなかった。幣原は、何か問題があっても、中国に軍隊を送ろうとはしなかったので、伝統的な砲艦外交を二〇年代半ばまでとっていたイギリスとは協調できない局面もあったし、また平和裏に在華経済権益を伸ばそうとする幣原の姿勢は、イギリスとの経済面での競争を生みだす可能性を内包していた。田中義一の時期になって、日本が山東に出兵するなどすると、五・三〇事件などによって自らに向けられていたナショナリズムの矛先を、イギリスは日本に向けさせることに成功したのだった［後藤 二〇〇〇］。

また、日米関係に眼を向けても、中国市場をめぐる協調は一定程度見られたものの、太平洋を渡った日本人移民をめぐっては、一九二四年にアメリカで排日移民法が制定されたことで日米間の対立は深まった。日本側の不満は、移民そのものができなくなったことともに、既に移民が禁止されていた中国人をはじめとするアジア人と日本人が同じ範疇に分類されたことにもあったのであった［Hirobe 2001; 蓑原 二〇〇二］。

七　コミンテルンと「東方」

民族自決をうたったウィルソン主義の影響を受けたと考えられるパリ講和会議や国際連盟においても、世界各地の知識人たちが期待していた植民地の解放は、将来の課題として残されることになった。一九一九年、モスクワでロシア共産党の指導下で誕生したコミンテルンは、翌年に第二回大会をペトログラードとモスクワで開催し、「民族・植民地問題についてのテーゼ」を採択した。植民地をめぐる問題は、すでに第二インターナショナルで議論の俎上に乗せられていた。そこではカール・カウツキーの植民地放棄論や、ヘンドリク・ファン・コルによる植民地に対して文明化を施して社会主義化すべきという社会主義的植民地政策論などが議論されていた。コミンテルンのテーゼは後者を継承しているように見えるが、帝国主義に対する民族解放論と植民地問題を関連付けた点で異なっている(だが実際にはコル的な政策が採用される面もある)[歴史学研究会編 二〇〇六]。こうした植民地をめぐる理論や理念は、現実的な側面をともないながらも、東アジアに適用されることになった。世界革命の観点に立つレーニンにとっては、東アジアや東方が単独で存在するわけではなかったのである。レーニンの世界観は、西欧とアメリカ、欧州の東方、そして半植民地とすべての植民地という三分であった。これはコミンテルン第二回大会でも同様であり、個々の地域の独自性を認めようとする立場ではなかった。だからこそ、インドのローイらと民族ブルジョアジーの政策をめぐって論争することになったのである[栗原 一九九八]。

だが、スターリンは、一九二五年に「すべてを包括する単一の植民地的東方はもはや世界にはない」として、「半植民地と植民地」とされた地域を、モロッコ、中国・エジプト、インドに三分類して、それぞれの個別の任務を再設定した。これがスターリンの一国社会主義的傾向を反映したものであることは言うまでもない。実際コミンテルン第五回大会でも、より細分化された「具体的な任務」が「個別に」設定されていた。それは、中国、朝鮮、モンゴル、インドネシア、インド、トルコ、ペルシャ、パレスチナ、エジプトの各共産党に個別に向けられていた。一九二八年の第六回大会でも、国家や地域が、高度の資本主義国、中位の資本主義発展国・地域、植民地・半植民地諸国、従属諸国などに分類されながらも、個別に課題設定がなされたのであった[加藤 一九九一]。

このように国や地域化の課題設定がなされる中で、東方・植民地においてとりわけ重視されたのは中国であった。これはコミンテルンの予算面でも、クートゥフ(KUTV、東方勤労者共産主義大学)への留学生などの面から見ても、また直接人員を派遣して指導しようとした点においても明確であった[栗原 一九九八]。コミンテルンの中国への影響は、本巻および第五巻で詳述されるのでここでは割愛するが、中国への関与についてはコミンテルンだけでなく、ロシア共産党の外交人民委員部を通じたものもあり、基本的に革命指導とともに、ソヴィエト・ロシア、ソヴィエト連邦の国益の最大化という路線からも展開されたこと、また一九二七年四月の蔣介石による反共クーデタに見られるように、コミンテルンの関与への反発も相当に強かったことにも留意しておきたい。

他方、東南アジアのような(コミンテルンから見て)遠隔の地ではコミンテルンからの直接指導もなく、基本的にクートゥフ出身の現地指導者が独自の自立した判断で革命を指導することが求められていた。一九二〇年代には、モスクワにインドネシア、マラヤ、シャム、フィリピンなどから留学生が訪れていたが、オランダの社会主義者の影響下で成立したインドネシア共産党を例外として、東南アジアの共産党はこれらのモスクワで学んだ留学生たちが生み出していったと観ることもできる[古田 一九九一]。

一九二〇年代にコミンテルンが中国に拠点を築く過程で、東南アジアも一つの戦略要地となっていった。コミンテルンの東方政策を担ったヴォイチンスキーは、ウラジオストクから上海、広州、香港、シャム、マラッカ、ジャワにいたる(西)太平洋地帯における組織的活動の重要性を提起している[栗原 二〇〇二]。また、コミンテルンと中国の広州の広東政府との関係が強化されると、グエン・アイ・クオック(後のホー・チ・ミン)がコミンテルンから派遣されたボロディン顧問の随行員として広州に滞在し、そこでベトナム民族主義者を結集して将来の共産党指導者となるべく訓練をほどこした。モスクワから中国を経由した革命輸出のルートが形成されつつあったのである。このルートは中国共産党の動きにも見られた。中国共産党はマニラに支部をつくり、またマラヤでは中国共産党支部がマラヤ共産主義運動の起点となっていった。また、一九二〇年代後半になると中国共産党とインドシナの共産主義活動の関係も密接になり、次第に中国南部から東南アジア各地の共産主義ネットワークが形成されることになった。

このネットワークとコミンテルンを結びつけたのは、広東などに派遣されたボロディンらだけではなく、一九二一年に上海に設けられ、「極東諸国と太平洋」を管轄した極東ビューロー、そして一九二九年に上海、香港、シンガポールに設けられたコミンテルン国際連絡部(ＯＭＳ)の拠点などであった。

しかし、それでもコミンテルンの東南アジア理解は限定的なものであり、意思疎通にも限界があった(フィリピン共産党は例外的)。たとえば、コミンテルン第五回大会では上記のように個別に課題設定がなされたものの、それでも(中国でそうであったように)非プロレタリア勢力との連携を模索していた際に、インドネシア共産党が当時としては急進的な路線を採択していたため、両者は折り合わなかった。そのような過程を経て、インドネシア共産党は、一九二六―二七年に武装蜂起を実行して大弾圧されたのである[歴史学研究会編 二〇〇六]。また、仏領インドシナでは、コミンテルンが複数の民族主義的左派勢力を、ベトナム青年革命同志会を中心にインドシナ共産党として統合しようとしたところ、一九三〇年にグエン・アイ・クオックが香港において、コミンテルンの指示というよりも、〝自主的な判断〟に基づいて諸党派をまとめてベトナム共産党を結成した。コミンテルンから見れば、「ベトナム」という地域名称を押し出した民族主義的な傾向も、またその簡略綱領にある(コミンテルンの想定よりも)幅広い階層を糾合しようとする姿勢も、(インドネシア共産党とは逆の意味で)折り合わなかったのである。だが、モスクワからコミンテルン執行委員会の書簡をもって帰国したチャン・フーの指導らによって、このベトナム共産党という名称は無効とされ、インドシナ共産党へと改称された。この改称はコミンテルンの意向に叶うものであったが、これもまたチャン・フーの〝自主的な判断〟の下になされたと観ることも可能である[古田 一九九五]。

八　ソヴィエト連邦の形成とシベリア

ロシア革命がシベリア地方に波及すると、武力紛争が生じただけでなく、革命に与しない白系ロシア人が多く満洲などに逃亡をはかった。当初、中国の北京政府は帝政ロシアを支持する姿勢を示していたが、その混乱はシベリアや中央アジア経由で、新疆、モンゴル、満洲にも及んだのである。

ロシア革命を経て成立したソヴィエト政権は、一九一八年三月にブレスト＝リトフスク条約を締結し、単独で協商国から離脱した。同年五月、チェコスロヴァキア軍が反乱を起こした結果、各国はロシアでの動きに干渉する口実ができたため、日英米仏中伊の六カ国軍はシベリアに出兵をおこなった。兵数から見れば、圧倒的多数を日本軍が占めていた。中国は一九一七年に第一次世界大戦に参戦しており、四千もの兵をシベリアに送りこんだ。

モンゴルでは、辛亥革命前後に南北の政治的立場が異なり、一九一一年にロシアを後ろ盾とした外モンゴルでボグド・ハーン政権が成立して独立を宣言し、チベットと連携したり、内モンゴルをも併合したりしようとした。だが、一九一五年にロシアと中華民国北京政府との間でキャフタ協定が締結され、中華民国の外モンゴルに対する宗主権をロシアが認め、中華民国は外モンゴルの自治権を承認した。これは外モンゴルの独立が取り消されたことも意味するが、同時にロシアの外モンゴルへの影響力を中華民国が容認したことをも意味していた。ロシア革命が起きると、中華民国はロシアの影響下にあった外モンゴルにも派兵して、自らの影響下に置いたのであった［川島 二〇一〇］。その後、中国軍は国内での内戦の影響もあってモンゴルを離れ、代わってロシアの白軍と赤軍が争ったが、最終的には赤軍と結んだチョイバルサンらのモンゴル人民革命党が勝利し、一九二四年にモンゴル人民共和国が建てられた。

シベリアに出兵した英米仏中伊の五カ国軍は、情勢が落ち着いた一九一九年から二〇年の初頭には撤退した。だが、日本軍は朝鮮・北満洲への過激派からの脅威を防ぐことという新たな目標を掲げて兵を残留させた。一九二〇年三月、ニコラエフスクにパルチザン軍が入ると、日本軍との間で戦闘になった。パルチザン軍は当初優勢であったが、五月に撤退を余儀なくされ、その際に日本人居留民を殺害した（尼港事件）。日本は、この事件の代償として同年七月に北樺太を占領した（一九二五年一月の日ソ基本条約締結後、五月になって撤退）。他方、ソヴィエト政権側は、日本軍との直接的な衝突を避けるために、極東共和国という緩衝国家を建てたが、一九二二年一〇月に日本がシベリアから撤兵すると、ロシア共和国の一部として統合した［田中・倉持・和田編 一九九七］。

一九二二年末、ロシア・ウクライナ・ベロルシア・ザカフカースの四共和国がソヴィエト連邦の結成を承認した。ソ連邦は、社会主義という新たな理念を掲げつつ、基本的にロシア帝国の版図を継承していた。ロシア革命の勃発からソヴィエト連邦の形成の過程で、東アジアにも共産主義思想が広まると同時に、カラハン宣言などを通じて帝政ロシアの有していた不平等条約の撤廃などと言った理想が鼓吹され、中国のナショナリズムを強く刺激した。また、コミンテルンなどとともに東アジアの各地の「反帝国主義運動」や「独立運動」を支援したのであった。だが、ソヴィエト連邦はロシア帝国が東アジアで有していた諸特権を放棄すると宣言しながら、外交交渉の現場ではそのような姿勢を示そうとはしなかった。

欧州諸国がソ連を承認する中で、東アジアの日中両国は承認に慎重であった。中国は、ソ連が満洲などでの利権を放棄しようとしないことに苛立ちを見せながら、一九二四年に漸くソ連と協定を締結した。この条約は秘密にされたので、多くの人はソ連が条約特権を放棄したものと認識していた。日本は、一九二五年一月に日ソ基本条約を締結した。これら一連の過程を通じて、ヴェルサイユ・ワシントン体制に加わっているわけではない、ソ連という新たなパワーが共産主義運動をまといながら東アジアに再登場したのであった。

また、ソ連は一九二〇年代半ばからシベリアにおいても農業の集団化を推し進めた。この過程で貧しかった朝鮮系住民は安定した生活を得るが、一方で意思に関わりなく強制的にコルホーズに入れられ、物資や機器の分配面でロシア人と差別されることにもなった。一九三〇年代には、朝鮮系住民は「富農」「日本のスパイ」などとして中央アジアに強制移住させられることになった[岡 一九九八]。

九　ソヴィエト連邦の形成と中央アジア

ロシア革命は中央アジアにも大きな影響を与えた。ロシアの統治の弛緩だけでなく、革命思想の伝播、さらには革命に与しない白系ロシア人の移動など、ロシア人コミュニティにも変容が生じたのであった。

第一次世界大戦下の中央アジアでは、欧州での戦禍を逃れるためにロシアの工場施設とロシア人労働者が疎開してきており、重工業部門が発展した。この傾向は戦後も続くが、その担い手はロシア人であり、現地社会の人びととは距離があった。またロシア政府は、四〇万人の労働者の徴用をはかろうとして現地社会と対立し、ロシア人が殺害される等の惨事が生じていた。ロシアはこの事態を軍事力で鎮圧し、少なからぬムスリムが東トルキスタン（新疆）に逃げ込むことになった。この過程でロシア帝国の統治は既に足元から揺さぶられていたと観ることもできる［間野ほか一九九二］。

一九一七年の二月革命の後、中央アジアとカフカスのムスリムたちは、モスクワにおいて全ロシア・ムスリム大会を開催した。ここで、カザフスタンやトルキスタンの代表らは連邦内での自治を求めて受け入れられ、同大会はロシア臨時政府に対して、民族的・地域的な、連邦制度の原理に基づく複数の民主自治共和国を求めるとの要求を発した。一〇月革命を経た一九一七年一一月、レーニンとスターリンが「東方の全ムスリム勤労者」宛の革命政権としてのアピールを発表した。そこでは、ムスリムの宗教・民族的な権利を保障するなどとされていた。しかし、トルキスタンに成立していたソヴィエト政権は、現地のムスリムとは距離をとっていたし、一九一八年にはムスリムがトルキスタン自治政権を成立させてソヴィエト政権と対立局面に入るなど、中央アジアのソヴィエト政権はあくまでもロシア人社会の上に成立したものにすぎなかった［小松　一九九六］。

これ以後、ソヴィエト政権側に対して自治を求める運動がトルキスタンで激化し(コルバシ、またはバスマチ運動)、一九二四年にソヴィエト政権側が勝利するまで中央アジアは内戦状態となった。この過程でソヴィエト政権側は、ムスリム側に譲歩をおこないつつ、ムスリムのコミュニストを養成した。彼らの多くは、ムスリム知識人の改革運動であるジャディード運動から育った若手の知識人であった。だが、彼らは大ロシア主義を批判してより自立的な道を模索するようになり、ソヴィエト政権側とも同調できず、最終的には政権側の主張で統治が再形成されていくことになった。第一次世界大戦から一九二〇年代初頭の中央アジアでは、ロシアの統治の弛緩に対応して、さまざまな政治的な可能性や思想が開花したが、最終的にはソヴィエト政権に再統合されることになったということであろう[間野ほか一九九二]。

一九二二年にソヴィエト連邦が成立すると、中央アジアには〝民族〟別の共和国が設定された。だが、これは民族自決の理念に基づいて、実際の民族分布を反映させたものではなく、ロシア共産党中央の決定に基づく、トルキスタン・ナショナリズムの分断を図ろうとしたものだと見ることもできる。バシギール、タタール、カザフなどの各自治共和国ではロシア人人口が現地の民族の人口を上回るか、それに匹敵する状況にあり、トルキスタンでは一九二四年に民族境界区分がおこなわれて、ウズベク、タジク、キルギス、トルクメン、カザフなどの民族認定と境界の策定がおこなわれたが、それは民族概念や意識が不明確な状態でおこなわれたこともあり、実態を反映したものとはいえなかったのである。それぞれの共和国では異なる国語が制定され、また党組織は一元的に中央に結び付けられた。それは、言語やエスニック集団が混淆し、往来が活発であった中央アジアにさまざまな境界、障壁が設けられたことを意味していた[同前]。

また、一九二〇年代半ば以後、それまでは〝遅れた〟地域だとソ連中央から見做されていた中央アジアでも社会主義建設が積極的に展開されることになった。土地改革、水利改革に続いて、地主や富裕層の財産や利権が貧農層に分配され、農業の集団化がおこなわれた。また、この地域がソヴィエト連邦全体の中で原料供給地としての地位を与えられることになったため、コルホーズの下で綿花の単作栽培が進められた。そして、カザフスタンでは遊牧民の強制定住も実施されたため、社会は混乱し、一〇〇万人以上の餓死者を出したとも言われる。

そして、スターリン指導下のソヴィエト連邦、ソ連共産党は、一面で中央アジアに科学技術や衛生医療の面での〝近代〟をもたらしたが、公教育を通じた言語（キリル文字、ロシア語）などによって同化政策を進め、また各共和国内では一元的な政策が採用されたため、それぞれのエスニック・グループのもつ多様性が捨象されるような状況になった。さらに、社会主義が無神論を原則とすることもあって、宗教や生活習慣全般から成るイスラームの影響力を低下させようとした。こうした政策に対してムスリム知識人たちは反発するが、スターリンにより粛清されることになった。全ロシア・ムスリム会議に参加したタタール人で、スターリンに抜擢されて対中央アジア政策を担ったスルタンガリエフもまた、自治共和国の権限拡大を求め、一九二三年には逮捕されることになった［山内　一九八六・一九九五］。

一〇　「満洲」をとりまく環境

一九二〇年代の満洲をとりまく環境はいっそう複雑になっていた。二一カ条要求で日本は在満利権の確実化、あるいは延長を求めた。とりわけ、本来なら二五年が租借の満期であったため一九二三年に返還が予定されていた旅順・大連の租借権の延長に日本はこだわった。これに対しては、中国で広範な回収運動が生じていたにもかかわらず、ワシントン会議を経た後も、日本はそれを放棄することなく統治を継続した。他方、ロシア革命によって様々な意味での混乱や社会変容が北満を中心に生じていたが、ロシアからの軍事的な脅威は一時的に後退した。また、カラハン宣言によって、在満ロシア利権は放棄されるものとの認識が広まっていた。

これに対して、大正デモクラシーといわれる時期にあり、また日英米協調という風潮の下にあった日本では、満洲への武力進出は必ずしも好まれず、「文化」を媒介とした満洲をめぐる融和政策を図る向きもあった。だが、そこで用いられる「文化」については、日本が西欧とは異なる独自の何かを強調しようとしつつ、他方で満洲独自の文化をも見出そうとしたものの、それと同時に日本側には自らを普遍価値を有する文明の担い手だとする、優越的な自負心があったと見ることもできるだろう。

また、満洲の経済は第一次世界大戦期の好況を経て、二〇年代に入ると再び不況に転じたものの、奉天を中心に南満洲の工業・鉱業は次第に回復した。張作霖政権は、基本的にそのような商業資本に依拠しつつ、地域の開発、発展に務めた。一九二〇年代後半には、華北で自然災害が発生したこともあり、多くの出稼ぎ移民が山東などの華北から東北を訪れていた[上田 二〇〇八]。一九三二年に成立する満洲国は、張作霖・張学良政権による開発の遺産を継承して成立し、張政権と同様に移動する人びとを捕捉しつつ、統治することが求められたのであった。

一九二二年にソヴィエト連邦が成立し、一九二四年に中国と協定を締結した。この条約が秘密協定であったこともあり、孫文らはソ連を中国の国権回収を支持する存在と見做していた。だが、実際には北京政府との交渉過程でソ連はロシアの在満権益を継承しようとした。中国側は、ロシア革命の過程で部分的に権益を回収していたが、それ以外の未回収部分をソ連が継承することを最終的に容認したのであった。またソ連は、張作霖政権とも協定を締結して自らの在満利権を維持しようとした。当時、予算縮小を忌避する日本陸軍は、国内に向けてソ連の満洲への脅威を強調するようになった。また、開発政策の成功を背景に力をつけつつあった張作霖との協調関係にも問題が生じるようになっていた。張作霖爆殺事件は、そのような状況の下に生じた事件であった。

北伐の過程で一九二七年に発生した南京事件(国民革命軍による駐南京日本総領事館等での殺傷、凌辱、略奪事件)は幣原の協調外交路線への批判を強めることになった。また、五・三〇事件以後にイギリスに向けられていた、いわゆる中国ナショナリズムは日本にとっては脅威と認識されていたが、日本の山東出兵などを経て、その矛先が北伐に「干渉」する日本へといっそう向けられるようになった。そして、各地で生じる排日貨運動や国民党の主導する「排日運動」を日本は脅威として強く認識するようになっていった。

特に満洲では、一九二〇年代末になると排日風潮が強まり、各地の領事はその風潮の拡大を本国に伝えるようになっていた。日本の在満権益も、中国ナショナリズムによって回収されるのではないかとの危機感もまた、ソ連からの脅威とともに強調されるようになっていったのである。一九二七年から総理となった田中義一は、陸軍同様に満蒙を軍事上、政治上特殊な関係を有している地域だとしたが、それと同時に政友会の方針とも言える、産業立国としての日本の活路ともなる特殊権益の存する空間だと満洲を見做していた［佐藤　一九九二］。そのため、列強との協調を崩さない範囲で、中国に対して内政干渉、武力干渉をおこないつつ、満蒙を中国から分離し、日本の在満権益を護持しようとした。むろん、田中に張作霖爆殺の計画が当初からあったわけではないが、満洲をとりまく環境の変容の下で、日本の持つ特殊権益を確保していこうとする方向性では、関東軍と中央政府は軌を一にしていた。

二　日本帝国と植民地

第一次世界大戦を経て、国連の監督下での委任統治という制度が国際連盟で定められるなど、帝国と植民地をめぐる環境にも変化が生じた。イギリスは、第一次大戦以前から植民地を自治国家(Dominion)にしつつ、大英帝国を再編しつつあった。そして、一九二二年にはアイルランドが自治国家になることを認めていた。

このような時代風潮に日本が完全に逆行していたわけではない。日本は、国際連盟規約制定の過程で人種差別撤廃案を提案した。中国をはじめ過半数の国がそれに賛同したが、オーストラリアなどがこれに反対した。議長であったウィルソンは、全会一致原則を以て、この提案を否決した〔高原 二〇〇六〕。そして、一九二四年、アメリカは日本人の移民を受け入れないことを決定し、それが日本における反米運動を招いた。前述の通り、それは日本人と他のアジア人を同列に扱おうとすることへの反発でもあった。これらの過程には、人種間の平等を求めるようなリベラルな風潮、そしてアジア人内部の優劣を強調するような傾向の双方が見られる。一九二〇年代の日本の「帝国」としてのあり方や、植民地統治の理念をめぐる議論には、その双方が反映されることになった。たとえば、一九一九年に朝鮮半島で発生した三・一運動などによって、日本の植民地統治は〝文治〟へと向かった。だが、一九二〇年代に台湾で活発になった議会設置請願運動などは成就しなかった。原敬の採った内地延長主義にしても、植民地と内地の「一体化」の論理と同時に、両者を隔てる論理の双方を孕んでいた。

このような状況の中で、言論の場でも帝国や植民地のあり方についてはより多様な議論が展開し始めていた。たとえば、朝鮮知識人であった柳泰慶が『亜細亜公論』の主筆として人類主義を掲げ、日本の知識人と交流しながら、日本語で言論を展開するようになっていた〔後藤・紀・羅共編 二〇〇八〕。また、中国の李大釗は、日本の吉野作造らとも議論を重ねていた。日本の論壇では、帝国のあり方は植民地をめぐって見解が分かれていた。植民地における民族自決への捉え方でも、石橋湛山は植民地の独立を認め、矢内原忠雄は自治論を基礎に独立を容認し、吉野作造は民族自決原則を認めながらも、台湾と朝鮮については自治論をとなえて独立を認めようとはしなかった。

だが、そのような見解の分岐はあっても、植民地自治や独立の問題が、民本主義であるとか、社会主義の論理などと結びつきながら、内地の諸問題に連関づけられながら論じられたことが重要であった。たとえば、資本主義の発展にともなう社会問題、経済不況にともなう労働者の問題などは、日本国内のみならず植民地などでも広く見られた。宗主国と植民地を超える議論の場が「社会」を通じて形成されたのである。これは、イギリス労働党が一九二五年に主宰した帝国労働会議（インド、南アフリカ、カナダ、オーストラリアの代表などが参加）にも通じることであった。

また、ドイツにおける文化論が英仏の普遍的価値としての文明からの自立というコンテキストで利用されたように、日本でもまた西欧的文明に対する日本固有の「文化」が強調されていたが、帝国内部では逆に宗主国たる日本が文明を標榜し、朝鮮や台湾が「文化」を強調するという局面も見られた。このようにして、一九二〇年代には「社会」や「文化」をめぐる帝国／植民地の境を越える議論の場が形成された時期だとも思われる。

だが、日本政府の採用した路線は内地延長主義的な方向であり、朝鮮や台湾の民族運動もしだいに分裂していくことになった[米谷 二〇〇六]。

他方、一九二〇年代の日本では東南アジアの経済関係の緊密化に伴って南進論が新たな展開を見せた。日本と東南アジアの貿易額は五倍以上になり、在留邦人も二倍前後にまで増加した。また、太平洋上の南洋諸島を委任統治受任国として実質的に領有した日本は、まさに五大国の一つとして、欧米人と同様にアジアの解放や文明化の使命を掲げつつ南進をはかった。当時の日本にとって、アメリカ大陸への進出には排日移民法の問題があり、また中国では排日貨運動があるなど、さまざまな困難がともなっていたので、東南アジアは日本にとっては比較的障壁の小さい対象であった。この時代の日本の南進論が一九三〇年代と異なるのは、日英米協調の下で武力を用いることが控えられ、経済面での進出が目指されていた点である。一九二六年には外務省が南洋貿易会議を主宰し、自由貿易原則の下に南洋に経済進出することなどが確認されている。この路線は一九二九年の大恐慌によってとん挫するが、二〇年代の幣原外交の一つの姿であった。

一九二〇年代に東南アジアに販路を広げた日本の工業製品もあったが、中でも綿製品は重要である。比較的低価格な日本の綿織物は、インド市場のみならず、蘭領インドやマラヤ植民地などにも進出し、イギリスの綿製品と利害対立を起こしていた。第一次世界大戦期に在地の産業が発展したインドにおいても、イギリス綿を駆逐して日本綿が入り込み、日印間に綿業対立が生じるまでになった。このことは、一九二六年のＩＬＯジュネーヴ総会で表面化していた。イギリスとインドは、やがて日本と会商することによって、世界の繊維市場のカルテル化をはかろうとするようになる[杉山、ブラウン編著 一九九〇]。

また蘭領インドにおいても、華商に対抗しつつ三井物産や日蘭貿易などが進出し、また台湾銀行が各地に支店を開設して、日本製品を扱う中小の貿易会社を支援した。日本側も、インドネシアのバティック(ジャワ更紗)生産にあわせて、製品を改良し、キャンブリック(本来は高級な麻の布地を指すが、つや出し加工を施した綿素材も含むようになった)を輸出するなどした。一九二九年の大恐慌以後にあっても、日本の蘭領インド向けの綿輸出は増加した。だが、それはそれまで自由貿易の姿勢を採っていたオランダ側を警戒させることになり、次第に保護政策が採られるようになっていった。東南アジアやインドをめぐる日本とイギリス・インド、日本とオランダの対立は次第に深まっていく。

一二　中国における政権交代

一九二〇年代の中国では、北京政府から南京国民政府への政権交代が生じた。北京政府は、中華民国をドイツやオーストリアに対する戦勝国とし、それらの在華権益を回収することに成功した。ドイツが中国に有していた権益は山東権益だけではない。ドイツ、オーストリアともに天津に租界を有していたし、他にもさまざまな利権や特権が設定されていたのである。北京政府は、ヴェルサイユ条約で日本への譲渡が決まった山東権益を除く、ドイツ、オーストリアの在華諸権益を回収することに成功したのである。また、北京政府は一九二一年のワシントン会議に参加して九カ国条約に調印するとともに、山東問題や二一カ条要求にまつわる諸問題を一定程度解決した。

だが、その北京政府も国内における正当性を次第に喪失していった。正当性を喪失した大きな原因としては、財政の逼迫と相次ぐ軍事騒乱がある。財政逼迫は、そもそも借款に依存した財政であったこと、また実行統治領域が限定されていたために税収が見込まれなかったこと、さらに関税自主権の回復が大幅に遅れたことなどによりもたらされた。当時の北京政府の財源は、関税や塩税のうち、外国借款に対する返済部分を引いた剰余分であったから、関税自主権の回復、あるいは関税率の上昇が急務であったのである。他方、軍事騒乱は、北洋系軍事勢力の中で、直隷派、安徽派、奉天派などと言われた諸勢力が軍事紛争を繰り返したことを指す。また、一九一〇年代に勃興したいわゆる民族資本も二〇年代前半には苦境に陥った。ここに自然災害なども加わり、中国社会全体にストレスがかかったのも、一九二〇年代前半であった。北京政府にそれを乗り切るだけの体力はなかった。

一九一〇年代から二〇年代半ばにかけての時期は、中央政府の管理が緩慢な状態であったこともあり、言論の自由度は高く、新聞や雑誌などが数多く公刊され、全国にめぐらされた電報網などを利用して、一定程度の「公論」の場は形成されていた。そうした場を通じて、民主、自由、デモクラシー、サイエンス、そして民族主義や社会主義思想などが広まった。このような背景の中で、中国国民党が一九一九年に、また中国共産党は一九二一年に成立した［石川 二〇〇一／川島 二〇一〇］。

一九一九年に成立した（中華革命党からの改称とも言える）中国国民党は、一九一七年に広東に成立（亡命）していた中華民国政府（広東政府）を主導するようになった。国民党は、コミンテルンの影響を大きく受け、また宣伝と動員などの新たな手法を用いる政党が、政治とともに軍事を主導する点で北京政府と異なっていた。一九二四年には国共合作とは党員も取り込むかたちで第一回の党大会を広州で開くなどし、その勢力を拡大していった（同時代的には国共合作とは言わない）。当時の中国では、民族主義が高まりを見せ、国家の統一が大きな課題であったが、それを誰が主導するのか、そしてそれを平和的におこなうのか、それとも武力に因るのか否かといった対立があった。広東政府を率いていた孫文は武力統一を主張したが、全国レベルでの統一をめぐる会議で諸勢力との対話に応じるために一九二五年に北上して北京に至ったものの、そこで客死した。広東政府では、孫文の遺嘱に基づいて武力統一を決断し、黄埔軍官学校校長であった蔣介石を中心に北伐をおこなった。

この過程で、国民党は政府を「国民政府」とした。これは、孫文の想定した軍政、訓政、憲政という建国における三段階の第二段階＝訓政下の政府を指し、国民党が政府を指導する体制を意味する(党国体制)。北伐軍は、長江流域まで比較的順調に北上し、その過程で租界を回収するなど国権回収に成果を上げた。一九二五年に発生した五・三〇事件によって反英運動に代表される反帝国主義運動、国権回収運動が生じていた当時、北伐軍の外交上の成果は大いに歓迎された。北京政府も、条約期限に際して条約内容の変更を求め、それが認められないと条約の延長に応じないという修約外交をおこなって国権の回収に努めていたが、国民政府が主張する革命外交(政権交代にともなう条約改正)や大いに宣伝される国権回収の成果のほうが、少なくとも表面的には、より国民の心を捉えたと見ることができる[川島・毛里 二〇〇九]。

一九二七年四月、蔣介石はそれまで「合作」していた共産党勢力を上海にて粛清し(四・一二クーデタ)、一九二八年には北京政府の首班であった張作霖を北京から追った。張は日本軍により爆殺された。既に成立していた南京の国民政府は、張作霖の息子の張学良の易幟(北京政府の掲げた国旗である五色旗に代え、国民政府の青天白日満地紅旗を掲げること)を経て統一政権となった。南京国民政府は、民族主義を背景にした国民党主導の政権であり、社会主義型の宣伝や動員とともに、さまざまな面での近代国家建設をおこなうことになる[石川 二〇一〇]。また、対外政策の面では一九二八年から三〇年にかけて関税自主権の回復に成功した。山東に出兵して北伐に二度に亘って介入した日本も、最終的には関税自主権の回復を容認し、国民政府を承認したのであった。だが、中国での国権回収の動きは日本側に在華権益の危機を感じさせるようになっていた。満洲事変が発生するのは、張学良が易幟してから二年後の一九三一年であった。

一三　東南アジアのナショナリズム

一九一〇年代半ばには、独立国として残ったシャムは除き、欧米諸国による東南アジアの分割が完了した(米領フィリピン、蘭領インド、英領マラヤ・北ボルネオ、仏領インドシナの五地域)。これによって、従来は点と線の支配であった欧米の植民地支配が、境界線で囲われた面の支配へと変容したのである。これらの境界、あるいは個々の植民地の内部における境界は多様であった。それは欧米により恣意的に引かれた場合もあったが、それでもそれらの境界が個々の地域の独立運動の単位の境界ともなることが多かった。そして、第二次大戦後に独立する諸国家は、まったく同一というわけではないが、これらの五地域の枠組みを前提として形成されることになると言ってもいいであろう[加納 二〇〇一/池端 二〇〇二]。

また、東南アジアの多くの地域が植民地となったことは、その内的な政治的社会構造をも作り替えていくことになった。植民地政庁の所在地たる植民地統治の中心に設けられた官僚制度を通じて統治がおこなわれ、税制や土地制度、さらには教育制度や治安制度などが州県から村落にまで展開したのであった。宗主国は、統治の必要性から、植民地の「原住民」官僚の養成のために中高等学校や大学を設けた。卒業生の中には、宗主国に留学する者も現れたが、彼らは基本的に官僚機構の中の中級から下級を構成するとともに、裁判官や弁護士などの法曹、また学校教育に関わる教員、そして医師や技術者となり、植民地の中間層を形成したのであった。しかし、そうした教育を受けた青年層は、現地語のみならず、宗主国の言語にも通じ、さまざまな交通・メディアインフラの整備を背景に、二〇世紀の新しい知識や思想潮流を吸収することになった。そして彼らは、新聞や雑誌などのメディアを通じた情報発信をおこなうようになっていった。東南アジアのナショナリズムは、このような背景の下に展開したのであった[池端 二〇〇二]。

一九世紀、あるいはそれ以前から植民地支配に抵抗する動きがなかったわけではない。だが、二〇世紀に展開されたのは、植民地の統治体制の形成に対して抵抗するナショナリズムであり、また近代的な論理を身にまとった運動であったと見ることもできる。だからこそ、その統治を受けている空間的な、人的な、あるいは制度的な枠を前提にして、その空間や人を単位とし、〝言語〟や〝文化〟を通じてアイデンティティを育みつつ、制度的にまずは自治を獲得して、そこから独立を得ようとしたものが多かったのである。だが、それでも、その植民地統治の単位を崩そうとする向きもあったし、あるいは自治という宗主国側が設定したレールに乗らずに、直ちに独立を達成しようという勢力もあった。他方、シャムではイギリスやフランスに多くの領土を奪われながらも、それに抵抗しつつ、独立を維持するための近代国家化が急がれ、二〇年代末には条約改正にも成果をあげていたが、財政状況の悪化を憂慮する声も強まり、一九三二年には立憲革命が起きる。

第一次世界大戦期は東南アジアにおける面的な植民地統治の完成期であるが、一九二〇年代には各地で一定程度の自治の進展が見られ始めた時期でもある。米領フィリピンでは、その領有当初から自治の段階的付与と特恵通商の段階的廃止が織り込まれていたが、前者は一九二〇年代末までに大きく進展した。そして、アメリカの公教育に育まれ、英語を話す人びとが次第に国民的な空間と意識をもつようになっていった[中野 一九九七・二〇〇二]。蘭領インドでは、オランダ語による教育が限定される中で、官製ムラユ語が創造され、それが公教育でも使用されるようになっていた。二〇世紀になると、そのムラユ語のメディア化がブディ・ウトモらの民族主義者によって担われ始め、一九一〇年代にもイスラーム同盟などによる民族主義運動もムラユ語メディアが主軸となった。また、蘭領インドにおける共産主義運動については前述の通りである[山本 二〇〇二]。

ベトナムの民族主義運動は当初、儒学的な素養をもつ儒者たちが中国における社会進化論を受容した。ファン・ボイ・チャウがその代表であろう。しかし、一九一〇年代はじめにそうした運動が限界に達した後、第一次世界大戦を経て、次第にマルクス・レーニン主義思想の影響が強まることになった。グエン・アイ・クオックがその代表である［桜井・石澤 一九七七］。ビルマでは、イギリスが一九二三年に両頭制度を導入するなど自治を拡大する政策を採っていたが、中間層を担い手とするビルマ人団体総評議会などは、この自治の範囲内でビルマ人の地位を高め、ビルマ人主導の英連邦内の自治国家（ドミニオン）となろうとした。しかし、そのためこの勢力は植民地議会での勢力拡大に腐心することになった。それに対して一九三〇年代にはタキン党が段階的自治ではなく、イギリスから独立した社会主義国家ビルマの建設を目指そうとした［根本 二〇〇二］。

一四　一九二〇年代の東南アジア経済

一九一〇年代半ばには、欧米諸国による東南アジアの分割が完了し、米領フィリピン、蘭領インド、英領マラヤ・北ボルネオ、仏領インドシナの五地域と独立国シャムという六地域となった。東南アジアという地域の一九世紀末からの歴史過程を見れば、交通網や物流網、電信網の発展があり、また太平洋航路の発達により、次第に東北アジア世界とインド洋世界の、ひいては欧州との結節点となった。その結果、インドや中国から多くの労働力が移動してきただけなく、太平洋に面した一地域として次第にアメリカ大陸との関係も深めていくことにもなったのであった。一九二〇から三〇年代にかけての東南アジアの諸都市では、こうした世界とのつながりを背景に、生活面での新しい衣食住、音楽や絵画などの芸術、そして次第に映画、レコード、ラジオと言ったメディアが普及していった。

第一次世界大戦期には、東南アジアの植民地の宗主国が戦場になるなどしたため、宗主国の統治が弛緩し、経済活動においては、フィリピンを除いて、宗主国との貿易関係が低下し、インドや中国、そして日本やアメリカとの貿易が次第に増加した。これは、第一次世界大戦以前から既に見られていた傾向であったが、それが大戦によりいっそう加速したということになろう。

たとえば英領マラヤでは、錫《すず》鉱山とゴム栽培が発展した。錫については、一九世紀末からシンガポールの英独合弁企業が進出したが、一九二〇年代に至っても華僑の影響力が大きかった。ゴムは、二〇世紀初頭には英領マラヤの主要輸出農作物となり、自動車産業の勃興にともなうタイヤ需要により、発展し続けた。ゴム園は、基本的にイギリス系資本による大規模プランテーションと、華僑やマレー人による小規模なものとがあったが、両者の労働力はともに南インドのタミル系移民であった。生産されたゴムは、華僑らによりシンガポールに運ばれて加工され、そこから世界へと広がっていった［水島 二〇〇一］。

タイでは、一九世紀半ばのバウリング条約によって世界市場と結びつけられたこともあって、米作モノカルチャーとも言える状況になっていたが、生産者自作農中心で、精米や流通面は華僑が担い、シンガポールを経由してマレー半島や蘭領インドへと広がった。タイの米産業は、一九二九年の大恐慌後に生じた米価の暴落により大きな打撃を受けることになる。また、ビルマではエーヤーワディー河下流域が、稲作の中心地となり、ヨーロッパからの資本の投資が流入して、ヨーロッパに輸出された。また、土地の開拓に当たってはビルマ人だけでなくインド人の金貸しも農村部に入りこみ、一九二〇年代以後になると、農民は負債によって土地を喪失し、小作農や農業労働者が増加することになった［斎藤 二〇〇一］。

このようにして、東南アジアの経済はかつて内陸国家を支えたような伝統的稲作地域ではなく、マラッカ海峡周辺の島嶼部における熱帯雨林地域に広がったプランテーションや鉱山が植民地経済のけん引役を果たし、またそれまで人口希薄地域であったエーヤーワディー、チャオプラヤー、メコンの三大河川の下流部のデルタ地帯に形成された、輸出のための商業稲作地帯などを中心とするようになったのであった［加納 二〇〇一］。

一九二九年の大恐慌を経て一九三〇年代に入ると、東南アジアの貿易額は縮小し始め、三〇年代後半にようやく回復する。だが、この回復期には蘭領インドとタイを中心に日本との貿易関係が拡大し、とりわけ日本製綿布の輸入が増加した。このような日本の東南アジア市場への進出は第一次世界大戦期から既に見られたが、三〇年代にはイギリス、オランダとの対立が決定的となったのであった。

一五　一九三〇年代への展望

第一次世界大戦を経た一九二〇年代は、「戦間期」などとされ、過渡期として、または来るべき大戦への条件が整った時期として扱われがちである。つまり、この時期が独立して扱われるというよりも、後の時代、あるいはその前の時代との因果関係によって説明されることが多い。だが、既述のように、この時代は「新しい時代」の始まりとしても位置づけることができる。

国際政治史の面では、欧州の発言力の低下、アメリカ合衆国、ソヴィエト連邦、日本の発言力の向上、社会主義国という新たな国家モデルの登場、ウィルソン大統領による民族自決の理念の提唱とナショナリズムの動きの拡大、軍縮への動きや国際連盟をはじめとする国際組織などの誕生などがそれを示しているだろう。東アジアでは、いわゆるワシントン体制が形成され、確かに日米英の一定の協調関係が見られた。だが、それが果たして「体制」と言えるほどのものであったのかということは、本稿で示してきたとおりである。また、そこに見られる多様なアクターの交錯こそ単純に一九三〇年代の前段階としては捉えられない側面を示している。

また、社会主義、民族自決、ナショナリズム、民主主義、平和主義など、二〇世紀の重要な思想が新たなメディアなどを通じて人口に膾炙した。第一次世界大戦への反省とともに、「近代」がアジアなどへと浸透していく側面がそこにはあった。だが、そこで重要だったのは、大量生産方式に基づく大衆消費社会の東アジアへの拡大などということとよりも、「近代《モダニズム》」の特徴とも言える諸思想が各地の独立、自治、権利などをめぐる運動に結びついたこと、そして民主や自由といった概念が、植民地をめぐる問題で葛藤や矛盾を育んだことだった。東アジアの多くの地域が植民地となっていた当時、所謂、「植民地における近代《コロニアル・モダン》」をとりまく環境とそこにおける問題が現れたこと、そして東アジアという域内に宗主国と植民地の双方があり、また半植民地的独立国があったことが、状況をいっそう複雑にした。この点は欧州とは異なるであろう。

経済面から見ると、第一次世界大戦期に日系企業が東南アジア市場に進出し、一九二〇年代にも引き続き関係が維持された。従来から東南アジアでの経済活動をおこなっていた華商に日系企業が加わることで、宗主国との経済関係だけでなく、東南アジアと東北アジアの地域経済の結びつきが強まったと言えるだろう。だが、それはイギリスやオランダなどの宗主国と日本との経済的な摩擦を孕むものであった。

大恐慌を経た一九三〇年代になると、一九二〇年代に現れていたさまざまな動きがいっそう顕著となった。独立、自治への動きは強まり、思想をめぐるズレや矛盾が独立、自立などと絡み修復の難しい亀裂となり、経済を繞る競合も増した。そうした中で、既に一九二〇年代の後半から見られていた日本と英米の協調のほころびも次第に大きくなり、一九三一年の満洲事変、一九三七年の日中戦争で東アジアは戦争の時代に突入する。また、共産主義もいっそう広がりを見せ、それがナショナリズムに結びつく面と、「反共」への動きが加速する面があった。これらは、第二次世界大戦後の冷戦の形成にも関わることになる。

【文献一覧】

飯島渉 二〇〇九 『感染症の中国史――公衆衛生と東アジア』中公新書
池端雪穂 二〇〇二 「総説」『岩波講座 東南アジア史 第七巻 植民地抵抗運動とナショナリズムの展開』

石川禎浩　二〇〇一　『中国共産党成立史』岩波書店
石川禎浩　二〇一〇　『革命とナショナリズム　一九二五―一九四五』岩波新書
上田貴子　二〇〇八　「東北アジアにおける中国人移民の変遷　一八六〇―一九四五」蘭信三編著『日本帝国をめぐる人口移動の国際社会学』不二出版
岡奈津子　一九九八　「ソ連における朝鮮人強制移住――ロシア極東から中央アジアへ」樺山紘一ほか編『岩波講座　世界歴史　第二四巻　解放の光と影　一九三〇年代―四〇年代』
加藤哲郎　一九九一　『コミンテルンの世界像――世界政党の政治学的研究』青木書店
加納啓良　二〇〇一　「総説」『岩波講座　東南アジア史　第六巻　植民地経済の繁栄と凋落』
川島真　二〇〇四　『中国近代外交の形成』名古屋大学出版会
川島真　二〇一〇　『近代国家への模索　一八九四―一九二五』岩波新書
川島真・服部龍二編　二〇〇七　『東アジア国際政治史』名古屋大学出版会
川島真・毛里和子　二〇〇九　『グローバル中国への道程　外交一五〇年』岩波書店
栗原浩英　一九九八　「コミンテルンと東方・植民地」『岩波講座　世界歴史　第二四巻　解放の光と影』
栗原浩英　二〇〇二　「コミンテルンと東南アジア」『岩波講座　東南アジア史　第七巻　植民地抵抗運動とナショナリズムの展開』
後藤乾一・紀旭峰・羅京洙共編　二〇〇八　『亜細亜公論・大東公論　解題総目次篇』龍渓書舎
後藤春美　二〇〇〇　「一九二〇年代中国における日英「協調」」木畑洋一・イアン・ニッシュ・細谷千博・田中孝彦編『日英交流史　一六〇〇―二〇〇〇　政治外交Ⅰ』東京大学出版会
小松久男　一九九六　『革命の中央アジア　あるジャディードの肖像』東京大学出版会
斎藤照子　二〇〇一　「ビルマにおける米輸出経済の展開」『岩波講座　東南アジア史　第六巻　植民地経済の繁栄と凋落』
桜井由躬雄・石澤良昭　一九七七　『東南アジア現代史Ⅲ　ヴェトナム・カンボジア・ラオス』山川出版社
佐藤元英　一九九二　『昭和初期対中国政策の研究――田中内閣の対満蒙政策』原書房
篠田英朗　二〇一〇　「ウッドロー・ウィルソン――介入主義、国家主義、国際連盟」遠藤乾編『グローバル・ガバナンスの歴史と思想』有斐閣
杉山伸也、イアン・ブラウン編著　一九九〇　『戦間期東南アジアの経済摩擦――日本の南進とアジア・欧米』同文舘出版

高原秀介 二〇〇六 『ウィルソン外交と日本――理想と現実の間 一九一三―一九二一』 創文社
田中陽兒・倉持俊一・和田春樹編著 一九九七 『ロシア史 三 二〇世紀』 山川出版社
等松春夫 二〇〇七 「委任統治」 川島真・服部龍二編 『東アジア国際政治史』 名古屋大学出版会
中野聡 一九九七 『フィリピン独立問題史――独立法問題をめぐる米比関係史の研究(一九二九―四六年)』 龍渓書舎
中野聡 二〇〇二 「米国植民地下のフィリピン国民国家形成」『岩波講座 東南アジア史 第七巻 植民地抵抗運動とナショナリズムの展開』
根本敬 二〇〇二 「ビルマのナショナリズム――中間層ナショナリスト・エリートたちの軌跡」『岩波講座 東南アジア史 第七巻 植民地抵抗運動とナショナリズムの展開』
服部龍二 二〇〇一 『東アジア国際環境の変動と日本外交 一九一八―一九三一』 有斐閣
平野健一郎 一九八四 「一九二三年の満州」 平野健一郎編 『国際関係論のフロンティア2 近代日本とアジア――文化の交流と摩擦』 東京大学出版会
古田元夫 一九九一 『ベトナム共産主義者の民族政策史――革命の中のエスニシティ』 大月書店
古田元夫 一九九五 『ベトナムの世界史 中華世界から東南アジア世界へ』 東京大学出版会
間野英二・中見立夫・堀直・小松久男 一九九二 『〈地域からの世界史 六〉内陸アジア』 朝日新聞社
水島司 二〇〇一 「マラヤ――スズとゴム」『岩波講座 東南アジア史 第六巻 植民地経済の繁栄と凋落』
蓑原俊洋 二〇〇二 『排日移民法と日米関係』 岩波書店
山内昌之 一九八六 『〈新しい世界史②〉スルタンガリエフの夢――イスラム世界とロシア革命』 東京大学出版会
山内昌之 一九九五 『〈中東イスラム世界①〉イスラムとロシア その後のスルタンガリエフ』 東京大学出版会
山本信人 二〇〇二 「インドネシアのナショナリズム――ムラユ語・出版市場・政治」『岩波講座 東南アジア史 第七巻 植民地抵抗運動とナショナリズムの展開』
米谷匡史 二〇〇六 『アジア/日本』 岩波書店
歴史学研究会編 二〇〇六 『世界史史料 一〇 二〇世紀の世界I ふたつの世界大戦』 岩波書店
Hirobe Izumi 2001, *Japanese Pride, American Prejudice: Modifying the Exclusion Clause of the 1924 Immigration Act*, Stanford University Press.

トピック・コラム

東アジアのラジオ放送

川島　真

一九二〇年代は科学技術の進展や資本主義の発達なども相まって、従来の生活状況に変化が見られた時期でもあった。そのひとつが、アメリカに代表される大量生産に基づく大衆消費社会の到来であった。いまひとつは、映画やラジオといった新たなメディアの出現であり、それが大衆消費社会を支え、新たな公共性が育まれることにもなった。

ラジオという聴覚メディアは、電波がそこに届き、それを受け取る受信機さえあれば、識字能力など様々な「境界」に関わりなく、老若男女の耳に放送を届けることができた。また、既存のメディアに比べて速報性がきわめて高かった。そこにはニュース、天気予報だけでなく、音楽、ドラマ、語学教育、ラジオ体操など多様な教養、文化、娯楽が含まれており、そこから流行歌やそれを歌う〝スタア〟が生まれ、標準の国語が拡がり、さらには価値や常識などの規範を形成、伝える機能も果たした。また、女性のアナウンサーが活躍し、婦人向けの、あるいは子ども向けの番組が作られたりしたことも重要であった。

電波は国際的にも、国内的にも管理された。周波数のすみ分けがなされ、放送番組の交換、中継放送もおこなわれた。また、国内では電波法などが定められ、多くの場合放送局は許可制とされ、また受信も登録制であることが多かった。他方、ラジオ受信機は当初、高価であったから、一九二〇年代のラジオがマス・メディアであったとは言い難い。だが、一九三〇年以後にもなると、家庭や教室に直接届くマス・メディアとなり、東アジアにテレビが急速に普及する一九八〇年代まで、まさに主要メディアであり続けた。

ラジオが主要メディアへと成長する過程で、新聞や雑誌などの活字メディアとも関連付けられ、ラジオ放送的な表現が活字で用いられたりした。また、京劇がラジオ放送時間の枠にあわせて再構成されるなど、他のメディアに影響を与えたりした。

このような「文明の利器」は、当然のことながら、国家や政党による宣伝に利用されることになった。短波放送を利用して海外に宣伝放送を流し、国内には中波や長波の放送によって、「正しい」「あるべき」情報を伝えた。また、ラジオ放送には他者の放送を傍受する機能もあり、各国がそれをおこなうようになったことも重要である。

国内や植民地向けの宣伝では特にニュースが重視された。ニュースは短時間ながら、国家や権力の意思を伝えるためのものであったので、一般に各放送局に裁量権はなく、中央からの送られた。そしてニュースの時間は、もっとも聴取率の高い時間に設置された。だが、宣伝の利器たるラジオも、人びとが聴取登録をし、さらにスイッチをいれなければ意味がなかった。そのために、あえて国語ではなく方言を用いたり、教育現場でラジオを用いた教育をおこなってラジオ聴取の習慣をつけるよう人びとに促したり、国策会社がラジオの普及に努めたり、そしてラジオのスイッチを入れさせるための娯楽番組等を、ニュースの前後に配したりした。

日本統治下の関東州では，関東庁逓信局が 1925 年に大連放送局を開局した．コールサインは JQAK であった．

一九三〇年代に東アジアが次第に戦争状態に入ると、各国は強力な出力をもつ放送局を設けるなどして、ラジオを通じた内外への宣伝戦を展開し、相手の放送を傍受しつつ、その放送が国内に入りこまないように妨害電波を流した。戦争によって外交関係が断たれた時には、ラジオにのせて交戦国が自らのメッセージを相手に伝えることもあった。このようにして、東アジアもまた世界的な電波戦争の一部となるのであった。

個々の地域の状況を見れば、一九二〇年にアメリカのピッツバーグで世界最初のラジオ放送が始められたが、東アジアでは一九二三年に上海で亜洲無線電公司(Radio Corporation of the Orient)が成立し、同年にはシンガポールでラジオ・シンガプーラ(Radio Singapura)が放送を開始している。中国では、上海などの租界で放送局が林立し、また個々の地域で小規模な放送が開始されていたが、一九二八年に国民政府が全国政権となると、(租界などでの外国による放送は残しつつ)統一的な放送政策を採るようになる。日本では一九二五年に東京、大阪、名古屋で放送が開始され、翌年に日本放送協会が設立された。設立間もないNHKは、大正天皇の御葬儀、昭和天皇の御大礼(即位式)を報道し、大きな反響を呼び起こした。聴取者は、一九二八年には五〇万人、三二年には一〇〇万人を突破した。日本は一九二〇年代後半には台湾や朝鮮で放送を始め、一九三〇年代には満洲国をはじめ中国大陸などでの放送を強化し、欧米や中国との宣伝戦を闘うことになるのだった。第二次世界大戦の終結に際し、日本の天皇も中国の蒋介石もラジオを通じて勝敗を伝えたことは、ラジオのもつ意味を示す象徴であった。

人物コラム

魯　迅 (Lu Xun)

鈴木将久

魯迅、一八八一年紹興生まれ、一九三六年上海にて逝去。本名は周樹人。一九〇二年日本へ留学、仙台医学専門学校(現在の東北大学医学部)に入学したが、のちに文学に志を転じた。辛亥革命後、教育部の官僚として北京に移住、五・四運動時期に「狂人日記」などの小説を発表し、中国近代文学の基礎を築いた。一九二六年、北京を離れ、厦門、広東を経て上海に居を落ち着けた。三〇年代には中国左翼作家連盟の精神的リーダーとして多方面の文化活動を展開した。

魯迅は中国の近代文学を築いたと言われる。それは複数の意味において確認できる。まず中国近代の白話文を生み出したことが挙げられる。中国で近代的な意味での「国語」が生み出されたのは、五・四新文化運動以降である。伝統的な官の言語である文言が斥けられ、民衆が使う言葉である白話が中心に据えられた。しかし近代的な白話は理念的な目標にとどまり、実際の文章がただちに生み出されたわけではなかった。そこに魯迅の小説が、白話の実例として登場した。中国には古くから白話文学があり、また民衆が話す言葉もあったが、魯迅はそれらと一線を画しながら、西洋語文法、日本語文法などを参照しつつ、近代的な書き言葉としての白話文を創出した。魯迅の小説には現在の視点から見ると読みづらいところもあるが、それはゼロから文を創出する苦闘のあらわれと見るべきだろう。

魯迅は同時に、小説の内容も近代化した。たとえば「私」の内面描写、小説構造の複雑化などさまざまな面に及ぶが、中でも魯迅が重視したのは、伝統的な中国の国民性を批判することであった。一般に五・四新文化運動は、中国の伝統文化を否定し全面的な西洋化を推進したと言われる。魯迅もその風潮に属していたことは間違いない。しかし魯迅は漠然と伝統文化を否定したわけでも、無条件に西洋文化を称揚したわけでもなかった。魯迅は中国の民族的な精神の病を摘出し、それを文学的な形象として描き出すことで、人々に近代的な精神を獲得させようとした。代表的な作品として、「阿Q正伝」がある。

「阿Q正伝」が新聞に連載されている最中、多くの人が、自分が風刺されたと感じて慌てたという。阿Qが特定の人物を指しているのではなく、多くの人にあてはまる通弊を描いたこと、しかもそれが実感をもって生々しく描写されたことを示す逸話であろう。魯迅は、多くの人に恐怖を与える鋭い筆致を駆使して、しかしスローガンを叫ぶことなく、あくまで文学の形式によって表現活動を行った。激動の歴史の展開

魯迅（『魯迅全集補遺』天津人民出版社，2006 年より）

の中で文学の役割を築きあげた点において、まさに中国の近代文学の開拓者と呼ぶにふさわしい。

　しかし魯迅の特質はそれにとどまらない。五・四新文化運動時期の魯迅は、のちに『吶喊』にまとめられる短編小説を発表するかたわら、「随感録」と題してエッセースタイルの文章を精力的に発表した。三〇年代になると、それは「雑文」という独特なジャンルの文章へと発展する。魯迅の「雑文」は、特定の事件や個人に向けて書かれたものが多く、批判の筆致の苛烈さによって、熱狂的なファンを生むとともに、多くの敵も作り出した。ただし魯迅の批判は、直接的な漫罵になることはほとんどなかった。むしろねじれた筆致のために、批判の真意が伝わらないこともしばしばあった。魯迅にとって「雑文」とは、特定の事象を問題にしながら、同時に事象の背景にまで分け入り、事象の背後に隠れる複雑な関係性を一気に言語化して読者に提示する文体であったと思われる。

　魯迅は長編小説を書かず、また後期になると小説自体をほとんど書かなくなった。そのため文学者として失敗したという批判もあるが、それは狭隘な文学観念にとらわれた見方と言うべきだろう。魯迅の「雑文」を通観すると、『吶喊』の問題意識を継続しながら、それを深化させ、狭い意味での小説の枠組みを突破することで、現実に発生中の問題に対処すると同時に、中国の民族的な精神の病を明るみに出そうとしたと読み取れる。つまり狭い意味での文学の枠組みを問い質すことで、文学の役割を堅持したと思われる。

　また魯迅は二〇年代末に若い革命文学者から批判を受けたのち、進んでマルクス主義文芸理論を摂取しはじめた。そこでも魯迅は、権威を盲目的に受け入れるのでなく、自分の判断と思考にもとづいて、新しい文学観を自分のものにした。

　近代文学の開拓者にして、同時に近代文学の枠組みを問い直し続ける視点を持つこと。それは非西洋諸国における近代文学のあり方を象徴的に示すものであろう。だからこそ、魯迅は同時代の中国のみならず、後世の中国でも、台湾でも、日本でも、韓国でも、さらには西洋諸国でも、広く読まれ続け、読者に無数の啓示を与え続けている。

　主な日本語訳に、以下のものがある。『阿Q正伝・狂人日記他十二篇——吶喊』竹内好訳、岩波文庫、『故郷／阿Q正伝』藤井省三訳、光文社古典新訳文庫、『魯迅文集』全六巻、竹内好訳、ちくま文庫、『魯迅全集』全二〇巻、学習研究社。

通空間論題

ロシア革命とシベリア出兵

原　暉之

第一次世界大戦の開始から足掛け四年目の一九一七年、ロシアでは帝政崩壊をもたらした二月革命につづいて一〇月革命が起こり、ソヴィエト政権が成立した。革命権力の全国化はこれに対立する勢力の抵抗をうけて困難をきわめ、権力をめぐる政治闘争は各地で武力対立に転化した。こうして一九一八年には内戦がはじまるが、内戦は干渉戦とも絡んで複雑な展開を示した。ソヴィエト政府がドイツと単独講和を結ぶと、連合国はロシアの北部・南部・東部に侵攻して軍事干渉に乗り出す。これらのうち東部を舞台とするものがシベリア出兵にほかならない。東部の干渉戦で日本軍は突出した地位を占め、被占領地の住民から激しい抵抗をうけながら駐兵をつづけ、一九二二年秋まで内戦の終結を遅らせた。この全過程を通じて日本は国際的孤立を深めていった。一方、内戦の終結にともなう日本海沿岸までのソヴィエト化は、隣接する東アジアとの関係を大きく変容させるものとなった。

はじめに

本稿では、一九一四年にはじまり、一七年の革命をはさんで二二年までつづいた大戦・内戦期のロシア極東(以下、単に極東ともいう)に焦点をあて、主としてそこでの動向と同時代の東アジアの動向がどのような相互関係のもとにあったか、という問題を考える。

はじめに本稿で扱われる地域について概観しておこう。ロシア東部の空間概念は日本とロシアでやや異なっている。日本では、太平洋岸からウラル山脈までのロシア領全域をもってシベリアとする見方が少なくとも過去においては一般的で、シベリア出兵という場合もこれを前提としていた。ロシアでは、シベリアといえば「ウラルの東」を意味し、太平洋岸までの全域を「全シベリア」とする見方もあるが、通例は太平洋の分水界、またはバイカル湖までを指し、その東の地域を極東として区別する。

シベリアと極東の区分は、一八八四年のプリアムール総督府設置によって制度化された。日露戦争後の末期帝政ロシアの行政区分では、同総督府の管轄下にアムール・沿海・サハリン・カムチャツカの四州、イルクーツク総督府の管轄下にザバイカル州とその西の諸県が入っていた。極東は超過疎の辺境であり、併合から半世紀の植民過程を経た一九一二年当時でも広大な領域にまたがる四州の総人口は一〇〇万人に届かなかった。同じ年、国境を隔てて隣接する中国東北(以下、満洲)の人口は二〇〇〇万人前後に達している(一九〇八万人、二一六九万人などの試算がある)［荒武 二〇〇八、一四六頁］。

極東の植民過程は諸民族のディアスポラ形成をともなった。一九一二年のプリアムール総督府では、総人口九三万七〇〇〇人のうち中国人が九万一三〇〇人、朝鮮人が六万八〇〇〇人、日本人が四二〇〇人を占めていた［サヴェリエフ二〇〇五、二〇五頁]。一方、満洲北部(北満)を横断する中東鉄道の沿線にはロシア人ディアスポラが形成されており、同年の鉄道収用地の人口はロシア人が約七万人、中国人が約二・七万人、ハルビンだけをとればロシア人四万六四七八人、中国人八四五三人という構成であった[Wolff 1999, p. 92]。ちなみに満洲東部の朝鮮国境に近い間島も中国人少数地域で、同年の総人口二一・二万人のうち朝鮮人が一六・三万人を占めた[李盛煥 一九九一、三九七頁]。

極東、北満、間島は、諸民族がせめぎ合いつつ共存する接触地帯(コンタクト・ゾーン)という特徴において共通していた。日本軍のシベリア出兵における派兵先は、この三地域のすべてにまたがっている。一九一八年八月に浦潮派遣軍司令部を設置した日本軍は、ロシアで通常シベリアに含めないバイカル湖以東の極東と北満の中東鉄道沿線に兵力を展開しただけでなく、浦潮派遣軍は二〇年秋、間島に朝鮮軍・関東軍と共同で武力介入した。

筆者はかつて、シベリア出兵に代えて「シベリア戦争」の用語を使ったことがある[原 一九七七]。しかし、ロシアで一般に通用している空間概念を念頭におくとき、ロシア東部の内戦と軍事干渉の総体を「シベリア戦争」と呼ぶことには積極的な意義があるとして、単に出兵を戦争に置き換えるだけでは、不正確な用語の改善にはならない。このような問題性を意識しながら、筆者はすでに定着しているシベリア出兵という用語法に暫定的に従っておくことにしている[原 一九八九]。一方では、北満と間島を含めた兵力展開の広域性を重視して「北満シベリア出兵」あるいは「シベリア・満洲出兵」という用語を提唱する研究が近年現れている[服部 二〇〇一、四七頁/富田 二〇一〇、二六頁]。

一　戦時の物流と人の移動

第一次大戦前のロシアは、協商陣営の一員として英仏とともに対独包囲網を形成しながら、貿易構造に関しては圧倒的にドイツに依存し、この点に帝国主義国としての大きな矛盾を抱えていた。開戦前五年間平均の貿易額に占める

表1　ウラジオストク港の輸出入

（単位：千トン，（　）内％）

年	輸入	輸出			総計
		ロシア極東から	満洲トランジット	小計	
1913	951.5	142.6 (27.9)	368.2 (72.1)	510.8	1,462.3
1914	841.1	154.7 (32.5)	321.4 (67.5)	476.1	1,317.2
1915	1,327.3	133.5 (22.5)	458.9 (77.5)	592.4	1,919.7
1916	2,099.1	62.8 (11.9)	466.3 (88.1)	529.1	2,628.2
1917	1,058.6	82.0 (14.6)	479.4 (85.4)	561.4	1,620.0
1918	209.4	64.1 (24.4)	198.5 (75.6)	262.6	472.0
1919	509.3	141.6 (51.7)	132.1 (48.3)	273.7	783.0
1920	227.1	89.2 (57.5)	66.5 (42.5)	155.7	382.8
1921	148.6	58.0 (11.7)	438.0 (88.3)	496.0	644.6
1922	133.7	80.1 (13.1)	527.9 (86.9)	608.0	741.7

資料：Iu. N. Tsipkin［Tsipkin 1996, p. 98］.

ドイツのシェアは、輸出で総額一五億金ルーブルのうち四・四億（二九％）、輸入で総額一一・四億金ルーブルのうち五・〇億（四四％）と突出した地位を占めていたのである［Korelin et al. 1995, pp. 214–216］。

開戦とともにこの構造は一変した。ロシア西部の陸上国境は閉鎖され、バルト海と黒海の港湾は機能をほぼ停止する。これに代替して、北のムルマンスクとアルハンゲリスク、極東のウラジオストクが一躍脚光を浴びるようになる。ウラジオストク港への輸入は、一九一三年から一六年にかけて二倍以上に大きく伸びた（**表1**参照）。戦前に同港経由の輸入がほとんどみられなかったレール、車両、鉄製品、銅、亜鉛などの工業製品や金属類とともに、空前の消耗戦に対応する大量の武器・弾薬がアメリカと日本から船舶輸送された。

特需に対応する貿易の伸長は日本経済の一部に「ルーブル成金」を生んだが、いわゆる裏日本各地や北海道の伝統的な沿岸貿易は、一九〇九年実施の極東自由港制廃止の影響をうけて、無税品の果物や野菜を除けば不振をかこっていた。開戦後は、その果物や野菜についても関税徴収の対象となったため、関係の貿易商社は大打撃を被った。

表1からは、開戦後のロシア極東からの輸出の減少、それと同時に進んだ満洲産品のトランジット貿易の増加の趨勢もうかがえる。その大部分を占めたのは、満洲産の大豆・豆粕であった。ウラジオストク経由は大連経由、営口経由と並ぶ満洲大豆の主要輸出ルートをなし、日本企業のなかでは三井物産が一九〇八年にロンドン市場への売り込み

に成功して以来、このルートによる満洲大豆のトランジット貿易を軌道に乗せていた。

ロシアの戦争遂行上、重点施策とみなされたものに鉄道輸送力の増強があった。アメリカから輸送される部品で性能の高い貨車を量産する臨時車両組立工場がウラジオストク郊外のペルヴァヤ・レチカに新設された。鉄道の修理と保全、運行確保も戦時体制の根幹に位置づけられており、この分野では中国人移民の貢献が目立った。

中国を舞台とする大規模な労働者の募集は一九一五年にはじまり、一九一六年最高潮に達した。中国人募集の方法は、ロシアの企業家が直接または請負人を通じて行う非合法の「私招」、非合法ながら公然の募集、中国当局に公式に申し入れる募集、の三通りがあった。一九一六年五月末、長春の企業「義成公司」は黒龍江、吉林、奉天、直隷、山東の五省から毎月五〇〇〇人、四カ月間に二万人を集めてロシアに送ったという。地方当局は半ば黙認しながら、募集のやり方に反発を強めた。張作霖奉天督軍兼東三省巡閲使はロシア人の労働者募集を取り締まるよう北京政府の外交部に要求し、営口の栄叔章道尹はロシア人による中国人労働者募集の不許可を外交部に請願している［李永昌 一九八七、二二六―二二七頁］。

戦前外国人労働者の入国を規制していたロシアが積極的な移民受け入れに転じたのは、一般に戦時の動員で生じた労働力不足を補うためだったが、もう一つの新たな特徴はヨーロッパ部への大量の移民流入である。ハルビン経由で入国し、ヨーロッパ部に派遣された中国人労働者は一九一七年九月現在六・七万人にものぼったが［サヴェリエフ 二〇〇五、一八〇頁］、その就業先の過半は鉄道関連企業で占められており、うち二・一万人がムルマンスク鉄道以下の鉄道一〇社、一・七万人が土木建設局で働いていた。最大手の雇用主、土木建設局はもっぱら鉄道業務の一元化のため戦時に新設された軍の直属機関であった。この六・七万人は、直接または間接に中東鉄道管理部が募集に関わった中国人の人数であろう。大戦期に一〇万人を数えたとされるヨーロッパ部・ウラル在住中国人労働者は、革命以後仕事もなく、帰るに帰れず身動きできなくなった。彼らのうち内戦期ボリシェヴィキの働きかけを受けて赤軍やパルチザンに入隊した中国人労働者は三万から四万人いたという[Larin 2000, p. 56]。

極東でも、戦時下の中国人労働者のうち鉄道関連の事業所で働いた人びとは多い。ウラジオストクとハバロフスクを結ぶウスリー鉄道では、多数の中国人が機関車の罐焚きや修理工として就労した。ウスリー鉄道は中東鉄道の傘下にあったから、彼らはハルビンにある中東鉄道管理局の主導下に募集されたのであろう。ペルヴァヤ・レチカの車両組立工場では、ロシア屈指の工業都市であるペトログラード、リガ、ハリコフから派遣された数百人の基幹労働者のほかに、約五〇〇〇人の中国人が働いていた[Ikonnikova 1999, p. 93]。

未曾有の総力戦として展開された第一次大戦は、大量の労働力を労働現場から奪って戦場に動員した。一九一七年一〇月までにロシア全国で召集をうけた者は開戦時の現役一四二・三万人、同予備役三二一・五万人を含めて合計一五三七・八万人にものぼる。これは農村男子人口の三二・六%、労働能力ある男子人口の四七・四%に当たり、アムール州や沿海州でもこの比率はほぼ同じであった(サハリン州とカムチャツカ州の住民は動員の対象外とされた)[Golovin 1993, No. 6]。

応召した兵士たちは、一〇月革命につづく休戦で大規模に復員する。彼ら「前線帰り」(フロントヴィキ)の政治的色彩は必ずしも一律ではなく、なかには「反過激派」の支持基盤をなす工場労働者のグループもあった。製錬・兵器工業の中心地として知られたウラルのイジェフスクやヴォトキンスクの住民はその典型例である。しかし極東では一般に、前線の兵営生活で革命の高揚を経験した元兵士が帰郷後の農村部で急進的な役割を演じた。

東アジア系のディアスポラにおいてもロシア国籍をもつ帰化者は当然にも動員対象となった。中国人の場合はごく少数だったが、朝鮮人の場合は一九一四年当時ほぼ三人に一人が帰化者である(沿海州在住の五万四二七八人中、一万八六八〇人)。朝鮮人の沿海州への移民は一八六〇年代から飢餓民の越境としてはじまり、古参住民は土地を分与されてロシアに帰化した農業移民を主としていた。これに対して二〇世紀初頭以後の新規移住者は、日本による圧迫と闘い、植民地と化した祖国を逃れてきた人びとを主とし、多くは非帰化者で占められていた。ロシア国籍をもつ朝鮮人のうち、土地分与をうけた古参住民層は動員に応じたといわれている。彼らのうち、若年層の一部は士官学校を卒業して少尉補に昇進し、そのなかから南萬春や呉夏黙といった極東の革命運動に献身する活動分子が輩出した。帰化した新規移住者の多くは兵役を忌避して満洲に移ったといわれている。新たな移住先は間島であっただろう〔原 一九七七、一七六―一七七頁〕。

二 初期ソヴィエト政権と軍需物資・食糧問題

一九一七年一一月にボリシェヴィキ党(ロシア共産党の前身、以下単に党ともいう)を主勢力とするソヴィエト政権が成立して協商陣営からの離脱を宣言し、事実上ドイツに対する東部戦線が崩壊すると、英仏をはじめとする連合国の戦争指導者はその再建を求めて、対ロシア干渉構想の策定に乗り出していった。要点は、余剰兵力を保持していた日米の軍事力をもってする東部戦線の再建にあった〔細谷 二〇〇五、二二頁〕。

ウラジオストクには、連合国から輸入された軍需物資が鉄道輸送力の減退のため大量に積まれたまま放置されており、ボリシェヴィキを通じてドイツの手中に渡る危険性がある。最も早い段階で浮上した干渉構想は、その確保を出兵の大義名分に掲げるもので、英国のセシル外務次官は一九一八年一月一日にその趣旨を珍田捨巳駐英大使に伝えている。干渉軍の侵入で早晩ウラジオストクは陥落する、との見通しをもったレーニンは、干渉の開始前にできるだけ多く搬出することが絶対に必要だとして、この年の初春、ロシア中央部への軍需物資の搬出を同市のソヴィエト組織に指令した。

レーニンは北満のソヴィエト組織に対しても具体的措置の実現を個別に求めた。極東の諸都市でソヴィエト権力の樹立がいまだ日程にのぼっていない一九一七年一二月初頭の時点でハルビン・ソヴィエトに電報を発し、権力の掌握と国境三地点（満洲里・ポグラニーチナヤ・ハバロフスク）の税関へのコミッサール派遣、食糧の独占的輸出権限の確保を労農政府の名において命令したのである。二月革命は首都の飢餓状態から勃発したが、ひきつづく食糧危機は一〇月革命で解決されるどころか、その後も一層深刻化していた［梶川 一九九七、七九頁］。革命政権は穀物余剰地域と目された西シベリアだけでなく、ロシア勢力圏の北満にまで熱い視線を注いだのであり、このことが現地のソヴィエト組織に早急な権力掌握を促した理由だったことは疑いない。だが、東アジアの国際関係を軽視した中央政府の冒険政策は無残な結末を招いた。中東鉄道管理部長ホルヴァート将軍の要請で出動した中国軍がほとんど抵抗なく革命派の拠点部隊を武装解除したのは、ハルビン・ソヴィエトの権力掌握宣言から二週間後のことだった。

ボリシェヴィキによって足元を脅かされた北満のロシア支配層は連合国領事団、北京政府と協力して、ソヴィエト・ロシアに対する報復措置をとった。この年八月ドイツに宣戦布告し、一二月に参戦督辦処を設置して連合国との共同歩調に踏み出していた北京政府は、年明けの一月一一日から沿海州、ザバイカル州との国境を閉鎖した。約三三〇〇トンの穀物の発送が見送られた。ウラジオストク経由のトランジット輸出は満鉄経由に切り替えられ、その結果二月には満鉄に五六〇〇両の貨物（うち二七〇〇両は穀物）が提供される反面、沿海州向けは皆無となった［Tsipkin 2003, p. 42］（なお、**表1**の一九一八年を参照）。

ハルビン・ソヴィエトの蹉跌は、ウラジオストクやハバロフスクの党指導部を慎重にさせた。彼らはまず沿海州のゼムストヴォ（県州ごとの地方自治・公共事業体。ウラル以東では二月革命後に導入された）に連立工作を行い、一九一七年の年末までにソヴィエトと自治体の各代表から構成される変則的な地方ソヴィエト政権を立ち上げた。それは、連合国に軍事干渉の口実を与えまいとする配慮に根ざしていた。このとき成立した「極東地方労兵農ソヴィエト自治体委員会」政権は、一八年四月に日本軍とイギリス軍の陸戦隊がウラジオストクに上陸した直後にゼムストヴォ・市会の廃止に踏み切り、その正式名称から自治体の部分を外し、五月から「極東人民委員会議」(ダリソヴナルコム)と改称する。

ダリソヴナルコムは、前身も含めてアレクサンドル・クラスノシチョーコフが議長を務めた。のちに原発惨事の現場として知られる小集落チェルノブイリの出身で、ウクライナの労働運動に身を投じ、亡命先のアメリカで一五年間を過ごしたのち二月革命後に帰国したユダヤ人活動家である。内戦終結から一〇年後の一九三二年に彼が極東の古い同志に語った回顧談[GAAO, 194/1/49, pp. 1–22]は、革命期の極東、とくに軍需物資の搬出問題、食糧調達問題、シベリアと極東の地方ソヴィエト政権間の関係について興味深い証言を残している。軍需物資の搬出問題では、ウラジオストクの党組織はダリソヴナルコムを除外してモスクワとだけ連絡をとり、しかも干渉は遠いという幻想のもとに搬出に必ずしも積極的でなかった。そのため軍需物資の大部分は干渉軍と反革命の手に残されたという。

食糧調達問題では、シベリアと極東の各ソヴィエト政権の対立関係が露呈した。前者は一九一七年一〇月に「シベリア・ソヴィエト中央執行委員会」として成立し(略称ツェントロシビーリ、所在地イルクーツク)、一八年三月「シベリア・ソヴィエト共和国人民委員会議」と改称した。ツェントロシビーリは、シベリア革命の牽引車として全シベリアを一円的に支配する志向が強かったが、それに加えて一八年春の全国的な食糧危機のなかで穀物調達に責任をもつ地方指導部という自負も高まっていただろう。対立はツェントロシビーリが極東に食糧調達導入のためコミッサールを派遣したことからはじまった。クラスノシチョーコフによれば、「ロシア中央部とシベリアで達成されたのと同じ形態の食糧調達の実施は極東に適用しえない、この点にダリソヴナルコムとツェントロシビーリの両センター間で最初の闘争が持ち上がった」のだった[*ibid.*, p. 20]。

極東は、帝政政府が大戦開始の前年に導入した北満穀物への課税措置、開戦後の農業生産力の低下と鉄道輸送の渋滞、一〇月革命後に北京政府がとった対ロシア禁輸措置などが重なり合って深刻な食糧危機に陥っていた。ツェントロシビーリからの働きかけはあったものの、ロシア中央部とシベリアで導入済みの強制措置による食糧調達方式の極東での導入は結局見送られた。ダリソヴナルコムの議事録を追う限り、極東ソヴィエト食糧委員部の指令は製粉食品の専売などにとどまっている[Flerov et al. 1969, p. 279]。この時期極東では土地国有化も見送られた。

極東における食糧危機打開の道は、中国との国境貿易の再開以外になかった。中央政府も日英陸戦隊上陸の直後に必需品の輸入を許可している。在留中国人コミュニティから、中国産品の自由輸入に松花江とアムールの舟運を使いたい、という請願の動きもあった。ダリソヴナルコムはこれに保証を与えている。一方、穀物禁輸が満洲市場における小麦価格の暴落を招いたことから、北京政府は六月に入ってその解除に向かった。禁輸撤廃を要求するハルビン穀物商の動きをうけて、黒龍江省督軍・鮑貴卿が北京政府に働きかけた結果であった[Zalesskaia 2009, pp. 58, 120]。

三　鉄道戦としての内戦と干渉戦

第一次大戦を評して「これは鉄道戦だ」といったのはフランス陸軍参謀総長ジョッフル将軍である。総力戦では補給が死命を制する。大戦に接続するシベリアの内戦と干渉戦でも鉄道が補給と兵員輸送、それ自体の武装化において果たした意義は大きい。鉄道による兵員輸送はしばしば転戦を意味し、チェコスロヴァキア軍団(以下、チェコ軍団)の「大転戦」(アナバシス)はシベリア・極東の内戦を彩るその顕著な例であった。また、鉄道輸送の安全を保障するための装甲列車の頻繁な使用、鉄道輸送を阻止するためのパルチザン部隊による運行妨害や橋梁爆破も内戦期の鉄道戦を特徴づける。

内戦期の極東は、連合国側からは再建されるべき対独東部戦線の後方として想定されたが、現実にはまず地元の赤軍・赤衛隊が中露国境の白軍(セミョーノフの特別満洲里支隊、カルムイコフの特別カザーク支隊)と対峙する戦場

（ダウリヤ戦線、グロデコヴォ戦線）となり、初期ソヴィエト政権の崩壊後は、シベリアの白軍（コルチャーク軍）がウラル正面で赤軍と対峙する東部戦線の後方となり、さらにコルチャーク体制の崩壊後は、極東共和国人民革命軍がセミョーノフ軍や旧コルチャーク軍残党と対峙する戦場と化した。

ローカルな白軍対赤軍の対決となった最初の局面では、赤軍側の善戦が目立った。しかし、一九一八年五月二五日にはじまるチェコ軍団の反乱は軍事情勢を大きく変えた。

チェコ軍団というのは、開戦後に帝政ロシア政府のもとで発足したチェコ戦士団に起源をもち、一〇月革命後ドイツの軍事干渉の舞台となったウクライナの駐屯地から脱し、西部戦線のフランス軍に合流する目的でシベリア鉄道を東進した総計五万人を超えるチェコ人、スロヴァキア人の部隊をさす。ウラジオストクにはその先頭部隊が一九一八年四月下旬に到着し、軍団の駐屯地はヴォルガ中流域から太平洋岸までの鉄道沿いに長い帯状をなして連なった。チェコ軍団はよく訓練されて士気も高く、ヴォルガ河畔の戦闘で赤軍から奪取した新鋭の装甲列車「オルリーク」（旧称「ザアムーレツ」）を占領下の長大な幹線上に実戦配備し［Kolomiets 2005, pp. 10–20］、沿線で最強の軍事力を誇った。

最初に反乱に決起したのは、ウラルの要衝チェリャビンスクに駐屯中の部隊であった。この動きは沿線各地に波及し、極東でも地方ソヴィエト政権の最大の拠点だったウラジオストク・ソヴィエトがこれによって崩壊した。一方、この時期にソヴィエト政府が発した「食糧独裁」令は広範な農民層をソヴィエト陣営から離反させるとともに、地方ソヴィエト自治の否定、統制の厳格な中央集権化と非常大権の常態化をもたらした点でも、一〇月革命後の政治状況を大きく変えた。［梶川 一九九七、二八七頁］。

チェコ軍団の反乱とソヴィエト政権の農民敵視政策のなかで、中道派（「民主主義的反革命」）を含む「反過激派」諸勢力はヴォルガ流域から極東まで各地で息を吹き返し、政権掌握を窺った。この情勢は連合国の軍事干渉にも恰好の機縁を与えた。連合国は「独墺俘虜の迫害」からのチェコ軍団を「救援」するという大義名分のもとに共同出兵に踏み出すことで調整を図り、日本政府もこれを出兵宣言として告示して各国と歩調を合わせた。

日本軍の基本戦略は、「敵軍の東漸」を防止するため「露人」をして「極東に於て帝国支持の下に防堤を築かしめん」(上原勇作参謀総長)という任務を第一義とした。「露人」すなわち「反過激派」地方政権を擁立するには「シベリア横断鉄道とアムール鉄道の分岐点までの占領」(本野一郎外相)が不可欠であった[原 一九八九、一七八、二八〇頁]。

シベリア鉄道は、ザバイカル州のチタ近くの分岐点から東で、中東鉄道経由ウラジオストクに至る幹線と、アムール川の北側を迂回してハバロフスクに至るバイパスの二系統に分かれている。鉄道分岐点は戦略的に重要であり、州都チタはザバイカル・カザーク軍の本拠地でもあって、日本政府・軍はこの要地を最も重視していたのである。

ちなみにシベリア鉄道は西シベリアのオムスクから西でも、チェリャビンスク、サマーラを経由してモスクワに通ずる幹線と、エカテチンブルク、ペルミを経由してペテルブルクに通ずるバイパスの二系統に分かれており、分岐点のオムスクがコルチャーク政府(オムスク政府)の所在地とされたのは理由のあることであった。

日本軍の兵力規模については、上限一万二〇〇〇というのがアメリカとの合意事項だったが、実際には出兵宣言の告示から三カ月後の一一月初頭までに小倉第一二、名古屋第三、旭川第七の三個師団、合計約七万三〇〇〇人が極東と北満に派遣された。派遣部隊の輸送は、宇品出港後ウラジオストクに上陸し、沿海州・アムール州に向かうものと、釜山に上陸し、朝鮮鉄道本線(京釜・京義線)、満鉄安奉線と本線を経由して北満・ザバイカル州に向かうものが主経路で、大連経由の比重は少なかった[坂本・木村 二〇〇七、一七一頁]。

兵力の派遣先は、ザバイカル州と北満を日本の排他的支配下におくという用兵方針に基づいて、幹線沿いに重厚な配備となった。その一帯には二個師団の主力ないし直轄部隊が配置され、沿線のチタに第三師団司令部、満洲里に第七師団司令部、ヴェルフネウディンスク(現ウランウデ)、ネルチンスク、ダウリヤ、ハルビンに歩兵旅団司令部がおかれた。これに対してバイパスのほうは副次的意義しか与えられなかった。アムール州と沿海州にまたがる広い守備範囲が第一二師団の管轄とされた。師団はこれを東西に二分し、西部を分担する歩兵旅団は長いアムール鉄道沿いの人口希薄な地域に部隊を分散配置した。東部を分担する他の歩兵旅団はウスリー鉄道沿線からアムール川の河口付近にまで広範囲に分散した。西部と東部の各旅団が鉄道沿線から遠く離れたゼーヤ金鉱や北サハリン対岸の要地ニコラエフスクにまで守備隊を配置したのは、日本軍の出兵目的が実はチェコ軍団の「救援」を離れて別にあったことを如実に示していた。浦潮派遣軍司令官に直属する南部ウスリー派遣隊を朝鮮国境の要地に配備したのも同じである。

チェコ軍団の「救援」はアメリカにとっても干渉の正当性を説明するのに根拠が弱かった。シベリア鉄道・中東鉄道の分担管理で指導的な地位を占める意欲を持っていたアメリカは、日本の協調を引き出しながら連合国間鉄道協定を取り結ぶイニシアティブをとった。その締結後は、軍団の「救援」に代わって鉄道の復旧保護にアメリカ軍の最大の注意が注がれた。実際上、鉄道の改善は反ボリシェヴィキの目的に沿うものであった。ウィルソン大統領は門戸開放、領土保全に基づいてこれを正当化した[Unterberger 1956, p. 117]。

四　植民地防衛のための軍事干渉

日本軍の大部隊を主力とし、軍事力ではるかに勝る連合国の多国籍軍は、にわか造りの地元の赤軍・赤衛隊部隊に太刀打ちできる相手ではなかった。戦線構築型の作戦は放棄され、農村部やタイガの奥深くに勢力を蓄え、時機をみてパルチザン戦に移ることになった。パルチザン運動によって日本軍が最初の重大な損失を被った地域はアムール州であった。よく知られた日本軍の敗戦事例にユフタの戦闘がある。アムール鉄道ユフタ駅付近の戦闘で大分歩兵第七二連隊の田中大隊が「最後の一卒に至るまで全員悉く戦死」、救援に向かった一小隊も衆寡敵せず、「歩兵の負傷兵卒五名を除き他は悉く枕を並べて戦死」するというものである。不名誉な敗北の汚名を雪ぐため、第一二師団長は「師団全力を以てする大討伐」をなすに決し、これを州内の広い範囲で実施した。「過激派」の拠点と目された集落は「全村焼棄」の対象とされ、最多の犠牲者が出たイヴァノフカ村では追悼者名簿から確認されるだけで老若男女二九一人の住民が殺害された［原 二〇〇七、九九頁］。

日本軍が一九一九年初頭以来のパルチザン戦で被った損失も小さくなかった。陸軍省の作成になる一月以後三月二五日現在の「過激派討伐死傷数」統計によれば、第一二師団では戦死二九三、負傷一四八にのぼり、同時期第三師団の戦死八、負傷一〇と大差がある。日本軍側の兵力配置の多寡、支援対象の軍事的優劣は派遣先の沿海・アムール・ザバイカルの三州ごとに一定の差異があり、アムール州の特殊事情が州の住民に対する過剰な敵視を際だたせる背景をなしていた［同前、八〇―九二頁］。

ユフタの一個大隊全滅は二月二五日から二六日の事件である。その直後の三月一日に朝鮮半島で独立運動が澎湃として起こった。三・一独立運動は即座に国境を越えて沿海州の朝鮮人ディアスポラアに波及した。ニコリスク市では数百人の抗日デモが行われた。シコトヴォ郷では警察当局が朝鮮系住民の抗日デモを弾圧しようとしたとき、現地に駐屯中の(北京政府の派遣で連合国の多国籍軍を構成していた)中国軍の末端部隊がこれを妨害し、兵士の発砲で二人の警官が負傷するという一幕もあった。朝鮮人ディアスポラだけでなく、戦時動員で労働力の不足がちな農村地帯に広く散在していた中国人ディアスポラも、パルチザン部隊への要員供給源の一つであったことが知られている。

田中大隊の全滅と三・一独立運動から連続的に衝撃をうけた内田康哉外相は、三月一二日付けの閣議案に「米国の如きは出来得る限り過激派と衝突を避くるの方針」であるに対し、我が国「独り過激派討伐の衝に当るが如きは」ただに彼らの怨恨を買うにとどまらず、ひいては「善良なる露国民」を誤解に陥らしめ、日露間にミゾを生む惧れがある、さらに「強烈なる復讐心を有する過激派」をして憤懣の余り「西比利亜と相接壌せる」我が朝鮮において「暴民を煽動し禍乱を激生せしむるに至るなきを保せず」、それゆえ対応策として、討伐は日本の支援するロシア軍に当たらせ、日本軍の単独討伐は避けるべきである、との趣旨を記した。しかし内田はこの案の閣議提出を控えた[『外文』大正八年第一冊、六一六頁]。原敬「平民宰相」下の文民統制とは、その程度でしかなかった。

前年一一月に軍事独裁体制を発足させて「ロシア国家最高統裁官」兼「ロシア陸海軍最高総司令官」に就任したコルチャーク提督の政権は、ウラル正面で赤軍と対決しながら、後方を脅かすパルチザン運動に手を焼いていた。エニセイスク県における運動鎮圧に際して、コルチャークは「ボリシェヴィキを匿っている村は焼棄せよ」と宣言した日本軍の先例を引き合いに出して、その適用を指令した。コルチャーク軍の「村落焼棄」作戦は、七カ月後に自粛命令が出るまでつづいた[原 一九八九、四六九頁/Dotsenko 1983, pp. 82-86]。

コルチャーク軍に向けられた日本発を含む連合国の支援物資は、一九一八年一〇月から一九年一〇月のあいだに船舶七九隻、重量九・七万トンに達した[Mawdslay 1987, p. 144](なお**表1**の一九一九年を参照)。鉄道労働者のストライキ運動は、こうした援助物資の安定的補給を脅かした。六月末にウスリー鉄道当局が「ボリシェヴィキを利する活動」ゆえに労働者五五人を解雇したのが発端となって、七月にはウラジオストクの機関庫、鉄道工場、軍港の労働者がストライキ運動に立ち上がった。この動きは中東鉄道にも波及するが、その沿線には抗日五・四運動も当然波及しており、ロシア人と中国人の共同闘争が高揚する。「五月罷工」は「中露労働者の一律平等を期して中国人労働者の特別手当を増加せよ」という項目を含む要求を掲げ、要求が基本的に満たされたとして勝利のうちに終わった。その後ウスリー鉄道の動向が伝えられ、中東鉄道当局が「五月罷工」の妥結条件を覆したことから「七月大罷工」となった。七月二六日にはじまる幹線のストップはコルチャーク政権に甚大な打撃を与えた[呉・張 一九九三、一九一―一九九頁]。

この間、コルチャーク政府は日本のウラル出兵を執拗に求め、一九一九年五月には日本軍中央部の意向を探らせるためロマノフスキー将軍を東京に派遣した。ロマノフスキーの結論は、「中国・朝鮮の強い反日的風潮ゆえにバイカル以西の日本軍派遣を達成するのは困難であろう」というものだった[GARF 200/1/120, p. 22]。日本政府・軍はバイカル以東限定方式に固執していた。それは大陸植民地・勢力圏防衛構想と密接不可分の関係にあったからである。

日本軍は表面上チェコ軍団の「救援」を目的に掲げて軍事干渉の行動を起こした。しかし表面上もチェコ軍団の「救援」や「居留民の保護」から変容していった。これらを補う大義として、出兵宣言の告示後にシベリア経済援助を目玉とする「ロシア国民の救援」が加えられた〔井竿 二〇〇三、三六頁〕。

しかし、一九年夏に至り、軍団の帰還が進捗する一方、シベリア経済援助委員会は開店休業状態に陥り、この出兵目的も宙に浮いた。戦況は前線のコルチャーク軍が総崩れとなり、オムスク政府のイルクーツク移転も避けられないという形勢に、イギリス政府はシベリアからの撤退方針を決定した。改めて干渉政策の見直しを迫られた日本政府は、八月一四日の閣議で駐兵目的を再確認した。それは、ロシア極東へのボリシェヴィズムの浸透を阻止し、朝鮮および満洲にとっての緩衝地帯を確立する、というものであった。

コルチャーク政府・軍のオムスク撤収、東方への「大退却」の結果、翌一九二〇年の初頭、イルクーツク守備隊の兵士反乱によって政権は崩壊する。情勢の変化に対応した日本政府の新方針は三月五日の外交調査会で決定されるが、そこには、「帝国と一衣帯水の浦潮方面も全然過激派の掌中に帰し」、「接壌地たる朝鮮に対する一大脅威」を現出すると同時に同派はアムール川を越えて「北満に侵入し来る虞ある処」かくの如きは自衛上黙視しえない、ゆえに沿海州南部と中東鉄道沿線には駐兵を続ける、と記された〔『外文』大正九年第一冊下、八六九―八七〇頁〕。当初掲げた出兵目的は見せかけだったことを告白するものである。

コルチャーク政府崩壊後の日本の単独駐兵は、いまやロシアの各界において完全に不人気となった。さらに四月四日から五日にかけて日本軍が引き起こした「革命軍武装解除事件」によって日本はウラジオストクの領事団内においてさえ孤立を深めた。四月四―五日の作戦行動は、ウラジオストクの新韓村に対する襲撃をともなっており、それは半年後に間島で実施される朝鮮独立運動の拠点に対する掃討作戦〔李盛煥 一九九一、一九〇頁以下〕の序曲となった。

国際的に孤立し、日本の一部メディアからもシベリア撤兵か、との憶測さえ流れていたとき、ニコラエフスク(尼港)市内に入ったパルチザン軍との戦闘で、日本軍は現地の陸海軍部隊(第一二師団のあとを継いだ宇都宮第一四師団の一部からなる守備隊と海軍無線電信隊)の大半を失うという失態を演じた。四月四—五日の冒険的軍事行動によって沿海州の拠点で軍事的威力を見せつけながらも政治的な権威を失墜し、新たな傀儡政権の擁立も断念せざるをえなかったのは、これに続く失態であった。相つぐ失態を補って余りある効果をもったのは、五月下旬に尼港のパルチザン軍が引き起こした大規模な恐るべき赤色テロルであった。その犠牲者となったのは、三〇〇〇人ともいわれる無辜の市民であったが、獄中の日本軍残兵と日本人居留民もこのとき惨殺されたのである。

予期もしなかった「尼港の惨劇」で駐兵理由を再発見した日本軍は、間島出兵から半年たった一九二一年五月、白衛派のクーデタを支援してこれを成功させ、さらに一年半白衛派政権の後ろ盾として南部沿海州と中東鉄道沿線に居座った。同年の晩秋にハバロフスクの奪取を目指した白衛派の進軍では、帰国する前のチェコ軍団から日本軍が手に入れた装甲列車「オルリーク」も一役買った〔『外文』大正十一年第一冊、四六〇頁〕。また、対外経済関係の一定の好調がもたらされたのも日本軍と白衛派政権の良好な関係を反映するものであった(**表1**の一九二一—二二年を参照)。それは、満洲からのトランジット貿易の増加、森林利権の対日供与による木材輸出の増加、滞貨の逆輸出などの要因からなっていた。「尼港の惨劇」の効果は、尼港を州都とするサハリン州を尼港事件の解決まで保障占領する機縁を日本政府に与えた。保障占領は一九二五年五月まで続くことになる。

五　極東共和国と極東全域のソヴィエト化

コルチャーク体制が崩壊してバイカル湖から西のシベリアで内戦が終結したとき、極東では各州が完全な分裂状態に陥り、そうしたパッチワーク状の諸地域の統一が当面最大の課題として人びとに認識された。しかし、日本軍の駐兵継続と挑発的な軍事行動が客観的な現実となったとき、理論上いくつかありうる統一の選択肢のなかで、かつ錯綜した政治闘争をともないつつも、バイカル湖をソヴィエト共和国との国境とする緩衝国家(極東共和国)への結集が最も現実的な道筋として選択された[原 一九九五]。

極東統一問題で一応の方向性が明らかになった一九二一年八月、モスクワの党中央は「極東共和国に関する短いテーゼ」を決定する。「テーゼ」は、極東共和国がバイカル湖から太平洋岸までの領域に「大陸から日本軍が完全に撤退するまで」存続すべきことを主張するとともに、その首都はザバイカル州におき、ウラジオストクは「容易に日本の権力下に陥りロシア・シベリアとの結びつきが弱い」ので首都たりえない、と指摘した。

組織面では、党中央委員会は中央から任命される極東ビューローを通じて極東共和国を指導するものとする、また「内政のすべての基本問題」と「対外政策の例外なくすべての問題」、とくにコンセッション、経済協定、外国資本との相互関係については中央の同意をえて決定される、と釘をさした。

極東共和国の内政と外交をめぐっては、それを指導するモスクワの党中央とそれに直属するシベリア・ビューロー、極東ビューローの三者間にたえず論争があった。極東共和国首班に就任したクラスノシチョーコフは、党中央の許可なしに日本の三井資本の導入を目的とするコンセッション交渉を行ったとして一九二一年夏に更迭された。

当時の「アジア太平洋地域で最も民主的」という評価もある極東共和国憲法をめぐっては、それを遵守するのか、それとも空文化させるのか、という問題があった。結論的にいえば、二一年春に制定されたこの憲法の基本条項は一年もたたないうちに内部から覆されていった。ソヴィエト指導者にとって、ロシア共和国から形式上独立した緩衝国家を置く理由は、日本軍の撤退とともに消滅する。極東共和国という外交的妥協は不必要となるからである。しかし妥協それ自体が虚構であって、極東共和国憲法の表面化しない違反は緩衝国家の存在した全期間を通じて実施されていた。

二一年一〇月一二日極東ビューローのメンバーで極東共和国外相ヤンソンは、党の会議で「外見と内実」を区別することを強調し、極東ビューローは表向き憲法の基準を遵守しながら実際は逸脱するよう党員を指導している［Azarenkov 2006, pp. 94–95］。この路線は外務人民委員チチェリンに発していた。彼が政治局に提出した覚書「ソヴィエト・ロシアと極東共和国の関係について」には、緩衝国家は「外交目的を伴った単に一時的なイチジクの葉」「単なる外交的マヌーヴァー」にすぎない、「クラスノシチョーコフ一派の召還」と「ヤンソンたちのモスクワからの任命」はこのことを示すものである、と述べられており、政治局によって了承をえている［Sevost'ianov et al. 2002, p. 196］。

党中央の後ろ盾の下に、ヤンソンに代表される極東ビューローは、二二年初頭のころ従来の隠然たる憲法体制無視から公然たる憲法蹂躙へと移行し、この目論見の執行を公的機関たる極東共和国政府に負わせた。政府は七人の党員からなっており、反立憲的な非常立法を展開しつつ、強硬手段に訴えるようになる。立法府でなく政府が決める法律は次第にソヴィエト共和国の実態に接近していった。人民革命軍は労農赤軍の一部であり、チタの治安警察組織はモスクワのゲペウ（GPU）の支部とみなされていた。

こうした極東共和国の独立喪失過程は、指導部人事異動の過程と相携えて進行した。一九二二年夏に行われたトップ人事で、モスクワは即時緩衝国家解消論者のクビヤクを党中央委・中央執行委の全権代表として極東に派遣し、極東ビューロー書記に任命する。極東ビューローの構成は二一年夏の「クラスノシチョーコフ一派」召還の時点で大きく変更されたのち、二二年夏にもう一度大きく変更されたのである。

日本軍が撤退した二二年一〇月の翌月に行われた極東共和国のロシア共和国への併合は、すでに実質上進行していた域内ソヴィエト化過程の総仕上げをもたらした。この月、極東における勝利を祝して（名目上の極東共和国人民革命軍ではなく）赤軍第五軍に赤旗勲章が授与されたことは以上の経緯を象徴していた。

極東共和国が存続していた一九二一年から二二年にかけて、北満との国境貿易は次第に活性化する道を進んでいた。極東共和国が介在したおかげで二二年にはロシア共和国と中国との物流が相当の拡大をみせてもいた。同年の一〇月に党中央は極東では外国貿易の自由を暫定的に維持すると決めた。ところが早くも一二月、党中央はこれを覆して国家独占路線に転換し、ソヴィエト共和国に発令されていた外国貿易に関する布告を極東に拡大した。大企業による小企業の圧迫、さらに国家による大企業の圧迫をうけて、極東域内の中国人商人は激減した。彼らはウラジオストク、ブラゴヴェシチェンスク、ハバロフスクの店舗をたたんでハルビンに去っていった[Zalesskaia 2009, pp. 230–233]。

おわりに

E・H・カーによれば、一九二一年から二二年にかけての冬は、ソヴィエト勢力が「太平洋方面への再出 re-emergence」を画した時期であった。そして二二年、ソヴィエト・ロシアはヨーロッパでジェノヴァ会議、ラパロ条約によって外交的勝利を収めたのにつづき、極東では日本のシベリア出兵を終結させ、極東共和国をロシア共和国に再編入し(やがてソ連邦というより大きな単位に融合されることになる)、「一流の極東の大国としてツァーリ帝国の地位を回復することができた」[カー 一九七一、三八八、四〇〇頁]。

だがこうして太平洋方面に姿を現したソヴィエト勢力の「再出」、大国としての国際的な地位回復はどのような内政面、経済面、社会面の内実をともなっていたのだろうか。

長期にわたった大戦・内戦はロシア社会に消し難い刻印を遺した。臨時政府首班ケレンスキーの秘書を務めた農民出身の左派知識人で、一九二二年九月に国外追放処分をうけたピチリム・ソローキン(のちハーバード大学初代社会学主任教授)は、同年プラハで発表した冊子『ロシアの現状』のなかで、大戦・革命・内戦期に被った多方面にわたるロシアの変容を鋭く暴いてみせた。とくに「長びく残酷な戦争と血塗られた革命の全過程」が人心をいかに荒廃させ、人びとのモラルと法意識をいかに堕落させたか、という問題を提起した。この指摘はポストソヴィエト期の内戦史研究に重要な示唆を与えた。ソローキンは商業活動の停滞についても一節を割いている。貿易については戦前五年間平均と比較した一九二一年の実績が輸出二〇二〇万金ルーブルで戦前水準のわずか一%、輸入二億四八五〇万金ルーブルで二二%、という数字を挙げている[Sorokin 1994, pp. 445, 459]。

内戦終結後の極東ソヴィエト当局は、外国貿易の国家独占適用によって、国民経済の健全化、産業発展の刺激、近隣諸国への経済依存からの解放が実現したとして、入超を出超に転換させた実績を特筆している[Dal'revkom 1926, p. IX]。しかし、出超への転換といっても、極東の場合それは単に内戦期中国と日本からの輸入規制を引き続き維持した結果に過ぎず、内戦終結後のソヴィエト政権による極端な貿易制限は、ソヴィエト国家の極東地域と東アジアの地域間関係の遮断を象徴するものとなった。それはまた、苦難の時代に引き続く平和克服後の時代において、新たな苦難を域内住民に強いるものとなった。

革命・内戦・軍事干渉の六年間を経た沿海州では、一九二五年のウラジオストクのメーデーに際して「ソヴィエト政権の樹立に尽くした元戦士たち」のあいだに食糧デモを起こす動きがあり、翌年の冬季に一農民は連邦指導部に宛てた手紙のなかで、現在の危機的状況にあってこの地方に一つの織物工場もなく、ソヴィエト企業から冬物の繊維製品や必要な日用品を入手する手立てもない、「われわれ極東と全シベリアの全住民は密輸によるものであっても購入せざるをえない」とその切羽詰まった苦境を訴えるとともに、しかし極東には「安価に商品を提供しようと申し出ている」隣人が中国や日本にいるではないか、とも付け加えている[Livshin et al. 1998, p. 475]。

【文献一覧】

荒武達朗 二〇〇八 『近代満洲の開発と移民――渤海を渡った人びと』汲古書院
井竿富雄 二〇〇三 『初期シベリア出兵の研究――「新しき救世軍」構想の登場と展開』九州大学出版会
カー、E・H 一九七一 『ボリシェヴィキ革命第三巻――ソヴェトロシア史一九一七―一九二三』宇高基輔訳、みすず書房
梶川伸一 一九九七 『飢餓の革命 ロシア十月革命と農民』名古屋大学出版会
サヴェリエフ、イゴリ・R 二〇〇五 『移民と国家――極東ロシアにおける中国人、朝鮮人、日本人移民』御茶ノ水書房
坂本悠一・木村健二 二〇〇七 『近代植民地都市 釜山』桜井書店
富田武 二〇一〇 『戦間期の日ソ関係 一九一七―一九三七』岩波書店
『日本外交文書』(『外文』)大正八年第一冊、大正九年第一冊下、大正十一年第一冊
服部龍二 二〇〇一 『東アジア国際環境の変動と日本外交 一九一八―一九三一』有斐閣
原暉之 一九七七 「ロシア革命、シベリア戦争と朝鮮独立運動」菊地昌典編『ロシア革命論 歴史の復権』田畑書店
原暉之 一九八九 『シベリア出兵 革命と干渉 一九一七―一九二二』筑摩書房
原暉之 一九九五 「内戦終結期ロシア極東の地域統合」『ロシア史研究』五六
原暉之 二〇〇七 「アムール州イヴァノフカ村の「過激派大討伐」(一九一九年)」田中利幸編『戦争犯罪の構造――日本軍はなぜ民間人を殺したのか』大月書店
細谷千博 二〇〇五 『シベリア出兵の史的研究』岩波現代文庫(初版、有斐閣、一九五五)
李盛煥 一九九一 『近代東アジアの政治力学――間島をめぐる日中朝関係の史的展開』錦正社
呉文銜・張秀蘭 一九九三 『霍爾瓦特与中東鉄道』吉林文史出版社
李永昌 一九八七 「中国近代赴俄華工述論」『近代史研究』二
Azarenkov, A. A. 2006, "Metody likvidatsii Dal'nevostochnoi respubliki v 1922 godu," *Voprosy istorii*, 8.
Dal'revkom 1926, *Tri goda sovetskogo stroitel'stva na Dal'nevostochnom krae* (*Otchet Dal'revkoma za 1922–25 gg.*), Khabarovsk.
Dotsenko, Paul 1983, *The Struggle for a Democracy, 1917–1920: Eyewitness Account of a Contemporary*, Stanford.
Flerov, V. S. et al. eds. 1969, *Dal'sovnarkom 1917–1918 gg. Sbornik dokumentov i materialov*, Khabarovsk.

Golovin, N. N. 1993, “Voennye usiliia Rossii v mirovoi voine,” *Voenno-istoricheskii zhurnal,* No. 1–11.
Ikonnikova, T. Ia. 1999, *Dal’nevostochnyi tyl Rossii v gody pervoi mirovoi voiny,* Khabarovsk.
Kolomiets, M. 2005, “Otechestvennye bronedreziny i motobronevagony,” *Frontovaia illiustratsiia,* 5.
Korelin, A. P. et al. eds. 1995, *Rossiia 1913 god: Statistiko-dokumental’nyi spravochnik,* St. Petersburg.
Larin, A. G. 2000, “Krasnoarmeitsy iz Podnebesnoi,” *Rodina,* 7.
Livshin A. Ia. et al. eds. 1998, *Pis’ma vo vlast’. 1917–1927. Zaiavleniia, zhaloby, donosy, pis’ma v gosudarstvennye struktury i bol’shevistskim vozhdiam,* Moscow.
Mawdslay, Evans 1987, *The Russian Civil War,* Boston.
Sevost’ianov, G. N. et al. eds. 2002, *Sovetsko-amerikanskie otnosheniia. Gody nepriznaniia, 1918–1926,* Moscow.
Sorokin, P. A. 1994, *Obshchedostupnyi uchebnik sotsiologii. Stat’i raznykh let,* Moscow.
Tsipkin, Iu. N. 1996, *Beloe dvizhenie na Dal’nem Vostoke* (*1920–1922 gg.*), Khabarovsk.
Tsipkin, Iu. N. 2003, *Antibol’shevistskie rezhimy na Dal’nem Vostoke Rossii v period grazhdanskoi voiny* (*1917–1922 gg.*), Khabarovsk.
Unterberger, Betty Miller 1956, *America’s Siberian Expedition, 1918–1920,* Durham.
Wolff, David 1999, *To the Harbin Station: The Liberal Alternative in Russian Manchuria, 1898–1914,* Stanford.
Zalesskaia O. V. 2009, *Kitaiskie migranty na Dal’nem Vostoke Rossii* (*1917–1938 gg.*), Vladivostok.
GAAO Gosudarstvennyi arkhiv Amurskoi oblasti, Blagoveshchensk.
GARF Gosudarstvennyi arkhiv Rossiiskoi Federatsii, Moscow.

通空間論題

ウィルソン主義とワシントン体制

高原秀介

第一次世界大戦は現代史の起点といわれる。世界大戦を機に、欧州は崩壊の縁に追いやられた。戦争による混乱のなかで、後進地域ではナショナリズムが台頭し、ロシアには社会主義国家が誕生した。東アジア国際政治の勢力図も、日本の膨張政策によって大きく変容を遂げた。しかし、最も重要な変化は、二〇世紀以降の国際政治に絶大な影響を及ぼした新興国アメリカの台頭にあった。アメリカは孤立主義の伝統から脱却し、史上初めて欧州大陸での戦争に派兵しただけでなく、戦後世界の構築に主導的な役割を果したのである。ウィルソンのアメリカは、秘密外交や勢力均衡を排し、恒久平和を実現すべく国際連盟による集団安全保障体制の確立をめざした。アメリカの連盟加盟は、連邦議会の否決により結局実現しなかった。だが、ウィルソン主義は民族自決を求める後進地域の独立運動に根拠を与え、ワシントン体制の成立に代表されるように、列強間に国際協調主義の潮流を定着させる礎を提供したのである。

はじめに――本稿の意図と目的

第一次世界大戦前後の世界は、国際政治が四つの危機的挑戦に同時に直面した史上まれに見る時代であった。第一に、ソ連のボリシェヴィキ革命は、世界革命の萌芽・急進的改革の急先鋒として列強諸国から脅威の対象と見なされた。第二に、ドイツや帝政ロシアに代表される軍国主義的専制政治は、植民地支配を前提とする固定化された既存の国際秩序を乱すものと受け止められた。第三に、民族独立を求める非西欧諸国の本格的な運動が初めて高揚し、植民地を保有する列強諸国は対応策を迫られた。そして、第四に、ウィルソンの新外交に代表される新興国アメリカの台頭という現象が出現した。ウィルソンのアメリカは、同盟・協商関係に立脚した既存の国際秩序(旧外交)に異議を唱え、自由主義的・資本主義的な手法を用いた民主主義的な漸進的改革(新外交)をめざしたのである。これらの同時並行的に発生し複雑に絡み合った諸問題をどのように解決していくかが、国際政治における重要な課題となっていたといえよう。

二〇世紀以降の国際政治に計り知れない影響を与えた新興国アメリカの台頭の意味とはいったい何であったのか。とりわけ、その登場が東アジアにもたらしたインパクトはどのようなものであったのか。ウィルソン主義(Wilsonianism)は、いかなる成果をもたらす一方で、どのような課題を残す結果となったのか。本稿では、第一次世界大戦期からパリ講和会議を経てワシントン会議に至る時期を中心に、東アジア・太平洋に対するアメリカ外交と東アジア国際政治の展開について検証する。

一　アメリカの東アジア政策と太平洋戦略——その意図と戦略

二つの門戸開放通牒

二〇世紀前半におけるアメリカの東アジア政策に関する大原則は、世紀初頭に表明された二つの門戸開放通牒により初めて規定された。一八九九年の第一次通牒は中国における「通商上の機会均等」を、一九〇〇年の第二次通牒は中国の「領土的・行政的保全」を列強諸国に求めたものであった。これらの通牒は、列強諸国による中国での根拠地獲得競争の過熱を懸念した英国の動機に基づくものであったが、アメリカは通牒に込められた諸原則に沿って、東アジア政策を展開していくことになる。

もっとも、二〇世紀初頭の東アジアは、中国に根拠地を持たず対欧州に比べて交易量にも乏しいアメリカにとって遠い存在であった。一八九八年の米西戦争後獲得したフィリピンの統治は悩ましい問題であり、南下の兆しを見せ始めていたロシアの動向も気がかりであった。東アジアにおけるアメリカの力の限界を熟知していたローズヴェルト(Theodore Roosevelt)は、権力政治的観点にたって対日関係を重視した。日米間で交わされた桂・タフト覚書(一九〇五年)や高平・ルート協定(一九〇八年)が裏付けるように、ローズヴェルトは朝鮮や南満洲に対する日本の優越権を認めることにやぶさかではなかった。

日露戦争後、満洲問題と移民問題をめぐり日米関係は悪化する。アメリカは満洲における日本の排他的支配を警戒し始めていた。そのような焦燥感から、タフト(William H. Taft)政権はいわゆるドル外交を展開し、アメリカ政府主導のもとで満洲市場への参入の遅れを打開しようと試みた。「通商上の機会均等」という原則を掲げつつ、経済利益的観点にたって対外政策を遂行する特徴が顕著であった。

ローズヴェルト、タフト両政権に共通する東アジア政策の特徴は、中国における「通商上の機会均等」を求めた第一次門戸開放通牒の方針に沿っていたという点にある。これに対して、中国の「領土的・行政的保全」を求めた第二次門戸開放通牒は、弱小民族の自決と主権を尊重すべきと考えるアメリカの伝統的な主張に基づくものであり、ウィルソン政権によって東アジア政策の基本方針として受容されることになった。

このように、アメリカの東アジア政策の基本的目標は、複数の要素から成り立っていた。それらは、東アジアでの通商・貿易における優位性を確保すること、中国の近代化・物理的発展を達成し、中国に対して道徳的・政治的影響力を行使することであったと約言できよう。ただし、基本的目標の優先順位・重要性の優劣や程度が歴代政権によって微妙に異なっていたことは重要である。アメリカの東アジア政策は、原則における首尾一貫性とは裏腹に、具体的な政策展開の面で首尾一貫性を欠いていた。その複雑さは、東アジアをめぐる関係諸国の対米認識をしばしば誤らせる一因ともなったのである。

太平洋をめぐる戦略

一方、アメリカの東アジア政策とは性格を異にしていたのが、アメリカの太平洋戦略であった。アメリカの東アジア政策が理想主義的かつ使命感に基づく特徴を有していたのに対して、その太平洋戦略は極めて現実主義的でアメリカの安全保障をめぐる利害関係に直結したものであったといえよう。特にアメリカ海軍首脳部は、伝統的に日本の海軍力を脅威とみなし、その太平洋進出を阻むことを最重視した。アメリカ海軍当局は、日本が中国大陸や満洲において大陸膨張政策を展開することに概して異議を唱えなかった。その背景には、日本を大陸で釘付けにしておくことで太平洋や南洋での日本の勢力拡大を阻止する狙いがあったのである。

以上に見たように、東アジア政策と太平洋戦略をめぐるアメリカの意図と戦略は極めて性質が異なることが理解できよう。しかしながら、両者は相互作用の過程を経て互いに連動し、協調と対立に揺れる日米関係や東アジア国際政治の動向に大きな影を落としていくこととなる。

二　ウィルソン主義の登場

外交問題とウィルソン

一九一三年に政権を発足させた民主党のウィルソンは、対外政策を策定するにあたって、共和党政権と一線を画す必要性があった。大統領就任前にウィルソンが「私の政権が対外問題を扱わなければならないとしたら、それは運命の皮肉であろう」と述べたことを理由に、彼の外交問題への理解不足がしばしば指摘される。しかし、ウィルソンは対外関係について全く理解に乏しいとは一概にいい難い。すでに一八九〇年代から一九〇〇年代にかけて、彼は米西戦争前後におけるアメリカの進路をめぐって、対外政策に関心を抱き始めていた。そして、対外膨張論を説くローズヴェルトやマハン(Alfred T. Mahan)と同様に、植民地や市場を海外で獲得する必要性に肯定的であった。

しかし、同時代の政治指導者と比べて、外交問題に対するウィルソンのアプローチは特徴的であり、ポジティブな側面とネガティブな側面が見られた。まず、際立って優れていた点として、ウィルソンは国境を越えた政治の一般原則や国家的理想について深い考察と熟慮を重ねていた。来るべき相互依存が拡大する世界において、普遍的理念や価値が重要性を帯び、アメリカも世界との関わり方を考慮すべき段階に差し掛かっていると彼は洞察した。ウィルソンは、外交政策に転用可能な政治哲学を準備しえた希有な政治指導者として、当時としては他の追従を許さない存在であったといえよう。他方、ウィルソンは政治指導者が対外関係を首尾よく処理するために必要な資質を欠いていた。長期的な政策ビジョンの設定や外交理念に自らの政治哲学を吹き込むことを得意としたウィルソンであったが、対外政策を展開する際に重要となる具体的な手段や知識を著しく欠く傾向があった〔リンク 一九七九、二二―二三頁〕。

ウィルソン主義の内実

ウィルソン外交を特徴づける理念と価値を総称したものを一般にウィルソン主義と呼ぶ。ウィルソン主義は、一九世紀リベラリズムにその起源をもつ。その中核を構成する理念とは、①集団安全保障体制、②軍縮、③民主主義、④国際的な通商の自由、であった。国際政治のあり方についてウィルソンは、戦争や軍拡ではなく、平和こそが規範となるべきと考えた。対外政策は物質的目的のために用いられるべきではない。「世界におけるアメリカの使命は、富と権力を獲得することではなく、私心のない人類への奉仕によって神の計画を実現すること」にあった〔Link 1971, p. 19〕。当時の欧州列強諸国の指導者が、同盟・協商関係に立脚した権力政治を基盤とする平和を前提にしていたことを想起すれば、ウィルソンの構想は外交革命と呼ぶにふさわしいものであった。世界大国アメリカの台頭とあいまって、ウィルソン主義はアメリカ歴代政権の対外政策に絶大な影響を与え、現代アメリカ外交の理念的起源の重要な一角を占めるに至っている〔高原 二〇〇九、一五八、一六五―一六六頁〕。

ただ、そのことはアメリカがウィルソン主義を全面的に受容したことを必ずしも意味しない。今日に至ってもなお、アメリカではウィルソン外交の評価は一様ではない。その原因は、ウィルソン外交の評価がウィルソン主義の功罪をめぐる立場の違いに良くも悪くも左右されてきた点にある。肯定派は、国際政治におけるアメリカの役割を再構築しようとしたウィルソンの大胆な努力が不完全に終わったことを認めつつも、彼がソ連の革命外交と戦勝国の旧外交の間隙を縫って、国際連盟を成立させ、講和会議をまとめ上げたこと(未曾有の困難に直面した割に、少なからぬ成果を達成し得たこと)を評価する。これに対し、否定派はウィルソンの努力が不完全に終わったばかりか、彼の理想主義外交が欧州において領土的対立の原因を惹起し、民族自決主義の提唱により世界秩序に動揺をもたらし、さらには自国の孤立主義にいっそう拍車をかけるに至った点に着目して、ウィルソン外交の欠陥・問題性を指摘する。このように、ウィルソン外交の評価は、国際環境の好転や悪化といった時勢に左右され、アメリカ国内の党派的対立の犠牲になりやすい側面があることは否定できない。したがって、その評価を冷静に行うためには、まずもってウィルソン外交の全てがウィルソン主義の所産であるとみなす固定観念を取り除き、ウィルソン外交の具体的な実態を客観的に分析することが重要となろう。

第一次世界大戦の勃発とアメリカ参戦への道

一九一四年八月に第一次世界大戦が始まると、アメリカは厳正中立を宣言し、大戦の局外にとどまる姿勢を明確にした。その一方で、ウィルソン大統領は、一九一七年一月に「勝利なき平和」演説を行い、世界大戦の原因が勢力均衡による古い国際秩序そのものにあると考え、武力によらない交戦国同士の対等な交渉を通じた新しい国際秩序の実現を提唱した。具体的な施策として、大統領は側近のハウス(Edward M. House)を二度にわたり欧州に派遣し、英独間の和平仲介に力を尽くした。アメリカは、中立の立場を維持しつつ、ドイツの完全勝利と完敗を回避することをめざした。ところが、中立は必ずしも米欧関係を断ち切ることにはならず、大西洋をまたぐ活発な通商活動は厳正中立からの離脱の道を準備していた。この間に発生したドイツ潜水艦による度重なる攻撃によりアメリカ市民の人的被害は拡大した。さらに、無制限潜水艦戦の開始(一九一七年二月)に伴うドイツによる米国の中立権(保障されるべき交戦国と米国との通商権)の侵害は、元来親英的感情の強いウィルソンをいっそう英国寄りにした。ドイツとメキシコの水面下での結託をうかがわせたツィンメルマン電報事件は、アメリカの対独参戦を決定づけた。おりしもロシアでは自由主義的な改革政府が誕生しており(二月革命)、この出来事は、専制政治の凋落と民主主義的機運の世界的広がりをアメリカにいっそう印象づけた。四月二日、ウィルソンは連邦議会において、世界平和と文明にとってドイツの専制政治と軍国主義が脅威であり、平和的な対外政策の遂行を期待できるのは民主政府のみであると説きつつ、「民主主義にとって世界を安全にするために」軍事力を行使する用意があると述べ、参戦を決断した。

「一四カ条」の誕生と国際連盟構想の始動

参戦から五カ月も経たないうちに、アメリカは大戦後の世界秩序のあり方を模索すべく、大胆かつ包括的なプロジェクトに着手した。一九一七年九月、ウィルソン大統領は大戦後の世界秩序構想の検討機関として、「調査」(Inquiry)を発足させた。政治の中心であるワシントンを避け、あえてニューヨークに本部を構えた「調査」は、ハウスを取りまとめ役とし、その活動は大統領の特別費で当初秘密裏に進められた。学者や法律家からなる「調査」の構成メンバーは、欧州の民族問題や経済的・地理的状況を分析し、事務局長リップマン(Walter Lippmann)が調整役となってアメリカの戦争目的と講和条件を立案した。この原案にウィルソンは第一条から第五条までの講和に関する一般原則と第一四条の連盟の設立からなる六つの条文を追加した。その結果生まれたのが、一九一八年一月に連邦議会上下両院合同会議でウィルソン大統領により示されたいわゆる「一四カ条」であった。それは一年前の「勝利なき平和」演説を体系化したものに他ならなかった。ただし、「一四カ条」はアメリカの戦争目的を掲げつつも、様々な矛盾した国際的要請に応えるべく構成されたものでもあった。そこには、列強諸国間の秘密外交を暴露したソ連の革命外交に対抗し連合国の戦争目的を側面支援するのみならず、恒久平和を望む世界世論を満足させ、同時に欧州諸民族の民族自決要求を満たす意図が含まれていたのである。「一四カ条」はウィルソン主義的理念に基づく戦後世界像を凝縮させたものであった。だが、パリ講和会議では、欧州列強諸国や日本の現実的な要請に直面し、ウィルソンが語る戦後世界像は大幅な修正を余儀なくされることになる［高原 二〇〇六、一八〇—一八一頁］。

一方、第一次世界大戦後の恒久的な世界平和を達成すべく、アメリカの参戦以前から英米の民間団体を中心に様々な活動が展開されていた。英国では、前駐米大使ブライス(James Bryce)の国際連盟協会やグレー(Sir Edward Grey)による国際連盟設立への働きかけが見られた。さらに、最も革新的で急進派の民主的統制連合(Union of Democratic Control)は、英国政府の戦争目的を批判し戦争の早期終結を訴えつつ、英米を中核とする自由・民主主義体制が旧外交を批判し、新しい民主的な国際秩序を担うべきとした。他方、アメリカでは、前大統領タフトらの主導による平和強制連盟(League to Enforce Peace)が違反国への武力制裁を集団安全保障体制に付与する必要性を訴えたのに対し、法律や仲裁裁判による国際紛争の解決を主張するハーグ会議方式を説くグループも存在した。さらに、戦争の違法化運動の先駆けとなった国際法学者の主張や、社会改革運動から平和運動につながったアダムズ(Jane Adams)の活動が見られた。大戦中から国際平和を求める声が政府や民間を問わず様々な方面から寄せられており、それらが国際連盟構想に結びついていったのである[草間 一九七四、四一—五一頁/篠原 二〇一〇、一八—三〇頁]。

三　パリ講和会議に至るアメリカの東アジア政策(一九一四—一九)

ウィルソンは、中国における六国借款団が中国の主権を侵害する可能性を持っていることを理由にアメリカを組織から離脱させ、共和政体を自認する袁世凱の中華民国を承認した。ウィルソンの東アジア政策は、中国の自立を支え、その主権の擁護を政策的基底として始まったのである。日本が日英同盟を理由に第一次世界大戦に参戦すると、アメリカは日本が高平・ルート協定の合意に従い、中国の領土的保全と通商上の機会均等を遵守するよう希望した。ただし、同協定は中国における内乱には適用されるものの、外部からの侵略には当てはまらないとして、日中衝突の際にアメリカは日米対立に波及するおそれのある対中支援を行わないことを明言した。発足当初のウィルソン政権は、東アジア国際政治の動向を注視しつつも、中国問題をめぐって日米関係をいたずらに悪化させることは望まなかったのである[Beers 1962, pp. 18, 22–24]。

二一カ条要求――対日不信・日中対立の原点

一九一五年一月、日本は中国に対し五号、計二一カ条要求を発した。ウィルソン政権の対応は、満蒙をめぐる日中の特殊関係に理解を示したブライアン(William J. Bryan)国務長官の対日融和策によって当初推移していた。このため日本側は、日本の対中政策に警告を促そうとするウィルソン大統領の方針を正確に把握できず、国務長官の対応をアメリカの好意的態度と受け止めるに至った。日本は最大の眼目とみなした第一号要求や第二号要求に止まらず、軍事的圧力によって第五号要求の受諾までも中国側に迫ったのである。結局、中国側は第五号要求を除く日本の要求を概ね受諾したものの、二一カ条問題はその後の日中関係に深い傷跡を残した。帝国主義外交の手法を駆使した日本の対中要求は、ウィルソンによる対日不信の原点ともなり、同政権の対日政策を規定する重大な要因となったのである。

石井・ランシング協定による暫定的合意

第一次世界大戦参戦後のアメリカは、主敵ドイツの打倒をはかるために、中国問題を凍結する一方、太平洋の安全保障への日本の協力を確保する必要があった。中国に対する日本の優越的地位をめぐり日米交渉は難航したが、国務長官ランシング(Robert Lansing)の巧みな外交手腕により、石井・ランシング協定が成立した。この協定によって、アメリカは中国問題で従来の主張を可能な限り後退させることなく、太平洋の警備問題や戦時物資供給問題を通じて日米協調の機運を高め、対独戦を円滑に遂行できるようになった。ただし、ウィルソンは同協定をあくまでも戦時中の東アジア・太平洋問題に関する暫定的取り決めと見なしているに過ぎず、中国に対するアメリカの使命についてその基本的立場を変えたわけではなかったのである。

シベリア出兵をめぐる日米の相互不信

石井・ランシング協定によって日米関係は回復するかに見えた。ところが、同じ頃勃発したロシア革命後の混乱に乗じて実施されたシベリア出兵において、両国間の摩擦は再燃した。ウィルソン政権のシベリア出兵政策は、対独戦の遂行の必要性と民族自決主義が結びついたチェコ軍の救援を理由に展開された。ただし、対日関係に即して考察した場合、アメリカのシベリア出兵政策は明らかに対日封じ込めの観点から行われたといえる。アメリカは出兵の規模と地域を予め限定した日米共同出兵を提案し、日本の北満洲・東部シベリアへの膨張欲を牽制する姿勢を明確にした。共同出兵開始から程なくして、日本は兵力展開の規模と地域を拡大し、アメリカとの政策合意を反故にした。アメリカによる度重なる抗議を受けて、日本の原敬内閣は出兵政策において一層明確な対米協調路線を打ち出す。だが、その日米関係重視の姿勢は、結果的にウィルソンの対日不信を払拭するには至らず、正当に評価されなかったのである。

パリ講和会議における東アジア・太平洋問題

パリ講和会議で討議された東アジア・太平洋問題には、山東問題、旧独領南洋諸島問題、人種差別撤廃問題の三つの懸案があった。

山東問題では、ウィルソンは中国の要求への支持と国際連盟の設立という二つの理想主義の間で選択を迫られ苦悩した。ウィルソンは膠州湾租借地と山東における旧独権益の直接返還を求めた中国の主張を当初支持した。これに対し、日本は一九一五年の二一カ条条約等に従い、膠州湾租借地の自由処分権を講和会議で得たのちにこれを中国に返還するとし、鉄道と鉱山からなる山東の旧独権益の譲渡と青島居留地の設定を要求した。ウィルソンは中国の主張に理解を示したものの、対独宣戦布告後に結ばれた山東鉄道の処分を規定した一九一八年の日中交換公文を無効にすることは不可能であると認め、中国側にも譲歩を促した。中国に対するウィルソンの全面的支持が徐々に揺らぐなか、日本側は要求が容れられなければ講和会議を離脱すると明言し、ウィルソンの決断を迫った。ウィルソンは、国際連盟の設立を優先する立場から、熟慮の末に日本の要求を受諾したのである。ただし、ウィルソンは、日本の要求に関する条文の内容と規定については最後まで安易に妥協せず、中国の主権を侵害しない範囲内で、ドイツが所有していた経済的権利と青島居留地のみを日本に認めることでようやく了解したのであった。

一方、旧独領南洋諸島問題についてウィルソンは、戦勝国による南洋諸島の併合が旧秩序への回帰という誤った印象を世界に与えかねない点を危惧した。そこで、彼は併合主義を排し、国際連盟が一旦植民地を領有し、その施政を委任統治として小国に担わせる方策を提案したのである。だが、この問題に直接的利害が絡むオーストラリアやニュージーランドは併合論を展開し、ウィルソンの提案に強く反発した。局面を打開したのは、植民地を文化的程度や地域性に応じてA・B・Cの三等級に分けて委任統治を行うという南アフリカ代表スマッツによる妥協案であり、対立はようやく解消した。結果的には、むき出しの併合論でも民族自決主義でもなく、当該諸島は国際連盟の付託に基づく委任統治下に置かれることとなり、ウィルソンの主張は後退を余儀なくされたのである。

また、人種差別撤廃問題においても、ウィルソンは、日本が提案した人種平等の原則という普遍的理念と国際連盟の設立という二つの理想主義の間で選択を迫られ思い悩んだ。ウィルソンは、日本の人種平等案に当初好意的であった。彼は、国際連盟規約の草案に「人種的及び民族の平等な処遇」に関する条項を盛り込むよう希望していたのである。だが、人種平等条項に関する予備折衝と並行して進められていた国際連盟規約案の作成過程において、イギリスが植民地統治への悪影響を懸念してこの条項の削除を求めたため、規約案の早期成立を優先したウィルソンはイギリスの要求に応じざるを得なかった。加えて、ウィルソン自身も一時帰国後には人種平等案の成立に消極的になり始める。人種差別撤廃に関する要求を容認すれば、移民問題をめぐる国内的反発はもとより、多様な支持基盤の上に成り立っていた政権自体の存立すら揺さぶりかねなかった。国際連盟の設立という最重要課題に全神経を集中させ始めていたウィルソンは、日本の提案がもつ普遍性よりも、それがもたらす負の側面に注目したのである。議長ウィルソンは、内容の重大性を理由に同案の可決には全会一致が必要とする異例の裁定を行い、最終的に否決した。

以上のように、ウィルソン政権は、山東問題・旧独領南洋諸島問題・人種差別撤廃問題の全てについて、国際連盟の設立というより大きな理想の実現を優先させる観点から、解決策を模索したのである。パリ講和会議では主として中欧と東欧の一部の領土問題が民族自決の原則に基づいて処理されたものの、アジア・アフリカの植民地問題の解決は事実上先送りとなった。アメリカは、秘密条約の壁に阻まれて日本の要求をやむなく受け入れざるを得ず、この決定を不満とした中国全権代表は講和会議でのヴェルサイユ条約調印を拒否した。もっとも、来るべき国際会議では、旧協商国間で戦時下に結ばれた秘密条約の効力が失われることは明白であった。アメリカは、次の国際会議を東アジア・太平洋問題を再検討する好機と捉えていた。しかし、その会議開催の是非を俎上に載せるまでには、ひとまず連盟加盟問題をめぐるアメリカ国内での大論争が収拾に向かうのを待たねばならなかった。

四　ワシントン会議に至るアメリカの東アジア政策(一九一九―二一)

国際連盟と軍縮

大戦後のアメリカでは、国際軍縮の推進は喫緊の課題となっていた。アメリカ国民は、長期的な平和と減税を期待し、列強間の軍拡競争に歯止めをかけたいと願った。国際軍縮を推進するための具体的手段をめぐって、米国内には大別すれば二つの考え方が存在した。

第一の視点は、米国の連盟加盟と国際軍縮を相互不可分とみなすウィルソン政権の方針である。ウィルソンは大戦中から一九一六年の海軍法や一九一八年の海軍増強法を通じて、海軍力の強化をはかった。しかし、連盟構想が徐々に現実味を帯びるなかで、ウィルソンは海軍力の強化を緩和する姿勢を梃子に英国の連盟支持を確保するとともに、自国民に対しては「連盟加盟に続く軍縮」か「連盟非加盟に伴う軍拡の推進」かの選択を迫る「神聖な国民投票」(Solemn Referendum)を演出しようと試みた。

第二の視点は、米国による留保付きの連盟加盟にはやぶさかではないものの、国際紛争への対処において加盟国の行動の自由を奪う連盟加盟が唯一の選択肢ではないとみなす共和党の主張であった。共和党は、ウィルソンが推奨する連盟加盟や集団安全保障という「制度」に固執するよりも、紛争処理のための国際会議の招集を可能にする国際的連帯の「運用」に力点を置いたといえる。

大戦が終結し、ようやく平和が訪れた今、アメリカ国民は国際連盟についておおむね好意的であった。しかしながら、ウィルソンの期待とは裏腹に、一九二〇年の大統領選挙を決定づけたのは、皮肉にも連盟加盟問題ではなかった。有権者が次期政権を選択した最大の理由は、大戦後の政治的・経済的・社会的混乱に翻弄され具体策を講じ得ない、民主党現政権への不満そのものであった。大統領選挙では、民主党が惨敗を喫し、共和党候補のハーディング(Warren G. Harding)が大統領に選ばれた。国民は、ハーディングが掲げた「平常への復帰」という標語に共感を抱き、新時代の幕開けを歓迎したのである。

軍縮を模索するアメリカ

現役の上院議員から大統領に就任したハーディングにとって、前政権期に亀裂を生んだ連邦議会との関係修復は重要であった。同時に共和党政権は、アメリカが世界最強の国家となったにもかかわらず、国際連盟による軍縮への努力に貢献できない現状に道義的責任を少なからず感じていた。大戦後の復員と動員解除が進むなか、軍縮問題は当時のアメリカにとって最重要課題となっていた。国内政治上の要請と平和を希求する大戦後の国際的機運を融合させる場が求められていたのである。一九二〇年一二月、上院議員ボラー(William Borah)が米英日三国による軍縮会議を上院で提案すると、マスコミや世論はこの動きを熱烈に歓迎し、翌年五月に同案は上下両院においてほぼ満場一致で承認された。国務長官ヒューズ(Charles E. Hughes)は、この機会をとらえてワシントンでの海軍軍縮会議開催を関係国に非公式に打診し、英国の申し入れを受けて東アジア・太平洋問題もあわせて討議することを提案した。

五カ国条約――海軍軍縮条約

一九二一年一一月、ワシントン軍縮会議が始まると、ヒューズ国務長官は会議の冒頭から大規模な海軍軍縮案を示した。それは、世界の世論を見方につけることで、参加国が軍縮案に逆行しないよう狙ったものであった。英国は、それまで世界最大の海軍力を誇っていた。だが、大戦中に多くの艦船を失い、戦後の経済的疲弊も相まって、海軍力の維持に困難をきたしていたため、軍縮案に賛同した。一方、日本はアメリカの軍縮案を国防上の脅威と捉え、主力艦の保有率について対米七割を要求した。ただ、当時の日本にとって、戦後不況を乗り切るには日米経済関係の促進が不可欠であり、日米の緊張緩和が何よりも急務となっていた。こうして加藤友三郎全権代表の大局的判断とリーダーシップにより、日本は太平洋におけるアメリカ要塞防備の現状維持などを条件に対米六割を受諾したのである。最終的には、米・英・日・仏・伊の主力艦の保有割合を五・五・三・一・七五・一・七五とすることが決定した。

四カ国条約――太平洋の安全保障

海軍軍縮とあわせて、アメリカは日英同盟の解消と太平洋の安全保障の再定義を追求した。当時、日英同盟は更新時期を迎えていたものの、英自治領カナダの反対に直面するなかで、その更新の可能性は低下しつつあった。幣原喜重郎全権は日英同盟の存続を困難と判断し、対米関係の強化を選択した。その結果、特殊協定の色彩を薄めるために仏を加えたいとするヒューズ全権の要望が容れられ、英米日仏による四カ国条約が締結された。同条約では、太平洋における締約国権利の相互尊重と太平洋の現状維持が確認され、アメリカは懸案であった日英同盟の解消とフィリピンなどのアジア・太平洋におけるアメリカ根拠地の安全確保を実現した。もっとも、四カ国条約は、条約によってアメリカが国際紛争に巻き込まれかねない点が懸念され、国内的には不人気であり、連邦議会では僅差で批准された。

九カ国条約——対中政策をめぐる国際合意

加えて、パリ講和会議以来未解決のままとなっていた中国問題が協議された。会議では、中国全権に希望を提出する機会が与えられ、施肇基一〇原則が示された。各国全権がこの要求を当惑を持って受け止めたため、アメリカ全権ルート(Elifu Root)は「ルート四原則」を作成し、妥協点を模索した。これに対し、より厳格な門戸開放原則の導入を望んだヒューズは、「ルート四原則」が列強諸国の在中既得権益維持に理解を示している点を問題視した。アメリカ全権の間でも対中政策をめぐり対立が見られたのである。結局、列強諸国の反対によりヒューズの修正案は実質的に退けられ、「ルート四原則」が正式に可決された。また山東問題については、国務省極東部長マクマレー(John V. A. MacMurray)の仲介により、中国側が頑なに拒んでいた日中間の直接交渉に応じる一方、日本側は山東鉄道に関する日中間の妥協を受けて、膠州湾租借地の返還、日本軍の撤退を確約することで合意をみた。アメリカは中国問題に関して列強間の原則合意を達成するとともに、日中直接交渉の道筋をつける役割を果たしたのである[麻田 一九九三、一二三一—一三四頁/服部 二〇〇一、一〇七—一一二頁]。

かくしてワシントン会議を通じて成立した諸条約や国際合意によって、東アジア・太平洋を中心とした国際協調体制が生まれ、いわゆるワシントン体制が成立した。日本は一九二三年の条約発効に伴い、海軍軍縮を着実に履行した

（アメリカは同年、英国は一九二五年までに削減完了）。また、一九二二年一〇月にはシベリア撤兵を完了するとともに、一二月には青島派遣軍の撤収と山東鉄道・膠州湾租借地の中国返還を実施した。一方、九カ国条約の成立を理由に存在意義を失った石井・ランシング協定は破棄された。

日本側の政策姿勢の変化に対して絶妙な共同歩調をとったのが、ヒューズやルートを中心とする共和党の政治指導者であった。民主党のウィルソン政権は普遍的理念を語り、アメリカのイメージに沿って世界を変革することに心血を注いだ。しかし、共和党の政治指導者たちは、民主党時代の政策的挫折によって生じた国際的・国内的な弊害や反動を経験上十分過ぎるほど体得していた。ヒューズ国務長官は、より具体的かつ実際的な交渉を通じ、あくまで実現可能な目標を達成しようと考えたのである。空虚な理念や漠然とした目標ではなく、限定された目標を達成することこそが重要であった。

日本がワシントン会議の諸条約を忠実に履行すると、アメリカの対日不信感も徐々に払拭された。この日米関係の改善を支えたのが、ワシントン会議において全権として条約の成立に尽力し、外相に就任する幣原喜重郎とヒューズの堅い信頼関係であった。幣原とヒューズは、「ワシントン会議の精神」を何よりも重視した。それは、ワシントン会議を起点とした日米の友好・信頼関係を体現したものであった。一九二〇年代前半を通じて、国際協調主義、経済中心主義、対中国不干渉を軸としたいわゆる「幣原外交」の展開によって東アジア・太平洋の国際環境は安定化に向かったのである。

とはいえ、およそいかなる国際秩序であれ、いくばくかの問題を孕まぬものは存在しないであろう。ワシントン体制とてその例外ではない。かつて米英日が「客体」としてしか扱わなかった中国は、ナショナリズム運動の高揚を通じ、東アジア国際政治における「主体」としてやがてその存在感を示すに至った。加えて、ソ連の革命外交が中国の国権回収運動と連携してワシントン体制という既存の国際システムに挑戦を試みた。ワシントン体制の再編ともいうべき事態への対応策を準備していなかった米英日は、「親中的ワシントン体制論」(アメリカ)、「治安維持型ワシントン体制論」(英国)、「従来型ワシントン体制論」(日本)をそれぞれ選択していくこととなる。この三国間の協調体制の破綻こそが、ワシントン体制崩壊にとっての序曲であるとともに、最大の問題点として顕在化していく〔服部 二〇〇一、一六八、一七六―一七八頁〕。

五　日本・中国の関与――パリ講和会議とワシントン会議の比較分析

日本と中国の外交当局は、パリ講和会議とワシントン会議においてどのような政策を展開したのであろうか。ここでは、二つの会議での両国の対応に見られる特徴をとりあげ、両者の比較分析を通じて問題点の整理を試みたい。

日本の場合

第一次世界大戦の戦勝国であった日本は、パリ講和会議に五大国の一員として招かれた。だが、本国政府の指示により、日本の利害に直接関係しない懸案については、大勢順応主義を貫く方針が定められていた。本格的な国際会議での経験を持たない日本にとって、準備不足は否めなかった。自国の利害に関わる懸案以外に発言しない日本代表団は、会議参加国によって「サイレント・パートナー」と揶揄された。日本外交は、多国間の国際会議での対応能力を問われたのである。また、パリ講和会議での山東問題の審議に際して、中国側全権が英米当局者やマスコミへの対外宣伝工作を積極的かつ効果的に展開したことに日本側は危機感を抱いた。以後、対外宣伝力・情報収集力の不足を補うため外務省改革が進展し、同省には情報部が設置された。

ワシントン会議において、日本はパリ講和会議で直面した問題点を克服する覚悟をもって交渉に臨んだ。一般原則として、「大勢順応主義」ではない「積極的方針」が重視された。ただし、満蒙特殊権益についてはその適用除外に固執する内田康哉外相と対英米協調を優先する幣原喜重郎全権が対立していた。日本は具体的な政策方針をめぐる外務省内の合意形成が困難をきたしたまま、会議に臨む結果となったのである。

中国の場合

中国にとっての最大の問題点は、内政面での中央政府の統治能力が脆弱であるために、外交に支障をきたしたことであった。第一次世界大戦の戦勝国となり、国際連盟の一員となった中国はその国際的地位を向上させ、顧維鈞などをはじめとする若手外交官の活躍が芽吹きはじめていた。しかし、中国全権代表内における意思統一の不在、政策方針をめぐる対立、情報共有の不徹底、などが中国外交の問題点であり、国際政治における「客体」を未だ脱するには至らなかった。

また、パリ講和会議やワシントン会議を通じて、山東問題での中国の対応には共通点が見られた。中国にとって唯一受諾可能な解決案は、日本が全面的に要求を撤回することであった。中国全権は、両会議で英米の交渉当事者を中心に対日圧力の強化を求め、漸進的な問題解決よりも国権回収の即時実現をめざした。世界世論の関心と同情を引く中国の戦略は、新外交の登場とあいまって一定の成果をあげたといえる。しかし、国権回収への執着ゆえに、英米の協力を執拗に迫る中国の一貫した方針は、交渉妥結を優先する英米にとって非妥協的で頑なな姿勢と受け止められた。ウィルソンはパリ講和会議における山東問題で最終的に中国側にも譲歩を迫った。また、ヒューズはワシントン会議において国務省極東部の対日強圧論を拒絶した。さらに、英外相バルフォア(Arthur Balfour)も極東問題に関する施肇基一〇原則の中国への全面的適用に難色を示した。英米の交渉当事者は、両会議を通じて徐々に中国側の対応を交渉妥結の障害とまでみなすようになっていたのである。

六　東アジアにとってのウィルソン主義——一種の「幻想」？

ウィルソン主義は、第一次世界大戦終結後の東アジアにどのような影響を及ぼしたのであろうか。その全容は計り知れないものの、積極的に評価できる側面もあれば問題を残した側面も存在したはずである。ここでは、日本、中国、朝鮮がウィルソン主義をどのように受け止め、具体的にいかなる反応を示したのかをごく簡潔に紹介したい。

日本の場合——反発から受容へ

第一次世界大戦後の日本では、国際政治の新潮流に敏感に反応し、従来の日本の対外姿勢について再考を求める論調が急速に広まった。たとえば、ウィルソンの「一四カ条」に代表されるアメリカの新外交への対応をめぐって、日本では大別すれば三つの異なった受け止め方が見られた。まず、ウィルソン主義を積極的に受容すべきであるとした吉野作造と、それに反発した近衛文麿の見解が挙げられる。吉野は、国内で「民本主義」を徹底すると同時に、対外的には「国際平等主義」を確立する必要性を説いた。また、ウィルソンを「実際的理想主義者」と呼んでその国際連盟構想を支持した。これに対し近衛の議論は、英米の主張する平和が彼らにとって好都合な現状維持に過ぎず、「持たざる国」である日本の「正当なる平等生存権」確保のために、経済的自立や現状打破を唱えるものであった。さらに、アメリカの軍事的脅威を説く日本軍部の反発や人種戦争への危惧など、新興国アメリカに対する不安や警戒心は根強かった。これらがウィルソン主義に対する対照的な反応の代表例であるとすれば、第三の立場として、国内外の情勢変化を考慮しつつ、アメリカの新外交に現実的に対処を試みたのが、外務省や原敬をはじめとする日本の政策決定者であった。パリ講和会議開催前の時点では、未だ成立を見ていない国際連盟構想に代表されるウィルソン主義にはあくまで傍観者的態度を堅持している。講和会議開始後は、全権委員を中心に前述の山東問題など諸懸案の解決に専ら全力を注いだ。ところが、講和会議終了後には、原内閣は国内政治上の合意や世論の理解とりつけに尽力し、ウィルソン主義に基づく大戦後の新世界秩序に歩み寄る姿勢をより明確にしていったといえよう〔三谷 一九九五、七九―八二頁／ディングマン 一九七四、九六頁〕。

ウィルソンの新外交の登場やロシア革命に伴う日露協商の解消を受けて、大戦終結からワシントン会議にかけての日本外交に抜本的な変革が生じたか否かについて、その程度・内容・時期をめぐり様々な議論がある。ウィルソンの新外交が日本外交に転換をもたらしたとするならば、大別して「パリ講和会議開催期（第一段階）」と「パリ講和会議後（第二段階）」の二つの段階を経て実現したと見るのがおそらく妥当であろう。第一段階においては、パリ講和会議での政策決定の緊急性を理由に、対米協調を重視する小村欣一や牧野伸顕、原敬を通じて日本外交の転換の序曲が準備された。そして、第二段階においては、講和会議後、外務省の制度的改革に支えられつつ、外交問題に関する臨時外交問題調査会の発言力低下と反比例する形で新外交呼応論が徐々に支持を集めていったと約言できよう。さらに踏み込んでいえば、パリ講和会議から新四国借款団交渉期には「権益確保の手段」としての新外交呼応論が主流であったのに対し、ワシントン会議期にはより本格的に「国際協調の手段」としての新外交呼応論が主流となったと考えられる。ただ、皮肉にもアメリカはこのような日本での外交認識の変化を十分には察知しかねていた。パリ講和会議での山東問題の処分結果に議会とアメリカ世論は対日批判一色となっており、一九一九年後半から翌年にかけて、移民問題の再燃もからみ日米関係は険悪な様相を呈したのである。

中国・朝鮮の場合——期待から幻滅へ

中国は「二一四カ条」に代表されるウィルソン主義の民主的アピールに大きな期待を寄せ、大戦後の講和会議を国権回収の好機と捉えた。北京政府は南方の広東政府代表の王正廷に加え、顧維鈞や施肇基などアメリカ留学経験者からなる強力な外交布陣で会議に臨んだ。だが、中国が直接還付を要求した山東の旧独権益は結果的に日本により継承され、二一カ条条約の破棄も実現しなかった。このため、北京政府よりも会議での中国外交の主導権を握っていた中国全権団の方針により、中国は留保付きのヴェルサイユ条約調印を拒絶するに至った。同じ頃、北京では学生三千人余による抗議デモが拡大し五・四運動へと発展した。参加者の多くはウィルソンの理念と約束が失敗に終わったことに強い失望感を抱いた。ただ、ワシントン会議においてもなお、中国全権団は対米依存の交渉戦術を駆使した。ウィルソンの「一四カ条」に着想を得たのであろうか、中国は施肇基一〇原則を提示して条約改正の必要性を列強諸国に訴えた。その一方で、九カ国条約により中国の行政的領土的保全を原則へと導くなど、包括的な解決策ではないものの、実質的な成果を収めたといえよう［川島 二〇〇四、二四九―二一八頁］。

一方、ウィルソン主義に対する朝鮮の期待も、中国に劣らず大きかった。たとえば、金奎植はパリ講和会議でアメリカに朝鮮独立への協力を求め、李承晩は日本の朝鮮支配に代わる国際連盟による朝鮮の委任統治を訴えた。しかしながら、アメリカは三・一独立運動での朝鮮の主張に同情を示しつつも、当該問題について具体的行動をとることは困難とする立場を堅持した。さらに、パリ講和会議後も、米国への期待と日本統治の現実のはざまにありながら、朝鮮独立運動家の働きかけは続いた。たとえば、李承晩はハワイ、サンフランシスコ、ワシントンを訪れ、ワシントン会議においても朝鮮独立問題を議題にとりあげるようアメリカに訴えた。だが、ハーディング政権も、朝鮮独立問題が日本の韓国併合・朝鮮統治により解決済みであると判断し、優先順位の低いこの問題を持ち出して大国間の合意を破綻させるのを嫌った。かくして、国際連盟やウィルソンへの期待を裏切られた朝鮮独立運動家は、ボリシェヴィキやコミンテルンへの接近を通じて目的の実現を試みていく［長田 二〇〇五、三二五―三七二頁］。

ウィルソン主義が、そのレトリックを通じて後進国や弱小民族に不平等状態の改善や民族独立などへの過剰な期待を与えたことは否定できない。ただ、アメリカの新外交の具体的な成果が後進国や弱小民族の期待を裏切った場合の反動の可能性について、ウィルソンは全く無関心であったわけではなく、当初から相当程度憂慮していたのである。ウィルソン主義は、確かに短期的には大戦後の国際政治に混乱をもたらした。だが、歴史を長期的に鳥瞰すれば、それは東洋・西洋といった従来型の二分法を超越し、帝国主義や植民地支配に代わる諸国家の平等と自決原則の普遍的適用に国際政治を方向付けたのであり、少なくともその功績は評価されるべきであろう。

おわりに

第一次世界大戦からワシントン会議に至る東アジア・太平洋における国際環境は、大きな変動期に差し掛かっていた。東アジアでは、欧州列強諸国による中国の半植民地化が秩序の中核を構成していた。ところが、世界大戦を境に日米のプレゼンスがアジア・太平洋においていっそう重要性を増し、両国が当該地域の秩序に深く関与する新たな構図が誕生した。また、従属的な立場に置かれていたアジアの諸民族は、アメリカの掲げた民族自決主義やロシア革命後の思想的インパクトを受けて、独自路線を歩み始めることになった。

アメリカも、国際環境の変動の波を受けて、同じく転換期を迎えていた。新外交を掲げるウィルソンの登場によって、アメリカの東アジア政策・太平洋戦略が再検討されるとともに、アメリカは、東アジア・太平洋の諸問題に深く関与せざるを得ない立場に置かれた。大戦後の軍縮・平和を求める国際世論の後押しを受けて、共和党のハーディング政権は、ウィルソンが提示しつつも実現しえなかった国際平和の理念や普遍的価値を、より具体的な政策や国際条約・協定に溶かし込む手法をとった。一九二〇年代初頭のアメリカは、対欧州政策においてはドイツ賠償問題への対応に見られるように、政治的関与を避ける傾向が顕著であった。これに対し、東アジア・太平洋政策については、大戦後の秩序再構築についてはるかに積極的であり、主導的な役割を果たしたというべきであろう。また、ラテンアメリカ政策が西半球と欧州列強諸国の相互不干渉を軸とするモンロー・ドクトリンに従い、アメリカの単独政策に傾斜しがちであったのに対し、東アジア・太平洋政策においては協調的・集団的政策を追求しようとした点は特筆に値する。ワシントン会議において決定された軍縮・安全保障などに関する一連の条約・協定は、東アジア国際環境を規定するとともに当該地域に一定の秩序を構築した。のちにワシントン体制と呼ばれるこの国際秩序は、国際連盟の設立や民族自決の理念とともに、間接的・漸進的ではありながらも、ウィルソン主義がもたらした重要な具体的成果の一つと捉えられるであろう。

もっとも、ウィルソン主義が作り出した負の側面についても指摘しておかなければなるまい。ウィルソンが持ち込んだ新外交の理念は、既存の伝統的な国際政治・外交にある種の革命をもたらすものであった。だが、それは様々な弊害を同時に生み出した。ウィルソン主義は、皮肉にも彼の持論であったバーク(Edmund Burke)流の漸進主義に基づく政治とはかけ離れた結果をもたらした。理想と現実の乖離を放置したウィルソン主義＝アメリカの偽善を糾弾し、国境線の現状変更を求める勢力が程なくして台頭するに至ったことを今日我々は知っている。ウィルソン主義を適用する場合には、当該地域の歴史的・文化的・経済的・政治的、その他諸々の実情に見合ったものであるか否かに配慮し、しばしば弊害をもたらしかねない性急かつ強制的な適用・普及には慎重でなければならない。そこには、ウィルソン主義を世界の諸地域に適用する際に生ずる可能性と限界が如実に現れているといえよう。二〇世紀アメリカの対外政策の原動力となったウィルソン主義が東アジアを含む世界に与えたイデオロギー的インパクトは、良きにつけ悪しきにつけ、世界史的意義を持つことを我々は認識せざるを得ないのである。

【文献一覧】

麻田貞雄 一九九三 『両大戦間の日米関係――海軍と政策決定過程』 東京大学出版会
有賀貞 二〇一〇 『国際関係史――一六世紀から一九四五年まで』 東京大学出版会
五百旗頭真編 二〇〇八 『日米関係史』 有斐閣
入江昭 一九六八 『極東新秩序の模索』 原書房
川島真 二〇〇四 『中国近代外交の形成』 名古屋大学出版会
草間秀三郎 一九七四 『ウッドロー・ウィルソンの研究――とくに国際連盟構想の発展を中心として』 風間書房
篠原初枝 二〇一〇 『国際連盟――世界平和への夢と挫折』 中公新書
高原秀介 二〇〇六 『ウィルソン外交と日本――理想と現実の間 一九一三―一九二一』 創文社
高原秀介 二〇〇九 「「ウィルソン主義」とウィルソン外交の対話」 『京都産業大学論集』 社会科学系列第二六号
千葉功 二〇〇八 『旧外交の形成 日本外交 一九〇〇―一九一九』 勁草書房
ディングマン、R 一九七四 「日本とウィルソン的世界秩序」（三谷太一郎訳）佐藤誠三郎ほか編 『近代日本の対外態度』 東京大学出版会
長田彰文 二〇〇五 『日本の朝鮮統治と国際関係――朝鮮独立運動とアメリカ 一九一〇―一九二二』 平凡社
西崎文子 二〇〇六 「歴史的文脈――ウィルソン外交の伝統」 五十嵐武士編著 『アメリカ外交と二一世紀の世界――冷戦期の背景と地域的多様性をふまえて』 昭和堂
服部龍二 二〇〇一 『東アジア国際環境の変動と日本外交 一九一八―一九三一』 有斐閣
細谷千博・斎藤真編 一九七八 『ワシントン体制と日米関係』 東京大学出版会
三谷太一郎 一九九五 『新版 大正デモクラシー論――吉野作造の時代』 東京大学出版会
リンク、A・S 一九七九 『地球時代の先駆者――外政家ウィルソン』 松延慶二・菅英輝訳、玉川大学出版部（Wilson the Diplpmatist, 1957）
Ambrosius, Lloyd E. 2002, *Wilsonianism*, Palgrave.
Beers, Burton F. 1962, *Vain Endeavor*, Duke University Press.
Burkman, Thomas W. 2008, *Japan and the League of Nations*, University of Hawaii Press.

Cooper, John Milton 2009, *Woodrow Wilson*, A.A. Knopf.
Knock, Thomas J. 1992, *To End All Wars*, Oxford University Press.
Link, Arthur S. 1971, *The Higher Realism of Woodrow Wilson and Other Essays*, Vanderbilt University Press.
Manela, Erez 2007, *The Wilsonian Moment*, Oxford University Press.

通空間論題

「大正デモクラシー」の再検討と新たな射程

有馬　学

大正期の「デモクラシー」の意味は、従来の「大正デモクラシー」論のように、ナショナリズムや国家からの離脱の程度によって、進歩的である度合いを測定するという方法では明らかにできない。制度的な民主化の象徴とされる男子普通選挙制度は、第一次大戦後の新たな国際環境のなかでの、〈国民〉の再定義を意味するものであった。また、価値観における非国家化を体現すると見られた「社会」の発見は、むしろ国家と社会の相互浸透を示す事実であり、それはテクノロジー化した政治による行政国家化の端緒をなすものであった。それらは一九二〇年代の「デモクラシー」の実質をなすものであり、「デモクラシー」からの逸脱を意味するものではない。それらはまた、第一次大戦後に再編成される帝国的秩序の構成要素でもあった。同時代のデモクラシー言説に内包される〈政治〉概念の意味変化は、これらのプロセスを歴史的に検証する手がかりを与えてくれるものである。

はじめに——本稿の視角

本稿が考察の対象とするのは、これまで一般に「大正デモクラシー」と呼び慣わされてきた、非常に広汎な歴史的現実である。論者によって多少の相違はあるが、おおむね日露戦後から男子普通選挙制度が確立する一九二〇年代までにおける、政治の政党化と民主化〈政治参加の拡大〉のプロセス、およびその結果として成立したと目される政治システムを指すものであることに異論はないだろう。加えて、同時代的な社会的・経済的・文化的諸現象も、ある時は背景的要因として、ある時は実質そのものとして、大正デモクラシーという構築的概念の一部として扱われてきた。

このような歴史的現実の実在そのものを否定するものはいないだろう。問題は、それを前後の時代と差異化して、あるいは政治や社会を構成する既成の要素から区別して、「大正デモクラシー」という表札を掲げることで、何が見えて何が見えにくくなるかである。本稿ではそのような関心から出発して、大正期の〈民主化〉が歴史的に意味するものを検討し直そうとするものである。(1) そのような課題に接近する視角として、本稿では第一次大戦を契機として、概念と実態の両面において進行した〈政治〉の意味変化、あるいは意味の拡張という問題に着目してみたい。たとえば「大正デモクラシー」という概念装置の内部では、一般にデモクラシーの進展は国家やナショナリズムの拘束から自由になることと同義である。だが本稿では、それらは相互にからみ合っており、その関係の在り方こそが、ある時代の政治構造の特徴的な枠組みを造り上げていると考える。

同時代においてそのような政治の意味変化を探求した学問的な努力を、後世に半ば自己批判的に位置づけようとしたものとして、蠟山政道の第二次大戦後における著作、『日本における近代政治学の発達』がある〔蠟山 一九四九（一九六八）〕。本書によって検討された第一次大戦前後から一九二〇年代にかけての政治研究の新展開は、日本における政治学の自立過程を示すと同時に、我々が二〇年代における政治概念の意味変化を歴史的に検討しようとするときの素材でもある。すなわち、本稿が主たる方法的機軸とする政治概念の意味変化が、まさに同時代の日本における政治学の自立過程に体現されているとするなら、日本における「近代政治学」の学的成果たる諸文献は、そのまま我々にとって大正期の政治構造を概念的に枠づける史料そのものなのである。

蠟山の『日本における近代政治学の発達』からは多くの興味深い問題を引き出すことが可能なはずであるが、正面から言及した研究は必ずしも多くない。その数少ない研究の一つとして注目されるのが、三谷太一郎の論文である[三谷 一九九九]。三谷の指摘の中で本稿にとってとりわけ重要と思われるのは、蠟山におけるモティーフの反復にふれた部分である。

よく知られるように『日本における近代政治学の発達』は、蠟山自身が主要な担い手の一人であった戦前の「近代政治学」のための弁明であり、敗戦を契機になされた丸山真男の日本近代政治学批判に触発されて書かれたものである。しかし三谷は、「日本における近代政治学」のための弁明という表層の裏側に、隠れたモティーフである「日本における近代政治学」への批判が潜在するという。しかもこの批判の在り方は、一九三〇年代にすでになされた蠟山の「近代政治学」批判と基本的に同一なのである。この指摘は炯眼であり、本稿にとっても多くの示唆を含んでいる。

三谷によれば、三〇年代における蠟山の「近代政治学」批判は、「デモクラシー」の政治学から「デモクラシー」の危機の政治学への、蠟山政治学の変容を示すものである。三〇年代の蠟山における「立憲的独裁」と「社会進歩主義」の主張は、二〇年代の「議会主義」とそれを支える「自由主義」「社会民主主義」からの離反であり、蠟山における「現代政治学」の試みは、そのような意味での「近代政治学」からの離脱であった。そして『日本における近代政治学の発達』において、「近代政治学」のための弁明というモティーフを透かして見いだされるのは、戦後における「現代政治学」の反復である。

ここに見いだされた「近代政治学批判」というモティーフの反復は、蠟山政治学の構造として十分に首肯しうるものであろう。しかし問題はその先にあるのではないか。はたして我々はそこに、三谷が言うような「ヨーロッパと日本、さらに日本とアジアとのディレンマに立って、日本の政治学の自立性の根拠〈学問的アイデンティティ〉を求めて、試みられた学問的企図の挫折」を見るべきなのだろうか。あるいは、一九二〇年代の「近代政治学」からの脱却を企図してなされた、一九三〇年代の蠟山政治学が、かりに「デモクラシー」の政治学からの離反であったとして、しかしそれはあるべきプロセスからの逸脱なのであろうか。三〇年代の蠟山政治学に対する批判の前提は、いうまでもなくそれが日中戦争期の「東亜協同体論」に至る協同体の政治学への端緒をなすと考えられるからである。だが後述するように、二〇年代の「デモクラシー」は当初からナショナリズムと同居していたのである。そうであるならば、三〇年代の蠟山政治学は、「デモクラシー」の政治学が内包していたものの、あり得た一つの選択肢と考えることも可能なのではなかろうか。蠟山の反復は惜しまれる逸脱ではなく、重大な問題提起かもしれないのである。

一　研究史と主題の再配置——時代が「デモクラシー」を招喚する

いうまでもなく「大正デモクラシー」とは、戦後歴史学が日本近代史の中に〈発見〉した、戦後デモクラシーの先行事例である。それは当初から歴史的実在というよりは、規範的な概念であった。もちろん出自に由来する規範性の拘束から脱却しようとする学問的努力は、歴史学や政治学によってなされてきたし、それらの努力が今日でも参照すべき実証的成果を生んだことは間違いない。

たとえば大正デモクラシー研究の起点である一九五〇年代の研究においては、それは戦後歴史学の枠組みの中で、あるべき「プロレタリア・デモクラシー」に対して相対的に劣位な、ないしはその前段階を形成するものとして、あらかじめ限界を背負わされたものであった(たとえば[信夫　一九五四(一九六八)])。したがって、このような大正デモクラシー観からの脱却を示す指標的な研究が、戦後歴史学の枠組みがゆるやかに解体をはじめる時期に集中して登場したことは、もちろん偶然ではない。なかでも松尾尊兊は、明治末から大正前期のデモクラシー運動を詳細に検討し、その「デモクラシー」が相対的に二次的な意味しか持たないものでもなければ、上っ面の化粧のようなものでもないことを主張した[松尾　一九七四(二〇〇一)・一九八九など]。誰も注目しなかった小集団の機関誌を渉猟する中で発掘された諸事象は、発表当時きわめて清新な印象を与えたものである。だが当時すでに気づかれていたように、松尾の視点には重要な疑義が提出されていた。松尾が検討したものとほぼ重なる個人や集団を対象とした、宮地正人による重厚な実証研究がそれである[宮地　一九七三]。

宮地は日露戦後の民衆運動の実態とリーダー、サブリーダーの政治理念を、政治過程のより広い領域の中に配置して論じることで、それらを特徴づける「国民主義的対外硬派」という枠組みを提出した。このことは、国内的な政治参加の拡大要求とナショナリズムとの分かちがたい結びつきを、日露戦後という時代における「政治史」として実証的に描き出す重要な功績であった。ここから容易に思い至る問題の構成は、松尾のデモクラシー運動と宮地の「国民主義的対外硬派」の関係である。両者ははたして同じ事態の二つの側面を示すのか、それとも「国民主義的対外硬派」はデモクラットではないのか。あるいは両者は段階的差異を示すものなのか、すなわち対外硬が脱色されてデモクラシーになるのか。しかしこのような議論は当事者間はもとより、他の論者によっても自覚的に追究されることはなかった。あり得べくしてなされなかった宮地・松尾論争を仮想してみるならば、そこにあぶり出されるはずの論点は、デモクラシーとナショナリズムの関係である。より挑発的に表現するとすれば、「大正デモクラシー」(デモクラシーそのものでも構わないが)は、ナショナリズムから離脱する責任を負っていたのかと言いかえてもよい。歴史的存在としてのデモクラシーを考えるなら、それがナショナリズムの外部に成立した事例を発見するのは難しいのではなかろうか。むしろ検討されるべきは、デモクラシーとナショナリズムが関係づけられる具体的な形式であり、それをもたらす歴史的な条件だと思われる。そのような視点の可能性を探ることが、本稿の主要な課題である。

他方で第一次大戦を契機とするいわゆる改造運動と「大正デモクラシー」の関係をどのように位置づけるのかも、争点化されるべくして大正デモクラシー論の側から本格的には議論されなかった問題の一つである。改造運動を事実として見れば、それは全体として脱国家化を志向したわけではない。国家やナショナリズムからの離脱という契機から大正デモクラシーを位置づけようとすると、それは改造運動とは接合しないことになる。しかし後述するように、たとえば第一次大戦後の普通選挙運動において、既成政党によるものであるとそれを批判する側であるとを問わず、普選の要求とナショナリズムの再構築は分かちがたく結びついていたのである。(2) すなわち、普選に関してデモクラシーと改造の境界は明白ではない。

国家もしくは国家的価値からの離脱を機軸とした大正デモクラシーの概念化は、三谷太一郎によって最もクリアーに提出された[三谷 一九七四・一九九五。以下、前者を「旧版」、後者を「新版」と略す]。三谷は時代を貫く普遍的な傾向を指す概念としての大正デモクラシーを、「国家的価値に対する非国家的価値の自立化の傾向」と特徴づけた。しかし「非国家的価値の自立化」という概念では、デモクラットや社会民主主義者ばかりではなかった改造運動をトータルにとらえることは困難である。(3) 後述するように、問題はやはり国家の制度に埋め込まれたものではなくなった政治と、国家との関係の再解釈なのである。

これに対して、非国家的価値とは必ずしも抱き合わない「改造」の側面を、「デモクラシー」とのかかわりで位置づける可能性を示したのが、鹿野政直であった[鹿野 一九七三]。鹿野は創唱宗教(大本教)、青年団運動、大衆文学(中里介山)を素材としながら、華やかに飛び交うデモクラシー言説によっては救われない世界の存在を示した。鹿野の指摘は重要な問題の所在を示している。しかし表層の「デモクラシー」と基層の「土俗」という対比を描いたことは、問題の視野を狭くしてしまったように思われる。本稿が扱う柳田國男の場合が暗示するように、「土俗」は単なる反デモクラシーの領域に閉じこめられるべきではないのである。

以上をふまえて本稿の課題を表現し直してみよう。「大正デモクラシー」は国家や国民〈ナショナリズム〉と、あるいは社会や改造と、結びつけられたり切り離されたりしながら論じられてきた。「大正デモクラシー」研究は、それぞれの研究がなされた時代の要求に対応して、それらを結びつけたり切り離したりしながら、「デモクラシー」を論じてきたのである。今日、歴史的存在としての「デモクラシー」を再検討する意味があるとすれば、それが国家や国民や社会とどのように関係づけられていたかを問い直すことであろう。それは今日の我々の課題であると同時に、一九二〇年代の日本で同時代的になされた、〈政治〉概念の新たな探究がめざしたものでもあったのである。そして、そのような同時代の試みが〈政治〉にかかわる理論の世界的な動向をうけてなされたものである以上、我々の「デモクラシー」もまた、第一次大戦後における国際秩序の帝国的再編成の中に配置される必要がある。それは当然のことながら、言説としてのデモクラシーのみならず、現実の日本政治を東アジアを中心とする国際環境もしくは国際秩序認識の中に位置づけることにつながるであろう。

本稿ではそのような観点から、第一次大戦後の日本における「デモクラシー」を、帝国的編成〈再編成〉と国民の再定義〈再国民化〉のプロセスとして、次の三つの相から検討する。第一は民主化がもたらす国民化〈国民の再定義〉、第二は民主化と社会化の関係、第三は民主化と帝国的編成との関係である。本稿はこのような視角の中に、二〇世紀史における世界史的な主題としての〈大衆の時代〉、〈社会主義の時代〉、〈反植民地主義の時代〉という問題が内包されると考えるものである。

二　民主化と国民化――一票が定義する国民

「非国家的価値の自立化の傾向」についての三谷の説明は、そもそもはマイネッケを引きつつ、政治の分野でのそれは、「国家理性」に対する「混濁した国民的必要」の自己主張であるとするものであった。それはまた、「国家理性」に対する「国民感情」の自立化と言いかえられてもいる。(4)三谷の説明によれば、マイネッケは、第一次大戦後にドイツを徹底的に無力化しようとしたロイド・ジョージの政策が、イギリス国民の感情的雰囲気に拘束されたものであったことを、「混濁した国民的必要が明晰な国家的必要を超克した」と慨嘆したという。それに対比してマイネッケが称賛したのは、雑多な民族主義の台頭に対決した、ビスマルクによる国家理性の闘争であった。この挿話をふまえるならば、自立化しはじめた「国民感情」の最初の事例を日比谷焼打事件に求めることは受け入れやすい。さしずめ「国家理性」は、日本の戦争継続能力と日露両国の力関係を国際関係の中で考量した、明治政府指導者の「明晰」に求めることになろうか。

他方で三谷は、日本の歴史上のデモクラシーは例外なく「戦後デモクラシー」であり、大正デモクラシーは日露戦後および第一次大戦後の二つの戦後デモクラシーの複合であるという、興味深い見解をも示している。(5)そこでは、ナショナリズムおよび帝国主義とのからみ合いの中で登場した「日本における自由主義」が、ナショナリズムの桎梏から解放されていくプロセスが、二つの戦後デモクラシーにおける段階的な移行の指標とされるのである。(6)ここで「非国家的価値の自立」は、「国民感情」の自己主張(「混濁した国民的必要」)から発展して、ナショナリズムの桎梏を脱すべきものと位置づけられることになる。

しかし、はたして三谷の言う第二の戦後デモクラシーにおいて、国民感情は混濁から脱しているのであろうか。あるいは逆に、「自由主義」は国民感情の混濁を置き去りにして進化したのであろうか。仮に現実的諸条件の冷徹な考量に基づく断乎たる決断を国家理性の側に置くとすれば、それと対比される国民感情や国民的必要は、常に「混濁」したものでしかあり得ないのではないか。本稿は三谷によるマイネッケの引用について、そのような意味できわめて示唆的なものと考える立場に立つ。そのような立場からは、「混濁した国民的必要」の自己主張をも含む「非国家的価値の自立」は、脱ナショナリズムの指標としてではなく、ナショナリズムの修復（すなわち再定義）の問題として考察されるべきなのである。

本稿では、第一次大戦後のナショナリズムの再構築を、デモクラシーによる国民化として、すなわち政治参加の拡大による国民の再定義として理解したい。いわゆる普通選挙制度(7)によってもたらされたのは、一票で定義される国民であり、そう定義するのは「国民感情」である。この定義はもちろん論理的に破綻している。にもかかわらず本稿がそれを〈国民〉の再構築としてとらえようとするのは、普選による政治的秩序の構造的な特徴がそこに現れていると考えるからである。普選の政治制度としての正統性は、一票が国民を定義するという形式（すべての国民の政治参加）をとった。しかしそれは、現実にはすべての国民を包摂していないという不完全性を内包している。そのことが逆に排除された〈国民〉（たとえば女性）の参加要求に、論理的には否定できない根拠を与えるのである。

たとえば一九二四（大正一三）年の婦人参政権獲得期成同盟会発会式における決議は、参政権要求の根拠を「我等は日本国民として国家の半身たる存在と義務を全うせんがため」と説明している〔市川 一九七四〕。ここには排除が参入要求の正当化根拠となるという逆説がよく表れている。それと同時に我々は、このような〈国民〉への参入欲求こそが、一面では後に総動員体制の構築を支える論理となり、半面でその不完全性を批判する論理ともなったことを想起すべきであろう。市川房枝は一九三七年に国民精神総動員計画を批判して、「国民総動員といふからには、国民の半数を占むる婦人も含まれてゐるに違ひない。〔中略〕然るに此度の計画では半数の婦人の存在がはつきり認識されて居らず、従つてそのための組織方法等も全然考慮されてゐないかの如く見ゆるのである」と述べている［市川 一九三七］。

このように、排除と参入という相反する契機が、相互依存的に機能するという逆説的な関係の中でデモクラシーを考察することは、〈ナショナリズムからの離脱〉の問題ではなく、国民化（再国民化）の問題ではないだろうか。そして、同時代にそのような問いのすぐ近くで発言していた一人が柳田國男であった。柳田の普選言説は、朝日新聞社社員としてなされたものである。柳田は一九二四年二月七日に東京朝日新聞社編集局顧問兼論説委員となるのだが［岩本 一九八五］、その直後に大阪朝日新聞社主催の「時局問題大演説会」に、吉野作造らとともに連続して出演している(8)。これらの演説は本稿にとって非常に興味深いものである。

ここで柳田はもちろん普選論者であり妥協と情実による旧来の議会や政党への批判者であるのだが、その展望は普選による政治改革にかなり楽観的である。しかしながらその楽観論は、別に二大政党制や政党内閣制などの政治システムについて語られているわけではない。柳田が何に依拠して楽観的であったかは、普選の実現性に関する柳田の説明の仕方に現れているように思う。柳田にとって「普選の要求は自然」であり、即時実行か尚早かといっても「決着する所は今から見えている」ような問題、「今に実現するにきまつて居る」ものであった［柳田一九二四（二〇〇〇）c、九七頁］(9)。柳田による一連の普選に関する啓蒙演説の中でしばしば語られるのは、「民心」や「人心」、「多数民衆の正しき判断」や「公衆の隠れたる威力」［柳田一九二四（二〇〇〇）a、九六頁］(10)である。柳田はこのような「民心」のゆるやかな変化の中に、政治的変動の根拠を見いだそうとしていたのではないか。

その意味で柳田が最初の演説を、維新前夜のお札降りなど、「国家多事」における民心動揺の兆候の話からはじめているのは興味深い。柳田は普選問題を、政治的変動の予兆としての「全国の人心」の動揺、「世上の動揺」の民俗的表現から語り始めるのである。もちろん民衆の心理は、一面で旧弊な政治の維持装置でもある。しかし義理や人情は必ずしも峻厳に責められるべきものではなく、「此等の行為の基礎を為す道徳律は、人が父祖伝来大切に守つて来た旧社会一般のもので、之に背けば他から人非人のやうに謂はれたものばかり」なのであり、たとえば立憲制のもとで選挙権が拡大した時、「或種の新なる社会事務には之を応用しては害があるといふことを、我々がよく考へて見なかつた点が悪いだけ」なのである〔柳田一九二四(二〇〇〇)c、一〇九頁〕。

鹿野政直がデモクラシーへの違和として民俗を位置づけたのに対比すれば、この段階の柳田には民俗の世界をデモクラシーの根拠としようという姿勢が存在したと考えられる。それに加えて鮮明な問題提起と思われるのは、そうした民俗世界と交感するデモクラシーという視野が、同時に、新たな制度が排除することで逆説的に可視化した〈国民〉の姿をとらえていたことである。すなわち、女性と異民族(植民地)である。それは二つながらに、再定義がもたらした、忘れられた〈国民〉の発見であった。それは次のように語られる〔柳田一九二四(二〇〇〇)b、一〇三頁〕[11]。

国民多数の希望を代表するなど、高言する政党が、聞いて見れば三百万ばかりの投票の、其又半分だけを寄せ集めたものである。而も我々の人口は旧日本だけで既に七千万、此外に時々忘れられ軽んぜられる異民族が居ります。若しこの代議士等が自分の選挙人ばかり、乃至は地方の有権者のその言ふ所に追従して、他を顧みない癖が有つたとしたら如何であらう。慄然として肌に粟を生ぜざるを得ぬでは有りませんか。〔傍点引用者〕

権利の偏在に関して、もののたとえのように語られたこれらの発言に、あまり過剰に反応することは考え物である。だが同時に、それが繰り返し語られているのも事実である。しかもこの異民族が、結果的に選挙権が与えられた内地在住者に限らないことは、次によってても示される〔柳田一九二四(二〇〇〇)c、一一二頁〕。

内地は普選になつても日本の領土内には、尚多数の民族が住んで居て、今迄は不完全な代議制の議院に於て、各自の死活問題までも議論せられて居たのである。旧式の選挙に由つて作り上げた政党者流の為に、彼等は最も多くの迷惑を蒙つて居るのであります。

これらの発言を、知識人の良心という文脈で理解することに、あまり大きな意味はないだろう。そこには再編成されるナショナリズムにおける、排除と包摂の複合的作用という問題が、断片的にではあるが露出しているのである。それが柳田の発言であることの含意は、後述するように国際連盟委任統治委員としての経験から、委任統治というシステムの機能がもたらした、「植民地なき帝国主義」における排除と包摂の複合的作用を身をもって体験した人物による発言である点だろう。すなわちここに露出しているのは、第一次世界大戦後の国際秩序認識がもたらした、世界史的なナショナリズムの意味転換に組みこまれた問題なのである。

そのことを全く違う角度から照射するのが、新進、既成を取り混ぜた多くの政治家による、第一次大戦後の普選論である。山室建徳による先駆的な指摘に従えば、これら政治家たちは、欧州各国にならって国民平等を実現することこそがデモクラシーであり、国家間競争の落伍者にならない途だと考えていたのである〔山室 一九九三〕。その点において、立憲国民党の植原悦二郎も(「世界列強の中に今や普通選挙制ならざる邦は、独り我が邦のみと言ふも過言ではない」〔植原 一九一八〕)、政友会の松田源治も(「今日は世界列強の大勢に対応して落伍者たらざる為め、国家存立発展の要件として政治上の総動員たる普通選挙の実行を必要とするのである」〔松田 一九一九〕)、憲政会の斎藤隆夫も(「政治の基礎をば多数国民の上に置き、此国民的勢力を結合して以て外に向ふ、是に於て初めて国際場裡に於て勝を占めることが出来るのであります」〔第四二議会における普選法案賛成演説、一九二〇年二月〕)同様であった。

このような第一次大戦後におけるナショナリズムの再構築としての普選言説の多くは、アジア・太平洋地域における国際秩序(ワシントン体制)の消極的容認に対応していた。たとえば普選運動を担った改造同盟(12)の中心人物である中野正剛は、「華盛頓会議は太平洋及び極東に於ける米国の排日の第一歩である」ことに不満を述べつつも、「今日に於て領土拡張の余地は絶対に存在しない」という立場から、国内経済の発展に活路を求める立場を示している〔中野 一九二二〕。これらの発言は、第一次大戦後の国際秩序イデオロギーたる「植民地なき帝国主義」の拘束力がいかに強かったかを示すと同時に、ナショナリズムの再構築としての普選という構造をよく示していると言えよう。デモクラシーが国民化（ナショナリズムの再構築）と背中合わせであったことに照応して、国際協調（ワシントン体制）の受容は、それへの潜在的不満と背中合わせだったのである。

三　民主化と社会化――社会主義が先導するナショナリズム

普選運動の初期においてこれと連動するかに見えた社会運動の多くは、一九二〇年代の前半期には急速に議会や選挙に象徴される政治に関心を失っていく。しかしその一部は、多元的国家論の影響下に新たな政治概念の探求を開始していた。東大新人会のうち、雑誌『社会思想』に拠った「学究派」と称されるグループがそれであり、蠟山政道もその一人であった。

蠟山は一九二〇年代における政治概念構築の方法的な特徴を、「国家の概念を離れて社会の概念の中に発見しようとした」点に求めている［蠟山 一九四九（一九六八）、一八九頁］。問題はいかなる社会の概念に着眼したかであり、蠟山は自身の立場を次のように説明する。すなわち、政治現象の本質的要素を、各社会集団の中のみにおいてではなく、さらに各社会集団の相互関係の形成される過程に見いだされる「組織化行為または秩序形成行為に着眼」し、「そこに政治の本質的要素を見出そうとしたのである」と［同前、一九一頁］[13]。

この「組織化行為または秩序形成行為」への着眼は、『社会思想』同人の多くに共有されていた。たとえば新明正道は多元的国家論の影響下に、国家を相対化して他の社会と同一水準に引下げた時、その相互関係は、社会間の協調のための統制機能を国家に帰属ざせることによって成立すると説明する［新明 一九二五］。このような、社会的秩序を形成する原理としての「統治」の機能によって〈政治〉を意味づける議論は、一九二〇年代の社会運動にとっても画期的なものであった［有馬 一九八〇］。こうして新明によれば、「統治」は反社会的なものではなく、「統治を必要であると考へる立場が正しい」のであり、統治行為に付着した階級的利害を除去して「一個の理念を設定する」ことこそが、「政治行為の目標」でなければならないのである。こうして新たに意味化された政治は、次のように定義される。すなわち、「広い意味における政治とは、かくの如き秩序を中心としたあらゆる人間行為を包摂するのである」〔新明 一九二六〕と。

これらの政治概念の政治学史上の意義や妥当性を問うのは本稿の課題ではない。ここでは多元的国家論がある時期において、熱狂的ともいえる影響力をもった根拠こそが問題なのである。その契機の一部は、多元的国家論による影響のただ中にあった、蠟山自身の同時代の発言に見えている。蠟山は次のように述べている〔蠟山 一九二二〕。

今や、社会生活の事実は、国家主権論のドグマがおさめて置かうとする狭い範疇の上に溢れ出してゐる。各個の集団は自己自身の生活を営み、国家の実現し得ない社会的目的を為し遂げて行くので、この真理は益々明かになつて行く。

ここに見られるような、溢れ出す「社会生活の事実」の圧倒的なリアリティを多くの人々が感受したことが、多元的国家論受容の背景をなしていたのは明らかである。これこそまさに、「非国家的価値の自立化」を体現しているように見える。だが同じ事態はまったく別に解釈することも可能である。たとえばカール・シュミットは、国家が社会の上位に、安定した区別できる権力として存在していた一九世紀ドイツのような場合と異なり、「民主的に組織された共同社会において必然的に生じる」のは、国家と社会の相互浸透であり、そこでは「これまでは国家的な問題が、社会的なものとなり、逆に、すべてこれまでは「たんに」社会的な問題が、国家的なものとなる」という〔シュミット（田中・原田訳）一九七〇、一〇頁〕。シュミットによれば、そこでは宗教や文化、教養、経済といった領域が、中立であることをやめてしまうのである(14)。

だが、その問題は一九二〇年代における新たな政治概念の探求者によって、全く気づかれていなかったわけではない。蠟山は、「現代国家の趨勢は寧ろ表面的には国家権力の増大の傾向を示してゐる」ことを承認しつつ、それと「国家権力の制限を主張する多元的社会観」との整合性について、次のように説明する。すなわち、多元的社会観における国家権力の制限の意義は、個人主義的自由主義をそのまま反復するものではなく、職能原理の上に立ったそれであって、「行政的職能の増大といふ意味に於て、国家権力の増大を認めるに何等矛盾するところがない」のである〔蠟山 一九二二〕。政治の技術的側面をなす行政という領域の拡大は、一九三〇年代に世界的に主流となる傾向である。このような政治の技術的側面に関する蠟山の一貫した関心は、シュミットが言うような、国家と社会の同一性の中であらゆるものが政治的となるという事態に対応していたと言えるかもしれない。自覚的であったかどうかは別として、社会集団間の組織化行為や秩序形成行為に着眼した一九二〇年代における日本の多元的国家論者の問題意識は、そのような主題に接近していたと言えるのではないだろうか。

そもそも蠟山の言う一九二〇年代における新政治概念の探求とは、国家を相対化しようとする欲求を前提としつつも、しかしなぜ政治現象において国家が特殊な意味を持ってしまうのかという主題への挑戦であったはずである。理論的に高度なものとは言えないかもしれないが、新明正道が社会的秩序を形成する原理としての「統治」の機能によって「政治」を意味づけようとして、そのような「統治」機能は反社会的なものではないのだと主張したのも、そのような文脈において理解されるべきであろう。

それとは別に、多元的国家論の理論的展開とは異なる角度から、独特の「社会国家」(社会化された国家)論を展開したのが、早稲田大学の杉森孝次郎である。政治を定義して、「人間協力の全体的範囲を直接の目的対象として、これに組織を与へ、統整を与へ、保導を与ふる努力」であるとする杉森は、その人間協力の全体的範囲は、「現代に於いては、すでに国民でなく、人類だ」と主張する〔杉森 一九二三、四五頁〕。しかしその時、国家は消滅するわけではない。それは「力の科学の信者」ではなく「価値の論理の信者」として、杉森の定義する政治の要件を満たすことに専念する国家として生き延びるのである〔同前、四四頁〕。

杉森の言説は、いかにも理論的には精緻さを欠くものであるが、時代の思想状況を写す鏡としては有用かもしれない。それは、杉森自身が「大戦は徒為に戦はれなかつた。それは世界をして、社会を発見せしめた」〔同前、九一頁〕と書いているように、第一次大戦の強力なインパクトのもとで登場した「社会の発見」の、いささか通俗化した表現であった。同時に、そこに発見された「社会」は国家と相互に浸透しあう社会であった。杉森は「将来の政治の実体は、国民の代りに社会民を持つ性質のものである」と宣言する〔同前〕。ここではすでに、国家＝社会なのである。

一九三〇年代の杉森の言説を知ることができる我々は、その後の社会国家論が広域圏的国際秩序論と全体主義になることを見透しながら議論することになる。だがそれは、二〇年代の社会国家論の放棄ではなく、その延長上に登場してくるものなのである。広域圏論と全体主義への移行の重要な契機をなすのは、社会主義ソ連への関心である。杉森は一九三二年にソ連の五カ年計画に対する強い関心を示した文章を書いている〔杉森 一九三二a〕。杉森はそこでソ連における五カ年計画を「成功」と考える立場に立っているが、それはソ連がインターナショナリズムを放棄して事実上の民族国家に回帰したことを示すものでもあった。すなわち、列国の封鎖に強いられたゴスプランは計画経済による自給の実現をもたらし、スターリンの一国社会主義の可能性が実証されようとしているというのが、杉森の理解である。封鎖を契機としてソ連は必然的に「絶大な自然資源の産業化」へと駆り立てられたのであり、杉森はそれを、「ナショナリズムのなほ甚烈なる現代」において、「公式的に、演繹的に、把握され得る一事象」と表現している。

ここに見られるのは、いわば「社会化」されたナショナリズムである。ここで一九二〇年代の「社会の発見」は三〇年代にナショナリズムに回帰したと、一応は言えるかもしれない。しかし逆に、三〇年代のナショナリズムは、依然として第一次大戦のインパクトのもとに成立した政治概念の展開の文脈の中にあったと考えた方がよいのではないか。それは再編成された国際秩序に関する枠組みの中の、再編成されたナショナリズムであった。かくしてわれわれの次の課題は、第一次大戦後の新たな国際関係パラダイムの中で、デモクラシーとナショナリズムの関係を問い直すことでなければならない。

四　民主化と帝国化——デモクラシーと他者

第一次大戦後の国際秩序認識の在り方を基底において拘束し続けた一方の原理は、「植民地なき帝国主義」である。ピーター・ドウスの周知の論文に依拠するならば、第一次大戦がもたらした国際関係上の重要な変化は、もはや植民地主義の公然たる主張が不可能になったということである。戦勝国による敗戦国の領土分割や植民地再配分は、正当化しにくくなったのである。その結果として考え出されたのが、国際連盟による委任統治という手法であった[ドウス　一九九二]。

ドウス論文の副題が示すように、このような国際関係における第一次大戦後パラダイムを前提にせずには、満洲国という形式の登場や、一九三八年一一月の近衛声明(東亜新秩序声明)における、領土割譲も賠償金も求めないという宣言や、そして大東亜共栄圏という発想も理解することはできないだろう。杉森孝次郎は、「領土と言へば直に封建主義であり反動であり時代錯誤であると考へる者が今日非常に多い」と述べているが[杉森　一九三二b]、これは逆に第一次大戦後パラダイムの規範性の強さを示すものである。また後に、海軍省調査課の主宰する研究会において、和辻哲郎は「八紘一宇」や「大東亜共栄圏」等のスローガンを批判する文脈で、「軍人がアメリカの催眠術にかゝつて帝国主義と云はれることをおそれる様になつたのがいけなかつた」と述べている[大久保達正他編著　一九八九、二六九頁]。「アメリカの催眠術」という表現は、帝国主義・植民地主義否定のパラダイムが、知的世界においていかに広汎かつ強力に浸透していたかを逆説的に示しているといえよう。

このように、知的枠組みとしての帝国主義・植民地主義否定は、第一次大戦の「戦後デモクラシー」の中で成立し、戦時思想の中で独特の役割を果たしたものである。本稿の文脈で、その意味するところを検討するためには、我々は再び柳田國男に戻らなければならない。

東京朝日新聞社論説委員として普選に関する啓蒙的な論説を執筆する以前に、柳田は国際連盟の委任統治委員をつとめていた〔岩本 一九八五〕。委任統治領とその住民に関する柳田の見解は、本稿にとって重要なものである。柳田の立場は、国際政治のリアリズムをふまえつつ、しかし国際連盟の理念をゆるやかにではあるが現実化すべきものとして支持するという、独特のものであった。

委任統治に関する柳田の議論が興味深いのは、「彼等土民に対する文明国の態度が今日になつて始めて確立されたことは驚くべき事実である」というシニカルな視線を通して、第一次大戦後の植民地主義批判の文脈を取りこんでいることにある。欧米人の「土民」に対する感情についての、「数年前は人間と猿と間違へた程で、土民は人間としてよりも寧ろ地味や気候と同一視されて来たのである」という指摘は、事実を穿って植民地主義をめぐる議論の先取りとも見える。そして、あたかも右に見た第一次大戦後の戦後パラダイムを提示するかのように、「最早公然と自分の利益の為めに領土を併合することは公言出来なくなり、表面丈けでも土民の安寧幸福を目的に統治しなければならなくなつたのである」と結論づけている〔柳田 一九二二、一七頁〕。

ここに見られるのは、建前とはいえ公然たる植民地主義を不可能としたシステムが、不可視であった「土民」を、不承不承ではあっても可視的なものとするという関係である。そして先に見た柳田の普選言説における女性と異民族の可視化も、同様の構造をもっているのではなかろうか。まさしく第一次大戦を経て日本の帝国的秩序が再編成される中で、〈国民〉もまた定義し直されたのだが（一票が定義する国民）、その再定義された〈国民〉観念が不可視の他者（「時々忘れられ軽ぜられる異民族」〔柳田 一九二四（二〇〇〇）b、一九一頁〕）を可視化するのである。

再編成された〈帝国〉は、同時に他者を発見する装置であった。見えたり見えなかったりすることは、実体の所在というよりは、関係性の問題であることを示している。先に述べた観点を繰り返せば、見えたり見えなかったりする関係は、再編成されるナショナリズムにおける排除と包摂の複合的作用としてとらえられるであろう。再編成されるナショナリズムは、第一次大戦後の国際政治に日本人が向き合う中で、新たに意味を賦与されたナショナリズムであった。その方法は、デモクラシーとナショナリズムが相互に規定し合うことだったのである。

なお民主化と帝国化という枠組みの議論は、本来的にはデモクラシーの隣人たる中国を視野に入れなければ成立しないだろう。ここではもはや本格的に言及する紙数もないが、次の点だけを付け加えておきたい。すなわち、第一次大戦後の国際政治に翻弄されつつも、この隣人もまた急速に「国民化」のプロセスをたどっていたのである。もちろんそのことに日本のデモクラットが気付かなかったわけではない。蠟山政道は満洲事変以前の論壇で最も早く満洲問題に注意を払った一人だが、政治的統一を実現せんとしている漢民族の「国民意識」の目覚めに、くり返し注意を喚起している［蠟山 一九二九］。蠟山が指摘する満洲問題の核心の一半は、満洲経営による文化的貢献という日本側の主張は、「支那人の国民主義的主張」を承服させることができない限り無意味だということである。見落せないのは、それに見合うように、日本人の国民感情にも言及されていることだ。蠟山は新たな政策立案の前提として、「我が国民の大多数が有する満洲問題に対する伝統的な感情的態度の奥底に潜む所の心理」に注意を促している。ここでは蠟山もまた、「デモクラシー」の裏側の〈民俗〉に目を向けていたと言えるのではないだろうか。

重要なことは、隣国に進行する「国民化」を評価し、それに期待する視線は、デモクラットのみならず、日本陸軍内部にも存在したということである。たとえば蔣介石の北伐が開始された頃、北京の日本大使館付武官で陸軍きっての国民党通といわれた佐々木到一は、国民革命軍の将来に着目して「第四革命」の近く起こるべきを説き回り、そのころ軍務局長であった小磯国昭から「佐々木、革命はまだかね」と揶揄されるほどであったという［佐々木 一九六七、一一一頁〕。佐々木は巻頭に孫文の写真と佐々木宛の色紙を掲げた著書を刊行しているが〔佐々木 一九二七〕、国民党軍に対して一貫して「革命軍」の呼称を用いていることが示すように、その立場はいくつかの留保をほどこしながらも、北伐の成功に中国の将来を見いだそうとするものである。そのような佐々木の視点は、のちに済南事件で死に直面する体験を経て変化する。しかしそのこととは別に、ここでは一九二〇年代の日本の政治を考察する上で、デモクラシーの隣人、革命の隣人としての日中の関係が幅広い視点から組み入れられるべき事を提示しておきたい。そのような視点は、デモクラシーによる国民化の意味内容に奥行きを与えるとともに、第一次大戦の戦後パラダイムが、東アジアにおいてどのように機能したのかについての検討を迫るものと考える。

おわりに

以上のように、本稿では「大正デモクラシー」を何らかの実体としてとらえるのではなく、そうした呼称のもとで扱われてきた諸現象をとらえ直す枠組みを模索してきた。本稿の基本的な立場は、一九二〇年代に新たに登場したデモクラシー論者の一九三〇年代から四〇年代にかけての位置について、大正デモクラシーの挫折やデモクラシーからの逸脱とは異なる説明を与えようとするものである。

本稿が検討したように、排除された他者へのまなざしや、反植民地主義の問題は、知識人の良心や思想の問題としてではなく、現実の国際関係や国内政治の中に自己自身をどう位置づけるかという主題として扱われた問題なのである。したがってそれらの問題は、「大正デモクラシー」を三〇年代の逸脱から区別する指標ではなく、三〇年代への連続を導く契機と考えるべきである。

再び蠟山政道に戻るならば、三谷のいう一九三〇年代の蠟山による「現代政治学」が問題としたことは、そのまま戦時期日本の国際秩序認識(それは国際政治学でも世界観の哲学でもかまわない)を理論化する構成要素となった。「大東亜共栄圏」論に至るその理論化を、「現代政治学」の敗北ととらえる立場ももちろん可能であり、一般にはそのように理解されている。しかし「現代政治学」や戦時期の国際秩序論が取り組んだ主題は、はたして今日では意味を持ち得ないものなのだろうか。

蠟山らが試みた、「各社会集団の相互関係」に着目し、そこにおける「組織化行為または秩序形成行為」を新しい政治概念構築の対象とする手法もまた、「現代政治学」において廃棄されたわけではない。それはたとえば、戦時期の「大東亜共栄圏」論においても、国家間の関係を説明する契機として継承されているのである[有馬 二〇〇六b]。その試みはもちろん戦後歴史学において全面的に否定された。しかし理論の正当性という問題を離れてみると、一九三〇年代から四〇年代の政治秩序について、蠟山らが提起した問題が終わっていないことは、冷戦終焉後の世界が示しているのではなかろうか。そのように考えるならば、第一次大戦後の国際秩序と国民の再定義という問題は、「現代政治学」に裏切られたデモクラシーの政治学などではなく、我々が何度そこに立ち戻ってもよい発語なのである。

(1) 本稿は類似の主題に関する筆者の旧稿を拡大・修正したものである[有馬 二〇〇六a]。一部素材と論旨が重複することをお断りしておきたい。

(2) この論点は、デモクラシーと改造の関係だけでなく、デモクラシーや改造と、元老や官僚閥などの権力核をなす既成の政治勢力との関係についても再検討を促す。この点について詳述する余裕はないが、季武嘉也[季武 二〇〇四]の視点が参照されるべきであろう。

(3) ただし「非国家的価値の自立化」とは、一般に受け取られた以上に奥行きのある論点であり、意外に気づかれていないことであるが、三谷による議論の立て方自身がそれを示しているのである。この点については次節で述べる。

(4) 「旧版」七頁、「新版」一頁。両版いずれでも第一論文をなす「大正デモクラシーの意味」の冒頭で述べられている。なお「新版」では「旧版」にあった二篇の論文が除かれ、新たに七篇が加えられるとともに、副題も変更されている。両者は別個の著作として扱われるべきであろうが、「旧版」で「本書全体の序論であり、かつ結論である」とした第一論文の位置づけは、「新版」でも同様であると説明されている(第一論文の補注、「新版」四二頁)。
(5) 「新版」における第一論文「大正デモクラシーの意味」への補注。「新版」四三頁。
(6) 「大学の独立と文芸の独立」(「新版」所収)。そこでは漱石の「三四郎」に象徴される日露戦後の大学の独立や文芸の独立という傾向と、トライチュケの戦時ナショナリズムを批判した小野塚喜平次が、ともにナショナリズムの桎梏から解放されつつあった存在であり、大正デモクラシーが第二段階(第一次大戦の戦後デモクラシー)に移行しつつあった象徴とされている。
(7) あらかじめ満二五歳以上の男子という限定を持つ以上、それが普通選挙であるわけはないのだが、男子普通選挙と言いかえても言語矛盾を重ねるだけなので、ここでは慣用に従う。
(8) 吉野は柳田と同日付で朝日に入社している[松尾 一九九七]。三回にわたる演説会の内容は『時局問題批判』[鈴木編輯 一九二四]として刊行されている。
(9) 演説会は二月二五日、神戸青年会館で開催。
(10) 演説会は二月二二日、大阪中央公会堂で開催。
(11) 演説会は二月二三日、京都市公会堂で開催。
(12) 周知のように改造同盟はヴェルサイユ会議における日本全権のサイレント・パートナーぶりを批判した政治家、ジャーナリスト等によって結成された団体であり、その綱領は「普選の実行」「官僚外交の打破」「労働組合の公認」「新領土統治の刷新」などが同居するものであった[有馬 一九七六]。
(13) なお蠟山は日本政治学史上に画期をなす自身の著作『政治学の任務と対象 政治学理論の批判的研究』[蠟山 一九二五]を、「幼稚ではあるが、方法論的にはそうした立場から生れたもの」と述べている。
(14) 植村和秀はシュミットの枠組みを援用しながら、昭和期の日本思想を政治化という観点から位置づける視点を提起しており、示唆的である[植村 二〇一〇]。
(15) なおこの文章が含まれる章のタイトルは「社会の発見」である

【文献一覧】

有馬学 一九七六 「「改造運動」の対外観――大正中期の中野正剛」『九州史学』六〇号
有馬学 一九八〇 「「前期学生運動」と無産政党リーダーシップの形成――政治観の問題を中心に」『年報・近代日本研究』二、山川出版社
有馬学 二〇〇六a 「「大正デモクラシー」論の現在」『日本歴史』七〇〇号
有馬学 二〇〇六b 「誰に向かって語るのか――〈大東亜戦争〉と新秩序の言説」『岩波講座「帝国」日本の学知』一、岩波書店
市川房枝 一九三七 「国民総動員と婦人」『女性展望』一九三七年一〇月号
市川房枝 一九七四 『市川房枝自伝 戦前編』新宿書房
岩本由輝 一九八五 『論争する柳田国男――農政学から民俗学への視座』御茶の水書房
植原悦二郎 一九一八 「選挙権拡張問題――大なる距離は要求と実現との間に横はる」『東方時論』一九一八年一二月号
植村和秀 二〇一〇 『昭和の思想』講談社
大久保達正他編著 一九八九 『昭和社会経済史料集成』第一四巻、大東文化大学東洋研究所
佐々木到一 一九二七 『南方革命勢力の実相と其の批判』極東新信社、北京
佐々木到一 一九六七 『ある軍人の自伝 増補版』勁草書房
鹿野政直 一九七三 『大正デモクラシーの底流――〝土俗〟的精神への回帰』日本放送出版協会
信夫清三郎 一九五四(一九六八) 『大正デモクラシー史』日本評論社(合冊本)
シュミット、カール 一九七〇 『政治的なものの概念』田中浩・原田武雄訳、未来社
新明正道 一九二五 「国家主権と社会主権」『社会思想』四―七
新明正道 一九二六 「政治行為と政治秩序」『社会思想』五―一
季武嘉也 二〇〇四 「大正社会と改造の潮流」季武編『日本の時代史 二四 大正社会と改造の潮流』吉川弘文館
杉森孝次郎 一九二三 『国家の明日と新政治原則――社会国家への主張』早稲田大学出版部
杉森孝次郎 一九三二a 「国家の存在理由と当面の政策」『日本国民』創刊号、一九三二年五月
杉森孝次郎 一九三二b 「新党の根本問題」『講演』一九〇輯、一九三二年八月一〇日

鈴木兼吉編輯 一九二四 『時局問題批判』 大阪朝日新聞社
ドウス、ピーター 一九九二 「植民地なき帝国主義――「大東亜共栄圏」の構想」藤原帰一訳、『思想』八一四号
中野正剛 一九二二 「国際日本の真活路」『東方時論』一九二二年一月号
松尾尊兊 一九七四(二〇〇一) 『大正デモクラシー』岩波書店(岩波現代文庫)
松尾尊兊 一九八九 『普通選挙制度成立史の研究』岩波書店
松尾尊兊 一九九七 「吉野作造年譜」『吉野作造選集』別巻、岩波書店
松田源治 一九一九 「普通選挙実行に就て」『政友』一九一九年一一月号
三谷太一郎 一九七四 『大正デモクラシー論――吉野作造の時代とその後』中央公論社
三谷太一郎 一九九五 『新版 大正デモクラシー論――吉野作造の時代』東京大学出版会
三谷太一郎 一九九九 「日本の政治学のアイデンティティを求めて――蠟山政治学に見る第一次世界戦争後の日本の政治学とその変容」『成蹊法学』四九号
宮地正人 一九七三 『日露戦後政治史の研究――帝国主義形成期の都市と農村』東京大学出版会
柳田國男 一九二二(二〇〇〇) 「国際聯盟の発達」『国際聯盟』一九二二年三月号、『柳田國男全集』二六巻、筑摩書房
柳田國男 一九二四(二〇〇〇)a 「政治生活更新の期」鈴木兼吉編輯『柳田國男全集』二六巻、筑摩書房
柳田國男 一九二四(二〇〇〇)b 「特権階級の名」鈴木兼吉編輯『柳田國男全集』二六巻、筑摩書房
柳田國男 一九二四(二〇〇〇)c 「普通選挙の準備作業」鈴木兼吉編輯『柳田國男全集』二六巻、筑摩書房
山室建徳 一九九三 「普通選挙法案は、衆議院でどのように論じられたのか」有馬学・三谷博編『近代日本の政治構造』吉川弘文館
蠟山政道 一九二二 「多元的社会観の政治学的価値――ハロルド・ラスキーの「国家主権論」に就て」『法学志林』二四―一
蠟山政道 一九二五 『政治学の任務と対象 政治学理論の批判的研究』巌松堂書店
蠟山政道 一九二九 「満洲問題の中核」『中央公論』一九二九年九月
蠟山政道 一九四九(一九六八) 『日本における近代政治学の発達』実業之日本社(ぺりかん社)

トピック・コラム

東アジア都市文化の変容

橋谷　弘

二〇世紀のふたつの世界大戦にはさまれた一九二〇・三〇年代は、東アジアの都市文化が変容する重要な転機であった。東アジアの大都市の中には、近代になって新たに出現したものもあるが、近代以前に都市形成が進んでいたところも少なくない。しかし、いずれの場合にも、この時期に伝統社会とは直結しない新たな現代都市が出現し、それがそのまま現在の都市空間や都市景観につながる面を持っている。

両大戦間期は世界的にみても大都市の膨張が見られた時期で、ニューヨーク（一九三〇年に六九三万人）やロンドン（四四〇万人）のような巨大都市が生まれたが、東アジアでも東京（五四一万人＝府人口）や上海（三一四万人）など欧米に匹敵するような都市人口の膨張がみられた。

たとえば、一七世紀から都市形成が進んでいた東京は、一九三二年に隣接する郡部を合併して「大東京」となった。東京は、それ以前に二三年の関東大震災で壊滅的な打撃を受けていたが、震災後は山手線の東側に住宅と工場の混在した「下町」が形成され、さらに山手線の西側に配置されたターミナルから郊外へ私鉄網が延びて、沿線に「山の手」の住宅地が広がっていった。山の手も下町も、明治期には山手線の内側にあった江戸の町人地や武家地を指していたが、このころから現在とほぼ同じ地域を意味するようになった。

同時に、洋間を備えた住宅、椅子の生活、ガスや電気器具の普及など、今日まで続く和洋折衷の生活様式が都市部で確立した。商店も、木造家屋の正面だけモルタルやタイル、銅版などで洋風の外観にした「看板建築」が流行した。

一方、近代以前には水上交通の要所としての小都市にすぎなかった上海では、一九一四年に県城の城壁を撤去したのを契機として、華界・共同租界・フランス租界が競合しながらモザイクのように拡大するという独自の都市文化が形成された。とくに外灘（バンド）には、一九二〇・三〇年代に次々と銀行・商社などの重厚な洋風建築が建設され、現代的な都市景観が現れた。

また、繁華街の南京路には高層建築のデパートが誕生したが、それは欧米のようなたんなる大規模小売店舗ではなく、レストランや遊芸場も備えた総合娯楽施設としての性格を持っていた。この点は、同時代の東京などのデパートでも同じだった。そして、住民の急増に対処するために、里弄《リーロン》と呼ばれる密集した独特の住宅様式が広がった。

こうした都市の膨張と都市文化の発展は、植民地でもみられた。たとえば、朝鮮の京城府（現・ソウル）では一九三六年に市域が拡張されて「大京城」が登場したが、それは旧城壁内の片隅に形成された日本人地区が拡大し、さらに撤去された城壁の外に朝鮮人雑業層の集住するスラムが形成される形で都市が膨張した結果だった。

そして、京城府の中にはデパート、カフェー、映画館など、現代的な都市空間と文化が形成された。それは、もちろん朝鮮に自生的に現れたものではなく日本の持ち込んだ文化だったが、しかし、伝統的な日本文化でもなかった。いわば、支配者日本と植民地朝鮮が、西洋文化を対立物としながら、同じ地平に並んでいたともいえる。これは、上海などほかの東アジア都市でも同様であり、工業化などの経済的な変化とも並行していた。

このような両大戦間期の東アジア都市の変容は、一九世紀末以来進められてきた「西洋化」としての近代化の総仕上げの意味を持つ。そして、その都市文化は日本における和洋折衷にみられるように、前近代からのアジア的伝統との連続と断絶の両面を持っていた。しかも、その多くは近代世界システムの周辺部であった植民地・従属地域の都市として形成された。その結果、二〇世紀前半の東アジア都市では、伝統と近代、東洋と西洋、支配と被支配、繁栄と貧困などさまざまな二重性を持った都市空間が形成された。

そして、それらの都市が独立国の中核となった二〇世紀後半の東アジアでは、輸出志向型工業化の拠点として都市化が一段と進展した。同時に、以前のような都市の二重性は薄れていったが、東アジア的伝統との断絶はますます深まり、無国籍的な都市空間が形成された。こうした無国籍的繁栄の原点は、図版に示したような二〇世紀前半の東アジア都市の景観の類似性にまでさかのぼれるといえるかもしれない。

上海・南京路の永安公司

ソウル・南大門通の京城三越

人物コラム

石橋湛山

山室信一

一九五六年、内閣を組織したものの病に倒れ、「私の政治的良心に従う」として二カ月余で辞職した石橋湛山《いしばしたんざん》（一八八四—一九七三）は、悲劇の宰相として知られる。

しかし、湛山の真骨頂は、日本が欧米に対抗してアジアへ植民地を拡張することが国家の発展であり、アジアの平和に繋がるとみなされていた一九四五年八月以前の日本にあって、アジア諸民族・国家との対等な関係を築くことが相互の福利に繋がる唯一の道であるとして対外膨張政策に敢然と反対し、植民地など一切の利権放棄と軍備撤廃などを訴え続けた言論人としての志操にこそ見出すことができる。

こうした湛山の異彩を放つ言論を支えたのは独学で修得した経済理論であり、経済的合理性を基点として発せられる時論は、在野エコノミストという存在による言論活動の意義を日本人に認知させるものであった。しかし、変転めまぐるしい世界情勢に対して透徹した分析を加え、アイデアリストでありながらリアリストたりえた基盤には確固たる社会哲学があった。何よりも湛山は「有髪《うはつ》の僧」と自称したように日蓮宗に基づく人道主義を堅持し、山梨県立第一中学時代は札幌農学校でクラーク博士に教えを受けた大島正健《おおしままさたけ》校長からアメリカ的な民主主義と自由主義に基づく社会観を学び、早稲田大学哲学科在学中にはジョン・デューイのプラグマティズムを学んだ田中王堂に私淑した。湛山がその墓碑に「徹底せる個人主義者・自由主義者」と記したような王堂の言行は、湛山にも投影された。その個人主義や自由主義は利己主義とは異なり、「一切の行為の基準を自覚に求め」、社会的要素を重視して「現実を改造」するためのものであった。

湛山が天皇主権下であっても「最高の支配権は全人民に在る」として普通選挙の実現を求めると同時に、民主主義は「一切の責任を民衆自らに負わする主義」であるとして国民に自覚を訴え、中国や朝鮮などに対して時に厳しく自立の必要性を呼びかけたのも、個人にせよ国家にせよ、「洗練されたる自我」を前提としてはじめて相互の円滑な関係が成立すると考えたからであった。湛山はまた「まず功利主義者たれ」（一九一五年五月二五日）と説き勧めたが、この功利主義も「我の利益を根本とすれば、自然対手《あいて》の利益を図らねばならぬことになる、対手の感情も尊重せねばならぬことになる」という経済的合理主義に基づく利他的配慮を要請するものであった。

大学卒業後、東洋経済新報社に入った湛山は、植松考昭《うえまつひさあき》そして三浦銕太郎《みうらてつたろう》によって礎を築かれた「小日本主義」論を継承していったが、その「小日本主義」とは富国強兵という国是の下に進められていた保護貿易と領土拡張のための軍備主義を大日本主義として批判し、あくまで商工業を発展させて国民福祉の増進を図ることを対置するものであった。

こうして領土拡張を競い合う「虚栄的帝国主義」の時代は終わったという第一次世界大戦後に現れる観点を先取りした湛山は、日本のマスコミや輿論が挙《こぞ》って支持した大戦への日本の参戦や山東半島領有そして対華二一カ条要求、シベリア戦争などに一貫して反対するという当時では稀有の論陣を張った。湛山はさらに植民地領有はコスト以上に利益をもたらさないことを統計的に明らかにし、もし他の国が日本を侵犯するとすれば海外領土に対してであり、それを保有しなければ無意味な戦争は起きないとして植民地の放棄を主張した。

主幹室での湛山(1934年, 50歳)

そして、一九二一年のワシントン会議開催に向け、日本が朝鮮や台湾を独立させて樺太や満洲を放棄し、中国での利権などを自ら返還して「これら弱小国と共に生きよ」(「支那と提携して太平洋会議に臨むべし」七月三〇日)と提言した。湛山によれば、「一切を棄《す》つるの覚悟」によって軍備は不要となり、日本が英米から「袋叩きにさるべき理由」は消えると同時に「局面は一転して、印度を領有し、白人濠州を作り、メキシコを圧迫し、有色人種を虐げ、菲律賓《フィリピン》やグアムを武装して極東を脅迫している英米が、遂に詮議《せんぎ》せられる位地に立たねばならぬ」はずであった。湛山が求めていたのは日本が小国であっても「道徳的国格」を備え、率先して植民地を解放することによって国際秩序を変えていく起爆力をもつことだったが、これらの主張は平和主義者の空論に過ぎないとして受け入れられることはなかった。

このような湛山の言動のなかに「私が多年さがし求めて、ほとんどあきらめていた類型」としての「自由主義者にしてアジア主義者」のあり方を見出したのは竹内好であった。しかし、戦後の東西冷戦の中にあって米ソの覇権競争に異論を唱え、「日本小なりといえども、あえて両国に盲従せず」として「日中米ソ平和同盟」による脱冷戦構想を打ち出した湛山の孤高の叫びは、「自由主義者にして世界主義者」であることを自ら恃《たの》みとし、それをまた日本国民にも強く求めたものとみなすべきではないだろうか。

著作に『石橋湛山評論集』『湛山回想』(ともに岩波文庫)『石橋湛山全集』(一五巻、東洋経済新報社)などがある。

個別史／地域史

I　知識人と社会主義・ナショナリズム・国際主義

個別史／地域史Ⅰ

東北アジアの白系ロシア人社会

中嶋　毅

はじめに

日本では東清鉄道・東支鉄道の名で知られる中東鉄道をロシア帝国が敷設してから、その建設拠点となったハルビンを中心に多数のロシア人が中国東北に移住した。ロシア帝国は鉄道付属地において様々な権益を獲得し、この付属地が東北アジアにおけるロシア勢力の進出拠点となった。そこには帝政ロシアの諸制度が移植され、中東鉄道の庇護のもとで「中国の中のロシア」が形成された。

一九一七年のロシア革命の影響は遠く東北アジアにも波及し、ロシア勢力の拠点であるハルビンもまた政争の場と化したが、中東鉄道長官ホルヴァートの指導のもとで、ハルビンと中東鉄道付属地は反共産党勢力の影響下におかれることになった。シベリアと極東で共産党勢力に対抗して敗れた白衛軍の軍人・兵士や反共産党政権関係者その他の避難民は、共産党の力の及ばないこのロシア人居住地に大挙して流入した。ソヴィエト政権を受け入れずに亡命したこれらの人々は、白衛派のロシア人すなわち「白系ロシア人」と呼ばれた。

本稿は、ロシア革命後に東北アジアで形成された白系ロシア人社会の歴史を概観し、その特徴と歴史的意義を考察することを目的とする。主に一九二〇年代を扱う本巻では、東北アジアにおいて白系ロシア人社会が形成された二〇年代初頭から、中東鉄道がソ連から「満洲国」に売却された一九三五年までを対象時期として設定する(以下では煩雑さを避けるため、「満洲国」および「満洲」の括弧を略す)。それは、中東鉄道が東北アジアの「在外ロシア」という存在に決定的な影響力を及ぼしており、そこからのソ連勢力の撤退は白系ロシア人社会にも大きな転換をもたらしたと考えるからである。

旧ソ連では亡命ロシア世界の研究はきわめて限定されていたが、ソ連解体後には亡命ロシア人世界が「在外ロシア」と把握されるようになり、ロシア現代史の「失われた環」を埋める新たな研究が登場した。こうした中で、ハルビン出身の第一世代が、中国在住ロシア人社会を初めて本格的にロシア本国に紹介した[Мелихов 1997; 2003; 2007]。その後、東アジアの在外ロシア世界にかんする未公刊文書を利用した研究が数多く現れるようになった。これらの研究は、主に中国在住ロシア人の文化活動の具体的様相を明らかにしている[Аблажей 2007; Аблова 2005; Аурилене 2003; Хисамутдинов 2000]。一方、欧米では伝統的にヨーロッパおよび北米のロシア人亡命者への関心が高かったが、東北アジアについては、ハルビンに焦点をあてて在外ロシアの形成とその特性を考察したウルフとバキッチの研究が特筆すべき成果である[Wolff 1999; Bakich 2002]。日本の文献では、戦前の南満洲鉄道株式会社(以下では満鉄と略す)による各種の調査報告が、白系ロシア人社会を考察する上で有益な情報を提供してくれる。また近年は日本でも、同時代の定期刊行物や未公刊文書を用いて東北アジアの在外ロシア世界を分析した研究が発表されている[生田 二〇〇七・二〇〇八/中嶋 二〇〇五・二〇一〇/藤原 二〇一〇]。

これらの研究を踏まえて、東北アジアの白系ロシア人社会の歴史的位相を立体的に描き出すことが、本稿の目的である。なお、とくに言及のない限り、ここでは「ロシア人」という言葉を、エスニックな意味でのロシア人ではなく、旧ロシア帝国臣民であったロシア語話者全体を指す言葉として広義に用いている。

白系ロシア人が世界中に離散したため、東北アジアの白系ロシア人関連史料も世界各国に散在しているが、まとまって保管されているのはハバロフスク地方国家文書館である。ここには、第二次世界大戦後にソ連軍が押収した在外ロシア人関係史料、通称「ハルビン・フォンド」が所蔵されており、この分野での研究には不可欠の第一級史料である〔中嶋 二〇〇六／生田 二〇〇七、九一―九八頁〕。また、ロシア国立図書館やモスクワの主要学術図書館には、戦間期東北アジアで刊行されたロシア語刊行物が部分的に所蔵されている。欧米では、スタンフォード大学フーヴァー研究所文書館所蔵の中国関係未公刊史料の中に、中国在住ロシア人関係の文書群がある。その中では、サンフランシスコにあるロシア文化博物館が所蔵するロシア人亡命者未公刊文書の一部を、同博物館とフーヴァー研究所がマイクロフィルム化した「ロシア文化博物館所蔵未公刊文書コレクション」が貴重な史料である。

一　東北アジアにおける白系ロシア人社会の形成

現代ロシアの研究によれば、東北アジアへのロシア難民には三つの波があった。第一波は一九一九年末―二〇年初頭のコルチャーク政権崩壊による流入、第二波は二〇年のザバイカルにおけるセミョーノフ軍の敗北による流入、そして第三の波は二二年の極東共和国の消滅と極東における共産党支配の確立による難民流入である〔Мелихов 1997, C. 57〕。人口の推移がわかるハルビンについてみると、一九一八年に六万人であったロシア人人口（全市人口の三八％）は、二〇年には一三万一〇〇〇人（同四六％）、二二年には一五万五〇〇〇人（同四一％）に達した〔哈爾濱商品陳列館編 一九二八、九七―九八頁〕。

こうして一九二〇年代初頭には、極東における旧ロシア帝国の拠点都市ハルビンを中心に、中東鉄道沿線に白系ロシア人社会が形成されることになった。ハルビンはいまや、パリやベルリン、プラハと並ぶ白系ロシア人の一大居住地となったのである。革命前から中東鉄道付属地に居住したロシア人は、内戦終結後にはソヴィエト権力が統治するロシア本国から隔絶され、無国籍者となって白系ロシア人のカテゴリーに含まれた。

革命と内戦の結果、東北アジアの白系ロシア人の法的地位もまた激変した。ロシア勢力の弱体化を好機として中東鉄道付属地における諸権益の回収に乗り出した中華民国政府は、一九二〇年三月に中東鉄道付属地のロシア側警察機関を接収して中国当局の管理下においたのを皮切りに、同年九月に旧ロシア帝国外交代表の礼遇を停止し、一〇月には付属地の領事裁判権を回収して中国在住ロシア人を中国の法律によって裁くことを定めた[Экономический бюро КВЖД 1927, C. 11–12, 22, 135–136]。無国籍となったロシア人の法的地位は、中国当局の専横に対してはきわめて不安定なものになっていった。さらに二〇年一〇月に定められた規定に基づいて、居住する白系ロシア人には一年限りの居住許可証を取得することが義務付けられるとともに、移動の際にも警察の許可を要するとされた[満鉄庶務部調査課編 一九二八、二二一—二四頁]。この居住許可証は毎年更新せねばならず、その更新料は白系ロシア人にとって大きな経済的負担となった。

一九二〇年一〇月末に「東省特別区」と改称された旧鉄道付属地に住む古参移住者は、引き続き鉄道に勤務したり革命前からの職業に従事したりして比較的安定した生活を維持することができた。しかし革命後に難民となって東北アジアに流入したロシア人は、困難な環境の中で新たな人生を切り開かねばならなかった。そのため彼らの多くは、短期間のうちにアメリカ合衆国など海外に再移住したり中国各地へと分散したりすることになった。

一九二三年に実施された中国側調査によれば、東省特別区の総人口二三万八〇〇〇人のうち、ロシア人は九万八九九四人を数えて全体の四一・六%を占めていた[Экономический бюро КВЖД 1927, C. 10–11]。ハルビンについでロシア人が多数居住したのは、いずれも中東鉄道沿線の拠点であった満洲里、ハイラル、綏芬河(ロシア名ポグラニーチナヤ)であった。このほかロシア人が比較的集中して居住したのが、ハイラルの北方約一四〇キロメートルのいわゆる三河地方(ロシア名トリョフレーチエ)、中東鉄道東部線の一面坡、横道河子、西部線沿線の布克図(博克図)、昂昂渓、安達などであった［満鉄庶務部調査課編 一九二八、一四―一六頁］。さらには上海や天津、北京といった中国本土に移住したロシア難民もいた［Аблажей 2007, С. 41–42］。東北アジア在住のロシア人人口を正確に把握することは容易ではないが、一九二〇年代にはハルビンで五万―六万人、中東鉄道沿線地域全体では概ね一〇万人前後で推移したと推測される。

革命前に東北アジアに居住したロシア系住民は、ロシア帝国の多民族性を反映して多様な要素から構成されていたが［Wolff 1999, pp. 96–103］、革命後に無国籍となった白系ロシア人もまた同様であった。一九二四年のハルビン市人口調査によれば、中国法管轄下にある外国人（すなわち白系ロシア人）五万六三六九人のうち狭義のロシア人は四万八六七四人で、次いでユダヤ人の五七三八人、ポーランド人の九二二人が上位集団を占め、このほかラトヴィア人一九六人、チェコ人一六四人、エストニア人九二人、ドイツ人一一人その他という構成であった［Очеретин（ред.）1925, С. 35–37］。すでに革命前から、ユダヤ人はユダヤ民族協会を、ポーランド人はポーランド協会をそれぞれ組織して、独自の民族文化を維持していた。数字の上ではロシア人に含まれたウクライナ人や、その他に含まれたタタール人、グルジア人、アルメニア人などの諸民族もまた、それぞれウクライナ・クラブ、アルメニア民族協会、グルジア協会など独自の団体を組織した［Политехник 1979, С. 240–243］。この民族的構成の多様性は、いわゆる白系ロシア人の大きな特徴であった。

東北アジアに亡命した白系ロシア人の多くは、白衛軍に従軍して共産党勢力と戦った人々であった。彼らの一部は、中国軍閥の軍隊や警察部隊、治安部隊などに雇用され、軍事的性格を維持し続けた。ロシア難民のいま一つの特徴は、反共産党勢力に協力した多数の知識人を擁していたことである。その数字を確定することは困難だが、現代ロシアの研究者の推計によれば、満洲におけるロシア人学術インテリゲンツィヤの数は、ロシアから亡命した学者数の三〇―三五％を占めていたという［Горкавенко и Гридина 2002, С. 20］。

中国東北に居住した白系ロシア人の社会的構成を知ることのできる貴重な情報によれば、一九二四年のハルビン在住ロシア人のうちユダヤ人などを除く狭義のロシア人四万八六七四人のうち、家事従事者および職種不明の二万七六九人を除いた二万七九〇五人の職種は、最も多いのが各種職人の三五一九人で、鉄道職員の三四八二人、労働者二〇三四人などが続いた。注目に値するのは、技師・技手が六七五人に上っており、これが鉄道職員とは別に数えられていることである。また、教授・ジャーナリスト・弁護士・教師等が一七〇四人を数え、技師・技手を含めた広義の知識層が、職種の判明する就業者の九％を占めていた[Очеретин (ред.) 1925, С. 36–37]。

ハルビンを中心とする鉄道拠点のロシア人社会が都市的な構成を示したのに対して、鉄道から離れた地方に住む白系ロシア人は、主として農業や牧畜、林業に従事した。その代表的な地域が、ハイラル北方からソヴィエト・ロシアとの国境に広がる三河地方である。アルグン川にそそぐガン川、デルブル川、ハウル川の三河川流域で肥沃な黒土地帯である三河地方には、ロシア革命前から移住民が入植して農牧業を営んでいたといわれるが、一〇月革命後の内戦の中で反共産党勢力に加わったザバイカル・カザークを主体とするカザーク農民がこの地に多数移住して、農地を開拓した。当地方には一九二二年時点で、一九村落に四〇〇〇人を超えるロシア人農民が住んでいた[満洲事情案内所編一九四一、六―七頁]。

白系ロシア人は、法的・政治的に次第に強い圧力を受けるようになっていた。しかし他方で、一九二〇年に中東鉄道管理局長の座に就いたオストロウーモフが窮状にあった中東鉄道の経営を再建したことにより、ロシア人経済圏は次第に復興の兆しを示すようになった。この時期中東鉄道は、経済活動の領域はもとより教育や医療、文化活動などを積極的に支援して、ロシア人社会の充実をはかっていった[Меликов 2003, С. 239–245]。また、農業に従事した白系ロシア人とりわけ三河地方に定住したカザーク農民の農業経営も次第に安定し、彼らの生活圏には伝統的なカザーク農村が出現した。こうして白系ロシア人社会は、不安定ながらも徐々に東北アジアの地に定着していったのである。

二　ソ連勢力の伸張と白系ロシア人社会の変容

東北アジアに逃れた白系ロシア人たちの多くは、避難先においても反ソ的態度を維持し、旧ロシア勢力の復興を目指して様々な政治団体を組織した。それらは反ソヴィエト権力の点では一致していたが、ヨーロッパの元皇族の復位を支持する君主主義勢力や、極東で反共産党勢力を率いたザバイカル・カザークの首領セミョーノフを支持する勢力などが分立して、政治的には複雑な様相を呈していた。そしてそれぞれの勢力が、「ロシア統合軍事同盟」や「極東カザーク同盟」などの軍事組織を傘下において競合していた[Bakich 2002, p. 17]。

一方、白系ロシア人の中には、内戦に勝利したソヴィエト権力を「大国としてのロシア」を復興する存在として容認し支持しようとする動きも現れた。こうした見解をいち早く提起したのは、カデット党東方委員会議長でコルチャーク政権の広報課長を務めたのち一九二〇年にハルビンに亡命した法学者ウストリャーロフであった。「道標転換派」と呼ばれたこの潮流は、中東鉄道職員を中心に一定の共感を獲得するようになり、ハルビンは「道標転換派」の一大拠点となった。

一九二四年は、東北アジアのロシア人社会にとって大きな転換の年となった。同年五月末に調印された中ソ協定によって北京政府がソ連を承認して国交を回復し、さらに同年九月に張作霖率いる東三省自治政府とソ連のあいだで奉ソ協定が締結され、中国がソ連を承認して治外法権が正式に撤廃されたのである。これらの協定により中東鉄道は中ソ合弁企業となり、鉄道管理のためにソ連国籍のロシア人が多数ハルビンに登場することになった。

新たに中東鉄道管理局長に就任したイヴァノフは、鉄道職員をソ連系で固める目的で翌一九二五年四月、中東鉄道職員は中国国籍保持者もしくはソ連国籍保持者に限るという通達第九四号を発した。これ以後鉄道に勤務する無国籍ロシア人は、ソ連国籍を取得するかあるいは中国国籍を取得するかの選択を迫られた。この通達の結果、ロシア人職員の大部分がソ連国籍を取得した。二七年の中東鉄道従業員の構成をみると、ソ連国籍者一万四二五人、中国人一万五六六人、中国籍ロシア人一二七六人、無国籍ロシア人一四二〇人であった[満鉄庶務部調査課編 一九二八、四四頁]。ソ連国籍を取得した人々は、外見は「赤い(ソ連市民)」が中身は「白い(白系亡命者)」ために「ラディッシュ」と呼ばれた。

こうして東省特別区では、ヨーロッパの白系ロシア人センターとは異なり、白系ロシア人とソ連国籍ロシア人とが混住する特殊な状況が生まれた。より正確にはこれ以後、ソ連から派遣されて移住したソ連市民、ハルビン在住者でソ連国籍を取得したソ連市民、中国国籍を取得したロシア人、および無国籍ロシア人の四種類のロシア人に分化したのである。一九二五年の日本側統計によれば、在ハルビン領事館管内(中東鉄道東部線沿線)のロシア人住民九万三五二六人のうち、無国籍者は六〇%、ソ連国籍者は三五%、中国国籍取得者は五%であったという[外務省欧米局第一課編 一九二九、四四頁]。

ソ連国籍者の登場が白系ロシア人社会にもたらした最大の影響は、政治的分裂であった。ある亡命者の回想によれば、一九二四年まではハルビンにおいては「赤系」と「白系」との深刻な区別はなかったが、中ソ協定および奉ソ協定ののちに政治的対立の構図が登場したという[Корецкий 1996, С. 116–117]。ソ連国籍を取得して中東鉄道に勤務し安定した収入を確保したソ連系ロシア人と、二〇%を越える失業率の中で日々の生活を考慮せざるをえない白系ロシア人とのあいだの経済的格差もまた、両者の対立に無視しえない影響を及ぼした。こうした状況を背景に、白系ロシア人の若者の中には急進的な反ソ活動に訴えるグループも現れはじめ、彼らの中からロシア・ファシスト組織が形成されることになった[Stephan 1978, p. 51]。しかし興味深いことに、ソ連から派遣されて来訪した人々もまた、滞在が長くなるにつれてその生活は「ハルビン的」になり、日常生活の面では白系ロシア人との差異はほとんどなかったという[生田 二〇〇八、一九〇頁]。

東北アジアのロシア人社会は一九二四年以降の数年間、中ソ合弁となった中東鉄道の発展にともなって、全体としては相対的に安定した時期を迎えた。これによりロシア人社会は、東北アジアにおいて一定の影響力を維持し続けることになったのである。ロシア系商業施設数は中国勢力に押されて次第に減少傾向を示してはいたが、二五年の調査では、ハルビンの商業施設総数三二〇九件のうちロシア系施設は一〇一二件で、中国系施設一八三五件に次いで全体の三二%を占めていた[満鉄庶務部調査課編 一九二八、六九頁]。ここにはソ連系商業施設も含まれているが、これはハルビンだけを対象とした数字であり、これ以外に大連や奉天、上海その他の都市にもロシア系企業が存在したことを考慮すれば、その比重は無視しえないものであった。

ロシア系企業として代表的なものは、一八九八年にハルビンに進出したチューリン商会である。同商会はハルビン市内に二つの百貨店と三つの支店を有したほか、煙草工場、ソーセージ工場、醸造所、被服工場、石鹸工場や発電所までも所有して、ロシア人のみならずハルビン住民の広範な需要を満たしていた[藤原 二〇一〇、四〇—四一頁]。白系ロシア人は製造業でも幅広く活動し、醸造所・製粉所・煙草工場・石鹸工場・乳製品工場など多岐にわたる工場を経営した。中国東北で重要な産業であった林業では、スキデリスキイ商会、コヴァリスキイ商会、ヴォロンツォフ商会などのロシア系企業が、中東鉄道沿線の森林開発に大きな役割を果たした[Мелихов 2003, С. 293–300]。

しかし一九二〇年代後半になると、中国におけるナショナリズムの高揚とソ連の対中政策の混乱の中で、東北アジアのロシア人社会に対する中国当局の圧力が急速に強まっていった。中華民国はすでに二一年に東省特別区市政管理局を設置してハルビン自治市の施政権を回収していたが、二六年三月末に中国側当局は、事実上ロシア人が独自に運営していた従来の市会と市参事会とを強制的に解散して、行政長官公署を監督庁とする市政局と市自治会からなる新自治制へと移行した[上田 二〇〇二]。これと同時に満洲里、ハイラル、綏芬河など六都市の市会も同様に解散された。

こうして白系ロシア人の政治的影響力は、急速に低下することになったのである。

一九二九年は、ハルビンのロシア人社会が大きく動揺した年であった。中東鉄道管理権回収のために圧力を強めつつあった張学良率いる東北政権が、同年七月に中東鉄道管理局を強制的に接収したのである。このの ち中ソ両国間で緊張状態が続き、ついに一〇月にはソ連特別極東軍が国境を越えて侵攻した。この紛争はソ連側の圧倒的勝利に終わり、一二月にハバロフスクで紛争前の原状回復に合意する議定書が調印されて、ソ連側の鉄道管理権が維持された[スラヴィンスキー 二〇〇二、一八六―二一二頁]。この時に、多数のソヴィエト市民がソ連に疎開したが、その多くは再び戻ることはなかったという。

この紛争時に戦闘地域となった三河地方では、中ソ両軍の衝突以前からカザークのパルチザン部隊が組織されてソ連領を襲撃していたが、これに対してソ連軍は中国領への侵攻時に三河地方のカザーク村落を攻撃して甚大な損害を与えた。「三河の悲劇」と呼ばれるこの事件の犠牲者数は文献によって相違があるが、近年の研究によれば、一〇村落が攻撃を受けてカザーク農民のうち一〇〇〇人近くが犠牲となり、加えて四〇〇人以上がソ連領に連行されたという[Аурилене 2003, C. 28; Мелихов 2007, C. 164–169]。この事件は白系ロシア人社会で大々的に報じられ、彼らのあいだでソ連に対する反感を増大させることになった。

他方でこの時期には、新たなロシア人集団が東北アジアに流入し始めた。それは、ソ連の農業集団化による圧力を逃れてシベリアやザバイカルから越境してきた逃亡農民であった[Аблова 2005, C. 136; Аблажей 2007, C. 66–67]。白系ロシア人から「三〇年代人」と呼ばれた彼ら非合法移民の問題はこれまで十分には検討されておらず不明な点が多いが、この難民流入の背景に、白系ロシア人とソ連在住者とのあいだの国境を越えた人的ネットワークや情報ネットワークの存在を想定することが可能であろう。ロシアの内戦終結時と同様に、一九二〇年代末から三〇年代前半のソ連の激動期にもまた、東北アジアはソ連体制からの新たな避難民集団の受け入れ先として機能したのであった。

三　満洲国の成立と白系ロシア人社会の動揺

一九二九年の中ソ紛争はソ連側の勝利に終わったものの、その後中国当局はソ連系を含むロシア人全般に対して一段と強い圧力を加えはじめた。また中ソ紛争でのソ連側の勝利は、中国大陸への進出を図る日本の強い警戒心を呼び起こし、日本の圧力の下でソ連は次第に中国東北における影響力を低下させていった。三一年九月の満洲事変に対して、第一次五か年計画を遂行中であったソ連は中東鉄道の厳正中立を表明した。これに乗じて関東軍は三二年二月にハルビンを占領し、中国東北において圧倒的な影響力を行使した。

日本軍のハルビン占領に際して白系ロシア人は、日章旗を掲げ万歳を叫んで歓迎したと伝えられてきた［Stephan 1978, p. 63］。しかし近年の研究は、日本軍進駐に対する彼らの歓迎ぶりに懐疑的であり、それが日本人とロシア人協力者によって組織されたものであると指摘している［Аурилене 2003, С. 43–44］。たしかに満洲事変はホルヴァートやセミョーノフら反ソ勢力の指導者を活気づけ、彼らは日本軍を支持した［富田 二〇一〇、三一八頁］。また、ロシア・ファシスト党のように日本軍の影響下で勢力を拡大しようとする団体も、日本軍に積極的に協力した。しかし一般の白系ロシア人を支配していたのはむしろ、生活改善への期待と将来についての不安であった［Мелихов 2007, С. 270–271］。

この時期、白系ロシア人の生活状況は悪化の一途をたどりつつあった。彼らに対する中国側の圧力は経済の領域にも及び、年々増加する税金と中国人との経済的競争の拡大は、白系ロシア人の経済活動を圧迫していた。また、一九二九年の中ソ紛争により財産を失ったロシア人も少なくなかった。さらに東北アジアに波及した世界恐慌の波は、ロシア人の経済活動にも大きな打撃を与えた。一九三一年段階で北満に在住する白系ロシア人六万二〇〇〇人のうち、失業者は約八〇〇〇人、その家族を合算すると約二万人が経済的に困窮した状態にあったという［満鉄庶務部調査課長

編 一九三二、二〇頁]。

一九三二年三月に満洲国が成立すると、新国家への諸民族の統合が大きな課題として浮上した。とりわけ白系ロシア人については、満洲国内のソ連勢力に対抗する必要のみならず、日本の対ソ戦略に利用する目的からも、彼らの統合が目指された。当初この役割を期待されていたのは同年七月に創設された満洲国協和会であり、三三年一月には協和会にロシア人係が設置された[Bakich 2002, p. 18]。しかし白系ロシア人たちは、その内部に政治的な対立関係を内包しながらも、外部世界に対しては一体となって伝統的なロシア文化を維持することを自らの「歴史的使命」と考えており、協和会による統合の試みに容易には引き入れられなかった。

満洲国の成立後、日本側は満ソ合弁となった中東鉄道に対する圧力を一段と強め、ソ連勢力はこの圧力の中で次第に孤立を深めていった。こうしてソ連は、中東鉄道を満洲国に対して売却する意思を表明することになり、一九三三年六月から正式の売却交渉が始まった。この交渉は紆余曲折を経たのち、最終的には三五年三月に満洲国とのあいだで売却協定が調印された[富田 二〇一〇、九二―一〇二頁]。中東鉄道が満洲国に移管されることは、中国東北からソ連勢力が大きく後退することを意味していた。こうした情勢転換を背景に、白系ロシア人の体制への統合が急速に本格化していった。

多数の団体が分立し互いに対立する様相さえ呈していた白系ロシア人社会を統合する目的で、一九三四年一二月末にハルビン特務機関の主導によって、ハルビンで「満洲帝国ロシア人亡命者問題事務局」、いわゆる「白系露人事務局」が創設された。事務局は、それまで様々な組織や団体によって個別に表明されていた白系ロシア人の利害を組織的に代表するとともに、白系ロシア人を体制に統合する上で彼らと当局とのあいだをつなぐ環として機能することを自らの課題とした[中嶋 二〇一〇、一二五―一三二頁]。白系ロシア人の中には、日本人によって組織され特務機関に大きく依存する白系露人事務局を承認できないと考える人々も少なくなかったが、無国籍者の登録業務や反対者に対する様々な圧力を通じて事務局は、ロシア人社会への統制力を次第に強化していった。

一方、中東鉄道の売却にともなって、鉄道従業員であったソ連国籍者の多くはソ連本国に帰還していった。彼らは退職金の支払いを受けて帰国したが、その数は六二三八人、家族を含めると二万六三五人であった。しかし他方で、ソ連への帰国を拒むソ連国籍鉄道従業員も存在しており、その数は約一〇〇〇人にのぼったという。彼らのある者はラトビアやエストニア、ポーランドの国籍を取得し、またある者は白系露人事務局を通じて無国籍者となって白系ロシア人社会に加わった［蘇連人帰還輸送委員会編　一九三五、五二―五八頁］。ソ連国籍者の帰国にともなって、中東鉄道関連のソ連系経済機関はほぼ全面的に撤収し、その結果として白系ロシア人が経営していた商業施設もまた、きわめて大きな経済的打撃を受けることになった。

中東鉄道の売却は、東北アジアのロシア人社会の構成を白系ロシア人主体へと変えていった。ハルビンについてみると、一九三四年一二月時点ではソ連国籍者が二万八〇〇人で無国籍者が三万四〇〇〇人であったのに対し、三六年八月時点ではソ連国籍者が七二〇〇人で無国籍者が二万九〇〇〇人であったという［満洲弘報協会編　一九三七、二三三頁］。白系ロシア人もまた、中東鉄道売却によるソ連勢力後退の影響を受けて、次第に上海その他の中国の都市や海外に移住していった。こうして三五年の中東鉄道売却は、東北アジアのロシア人社会に深刻な影響を与えることになり、これ以後ロシア人社会は全体として満洲国および日本軍当局の強まりゆく統制の下におかれることになったのである。

四　東北アジアにおける在外ロシア文化の展開

中東鉄道の建設にともなってその付属地にはロシア文化が移植されており、そこではあたかもロシアの一地方であるかのようなロシア的生活様式が営まれていた。そこに居住したロシア人は、ロシア本国で生活していたときと同じように生活を続けることが可能であった。こうした状況は、革命によってロシア本国から隔離されたのちも基本的には変化しなかった。一般のロシア人は多くの場合、日常生活に不可欠な簡単な中国語会話のほかには中国語の知識を必要とせず、ロシア語だけで生活することが可能であった。

異郷の地においてロシアの精神文化の維持に大きな役割を果たしたのが、宗教施設であった。正教会建築はハルビン市の建設とともに登場したが、その後ロシア人社会が拡大するにともなって、ロシア人居住地域各地でその数を増していった。とくにハルビン新市街の中央広場にあった聖ニコライ聖堂は、ハルビン教会建築の中心的存在としてロシア人社会のみならず広くハルビン在住者に親しまれていた。また白系ロシア人社会の多様な民族構成を反映して、ハルビンにはウクライナ教会やアルメニア教会、ローマ・カトリック教会、ユダヤ教徒のためのシナゴーグ、ムスリムのためのモスクも、それぞれの信徒たちによって建設された[Политехник 1979, С. 134-144]。これら宗教施設は、それぞれの民族が独自の精神文化を維持する上できわめて大きな役割を果たした。

ロシア人人口の増加にともない、教育機関も整備された。中東鉄道付属地では革命前にすでに初等教育機関と中等教育機関が存在したが、高等教育機関は設立されなかった。しかし、革命後に本国への進学が遮断されたことと、多数の亡命知識人が流入して教員確保が可能になったことを背景に、一九二〇年にハルビンで高等経済法科学校と露中技術専門学校の二校が相次いで開設され、二二年に両校はそれぞれハルビン法科大学、ハルビン工業大学に改組されて正式に高等教育機関となった。さらに二五年には、ハルビン教育大学と東洋学・商学大学の二校が設立された。これらの高等教育機関は、在外ロシア人青年に旧ロシア帝国の高等教育機関と同等の教育を提供することを通じて、異郷の地でロシアの知的世界を維持し継承することを可能にした。中でもハルビン工業大学は、在外ロシア世界において建築や工業建設など技術の領域でロシア型技術文化を維持するための人的資源を供給するとともに、教員や卒業生の実践活動を通じて東北アジアの地にロシア型技術文化を広めた［中嶋 二〇〇五］。さらにはハルビン法科大学や東洋学・商学大学のロシア人教員たちの一部は、ハルビンの日露協会学校（のちの哈爾濱学院）の講師としても教鞭をとって、日本人学生にも大きな影響を与えた［富田 二〇一〇、二三七―二四六頁］。

中国東北開発の拠点となったハルビンでは、ロシア知識人によって学術研究団体が組織され、早くも一九〇八年にはロシア東洋学者協会が設立された。同協会は一九二六年まで存在し、二三年までは学術雑誌『アジア通報』を刊行して、世界の東洋学研究に大きな刺激を与えた。また二二年には、ハルビンで満洲地方研究協会が設立された。同協会は多数の刊行物を出版するとともに、満洲地方の文物の調査や学術探検を組織した。満洲地方研究協会は二九年に中国当局により閉鎖されたが、二九年にはハルビンのキリスト教青年会自然科学・地理学クラブが組織され、その活動が引き継がれていった［内山 一九九六／Хисамутдинов 2000, С. 124–130］。満洲地方は同時代の世界の自然科学者や民俗学者にも未知の地域の一つであり、ロシア人研究者たちはその活動を通じて、満洲の自然や習俗、歴史、法制度、経済など様々な領域で新たな知見を世界に紹介したのである。

ロシア文化の伝統は、文芸活動や芸術活動においても継承されていた。とくに人気が高かったのは詩で、優れた亡命詩人たちの作品が読者を魅了した。また一九二〇年代末には若い詩人たちがサークル「チュラエフカ」を組織して活発に活動し、異郷の地で新たなロシア詩人が生み出された。音楽の領域では、すでに革命前に中東鉄道クラブのもとに交響楽団が組織されていたが、革命後には多くの優れた音楽家がハルビンに逃れたため、一九二〇年代にはハルビン音楽界は成熟期を迎えた。二一年にはハルビンに最初の音楽学校が設立され、帝政ロシアの音楽院と同じ音楽教育が展開された。こうしてハルビンは東アジアにおける西洋音楽の中心地として機能するようになった［岩野 一九九九］。またハルビンは、白系ロシア人の演劇の中心地でもあった。とりわけバレエは愛好された芸術の一つであり、才能豊かなダンサーたちが競演して観客を魅了しただけでなく、多くのバレエ学校が設立されて新たに多数のダンサーが生みだされた。彼らは東アジア各地でロシア仕込みのバレエを演じるとともに、東アジアのバレエの発展に大きく寄与した。

白系ロシア人農民の農耕方式や彼らの生活文化もまた、東アジアの人々とりわけ日本人の関心を惹きつけた。豊かな農業地帯となった三河地方には、満洲国成立後に多数の日本人研究者が調査に訪れてカザーク農民の農業技術や生活実態を記録し、その調査結果は多数の報告書として刊行された。三河地方以外では、満洲国成立後の一九三六年に北満鉄路(旧中東鉄道)東部線の横道河子付近にロシア人農民が開いたロマノフカ村に強い関心が示されたが、この村はロシア人古儀式派の農民が築いた村であった[中村 二〇〇六、五一―七〇頁/伊賀上 二〇〇九]。これらの農村調査は、日本からの満洲移民が寒冷地で農業を経営する上での実践例を提供することを目的としていたが、同時にこれらの情報が日本人にロシア農村の表象を広め、ロシア農民の生活や習慣が一般にも知られるようになった。

こうして東北アジアの白系ロシア人は、異郷の地にあって伝統的な民族文化を維持しそれを独自に発展させていった。そしてハルビンを中心とする在外ロシア文化は、東アジアに広く紹介されて各地の文化に刺激を与えるとともに、そこでのロシア・イメージの形成に大きな役割を果たしたと考えられる。

おわりに

東北アジアの白系ロシア人社会は、ロシア革命後に形成された亡命センターとは異なるいくつかの特徴を有していた。第一に、東北アジアにおいては革命前からロシア世界が存在しており、革命後にも中東鉄道を中核として基本的にそれが維持されたという特殊な事情を挙げることができる。革命後に国籍を喪失したのちも東北アジアのロシア人たちは、現地社会に同化する必要に迫られることはなく、むしろ現地社会に対しては文化的優位性を示し続ける存在であった。もとより革命後の政治情勢の激変をうけてロシア人の法的・政治的立場は急速に低下していったが、中東鉄道の経済力を背景に言語や文化、生活様式などの点では彼らは独自の世界を長期にわたって維持することができたのである。

第二に、東北アジアの白系ロシア人社会は、一九二四年に中東鉄道が中ソ合弁企業となったのち、無国籍である白系ロシア人とソ連系ロシア人とが混住する特異な在外ロシア世界へと変化した。他の亡命センターとは大きく異なるこの特殊な状況は、白系ロシア人社会に政治的な分裂を引き起こし、一部の人々はソ連体制を支持し在外のままソ連国籍を取得する道を選択した。しかし同時に、この混住状況の中で白系ロシア人もソ連国籍者も、異郷の地におけるロシア的生活様式の維持という点では共通の利害を有していた。こうして東北アジアの白系ロシア人社会は、中東鉄道を介してソ連勢力と共存することを通じて、政治的・社会的な分裂と対立を内包しながらも外部世界に対しては「在外ロシア」としての一体性を示すという複雑な相貌を呈することになった。

第三に東北アジアの白系ロシア人社会は、異郷においてロシア的伝統を維持するとともに、異文化接触という条件のもとでソ連ともヨーロッパの白系ロシア人社会とも異なる独自の文化的発展を遂げたと考えられる。東北アジアの白系ロシア人は、東北アジアの未知の文化を積極的に研究し紹介するとともに、部分的にはそれを取り入れながら新たな在外ロシア文化を創造していった。同時にこの在外ロシア文化は、東アジアにおけるヨーロッパ文化の規範として機能し、東アジア各地の新たな文化創造に多大の刺激を与えた。

こののち東北アジアの白系ロシア人社会は、アジア・太平洋戦争とソ連の満洲侵攻、国共内戦と中華人民共和国の成立、中ソ対立といった激動の中で、時代に翻弄されて再度の離散の運命をたどることになるのである［中嶋 二〇〇八、二八二―二八八頁］。

【文献一覧】

伊賀上菜穂 二〇〇九 「日本人とロマノフカ村――日本側資料に現れる旧満州ロシア人古儀式派教徒の表象」『セーヴェル』（ハルビン・ウラジオストクを語る会）、第二五号

生田美智子 二〇〇七 「トラウマとアイデンティティの模索〈ハルビンの亡命ロシア人の場合〉」大阪外国語大学グローバル・ダイアログ研究会、松野明久編『トラウマ的記憶の社会史――抑圧の歴史を生きた民衆の物語』明石書房

生田美智子 二〇〇八 「日本統治下ハルビンにおける「二つのロシア」――ソビエトロシアと亡命ロシア」『言語文化研究』（大阪大学大学院言語文化研究科）、第三五号

岩野裕一 一九九九 『王道楽土の交響楽 満洲――知られざる音楽史』音楽之友社

上田貴子 二〇〇一 「一九二六年哈爾濱における自治権回収運動と地域社会――地域エリートと国際性」『EX ORIENTE』（大阪外国語大学言語社会学会）、第五号

内山紀子 一九九六 「満洲地方研究会――哈爾濱・ロシア人住民と文化事業（二）」『セーヴェル』第一二号

外務省欧米局第一課編 一九二九 『在支露人ノ状況調査』発行地不明

スラヴィンスキー、ボリス、ドミートリー・スラヴィンスキー 二〇〇二 『中国革命とソ連――抗日戦までの舞台裏「一九一七―三七年」』加藤幸廣訳、共同通信社

蘇連人帰還輸送委員会編 一九三五 『旧北満鉄路蘇連従事員帰還輸送と退職金其他支給概観』発行地不明

富田武 二〇一〇 『戦間期の日ソ関係 一九一七―一九三七』岩波書店

中嶋毅 二〇〇五 「ハルビン工業大学の歴史――中国にあったロシア人高等技術教育機関」『人文学報』（東京都立大学）、第三五七号

中嶋毅 二〇〇六 「ハバロフスク地方国家文書館のハルビン関係史料」『セーヴェル』第二三号

中嶋毅 二〇〇八 「ハルビンのロシア人社会」松里公孝編『講座スラブ・ユーラシア学』第三巻「ユーラシア――帝国の大陸」講談社

中嶋毅 二〇一〇 「満洲国白系露人事務局の創設――一九三四―三五年」中村喜和、長縄光男、ポダルコ・ピョートル編『異郷に生きるV――来日ロシア人の足跡』成文社

中村喜和 二〇〇六 『ロシアの木霊』風行社

藤原克美　二〇一〇　「ロシア企業としてのチューリン商会」『セーヴェル』第二六号
満洲弘報協会編　一九三七　『満洲国現勢・康徳四年版』満洲弘報協会
満洲事情案内所編　一九四一　『三河事情』満洲事情案内所・新京
南満洲鉄道株式会社庶務部調査課編　一九二八　『満蒙に於ける露国の現勢力』南満洲鉄道株式会社・大連
南満洲鉄道株式会社庶務部調査課長編　一九三二　「在満白系露人問題」『総合情報』七第四号、南満洲鉄道株式会社・大連
哈爾濱商品陳列館編　一九二八　『哈爾濱案内(第九版)』哈爾濱商品陳列館・哈爾濱
Bakich, O. 2002, *Harbin Russian Imprints: Bibliography as History, 1898–1961*, New York.
Stephan, J. J. 1978, *The Russian Fascists: Tragedy and Farce in Exile 1925–1945*, New York.
Wolff, D. 1999, *To the Harbin Station: The Liberal Alternative in Russian Manchuria, 1898–1914*, Stanford, California.
Аблажей, Н. Н. 2007, С Востока на Восток: Российская эмиграция в Китае, Новосибирск.
Аблова, Н. Е. 2005, КВЖД и российская эмиграция в Китае: Международные и политические аспекты истории (первая половина XX в.), Москва.
Аурилене, Е. Е. 2003, Российская диаспора в Китае (1920–50-е гг.), Хабаровск.
Горкавенко, Н. Л. и Н. П. Гридина 2002, Российская интеллигенция в изгнании: Маньчжурия 1917–1946 гг. Очерки истории, Владивосток.
Корецкий, А. П. 1996, "Эпопея русского эмигранта (без героики)", Россияне в Азии (Toronto), № 3.
Мелихов, Г. В. 1997, Российская эмиграция в Китае (1917–1924 гг.), Москва.
Мелихов, Г. В. 2003, Белый Харбин: Середина 20-х, Москва.
Мелихов, Г. В. 2007, Российская эмиграция в международных отношениях на Дальнем Востоке 1925–1932, Москва.
Очеретин, К. (ред.) 1925, Харбин–Фуцзядянь: Торгово-промышленный и железнодорожный справочник, Харбин.
Политехник 1979, № 10, Sydney.
Хисамутдинов, А. А. 2000, По странам рассеяния. Часть 1: Русские в Китае, Владивосток.
Экономический бюро КВЖД 1927, Особый район Восточных Провинций Китайской Республики (Справочные сведения об административном и судебном устройстве Района), Харбин.

個別史／地域史Ⅰ

〝モンゴル〟という空間と、〝独立〟と〝革命〟の射程

中見立夫

はじめに

二〇世紀の開幕を迎えたとき、モンゴル人の生活空間は、危機的な状況にみまわれていた。モンゴルが清朝の支配下に入ると、その強力な統制のもとで、それまでモンゴル遊牧社会が維持してきた、内部の力関係により政治権力が交替する能動性はなくなり、社会は固定化した。一方、漢人商人がモンゴル高原へ進出して、商業網を張り巡らし、モンゴル王侯も牧民も、その経済的従属下に入っていた。さらにゴビ沙漠の南、長城地帯に近い、モンゴル遊牧地域には大量の漢人農民が移住し、牧地は農地へと変わり、環境の破壊が進行し、モンゴル人は少数集団となっていった。つまりモンゴル社会はあきらかに衰退へと向かっていた。このような状況のなかで、いかにしてモンゴル人の生活圏と伝統的な価値体系を守るかという模索から、モンゴルにおけるナショナリズムが覚醒する。しかも単に旧来の制度と慣習を守り維持することによっては、活路はみいだせないことは明白であった。したがって、どのようにして、退嬰したモンゴル遊牧社会の革新をめざすかが、大きな課題となった。そして、あらゆる政治活動において、「モンゴル人」とは、「モンゴルの地」とは、どの範囲をさすかが問題となった。

モンゴル人がみずからの力だけで、事態を打開するのは無理で、さらにモンゴルの地位と境界は、かれらの希望と

は関わりなく、外部勢力の力関係により、決められていった。だがモンゴル人は、したたかに外部世界の変動をみていた。二〇世紀は、しばしば〝独立〟と〝革命〟の時代と呼ばれる。モンゴルでは一九一一年に〝独立〟が宣言され、二一年には〝社会主義革命〟(しかもアジアで最初の)が発生する。二〇世紀の幕開けの時点では、世界に存在していた帝国は、あいついで崩壊し、国家および国家に収容される国民の再編がおこなわれ、しかもその動きは二一世紀の今日までも続いている。清朝が、ほかの帝国の事例と異なるのは、その崩壊とともにモンゴルを例外として、その領域内において国家と国民の再編がおこらなかったことである。ではモンゴル人は、といっても全てのモンゴル人ではないが、結果的には、モンゴル人主体の国民国家(nation state)、モンゴル国を樹立することになぜ成功したのか。本稿では、二〇世紀初頭、とくに二〇年代を重点に、モンゴルを取り巻く外部環境の動きを俯瞰しながら、モンゴル人による政治行動の射程を検証したい。

一　一九一一年の「モンゴル独立宣言」がめざしたものとは

清朝は、しばしば最後の「東洋的専制帝国」と呼ばれる。その領域観にも特異なものがあり、東アジアという地域世界における唯一の最高権力者として清朝皇帝が君臨し、近代国際関係の基礎ともいうべき、対等な国家間関係という原理が、そもそも存在していなかった。それゆえに「国境」に関する認識も希薄であったといわれるが、ことロシア帝国と清朝とのあいだでは、一六八九年に締結されたネルチンスク条約と、一七二七年に結ばれたキャフタ条約によって、ふたつの帝国のあいだで「国境」が定められ、国家間関係は、のち一九世紀に入るまで、相対的に安定したものとなった。一方、バイカル湖近辺に暮らすブリヤート系モンゴル人は、このキャフタ条約により、ロシア皇帝へ服属することとなる。

一九世紀後半以降、ゴビ沙漠の北側、外モンゴルへロシア帝国は次第に勢力を拡大させ、一八六〇年の北京条約ではフレー（漢語名で庫倫《クーロン》、ロシア語名はウルガ、現在のモンゴル国首都、オラーンバートル）にロシア領事館を設置することを清朝に認めさせた。モンゴルをめぐる政治情勢にとって重要な転回点となったのは、日露戦争終了以降における、東アジアの国際関係、とくに日露関係の変化である。まず一九〇七年七月に調印された、第一次日露協商においては、「南北満洲」でそれぞれが「特殊利益」をもつことを認めると同時に、外モンゴルにおけるロシアの「特殊利益」が日本により承認された。だがこの時点では、日露間で明確な「勢力範囲」が決められていた訳ではない。結果的に一九一〇年七月の第二次日露協商によって「満洲」における日露勢力範囲が画定し、日露両国と協商関係にあった、英仏両国へも通知された。外モンゴルについては言及がないものの、事実上、このとき以降、外モンゴルがロシアの勢力範囲下にあることは、日露英仏間では諒解されていた。

一九〇六年一月、清朝政府は、支配体制再編のため官制改革をおこない、その一環として、モンゴルに対する政策に関しても、抜本的な改正をめざした。それまでの清朝の対モンゴル政策は、少なくとも原理的には、満洲族の清朝皇帝とモンゴル王侯の主従関係、モンゴル仏教界への保護者としての清朝皇帝、という関係を機軸として、モンゴル固有の遊牧社会を漢人社会から切り離し維持することを目的としていた。だがあらたな政策では、モンゴル行政機構を刷新し、モンゴルの開発を進め、そしてロシアの進出へ対抗することをめざした。注目すべきは、ゴビ沙漠の南側、内モンゴルの有力モンゴル王侯たち、とくに漢人移入者の多い地域の王侯は、清朝の新モンゴル政策に対して、協調的ないしは融和的な姿勢をしめしたことである。かれらは漢人農耕社会に立つ封建領主と化しており、その権威と権力は清朝により保障されており、清朝政権側の動向に逆らうことはできない状態となっていたことによる。

他方、遊牧社会の面影を依然、強く留めている、外モンゴルの王侯たちは、清朝の新政策に反発した。すでに二〇世紀初頭には、モンゴル王侯、仏教僧の一部は、清朝体制の変化、とくに政権内部での漢人勢力の拡大を警戒しており、のちの、いわゆるボグド・ハーン政権において外務大臣となるハンドドルジなどは、ひそかに反清活動をおこなっていた。外モンゴル・ハルハ地方のモンゴル王侯、仏教界と清朝現地当局とのあいだで、緊張が高まるのは、一九〇八年三月に、ハルハ地方の東側二部を監督する庫倫辦事大臣として、八旗蒙古出身の三多が着任し、清朝の新政にもとづく施策を強行しようとしたことに端を発する。ハルハ全四部さらに外モンゴルの精神的な統合のシンボルであった、活仏、ジェブツンダムバ・ホトクトと三多との確執は、すぐに王侯層へと波及し、ハルハ四部と三多とのあいだの対立へと拡大した。

一九一一年夏、ジェブツンダムバ・ホトクトとハルハ四部を代表する王侯連名による親書を携え、ハンドドルジらの代表団がロシアへと赴く。代表団を送りだしたモンゴル側の直接的意図は、ロシアの介入により、新政策を停止させ、そして三多を排除することにあったが、代表団には、より大きなロシアの影響力行使、たとえば独立への援助を期待する傾向があった。結果的に、ロシア側の外交介入により、清朝は三多による新政策の実施停止を決めたが、ほどなく中国本土では辛亥革命が勃発し、同年一二月一日、ハルハ四部は独立を宣言し、一二月二九日、ジェブツンダムバ・ホトクトを皇帝(ボグド・ハーン)へ推戴し、ボグド・ハーン政権が樹立された。

このモンゴル独立宣言とは、どこからの独立であり、どの範囲での独立をめざしていたのか。辛亥革命による混乱で、清朝政権が崩壊状態になったことにより、従来のモンゴル王侯と清朝皇帝の主従関係、そして清朝への従属関係が解消されたと判断したゆえに、モンゴル側は独立を宣言し、ジェブツンダムバ・ホトクトを「皇帝」としたのであり、独立の範囲は清朝領域内のモンゴル人地域を想定し、ロシア帝国領域内のブリヤート系モンゴル人地域はふくまれていない。まずボグド・ハーン政権はハルハ四部を固め、ついで外モンゴル西部地区を実効支配下へ入れたが、ダリガンガ地方、あるいはバルガ(フルン・ボイル)地方も、ボグド・ハーンへの臣属を誓った。さらにはボグド・ハーン政権からの働きかけもあり、内モンゴル諸旗からはボグド・ハーン政権へ合流する動きがみられ、ボグド・ハーン政権側も支配区域を拡大するため、内モンゴルに対する軍事行動にでた。このような経過をみれば、ボグド・ハーン政権が描く独立モンゴルの目標とは、清朝統治下のモンゴル人地域の統合であり、また清朝権力機構を外モンゴルから一掃したが、モンゴル社会の構造が変化した訳ではない。

だがボグド・ハーン政権が自力で存続できる状態にないことはあきらかであり、援助を期待されたのがロシア帝国であった。ロシア側には、「中国領土の保全」論が国際的にも高まるなかで、モンゴルの独立を援助しようとする、つまり「中国」から分離させる、意図はなかった。早い段階で、具体的には一九一二年五月には、モンゴル独立問題の解決目標を、ロシアの仲介による、中国宗主権下での、外モンゴルにおける高度自治実現におき、あわせて外モンゴルにおけるロシアの経済権益獲得をめざした。つまり外モンゴルを「中国」のなかに残しながら、ロシア帝国にとっての確固たる勢力圏として、ロシアの権益を実体化することをねらった。他方、モンゴル独立の動きとロシアの対応を注視していたのが、内モンゴルへ勢力拡大をめざす日本であり、日本からロシアに対する照会を契機として、同年七月、日露間で第三次日露協商が調印され、内モンゴル東部は日本、西部はロシアの勢力圏となった。日本側では、この日露間による内モンゴルにおける勢力範囲分割を契機として、当時にあっては、実際には「南満洲」と「東部内蒙古」にすぎなかったが、「満蒙」という特異な地域概念が誕生する。他方、ロシア側は、第三次日露協商によって、あらたに獲得した勢力範囲、内モンゴル西部をさほど重要視していなかったこともあり、つまるところロシア帝国にとっての「モンゴル問題」とは、地理的には、外モンゴルを意味していた。

ロシア側は、まずボグド・ハーン政権とのあいだで、一九一二年一一月三日に露蒙協定を締結し、ついで北京政権とのあいだで、一九一三年一一月五日、自治外モンゴルに関する露中宣言をむすび、最終的に、ロシア政府、ボグド・ハーン政権、北京政権のあいだで交渉がキャフタでおこなわれ、一九一五年六月七日に自治外モンゴルに関する露中蒙三者協定(キャフタ協定)が調印され、ロシアが当初に構想した方針にそってモンゴル独立問題は解決した。このキャフタ協定において、自治外モンゴルの領域が決められたが、これが今日のモンゴル国領土の起源となっている。

ボグド・ハーン政権側は、前述したとおり、当初は内モンゴルもふくめた、清朝領域下のモンゴル人地域の統合と独立をめざしたものの、その試みは挫折した。ロシア帝国は、問題発生当初から、中国宗主権下での自治外モンゴル形成を解決目標としており、ボグド・ハーン政権の存立はロシアの援助なくしては立ち行かないゆえに、ロシアの既定路線からの逸脱は許されなかった。また外モンゴル、とくにハルハ地方には、清朝の支配下においても、緩やかではあったが、一定の地域的な統合状態が存在していたのに比して、内モンゴルにおいては、ほとんど地域的な統合は解体していた。それゆえに内モンゴル各旗は個別に時代の変化に対応せざるをえなかった。さらにバルガ地方は清朝時代においては「内・外モンゴル」には属していなかったが、ハルハ地方での独立に、いち早く呼応した。しかし、その領域内に中東鉄道が走っているがゆえに、ロシア側の意向によって、自治外モンゴルの領域から外され、その区域自治を認める、別個の中露協定が結ばれた。

キャフタ協定は、ボグド・ハーン政権、あるいはモンゴル人にとっては不本意な結果であったかもしれないが、清朝滅亡後の外モンゴルの地位に関して、関係当事者間で合意形成へと至ったという点で、のちの時代へも重要な意味をもつ。つまり一九二一年のソヴィエト赤軍による、モンゴルに対する軍事介入への理由づけのひとつは、このキャフタ協定にもとづく合意を、北京軍閥政権が一方的に廃棄したことにあった。ちなみにキャフタ会議と同時期、チベット独立問題に関する、英国、北京政権、ダライ・ラマ政権間の協議がシムラでおこなわれたが決裂し、チベットの地位は当事者間で合意をえることができなかった。

さらに日本の一部文献では、このころ、日本の大陸浪人、川島浪速が日本軍部の一部、清朝皇族粛親王善耆、内モンゴルのハラチン右翼旗のモンゴル王侯、グンサンノルブと結び、「満蒙独立」をねらったとの記述がでてくる。しかし、この「第一次満蒙独立運動」なるものは、満洲事変・満洲国建国後に、日本の大陸侵出論者により名づけられたものであり、実態として、そのような「独立運動」がおこなわれた訳ではない。グンサンノルブは、はじめボグド・ハーン政権との連携を考え、それが困難と判断するや、内モンゴル諸旗による統一行動を模索し、日本から武器供与を受けるために借款を結んだ。ところが武器が輸送される過程で北京政府に摘発され、かつグンサンノルブ自身は北京政府に取りこまれ、政権内の要職へ就任している。「第一次満蒙独立運動」は、川島と粛親王の夢想にすぎず、かれらの目標がのちに手段を変えて実現されたとき、つまり満洲国の建国後に、過去を振り返って幻影が現実であるかのごとく書かれたにすぎない。

二　ロシア革命と外モンゴル情勢

清朝体制の崩壊後、中国宗主権下における自治外モンゴルの形成という形で、ロシア主導による地域秩序の再構築がおこなわれた。だが、この新たな秩序はロシア帝国の存在により保障されていた。ところが一九一七年二月にロシア帝国が崩壊し、さらに社会主義革命が勃発するに至って、モンゴルをめぐる情勢も流動化する。内戦が続くシベリアでは、各地で地方主義的運動がおこなわれていた。ザバイカル地方では、ブリヤート・モンゴル人により組織された、ブリヤート国民議会へ接近したのが、日本軍の一部から支援をうけ、みずからもブリヤートの血をひく、反ボリシェヴィキ派コサック軍人、グレゴリー・セミョーノフであった。結果的に、セミョーノフの支持のもと、一九一九年三月にダウリアに臨時政府が設置され、内・外モンゴル、ブリヤート、バルガ地方をふくむ、いわゆる「大モンゴル主義」にもとづき、モンゴル人の独立国家をめざしたといわれる。しかも、この動きには、のちに初期モンゴル人民政権において指導的な役割を演じる、ブリヤート・モンゴル人、エルベクドルジ・リンチノ、内モンゴル人民革命党の指導者となるメルセ(漢語名、郭道甫)など、多様な分子が、それぞれの思惑から接近していたことは注目に値する。だが期待した外モンゴルからの参加をえられず、さらに日本政府は一九一九年五月、アレクサンドル・コルチャークを首班とするオムスク政権援助を決め、セミョーノフに対する援助を中止したため、一年をへずして臨時政府は内部対立で崩壊する。しかも当時、その臨時政府の実態を観察した日本軍人が伝えるように、とても政府といえるような体裁を備えたものではなかった。

北京軍閥政権側は、このような情勢をみて、外モンゴルでの勢力回復をめざした。北京では安福派(皖系)の段祺瑞が政権を握り、日本の寺内正毅内閣とのあいだで、一九一八年五月に日中陸軍共同防敵軍事協定が成立、外モンゴル地域は中国側の行動区域とされた。当時、外モンゴル現地に中国側政治代表(都護使、庫倫辦事大員)として駐在していたのは陳毅であった。陳毅は、清末には教育官僚として日本を訪れ、白鳥庫吉、那珂通世ら、日本の東洋史学者らと交流もあり、多くの元朝関係文献を日本学界へ提供するなど、モンゴルの歴史にも詳しく、民国期に入ると北京政権内でモンゴル問題担当実務官僚として活動していた。陳毅は、動揺するモンゴル王侯へ働きかけ、自発的に自治を返上させるべく説得をおこなっていた。だが北京政府は徐樹錚を送りこみ、陳毅を抑え、一九一九年一一月、一気に自治を撤廃させた。このような中国側の強硬な姿勢に対して、モンゴル側は反発し、フレーではボグド・ハーン政権の復興をもとめる、幾つかのグループがひそかに活動を開始していた。

一九二〇年はじめに至ると、シベリアにおける反革命勢力、コルチャークを首班とするオムスク政権は崩壊、四月、緩衝国家、極東共和国が樹立され、ようやく、シベリアの政治・軍事情勢の帰趨があきらかとなった。シベリアが軍事干渉と内戦状態にある時点では、ソヴィエト側が、外モンゴルをもふくむ東アジア諸地域へ対して、なんらかの積極的な行動にでる余裕はなく、山内昭人が指摘するように、「実はロシア共産党(ボ)、外務人民委員部、コミンテルンは、東方へ三つ巴の関係を築いていった。その関係は、樹立したばかりのソヴェト・ロシア政権の組織的未整備に加えて干渉および国内戦争の混乱のさなか、それぞれの方針と実践から時と場合によって共同し、あるいは対立・矛盾し合いながら複線的に模索された」（山内昭人『初期コミンテルンと在外日本人社会主義者——越境するネットワーク』ミネルヴァ書房、二〇〇九年、二〇六頁）との混乱状況が存在していた。この「三つ巴」の関係が一元化へと向かうのは、一九二〇年七月、ロシア共産党（ボ）中央委員会シベリア・ビューロー附属東方諸民族セクション（Секция восточный народов при Сибирское бюро ЦК РКП(б)）がイルクーツクに設置されたときであり、そのもとに、朝鮮、中国、ついでモンゴル・チベット、さらに日本という、四つの「サブ・セクション（подсекция）」がおかれた。シベリア・ビューロー附属東方諸民族セクションは、翌二一年一月、コミンテルン極東書記局（Дальневосточный секретариат ЦККИ）のなかへ移行する。

ここで注目すべきは、ソヴィエト、あるいは世界革命の司令塔の役割を期待されたコミンテルンの地域ないしは「民族」認識である。ロシア共産党（ボ）中央委員会には「シベリア・ビューロー Сибирское бюро」と「極東ビューロー（ロシア語表記では、Дальне-Восточное областное бюро、したがって正しくは「極東区域ビューロー」）」が存在し、両者のあいだでは駆け引きがおこなわれていた。「極東ビューロー」の「極東」とは、「ロシア極東」の意味であって、「東アジア」の類義語としての「極東」ではない。この時点でのロシア人共産主義者にとり、「東アジア」の語義に近いのは「東方」であり、本来は「東洋」「アジア」と同等な地理範囲をさしていたが、シベリア・ビューロー附属東方諸民族セクションにおいては、中国、朝鮮、日本そしてモンゴル・チベットを「サブ・セクション」として配置している。つまり「モンゴル・チベット」は「中国」と切り離され、ひとつの地域としてとらえられている。この「モンゴル・チベット」サブ・セクションの責任者は、さきのセミョーノフによるモンゴル臨時政府にも、一時期、関与したブリヤート人、リンチノであった。リンチノ自身は「モンゴル人」としてのアイデンティティを抱いていたが、シベリア・ビューロー、ついでコミンテルン極東書記局の東方諸民族セクションがさす「モンゴル」とは、その組織上からみて、旧清朝、あるいは中華民国下のモンゴル人地域であった。なおコミンテルン極東書記局の「極東」とは、英語の「Far East」ないしは日本語でいう「極東」と同義語であり、事実、一九二二年には、中国、朝鮮、日本の活動家を招集し、「極東勤労者大会」を開催している。

一九二〇年という時点に立つなら、「モンゴル」、ましてやチベットにおいては、革命的機運はおろか、その萌芽さえ、まったく存在していなかった。なぜ「モンゴル・チベット」という地域を想定したかといえば、リンチノをはじめとする、このサブ・セクション編成に参与したブリヤート系モンゴル人活動家、さらに当時のブリヤート人一般の意識と関連する。つまり、かれらにとっては、ブリヤート・モンゴル人をもふくむモンゴル人とチベット人とは、おなじチベット系仏教文化圏の紐帯でむすばれている、と考えていた。ロシア帝国臣民で、ブリヤート系モンゴル人僧侶、アグワン・ドルジエフは、ラサで修行し、ダライ・ラマ一三世に接近する一方、ロシア帝室の援助のもと、サンクト・ペテルブルグに仏教寺院を建立するなど、特異な活動をおこなっていた。

このドルジエフのチベットにおける行動は、インドを統治するイギリスにとって、ヒマラヤ山脈の背後に位置するチベットへ、ロシアの影響力が及ぶのではないかとの危惧を与え、一九〇四年のフランシス・ヤングハズバンドに指揮される、イギリス軍によるチベット侵攻の原因となり、ダライ・ラマ一三世はドルジエフとともに、外モンゴルへと逃れた。さらに清朝が崩壊すると、モンゴル、チベットは独立を宣言するが、ドルジエフは一三年、両者をむすぶ、いわゆるモンゴル・チベット条約の締結に奔走している。ドルジエフは、ロシア革命後は、ブリヤートにおいて、文化活動に専心していた。東方諸民族セクションでは、たとえば朝鮮サブ・セクションにおいては、ロシア在住の朝鮮人革命家たちがその活動を支えていたが、「モンゴル・チベット」のサブ・セクションの雰囲気は、ほかの中国、日本、朝鮮のサブ・セクションとは異質で特異なものがあったろう。

三　外モンゴルにおける「人民革命」

外モンゴルでは、北京軍閥政権による、一方的な自治撤廃によって、上はボグド・ハーンから下は一般牧民に至るまで、反感が渦巻いていた。のちにモンゴル人民党初代委員長となるS・ダンザンのグループと、革命後の臨時政府首相に就任する、D・ボドーのグループが合流し、イルクーツクからきたロシア人革命家、ソロコヴィコフの仲介もあり、一九二〇年春ころにはモンゴル人民党が結成され、六月末には、ダンザンとチョイバルサンがトロイッツコサフスクへと向かう。この時点での、モンゴル人民党の目標とは、北京軍閥政権により廃止された、外モンゴル自治、およびボグド・ハーン政府の復興であり、ソヴィエトからの援助を期待していた。ついでふたりはヴェルフネ・ウディンスクに送られ、ここで極東共和国の首相代理、ボリス・シュミヤツキーと協議する。ここにボドーら五名もフレーより到着し、おなじころ組織された、ロシア共産党(ボ)中央委員会シベリア・ビューロー附属東方諸民族セクションの「モンゴル・チベット」サブ・セクションのリンチノ、ツェヴェーン・ジャムツァラーノもモンゴル側へ加勢する形で参与するが、極東共和国側には何等の決定権もなく、さらに一行はイルクーツクへと送られ、結局、八月末、ダンザンとシャグダルジャブの二名がモスクワまで赴くこととなる。

おなじ八月、日本軍はザバイカル州から撤兵を完了したが、セミョーノフの部下、ロマン・フェドロヴィッチ・フォン・ウンゲルン・シュテルンベルグは、反革命の拠点とすべく、一〇月、外モンゴルへ侵入しフレーをめざした。この事態をうけて、ソヴィエト側も態度を変更し、まず資金と武器の供与をダンザンへ約束したが、ウンゲルン軍が極東共和国領内に進攻しない限り、赤軍の出動はないものとされた。ソヴィエト政府は、フレーを防衛している中国側へも対ウンゲルン共同軍事行動を申し入れたが、北京政府により拒否された。ウンゲルンはボグド・ハーン政権の復興を掲げ、モンゴル側をも味方につけ、一九二一年一月にはフレーを占領、ボグド・ハーンを復位させた。はじめモンゴル側は、ウンゲルンのフレー入城と、ボグド・ハーン政権の復活を歓迎したものの、やがてウンゲルンの常軌を逸した残虐な行動のため恐慌状態となった。

ウンゲルン軍を撃破するため、モンゴルに対するソヴィエトの軍事干渉方針が確定するのは三月である。ソヴィエト側は北京政権に対し、ウンゲルン軍への共同軍事行動を再度、提起したものの交渉は決裂した。モンゴル人民党は三月一日よりトロイッツコサフスクで、のちに第一回党大会といわれる集会を開催し、一三日には臨時人民政府を組織した。このとき採択された党綱領においては、当面の目標として外モンゴルにおける自治の復活と社会変革があげられると同時に、将来的な展望としては、モンゴル族の統合および「中華連邦」への加入の可能性にもふれられていた。ソヴィエトがモンゴルへ軍事介入を開始するためには、まずモンゴル側に臨時人民政府を樹立し、その要請を受けるとの形をとることは必須の条件であった。当時、極東共和国と外モンゴルの境界の、モンゴル側の町、キャフタには、フレーを追われた中国軍が集結していた。臨時人民政府のもとで編成された、いわゆる人民義勇軍は、わずか四〇〇名程度の規模であったが、まずキャフタの中国軍をモンゴル人民義勇軍が攻撃、その戦闘をソヴィエト赤軍、極東共和国軍は見守るだけであった。つまりソヴィエト、極東共和国は、慎重に中国軍との衝突をさけた。ついでソヴィエト赤軍と極東共和国軍一万に擁された、モンゴル人民義勇軍は、七月、フレーへと進軍し、ボグド・ハーン政府を接収、翌二二年はじめまでに外モンゴル全土が制圧された。

一九二〇年一〇月、つまりウンゲルンのモンゴル侵入と占拠までは、モンゴル側から援助の要請を受けてはいたもののの、ソヴィエト側には積極的にモンゴルへ干渉をおこなう論理的根拠がなかった。いくら北京の軍閥政権が、キャフタ協定で承認されていた、ボグド・ハーン政権による自治を一方的に廃棄したとしても、外モンゴルが中国の宗主権下にあることは、おなじキャフタ協定で認められていた。そこへ北京政権との国交樹立をめざす、ソヴィエトが軍事介入することは憚られた。だがウンゲルンの侵入こそが、事態を一変させた。しかも日本軍のシベリアからの撤退方針は確定していた。慎重に外モンゴルへ軍事介入したときの、日本および中国の反応をも予測しながら、一気にウンゲルン軍を壊滅させる方針へと転換したのである。その意味では、この時点より、東部シベリアと外モンゴルは、ソヴィエトの安全保障の観点では連動する、換言すれば、外モンゴルには反ソヴィエト的政権は存在させないとの、後まで続く原則が確立した。さらにソヴィエト赤軍の軍事行動範囲は、キャフタ協定で認められた自治外モンゴルの領域を、一歩も越えることはなかった。

このように経過を追えば、人民革命により成立したモンゴル人民政権が、ソヴィエト、および「世界革命の指導部」とよばれたコミンテルン側の企図により、うみだされたものとの解釈が可能かもしれない。だが初期人民政権の実態をみると、当初からソヴィエト、コミンテルン側と人民政権とのあいだには、つねに距離が存在した。人民政府初代総理大臣、D・ボドーは、コミンテルン側による過度の介入を嫌ったため、二二年一月には解任され、八月には粛清されている。モンゴル人民党自体が脆弱で多様な分子をふくんでおり、党による政府の指導という構図は成立してはいない。人民党初代委員長であった、S・ダンザンはボドーとの対立もあって、ソヴィエトへと送られ、二一年一一月、ソヴィエト・ロシアとのあいだで、独立国家間の関係を認めた、「友好条約(協定)」を調印している。だが、そのダンザンも、革命まえからロシア帝国とのあいだで紛争となっていた、ウリャンハイ地方のモンゴル領域への編入を求めて、ソヴィエトとのあいだで対立が生じていた。人民党、人民政府、そして指導するコミンテルン側としても、政権維持のためには、ボドー失脚後にも、人民政府内部の旧勢力、つまりボグド・ハーン政権時代から参画している、王侯・仏教界とも妥協せざるをえず、その結果、活仏、ジャルハンザ・ホトクトが第二代総理大臣に就任している。

人民革命がおこり、社会変革がめざされてはいたものの、ソヴィエト、コミンテルン側の意図どおりには事態は進んではいない。外モンゴルの将来像に関しても、両者は明確な見通しをもっていたのではない。外モンゴルに反ソヴィエト的政権は認めず、そして社会変革を進めるとしても、将来的に独立国家として維持しうるかに関しては、確信がなかった。前述したように一九二一年三月に採択された、人民党綱領においては、将来的な展望として全モンゴル族の統合と中華連邦への参加の可能性がふれられていた。「全モンゴル族」とは、どの範囲のモンゴル人をふくむことを意図していたのであろうか。これよりまえ一九二〇年一〇月には、カルムーク系モンゴル人、ブリヤート系モンゴル人への自治を認める、ロシア共産党中央委員会政治局決議がだされていたが、最終的には一九二三年一二月、極東共和国ブリヤート・モンゴル自治州とロシア連邦共和国ブリヤート自治州は統合され、ソヴィエト連邦のもとで、ブリヤート・モンゴル社会主義ソヴィエト自治共和国となった。

この過程でブリヤート・モンゴル人は、期待された、統合されたモンゴル族のなかへ入る可能性がなくなり、ジャムツァラーノ、リンチノらモンゴル革命を助け、人民政府へ参画したブリヤート・モンゴル人は外モンゴルへ活動の拠点を移しているのは事実である。ただ当時のコミンテルン活動家一般にいえることだが、社会主義インターナショナリズムというべき意識をもち、さほど旧体制下における国境線の枠組には拘束されてはおらず、さらに中華連邦への加入といっても、それはロシア連邦型の「連邦」が形成されたときのことを想定していた。ともあれ「人民革命」がおこったものの、外モンゴルはいまだ過渡期の情勢にあった。

四　一九二〇年代後半、東アジア政治情勢のなかでの「モンゴル」

ソヴィエトあるいはコミンテルンにとって、その対外戦略に占める中国の重要性は、ときとともに大きなものとなっていった。レーニンが当初、期待したようなヨーロッパにおける「革命」の可能性がほとんどなくなった段階において、代わって浮上した課題が、アジア地域における「革命」的機運の醸成であり、帝国主義、封建勢力以外の広範なナショナリスト勢力との連合戦線構築が模索された。一九二四年一月の中国国民党第一回全国大会以降、「国共合作」が国民党と中国共産党とのあいだで始まる。そして広州で開催された、国民党一全大会へは、モンゴル人民党委員長であった、B・ダンザンが出席している。孫文の理解によれば、「南方政府の対外主張が帝国主義的かいなか」を、見極めるためにダンザンが赴いたのであった。一月二〇日の歓迎宴において孫文は、ダンザンが「万里を遠しとせずこられたのは、連合して大中華民国を作ろう」との意志の現れだと発言している。前年一一月にコミンテルンは旧清朝領域内各「民族」へ「民族自決権」を認め、「自由な中華連邦共和国」を建設することを提案していたが、国民党側の「民族」および、その「自決権」に関する認識とは、おおいに異なるものがあった。

国家対国家という関係では、ソヴィエト政府は北京政府とのあいだで、同年五月、中ソ大綱協定を結び国交を樹立した。この交渉において最大の懸案となったのが、モンゴル問題であったが、外モンゴルに対する中国の「主権」をソヴィエト政府は認めるとともに、外モンゴルからの撤兵を約束した。前述したように、ソヴィエトはモンゴルとの友好協定において、独立政権としてのモンゴル人民政府を承認しており、あきらかにソヴィエトの立場は矛盾している。ソヴィエト側は、北京政府と国交樹立することを優先させたがゆえに、キャフタ協定における「宗主権」よりも後退して、中国の外モンゴルに対する「主権」を認め、表面上は譲歩する形となった。しかし外モンゴルに対して北京政府が「主権」を回復させる能力がないことを見抜いていた。

一方、モンゴル人民政府をみれば、その内部に王侯、仏教僧などの旧勢力をかかえており、その象徴が元首であるジェブツンダムバ・ホトクトの存在であった。コミンテルン側は、旧勢力の排除をめざしたが、モンゴルの現状からみて、リンチノのように旧勢力との妥協の必要性を認めるものもあり、人民政府側がコミンテルンの指導につねに忠実に従った訳でもなく、政権内部で対立がおこり、それゆえに人民革命において指導的役割を演じた、ボドー、ダンザンは政治闘争のなかで粛清された。そして一九二四年五月二〇日、ジェブツンダムバ・ホトクトの入寂とともに、六月、活仏元首制を廃して、人民共和国制へと移行することを決定し一一月にモンゴル人民共和国が成立する。

中国における「国共合作」の進行は、モンゴル情勢全般にどのような影響を与えたのであろうか。一九二一年の人民革命段階では、その革命の地理的範囲は外モンゴルに限られていたが、外モンゴルにおける革命は、ほかのモンゴル人地域へも当然、影響を与えている。バルガ地方は、前述したように一五年のキャフタ協定とは別個に、中露間で区域自治を認める協定が結ばれていたが、一九年の外モンゴル自治撤廃とほぼ同時に、バルガの区域自治も廃止されていた。バルガのメルセとボヤンゲレルは、二三年六―九月、オラーンバートルと名前の改まったフレーへと赴き、モンゴル人民党第二回大会に参加し、さらにメルセは同年冬、カラハンの斡旋でモスクワを訪問し、コミンテルンと連絡をとっている。二四年冬には、メルセは、チェレンドンロブ（漢語名、白雲梯）、エンケ・バト、アルタン・オチル（漢語名、金永昌）などの国民党党員、あるいは中国国会議員のモンゴル人とともに北京で協議ののち、翌二五年一〇月、張家口で、内モンゴル人民革命党第一回大会が、モンゴル人民革命党（二五年に人民党から人民革命党へと改称）委員長、ダムバドルジ、コミンテルン代表、オチロフ（ブリヤート人）らを迎え開催され、チェレンドンロブが委員長、メルセが秘書長に選ばれている。この「内モンゴル人民革命党」なる組織に関して、当時の漢語文献では、しばしば「内モンゴル国民党」と書かれ、さらにメルセ自身も「モンゴル人民党」に関してさえ、二〇年代前半までに漢語により発表した著作においては「モンゴル国民党」としるしている。メルセは革命後ほどない外モンゴルを訪れ、みずからしるすところでは「民気の膨張」を実感し、「モンゴル国民」が形成過程にあると、その時点では理解していたことをしめしている。

この事実は、このころのモンゴル人民革命党と内モンゴル人民革命党との関係、あるいは内モンゴルにおける「国共合作」の微妙な状況を反映している。つまりモンゴル人民共和国の側からみれば、内モンゴル人民革命党とは、モンゴル人民革命党が、二一年の党綱領でもふれる、モンゴル族の統合という長期的な展望を実現するための、内モンゴルにおける政治組織である。一方、中国国民党の立場からみれば、国民党とも連携する、内モンゴルで活動するモンゴル族の政治団体とも解釈できる。つまり内モンゴルにおける「国共合作」とは、中国国民党と中国共産党の「合作」ではなく、中国国民党と、モンゴル人民革命党の影響下にある内モンゴル人民革命党の「合作」といった傾向が強い。内モンゴル人民革命党第一回大会に参加した、モンゴル人民革命党委員長、ダムバドルジはモンゴル人民共和国からの、内モンゴルに対する働きかけを重視しており、革命的、民主的な中華連邦制が出現した場合、その枠組のもとでモンゴル族の統合の可能性を否定してはいなかった。

しかし翌二五年には、内モンゴル人民革命党内部で、チェレンドンロブら中国国民党系と、メルセら、モンゴル人民革命党系とのあいだで対立が顕在化していた。二七年四月の、蔣介石による反共クーデタにより、「国共合作」は崩壊するが、同年八月、オラーンバートルで開催された、コミンテルン代表のブリヤート人、アマガーエフ主宰の特別会議で、チェレンドンロブ、メルセら、内モンゴル人民革命党指導部は更迭され、ついでチェレンドンロブら国民党系が離脱することにより、同党は分裂・解体状態となった。モンゴル人民共和国においても、ダムバドルジは解職され、やがてのちに「極左路線」と呼ばれる、強引な社会主義化路線へと転換する。モンゴル人民共和国、人民革命党の指導には、コミンテルンに代わり、次第にソヴィエト共産党が前面にでて、ソ連の強力な管理下のもとにおかれた。つまり、将来、どのような東アジア国際情勢の変動がおこったとしても、二度と「中国」へは再統合されることがないよう、強力にモンゴル人民共和国をソ連の衛星国化する方向性があきらかとなった。かくして二〇世紀外モンゴルの政治的・戦略的位相は、ロシア帝国時代の「勢力圏」から、曲折をへて、ソヴィエトの「支配圏」へと転換していったのである。

〈関連文献〉

本稿が対象とする、一九一〇―二〇年代のモンゴルに関する歴史研究は、ソ連崩壊、「東西冷戦」の終焉、モンゴル民主化、そして中国の改革開放などの影響を最も強く受けて、評価が激変した。さらに、それまでの時期では考えることもできなかった、モンゴル、ロシア連邦、中華人民共和国における文書館史料を国外研究者も利用できることになった。

前世紀末までの歴史評価の激変と、あらたにだされた研究成果、および史料状況に関しては、拙稿、"New Trends in the Study of Modern Mongolian History: What Effect Have Political and Social Changes Had on Historical Research?", *Acta Asiatica* No 76(January, 1999)において、網羅的に紹介しているので参照されたい。当該論文刊行以降に出版された、本稿で対象とする時期に関わる、主要な研究書、あるいは通史、概説としては、出版年代順に以下のものがある。

松本ますみ『中国民族政策の研究――清末から一九四五年までの「民族論」を中心に』多賀出版、一九九九年

Рощин С. К., *Политическая история Монголии* (Москва: ИВ РАН, 1999).

Россия и Монголия: новый взгляд на историю взаимоотношений в XX веке. Сборник статей (Москва: ИВ РАН, 2001).

Christopher P. Atwood, *Young Mongols and Vigilantes in Inner Mongolia's Interregnum Decade, 1911–1931* (Leiden: Brill, 2002).

義都合西格主編『蒙古民族通史』第五巻(上)、内蒙古大学出版社・呼和浩特、二〇〇二年

Монгол улсын түүх, табдугаар боть, (Улаанбаатар: Монгол улсын Шинжлэх ухааны академи-Түүхийн хүрээлэн, 2003).

Лузянин С. Г., *Россия-Монголия-Китай в первой половине XX в.* (Москва: Изд-во "ОГНИ", 2003).

生駒雅則『モンゴル民族の近現代史』東洋書店、二〇〇四年

History of Civilizations of Central Asia, Volume VI (Paris: UNESCO Publishing, 2005).

Tayibung, Ö. [周太平], *Üker jil-ün ümegen-ü gerel ba següder* (Köke qota: Öbür Mongɣol-un surɣan kümüjil-ün keblel-ün quriy-a, 2006).

Xiaoyuan Liu, *Reins of Liberation, An Entangled History of Mongolian Independence, Chinese Territoriality, and Great Power Hegemony, 1911–1950* (Stanford: Stanford University Press, 2006).

Андреев, А. И., *Тибет в политике царской, советской и постсоветской России* (Санкт-Петербург: Изд-во С.-Петерб. у-та, 2006).

Батсайхан, Э. О., *Монгол үндэстэн бүрэн эрхт улс болох зам, 1911–1946* (Улаанбаатар: Адмон, 2007).
「初期コミンテルンと東アジア」研究会編著『初期コミンテルンと東アジア』不二出版、二〇〇七年
曹永年主編『内蒙古通史』第四―五巻、内蒙古大学出版社・呼和浩特、二〇〇七年
Батсайхан, Э. О., *Монголын сүүлчийн эзэн хаан VIII Богд Жавзандамба* (Улаанбаатар: Адмон, 2008).
Palmer, James, *The Bloody White Baron* (London: Faber and Faber, 2008).
橘誠『ボグド・ハーン政権の研究――モンゴル建国史序説 一九一一―一九二一』風間書房、二〇一一年
青木雅浩『モンゴル近現代史研究：一九二一―一九二四――外モンゴルとソヴィエト、コミンテルン』早稲田大学出版部、二〇一一年

個別史／地域史Ⅰ

中国国民党と共産党の成立と展開

嵯峨　隆

はじめに

本稿では主として、一九二〇年代以降の中国の主要な政治勢力となる中国国民党と中国共産党（以下、共産党と略す）の成立と展開について論じる。この時期は、民国政治が北京政府から南京政府に転換する時期に当るが、それは単に政権の移行を意味するのではなく、民族自決という世界的な気運が高まる中で、中国がそれを主張するに足る内実を持った国民国家を形成するという課題に立ち向かった時期でもあった。かかる内外二重のナショナルな課題を前にする中国に、多大な影響を与えたのがロシア革命であった。この時代においては、思想的に同意するか否かを別として、「共産主義」を如何に活用するかが重要な鍵であったのである。

然るに、かつての革命中心史観においては、毛沢東路線を基準として近代史上の人物や政治勢力が、遡及的に「善悪二分論」で評価される傾向にあった。本稿が扱う時期に関して言えば、共産党および国民党の容共政策を推進しようとした人物や勢力を善とし、それに反対したものを悪とするが如きである。こうした傾向は、日本の学界においても無縁ではなかった。しかし、一九七〇年代以降、そのような歴史観には反省が加えられ、特に八〇年代になると民国史観の定着によって、既存の歴史的な枠組が突破され、複眼的で客観的な視角が提示されるようになる。政治史の分野について言うなら、山田辰雄〔山田 一九八〇〕や横山宏章〔横山 一九八三〕などは、我が国におけるそうした研究の先駆けと言えるものであった。

本稿に関わる主要な研究成果としては、一九九〇年代以降の専著に限って言うなら、国共合作についての新たな解釈を企図した北村稔〔北村 一九九八〕、国民党の形成過程に巨視的かつ構造的なアプローチを試みた深町英夫〔深町 一九九九〕、政党運動の背景にある民衆各層の運動をも視野に入れた栃木利夫と坂野良吉の研究〔栃木・坂野 一九九七／坂野 二〇〇四〕などが挙げられるところである。また、政治指導者の研究では、孫文と袁世凱は従来「善玉」と「悪玉」の代表的事例として語られてきたが、横山宏章〔横山 一九九六〕は彼らを同一次元で捉え直した。汪精衛については、土屋光芳〔土屋 二〇〇〇・二〇〇四〕が民主政治のイデオローグとしての側面と、蔣介石との関係からそれぞれ詳しい分析を加えている。蔣介石については、一九三〇年代を中心に毛沢東との対比の中で論じた野村浩一〔野村 一九九七〕があるが、本格的な実証研究は家近亮子〔家近 二〇〇二〕をもって嚆矢とする。同書は、蔣介石を国民党および南京国民政府の組織の中で極めて緻密に分析したものであった。

だが、民国史観の定着は逆に伝統的な「党史」研究への関心を薄めることとなった。そのような中で、石川禎浩〔石川 二〇〇一〕は現在利用し得る各種の史料を駆使して、共産党の成立過程を明らかにしており、国際的に見ても学術的貢献度の高いものであった。しかし、その後の研究動向を見るならば、共産党史が「党史」として自己完結する時代は終了し、他の社会勢力との関連や政策の諸側面の研究に関心が向けられている。

他方、中国の研究に目を向けるなら、「正史」としての『中国共産党歴史 第一巻』〔中共中央党史研究室 二〇〇二〕は、今日の公式的歴史解釈を知る上では有益であるが、実証研究の面では日本同様に革命中心史観からの脱却は進み、歴史をより客観的かつ総合的に見ようとする傾向が顕著である。『中華民国史 第一・二巻』〔張ほか 二〇〇五〕は、今日参照されるべき著作の筆頭に挙げられるものである。また、『党員、党権与党争』〔王 二〇〇三〕や『国民党的〝聯共〟

与〝反共〟』［楊奎松　二〇〇八］は国民党研究の新しい傾向を示すものである。彼らには別に、近代中国の通史の著作［王二〇〇六／楊奎松　二〇〇七］もある。近年の研究での著しい特徴は、新たな史料を利用していることである。中でも代表的なものは、一九九〇年代半ばに公開され中国語訳も出版されたコミンテルン、ソ連の中国関連文書［中共中央党史研究室第一研究部訳　一九九七―九八］と、二〇〇六年以降スタンフォード大学で公開されている『蔣介石日記』である。前者は革命中心史観で通説とされたものの誤りを正す根拠となり、後者は従来不明確であった部分を実証的に補強・確定づける史料として利用されている。

なお、本稿が対象とする時期については、基本的な史料集として以下のようなものが存在する［日本国際問題研究所現代中国部会編　一九七〇―七五／中央档案館編　一九八九―九二／中国国民党中央委員会党史委員会編　一九五三―八九／中国第二歴史档案館編　一九八六／広東省社会科学院歴史研究室ほか編　一九八一―八六］。

一　中国国民党と共産党の成立

二〇世紀中国の政党は、競争のための制度的な枠組が欠如した政治状況の中で、しばしば武力をもって政治権力を獲得するために闘ってきた［山田　一九八九］。それは中国国民党と共産党に共通して見られる現象であったが、その起源は民国初年の政治状況にあった。

中国国民党の起源は清末の中国同盟会にある。その思想的基礎と革命のプログラムは孫文によって作られた。それは、民族・民権・民生からなる三民主義と、軍法の治・約法の治・憲法の治からなる「三序」であった。しかし、成立した中華民国の政治体制は孫文の想定とは異なり、議院内閣制を採用したため政党の林立状態が生じた。かかる状況に対応すべく、同盟会は公開政党となり、更には他の政党を糾合して国民党となった（一九一二年八月）。孫文は同党の理事長に就任するが、実質的な党の指導者は宋教仁であった。一九一三年二月の衆参両院議員選挙において国民党は第一党となるが、宋教仁の暗殺に始まる袁世凱の一連の弾圧措置によって同党は解散に追い込まれ、政党政治は短期間のうちに挫折することとなったのである。

袁世凱の帝制復活の動きの中で、孫文は新たな政党作りに取りかかり、一九一四年七月に中華革命党を成立させる。「成立通告」によれば、同党は秘密団体にして議会政党とは質を異にするとされ、前接する国民党の路線は全否定された。そして入党に際しては、「一己の身命、自由、権利を犠牲にし、孫先生に従って革命を再挙する」と宣誓する必要があった。これは、孫文個人への絶対的な服従を求めるものであった。孫文の考えでは、同盟会と国民党の欠陥は組織的な散漫さにあり、その原因は人々が自由平等の説に惑わされたことにあるとされた。

中華革命党では、かつての「三序」構想が軍政時期・訓政時期・憲政時期として復活した。そして、軍政と憲政の両時期においては、一貫して一党独裁の指導を行なうことを宣言した。言うまでもなく、一党独裁とは中華革命党の独裁であり、中華革命党の党員が孫文に絶対的服従を誓っている以上は孫文の独裁にほかならなかった［横山 一九九六］。また、同党は党員の間にも、入党時期の早晩によって将来に得られる政治的権利に相違をつけていたが、より注目すべきことは、非党員である一般国民は憲政時期に至るまで、公民としての権利が行使できないとした点である。このように見てくれば、中華革命党は将来の可能性はさておき、現実の運動においては民主と民権は党の指導下に置かれていたのである。後の「党国体制」の根拠となる「以党治国」理論は、この時期に起源を持っていた。

一九一九年一〇月、孫文は中華革命党を中国国民党と改め公開政党とした。改称に当って、「中国」の二字をつけたのは一九一二年の国民党と区別するためであった(以下、中国国民党を国民党と略す)。党規約では、共和を強固にすることと三民主義の実行をもって宗旨とすることが銘記された(中華革命党では民族、民権のみが挙げられていた)。また、孫文への服従や党員間の等級づけの項目も撤廃された。しかし、組織や綱領の面で近代的な革命政党としての内実を備えるまでには至っていなかった。

国民党への改称から数日後、孫文は上海で「救国の急務」と題する講演を行ない、そこで「団結するものは強い」ことを指摘している。これは、しばしば五・四運動の影響を受けた孫文思想の「発展」と見なされ、国民党への改称もその一環であるとされる傾向にあった。しかし、孫文はそこで自らの運動の進め方を反省して、大衆運動を取り込んでいこうとしたわけではなかった。むしろ、同年五月に執筆された「心理建設」では「知ること難く行うこと易し」と論じ、当時台頭していた大衆主義を否定してエリート主義を提示したのである。国民党を支えた思想は、後者にあったと考えられる。一九二〇年代の「改組」を待つ国民党の実情は、概ね以上のようなものであった。

国民党が内的自己発展を遂げつつ、新文化運動と距離を置いた形で成立したとすれば、共産党の成立はそれと対照的であった。一九一五年の『新青年』の創刊に始まる新文化運動は、知識人の間に伝統批判の精神を育てたが、そこにロシア革命という外部からの衝撃が加えられ、マルクス・レーニン主義という新たな思想潮流が形成されるに至った。比較的早い段階でロシア革命に好意的な反応を示し、マルクス主義を受け入れた李大釗は、一九一八年に北京大学にマルクス主義研究会を組織し宣伝活動を行なっていた。レーニン主義が持つ反帝国主義の理論は、民族的屈辱にあえぐ当時の知識人にとって大きな魅力となったのである。

共産党の成立は外部の政治勢力、すなわちソヴィエトとコミンテルンの直接的支援によるものであった。一九一八年以降、ソヴィエトからの使者は中国を訪れ各地で社会主義者と接触を始めていたが、国内での社会主義者の組織化の動きは、一九二〇年四月におけるヴォイチンスキーの中国到着によって始まる。彼は北京で李大釗と会見した後、上海で陳独秀と会見した。新文化運動の旗頭であった陳独秀は、一九一九年のヴェルサイユ講和条約を契機としてデモクラシーとサイエンス万能論に訣別し、急速にマルクス主義に接近していた［横山 二〇〇九］。陳独秀との接触を機に、共産主義組織結成の動きは急速に発展し、一九二〇年七月、北京で開かれた在華ロシア共産党の会議において共産党結成の方向が示され、ヴォイチンスキーが言うところの「革命ビューロー」(=上海共産主義小組)を核として党の結成の歩みが加速されることとなった。上海での組織化を受けて、北京、広州でも共産主義組織が作られ、これらを基礎として一九二〇年一一月までには共産党の組織は成立していたのである[石川 二〇〇一]。

当初、共産主義グループはアナキストを排除したものではなかった。コミンテルンも、マルクス主義者とアナキストを峻別した形で中国の社会主義者に接触した訳ではない。ヴォイチンスキーは広汎な社会主義者の大同団結を目指していたのである。共産主義者の間に異分子排除の傾向が生じるのは、一九二〇年一二月に陳独秀が広州に移ってからである。陳は当時すでに「政治を語る」を書き、マルクス主義者たることを宣言していた。そして、翌年一月、「社会主義批評」を発表しアナキズムの非現実性を厳しく批判した。ここに、いわゆるアナ・ボル論争が開始すると同時に、共産主義者はアナキストに党からの脱退を促したのである。かくて、共産党は思想的一元化を図ったうえで翌年の第一回党大会を迎えることになる。

一九二一年六月、コミンテルンから派遣されたマーリンとニコルスキーが上海に到着し、共産党に党大会の開催を求めた。第一回全国代表大会(一全大会)は、七月二三日から三〇日までは上海で、三一日は会場を嘉興に移して開催された。出席者は一三名であり、李大釗と陳独秀は欠席した。会議では議会行動の是非、他党派との共同戦線の是非などが議論された。一全大会で決定された党の綱領や決議は現存せず、ロシア語版が残されているのみである。重訳された資料[蜂屋 一九八八]によれば、それは資本主義の打倒、プロレタリア独裁の採用、生産手段の社会的所有を目標とするという点で、先進国型プロレタリア革命綱領と言うべきものであった。しかも、それは他の階級や政党との連携を否定した点において、当時のコミンテルンの路線に合致するものでもなかった。

二　国共合作の形成

コミンテルンは中国で共産主義者を組織化する一方で、親ソヴィエト勢力を扶植すべく様々な政治勢力との接触を試みていた。当時、「開明的軍閥」と評価されていた呉佩孚はその対象の一つであった。今一つの対象は、広東に政権を構える孫文であった。孫文との接触に当ったのは、コミンテルン代表のマーリンであった。孫文は、一九二一年一二月に南方視察中のマーリンと桂林で会見した際、ソヴィエトの実情についての説明を受け、そこから新経済政策（ネップ）と自らの実業計画との類似性を認識した。翌年一月、マーリンは香港海員ストライキの最中に広州を訪れた際、国民党の支援の状況を目撃し、これを高く評価する報告をコミンテルンに送っている。

孫文の側にも、ソヴィエトやコミンテルンとの提携を必要とする状況が生じていた。孫文は一九二〇年、山東問題の解決に向けて日本との交渉に当ってアメリカの支援を期待していたのであるが、翌年、広東政府がワシントン会議への出席を拒否されたことから、期待は急速に失望へと変わっていった［山田　一九八〇］。更に一九二二年六月に至って、陳炯明の反乱が発生する。北伐をめぐる孫文との意見の違いが反乱の原因となったのである。孫文はこれによって、依拠すべき最大の軍事的基盤を失うことになった。ソヴィエトとコミンテルンは、こうした内外の苦境に対する支援者として映ったのである。

一九二三年一月、「孫文・ヨッフェ共同宣言」が発せられた。これはソ連（一九二二年一二月成立）とコミンテルンが中国での提携相手を一本化したことを示すものであった。宣言の第一項では、中国の現状では共産組織とソヴィエト制度の適用が不可能であるとし、中国での重要かつ緊急の課題が民国の統一と国家の独立であること、そしてソ連国民はこれに同情と援助を与えることを確認した。この宣言は、連ソ政策に基づく国民党改組の実質的な出発点となった。

コミンテルンは一九二〇年七月に発表した「民族および植民地問題に関するテーゼ」において、植民地・半植民地の民族解放運動をプロレタリア革命の全問題の一部分であるとしたうえで、中国のような後進国において共産主義者はブルジョア民主主義勢力と同盟を結ばなければならない、という方針を提示していた。国共合作の理論的根拠はここにあった。一全大会の後、マーリンは共産党に国民党との提携を勧めていた。しかし、共産党員からの反発は予想以上に強いものがあった。陳独秀はヴォイチンスキーに宛てた書簡(一九二二年四月六日)において、国民党と共産党とは相容れるところはないとして、マーリンの申し出に反対する意思を表明したのである。しかし、コミンテルンの方針は両党の合作を強く求めるものであった。この間、孫文側はコミンテルンとの協力関係を結ぶ方向に傾いており、むしろ困難は国共合作に反対する共産党の了解を取ることにあった。

こうした流れの中で、共産党は一九二二年六月に「時局に対する主張(第一次)」を発表し、「民主派と連絡をとって、共同して封建的軍閥に対して革命を続けること」が必要であるとした。翌月には二全大会を開催して宣言を採択したが、そこでは共産主義革命の色彩は薄れ、反帝・反軍閥による統一国家の建設が目標とされており、共産党は現実主義路線に転じたものと言える。二全大会では国民党との統一戦線に関する決議が採択されたが、それは対等の関係を前提とするものであったため、孫文の許容するところとはならなかった。共産党に残された道は、個人の資格で国民党に加入する「党内合作」以外にはなかった。

一九二二年八月、マーリンの指導のもと杭州で中共党中央委員会が開かれ(西湖会議)、共産党の少数の責任ある党員が党の指示に基づいて国民党に加入することが決定された。これは、共産党員が無条件・無制限に国民党に加入すると言うマーリンの原案に対して相当な修正を施すものであり、「制限的党内合作」といわれる所以である[坂野 二〇〇四]。この後、張継の紹介で陳独秀、李大釗らが国民党に加入した。翌年一月、コミンテルンは国共合作を促進すべく「国民党に対する中国共産党の態度に関する決議」を採択した。共産党はこれを受けて、六月に三全大会を開催し、国民革命における国民党の指導的地位を明確にした。これを機に、共産党は「全面的党内合作」に転換したのである。この転換の要因には、ソ連・コミンテルンの孫文重視の姿勢もあったが、「二・七惨案」を契機とする共産党指導下の労働運動の衰退もあった。なお、共産党の路線転換に当って公然たる論争があったが、このことは党内に民主的意思決定の機能があったことを示している［江田　一九九五］。

国共合作が日程に上ることによって、国民党の組織改革が始まることになる。一九二三年元旦、国民党改進宣言が発表された。翌日、国民党党務改進会議が召集され、新しい政治綱領と組織規約が発表された。国民党組織は文字の上では新体制に整えられたが、組織の実際の改編はまだ進まず、革命の戦略も旧態依然であった。しかし、一九二三年五月の熱海でのヨッフェと廖仲愷の協議、八月からの蔣介石を団長とする「孫逸仙博士代表団」の訪ソに見られるように、経済的・軍事的支援についての協議は進んでいた。

国民党の改組は、コミンテルンから派遣されたボロディンの到着（一九二三年九月）によって一気に加速される。彼は広東に到着するや、孫文の厚い信頼を得て中央執行委員会顧問となり、国民党改組を強力に指導することになる。ボロディンの登場は孫文の連ソの関心を、軍事的・物質的側面から組織のレベルにまで拡大させたのである。同年一一月、国民党改組特別会議が召集され、「国民党改組宣言」が発表された。これは国民党の革命化だけでなく、中国革命史上における画期的な転機を示すものであった。

一九二四年一月、広州で国民党一全大会が開催された。大会ではボロディンの起草になる「一全大会宣言」が発表された。そこでは三民主義が新たに解釈され、民族主義は帝国主義に反対し国内各民族の平等を求めるもの、民権主義は真に帝国主義に反対する個人と団体のためのもの、民生主義は地権平均と資本節制によって労働者・農民を保護するものとされた。要するに、国民党改組の時点での三民主義は、労働者・農民を中心とした反帝・反軍閥の統一戦線の思想として解釈されていた。こうした解釈は、当時のコミンテルンの民族解放路線に沿うものであった[張ほか二〇〇五]。

国民党はソ連共産党をモデルとして民主集中制の原則に基づいて再編された。「中国国民党総章」によれば、党の最高機関は全国代表大会であり、その閉会中は中央執行委員会がそれに代わるものとされた。かつての孫文の私党から近代的な革命党への脱皮と言われる所以である。しかし、問題は孫文の地位について定めたことである。すなわち、「孫先生を総理とする」と明示され、議決についての最終決定権を持つなど、孫文には絶大なる指導権が付与されていたのである。しかも、「一全大会宣言」の「連省自治派」批判に見られるように、革命運動においては全体の利益の優先のために、下からの自由と民主の実現の試みは否定されるものであった。改組された国民党は、組織と思想の両面において集権をもって特徴としていた。

連ソ政策の成果として、国民党は独自の軍隊を保有することとなった。一九二四年六月、黄埔軍官学校が設立され、校長には前年ソ連を訪問し、革命軍の在り方を学んできた蔣介石が就任した。この学校は、従来の中国の軍隊の特徴であった私兵的性格を一変すべく、ソ連赤軍に倣って党代表制度が設けられており、政治教育も重視されたことから、革命に献身する軍人を養成する機関となった。この学校の卒業生を中心に「党軍」が組織され、後の国民革命軍の根幹を形成することになる。

三　国民革命の展開

国共合作成立後の国民党は、北伐の実行という軍事行動を主たる方針としていた。しかし、一九二四年一〇月から翌年三月にかけて、孫文は国民会議開催の方向に転換することになる。北伐を武力統一のコースとするならば、国民会議運動は平和的統一のコースと見なすことができるものである［栃木・坂野 一九九七］。

国民会議が初めて国民革命の戦術として提示されたのは、陳独秀の「中国の大患」（一九二三年二月）においてである。そこでは、既存の議会制度を革命的に改廃して、商工会などの団体を基盤とした国民会議をもって代えるべきことが述べられていた。その後、国民会議の開催は共産党の革命戦術の一つとなり、七月の「時局に対する主張（第二次）」に反映されることになる。ここで、共産党は国民会議の主導権は国民党が取るべきだとしていたが、孫文の側は国内の政治情勢の判断や、自らの三序構想との整合性を欠くことからこれに積極的に応じることはなかった［周 一九八九］。

しかし、一九二四年一〇月の馮玉祥のクーデタと孫文に対する北上の要請によって、情勢は大きく変化し、政局の正常化と和平統一の方策として国民会議構想が俄に注目を浴びることになる。一一月一〇日、孫文は「北上宣言」を発し、不平等条約の廃止と国民会議の召集を唱えて天津に向かった。当初、共産党は孫文の北上に批判的であったが、途中から姿勢を変え、これを民衆工作の好機と捉えて、国民会議予備会議を臨時の国民政府に転化させるよう主張し、上海をはじめ各地で促成会を組織していった。このような状況の中で、段祺瑞が時局の収拾を図るべく「善後会議」開催を提起すると、孫文は譲歩案をもって対応したが［楊天宏 二〇〇三］、最終的に容れられなかった。他方、一九二五年三月、善後会議に対抗する形で、北京で国民会議促成会全国大会が開催されたが、これは共産党の指導に大きく依存するものであった［横山 一九九二］。民衆レベルからの国民会議運動の高揚は、孫文の意図を大きく超えるものとなっていったのである。

一九二五年三月一二日における孫文の死は、国共合作期の政治の一つの転機となった。国民党は総理の地位を廃止し、中央執行委員会制度を採用した。七月には、それまでの大元帥府が改組されて中華民国国民政府が成立し、汪精衛が政府主席となり、許崇智、廖仲愷、胡漢民が政府の要職に就いた。蔣介石は政府委員ではなかったが、黄埔軍官学校を通じて軍事を掌握しており、隠然たる実力者であった。しかし、この集団指導体制は八月の廖仲愷暗殺事件によって崩壊し、党と政府の枢要な地位を占める汪精衛と、軍事力を背景に発言力を増した蔣介石の協力体制に移行する。他方、共産党は「二・七惨案」以来停滞していた労働運動の再高揚の中で、指導下の中華全国総工会を通して、五・三〇事件を契機とする上海のゼネストおよび省港ストライキなどを指導していった。

孫文の死後、国民党内の反共右派の言動は活発化する。その理論的根拠を作ったのは戴季陶である。彼は孫文思想の絶対化に取りかかるが、それは党内に生じつつある矛盾を、孫文個人の統合力に代わり得る根拠を作り出す必要があると考えたためである[嵯峨 二〇〇三]。戴季陶は「孫文主義の哲学的基礎」と「国民革命と中国国民党」を相継いで発表したが、それらはいずれも反共主義的傾向を前面に出したものであった。戴季陶の三民主義解釈は、孫文学説を先知先覚の思想とすることによって、その理論への絶対的帰依を不可避的に生み出すものであった[野村 二〇〇七]。共産党からは、これが国民党を純粋なブルジョア階級の政党に変えようとするものだとして強い批判が加えられた。

果して、国民党右派の分裂傾向は顕著となり、一九二五年一一月、謝持、鄒魯らが北京西山の碧雲寺に結集した(西山会議)。彼らはこれを四中全会と称し、「共産派党籍取消案」「顧問ボロディン解雇案」「汪精衛党籍除名案」などの決議を行ない、国民革命と階級革命の並行は不可能であるとして合作の解消を主張した。これに対して、広州の国民党中央委員会は汪精衛の声明を発表し、西山会議の決議が無効であるとした。

一九二六年一月に開催された国民党二全大会は、西山会議への関係者を処分するとともに、国際・国内両面での反帝国主義的諸階級の統一戦線の方向を確認した。また、この大会は、共産党の勢力増大と蔣介石の党内地位の上昇という点で特徴的であった。中央執行委員、同候補委員における共産党員の占める割合も増加した。蔣介石は中央執行委員会常務委員に選出され、大会後には国民革命軍総監に任じられた。汪精衛は、大衆組織に強い影響力を持つ共産党と、軍を掌握する蔣介石とのバランスを取りつつ党運営を進めて行かなければならなかった。

しかし、蔣介石とその周辺では共産党とコミンテルンに対する反感が次第に高まっていた。それはまず、黄埔軍官学校における共産党系の「青年軍人連合会」と、戴季陶の思想に影響を受けた「孫文主義学会」の対立として現われた。蔣介石は後者の支持者と見られていたが、表向きは共産主義者と三民主義者の連合の必要性を説いていた。しかし、新たに赴任したコミンテルンの軍事顧問キサンカとの軋轢が生じた。蔣介石は、北方に革命根拠地を建設する必要があるという観点から北伐を主張していたが、時期尚早を唱えるキサンカの反対に遭っていた。また、共産党員による蔣介石を軍閥に準える批判も、彼の反共意識を駆り立てるところとなっていた。

このような事情を背景として、一九二六年三月二〇日、中山艦事件が発生する。事件の真相にはなお不明なところも多く、原因については政治的立場によって異なった説明がなされている[横山 二〇〇二]。しかし、結果から見るなら、この事件は蔣介石による反共クーデタであった。共産党の一部には、蔣介石に積極的に対抗しようとする意見もあった。しかし、ソ連使節団は蔣介石に譲歩することを決定したため、共産党もそれに従わざるを得なかった。そして、国民党の中に自らの権力的基盤を持たない汪精衛は、フランスへ外遊することとなる。ここに至って、政権は実質的に蔣介石に握られたのである。

国民革命における蔣介石の主導権は、一九二六年五月の国民党二期二中全会に提出、可決された「整理党務案」「国共両党協定弁法案」などによって確立された。それらによれば、共産党員は三民主義を批判してはならず、国民党の中央機関の部長および最高幹部を担当することはできず、高級党部の執行委員の総数のうちの三分の一以上を占めてはならないとされた。このような措置に対して、共産党は極めて妥協的な態度を取った。しかし、このことは国民党内における共産党の退潮を意味するものではなかった。むしろ、当時の国民党員の中には共産党のイデオロギー的影響を受けて、左傾化する者が多く見られた。また国民党全体としても、この時期から共産党との合作関係を「容共」としてよりも、むしろ「連共」と捉える傾向が強くなって行くのである[王 二〇〇三]。

一九二六年七月、蔣介石は国民革命軍総司令に就任し、統一政府の樹立を目指して北伐を開始した。国民革命軍は三方面から軍事行動を進めた結果、一一月までには長沙、武漢、南昌などの南方の主要都市を占領した。当初、共産党は蔣介石の軍事的・政治的優位を招くことを危惧して、広州政権の防禦を先務とすべきことを理由に、北伐には消極的な姿勢を示していた。しかし、ひとたび国民革命軍が順調に進撃して行くと、共産党も北伐に積極的に参加し、解放された地域で労働者・農民を組織していった。

北伐軍が華中の主要都市を占領すると、国民党内では国民政府を広州から武漢に移転する案が議論されるようになる。その結果、一九二七年元旦をもって武漢政府が成立した。政権の中心となったのは、共産党と国民党左派の人々であった。蔣介石は当初、武漢移転に賛成の意を示していたが、一月初旬になると国民政府と国民党中央党部をしばらくの間、南昌に置くことを発表した。蔣介石の姿勢の変化は、湖北における労農運動の発展を背景とした左派勢力の増大という情勢を危惧してのものであった。

武漢と南昌の対立が明確になる中、三月一〇日から一七日にかけて、武漢で国民党二期三中全会が開催された。この会議ではいくつかの議案が通過したが、中でも注目すべきことは国民革命軍総司令の地位を廃止する決定をしたことである。これは明らかに、蔣介石の軍権の削減を意図するものであった。このような中で、汪精衛が外遊先から帰国し(四月一日)、上海で陳独秀と国共合作の継続を確認する共同声明を発表し(四月五日)、武漢政府の指導者として迎え入れられた。蔣介石の独裁化が顕著となってからというもの、国民党左派および共産党は彼の権力を抑制すべく汪精衛の復職を求めており、それが実現した形となったのである。

北伐開始以来、反帝国主義の大衆運動は高揚していたが、一九二七年一月になると漢口と九江でイギリスの租界を回収するという事態が生じた。三月には、国民革命軍が南京占領の際に、列強の官憲と衝突するという南京事件が発生した。他方、上海では一九二六年一〇月から二七年三月にかけて、共産党指導下の労働者が三度にわたり武装蜂起を行ない、上海特別市臨時政府を樹立する中、国民革命軍は上海入城を果した。このような状況下、「上海の漢口化」

を恐れる資本家たちは、蔣介石に接近を図り治安維持を求めていた。国民党監察委員会は、大衆運動の過激化を懸念して共産党の取り締まりを求めていた。また、南京事件を契機として、アメリカからも反共行動の要請がなされていた。こうしたことを背景に、二七年四月一二日、蔣介石は上海でクーデタを断行し［家近 二〇〇二］、同月一八日、南京に国民政府を樹立した。ここに、武漢と南京の二つの政府が対立する状況が生じたのである。

共産党は、一九二六年一二月のコミンテルン第七回拡大委員会の決議に基づき、労農運動の徹底化と合作の維持の両立を図っていた。しかし、その実行は容易なことではなかった。そのため、四・一二クーデタ以後、共産党は武漢で五全大会を開催し、労農運動の発展と国民党との合作の維持の調整を図った。しかし、夏斗寅や許克祥ら国民革命軍の軍人たちは労農運動の行き過ぎに危機を覚え、この後相継いで反共を掲げ武漢政府に反旗を翻すことになる。合作の基盤は急速に崩壊していった。七月一三日、共産党は武漢政府から党員を退出させることを明らかにすると、一五日には汪精衛らも共産党との分裂を宣言し、国民党顧問のボロディンを解雇した。ここに、国共合作は崩壊したのである。

武漢政府の反共化によって、国民党の再統一が図られることになる。一九二七年八月、武漢政府は南京に遷都を決定した。そして九月、武漢、南京、上海（西山会議派）の代表が上海で会議を開き、党務を統一すべく中央特別委員会を組織した。しかし、この委員会は政治的求心力を欠き、有効な機能を果せないまま廃止された。党の軍事指導者間の衝突や、共産党の武装闘争が展開される中、国民党内に下野中の蔣介石に復職を求める気運が高まると、二八年一月、蔣介石は要請に応じて国民革命軍総司令に復職した。二月、南京で国民党二期四中全会が開催され、この会議で蔣介石は国民革命軍総司令兼軍事委員会主席に就き、翌月には中央政治会議主席にも就任し、政・軍両面での権力を掌握した。四月、中断されていた北伐が再開されると、途中、済南で日本軍との衝突を起こしたが、六月には北京を占領し、張作霖を追放し北伐を完成させた。一二月には、張作霖の息子である張学良が国民政府への忠誠を表明し

(易幟)、蔣介石の国民党による全国統一が実現したのである。

一九二八年五月、国民政府は軍政から訓政への移行を宣言した。ここに「以党治国」体制が確立した。しかし、国民政府による中国統一は、国民党内の軍事指導者との妥協によるものであった点に問題を内包していた。この後、最高指導者としての蔣介石は、彼らからしばしば挑戦を受けることになるからである。また、共産党の存在自体も国民政府の不安定要因の一つとなるものであった。国民党と分裂した後の共産党は、八・七緊急会議以後、新たに指導権を握った瞿秋白の下で武装暴動路線に転じ、ソヴィエト政権の樹立を目指して広州で大規模な暴動(広東コミューン)を起こすなどしたが、いずれも国民党軍によって鎮圧された。他方、毛沢東らは農村地域での暴動に失敗したものの、井岡山に退いた後に朱徳の軍隊と合流して農村根拠地を樹立することになる。この時点では小規模であったとはいえ、この政権は後に国民政府に対する挑戦者として登場することになるのである。

おわりに

本稿においては、国民党と共産党の成立と、国民革命期における両党の動向について概観してきた。一九二〇年代の中国政治は、国民党と共産党との合作体制の推移によって特徴づけられた。その前半にあっては、孫文の存在と指導力が組織の在り方と合作の動向を左右する力を持っていた。孫文死後の国民党は、党・軍・大衆組織という三つの要素の相互関係の中で、方向性を模索することとなった。結果的には、前二者を掌握した蔣介石によって国民革命は遂行され、統一政府の樹立をみたのである。それは、孫文以来の「共産主義」の活用の成果であったと言うことができる。

孫文によって築かれた「以党治国」の理論は、その忠実な継承という形ではなかったにせよ[家近 二〇〇二、南京国民政府の成立によって一応の制度的な確定をみた。一九二八年一〇月に発せられた「訓政綱領」は、政府・行政部門を指す「治権」とともに、本来は国民にある「政権」(選挙権・罷免権・創制(イニシアティブ)権・複決(レファレンダム)権)を当面の間は党に付託することとした。今日言われる「党国体制」の歴史的出発点はここにあったのである。しかしこの後、このような訓政解釈に対しては、国民党内外から異議が唱えられることになる。党内においては、かつての国民党左派の人々を中心とした「改組派」によって、党内民主と民衆の政治参加が主張される。また胡適は、孫文思想そのものを批判しつつ、党治に代わる法治の必要性を訴えた。彼らの主張はことごとく斥けられていくが、その思想的営為は時代を超えて今日的意義が改めて評価されているのである。

【文献一覧】

家近亮子　二〇〇二『蔣介石と南京国民政府――中国国民党の権力浸透に関する分析』慶應義塾大学出版会
石川禎浩　二〇〇〇「国共合作の崩壊とソ連・コミンテルン――いわゆる「スターリンの五月指示」をめぐって」『神戸大学文学部紀要』
石川禎浩　二〇〇一『中国共産党成立史』岩波書店
江田憲治　一九九五「一九二〇年代の民主主義――国民党と共産党を中心に」狭間直樹編『一九二〇年代の中国』汲古書院
北村稔　一九九八『第一次国共合作の研究――現代中国を形成した二大勢力の出現』岩波書店
嵯峨隆　二〇〇三『戴季陶の対日観と中国革命』東方書店
土屋光芳　二〇〇〇『汪精衛と民主化の企て』人間の科学新社
土屋光芳　二〇〇四『汪精衛と蔣汪合作政権』人間の科学新社
栃木利夫・坂野良吉　一九九七『中国国民革命――戦間期東アジアの地殻変動』法政大学出版局
野澤豊　一九八五「第一次国共合作と孫文――国民会議の運動を中心として」辛亥革命研究会編『中国近現代史論集　菊池貴晴先生追悼論集』汲古書院
野村浩一　一九九七『現代アジアの肖像　二　蔣介石と毛沢東――世界戦争のなかの革命』岩波書店

野村浩一 二〇〇七 『近代中国の政治文化――民権・立憲・皇権』岩波書店
白永瑞 二〇〇三 「中国現代史上の民主主義再考――一九二〇年代国民会議運動」『中国研究月報』五七―三
蜂屋亮子 一九八八 「中国共産党第一次全国代表大会文献の重訳と、大会会期・代表についての論考」『お茶の水史学』三一
蜂屋亮子 二〇〇二 「中国共産党第一回大会の出席者リストについて」『宇都宮大学教育学部紀要 第一部』五二
坂野良吉 二〇〇四 『中国国民革命政治過程の研究』校倉書房
閔斗基 一九九〇 「中国国民党の「改進」と「改組」――第一次国共合作における「改進」段階の性格に関する議論」『東洋学報』七二―一、二
深町英夫 一九九九 『近代中国における政党・社会・国家――中国国民党の形成過程』中央大学出版部
丸山松幸 一九九一 「中共一全大会存疑」『中国研究月報』四五―一二
村田雄二郎 一九八九 「陳独秀在広州(一九二〇～一九二一)」『中国研究月報』四九六
山田辰雄 一九八〇 『中国国民党左派の研究』慶應通信
山田辰雄 一九八九 「中国政党史論」野村浩一編『岩波講座 現代中国 第一巻 現代中国の政治世界』
横山英 一九九二 「国民革命期における中国共産党の政治的統合構想」横山英・曽田三郎編『中国の近代化と政治的統合』溪水社
横山宏章 一九八三 『孫中山の革命と政治指導』研文出版
横山宏章 一九九六 『現代アジアの肖像 一 孫文と袁世凱――中華統合の夢』岩波書店
横山宏章 二〇〇二 『中国砲艦「中山艦」の生涯』汲古書院
横山宏章 二〇〇九 『陳独秀の時代――「個性の解放」をめざして』慶應義塾大学出版会
王奇生 二〇〇三 『党員、党権与党争――一九二四～一九四九年中国国民党的組織形態』上海書店出版社・上海
王奇生 二〇〇六 『中国近現代通史 第七巻 国共合作与国民革命(一九二四―一九二七)』江蘇人民出版社・南京
周興樑 一九八九 「孫中山与国民会議運動」中国孫中山研究学会編『孫中山和他的時代――孫中山研究国際学術討論会論文集 上冊』中華書局・北京
蔣永敬 二〇〇九 『国民党興衰史(増訂本)』台湾商務印書館・台北
中共中央党史研究室 二〇〇二 『中国共産党歴史 第一巻』中共党史出版社・北京

中国社会科学院近代史研究所民国史研究室ほか　二〇〇五　『一九二〇年代的中国』社会科学出版社・北京
張憲文ほか　二〇〇五　『中華民国史　第一・第二巻』南京大学出版社・南京
陳峰・高敏　二〇〇八　『中国共産党歴次全国代表大会　従一大到一七大』中共党史出版社・北京
姚維斗・丁則勤　一九八〇　「馬林在華活動紀要」『北京大学学報　哲学社会科学版』三
楊奎松　二〇〇七　『中国近現代通史　第八巻　内戦与危機(一九二七―一九三七)』江蘇人民出版社・南京
楊奎松　二〇〇八　『国民党的〝聯共〟与〝反共〟』社会科学文件出版社・北京
楊天宏　二〇〇三　「国民党与善後会議関係考析」『近代史研究』三
楊天石　二〇〇八　『找尋真実的蔣介石』山西人民出版社・太原

〈基本資料集〉

日本国際問題研究所現代中国部会編　一九七〇―七五　『中国共産党史資料集』勁草書房
広東省社会科学院歴史研究室ほか編　一九八一―八六　『孫中山全集』中華書局・北京
中央档案館編　一九八九―九二　『中共中央文件選集』中共中央党校出版社・北京
中共中央党史研究室第一研究部訳　一九九七―九八　『聯共(布)、共産国際与中国国民革命運動』北京図書館出版社・北京
中国国民党中央委員会党史委員会編　一九五三―八九　『革命文献』中央文物供応社・台北
中国第二歴史档案館編　一九八六　『中国国民党第一、第二次全国代表大会会議史料』江蘇古籍出版社・南京

個別史／地域史Ⅰ

近代と反近代の錯綜——一九二〇年代満洲の文化状況

平野健一郎

はじめに

満洲事変の直前、一九三一（昭和六）年の八月一五日に満洲（中国東北部）大連で日本語週刊誌『満洲評論』が創刊された。編集責任者は橘樸（一八八一—一九四五）であった。その橘が翌年の年明けに発行された『満洲評論』第二巻第一号に「満洲新国家建国大綱私案」を発表した〔橘 一九三二、二八—三三頁〕。末尾に「六、一二、一〇、於奉天（昭和六年一二月一〇日、奉天において）」と括弧書きを添えたほかは、箇条書きによる案文のみである。建国方針は、

一、保境安民を徹底する為めには新独立国家の建設を絶対に必要とする。

二、公民に依りて組織せらる、民族連合国家たるべし。

三、分権的自治国家たること。

四、国民の自治に対する完全保障を建前とすること。

の四点であった。満洲事変後、彼自身がいうところの「方向転換」を行って、すでに前年一〇月に関東軍参謀部の「アドヴァイザー」となることに応じた橘は、満洲国を「公民が組織する民族連合国家」と構想したのである。「公民」とは何か。橘自身が付した註には「公民は法律の定むるところに依り、家族を代表して公共事務に参与するを得、

法律に定めたる資格を具備する外国籍人民は公民権を附与せらるべし」とある。確かに、建国方針の第四項には「国民」とあるが、それは満洲国が建国された後の国家構成員の呼称である。満洲国は一三年五カ月で消滅するまで遂に国籍(法)を定めることができず、橘が構想した「国民議会」を持つこともなかった。「公民」を基本単位とするという国家構想には、橘が早くも満洲国の存在のジレンマと格闘したことが示されているといえよう。

橘の国家構想発表よりも前、関東軍参謀部には、一九三一年一〇月後半から一一月にかけて複数の建国構想が提出された。一〇月二一日の「満蒙共和国統治大綱案」(関東軍国際法顧問の松木俠案)、同二三日の「東北自由国建設綱領」(満洲青年連盟理事長の金井章次案)、一一月七日の「満蒙自由国設立案大綱」(松木案)のほか、「久保田嘱託案」(久保田忠一)、「満蒙独立建国論」(高木翔之助)という提案も関東軍参謀部「満洲事変機密政略日誌」に記録されている[片倉　一九三一―三二／小林・島田・稲葉編　一九六五]。そして、関東軍の建国構想は松木の二つの案を中心に推移していったことがうかがわれる。結局は、日本政府・軍部との折衝、現地勢力のかつぎ出し、国際政治の反応などの現実に影響されて、清朝の廃帝・溥儀を執政とする「満洲国」という、いずれの構想とも異なるものになったが、満洲国は、日本史上、日本人が自覚的に国家建設を構想した唯一の例であろう。造り出したのは、国際的には当時から日本の傀儡国家といわれた国家であった。

日本人が一九三一年に満洲事変を起こし、あのような国家を造ったのはなぜであろうか。本稿は歴史の後知恵によってこの問いに答えようとする試みである。満洲事変と満洲国建国は、日本と日本人が満洲(中国東北部)で一九二〇年代に行った模索の決算である、というのがその答えになる。

一　一九二〇年代という時代

世界的に見て、一九二〇年代とはどういう時代であっただろうか。まず、一九一八年に第一次世界大戦が終り、戦後世界の構想としてアメリカ合衆国大統領ウィルソンの一四カ条が出され、二〇年には国際連盟が発足した。今日いうところのグローバル化への流れが大きく進んだといえよう。その中で、ウィルソンの一四カ条に含まれていた「民族自決の原則」も世界的に承認された原理となった。一九二〇年代は「民族自決の時代」の始まりということができる。

民族自決は東アジアにもすぐさま波及した。一九一九年の三月には、日本に併合されてほぼ一〇年となる朝鮮で三・一独立運動が起こった。五月には中国で、日本による山東半島権益の継承への反対を契機に五・四運動が発生した。中国における一九二〇年代は国民革命の時期である。山田辰雄は、一九一九年五月の五・四運動から二八年六月の国民革命軍による北伐完成までの時期に、その後の国民党内の混乱と、二九年から三〇年までの反蒋戦争の時期を加えて、一つの時期と捉えている[山田 一九九〇(一九八三)、六四頁]。一九二〇年代、日本の植民地統治・帝国主義支配は中国、朝鮮におけるナショナリズムの台頭を強く意識せざるをえなくなった。

満洲における日本の「満洲経営」は、一九〇六年、日露戦争の勝利によってロシア帝国から清朝の領域内に獲得した空間――関東州(遼東半島)と南満洲鉄道(満鉄)およびその鉄道付属地、それに清朝から獲得した安奉鉄道の沿線地帯――に対して始められた。それは、広大な満洲の南半分の空間に、ほぼ南北に引かれた線と、それから東南に分岐して朝鮮につながる線が組み合わさった、帯状の空間であった。しかし、それは孤立した帯ではなく、当初から台湾、朝鮮の植民地統治と連接していた。児玉源太郎と後藤新平が台湾総督府から満鉄経営に移動してきたことはよく知られていよう。児玉が軍事力による満洲統治に傾くのに対して、韓国統監の伊藤博文が国際情勢からそれが不可能であること、より平和的な方法を取るべきことを主張し、後藤が伊藤の説く「満洲経営」の内容を「文装的武備」と定めて、満鉄の経営に着手したのである。「文装的武備」とは、文明的な施策を行うことによって現地中国人の黙従を得るという、非軍事的な方法によって日本の満洲保有を永続化させようというものであった。

日本による韓国保護国化は満洲で日露戦争が戦われていた一九〇五年であり、一〇年に韓国併合を行ったときには、満洲で「文装的武備」政策による「満洲経営」が始まっていたのである。伊藤の暗殺などによって、併合後の朝鮮統治が武断政治に転換したとき、満洲における非軍事的な満洲経営の成否に注目が集まることになる。しかし、「文装的武備」政策に確信の持てなかった日本政府は、一五年、第一次世界大戦に乗じた「二一カ条要求」によって、満洲権益の長期化を北京政府から強引に奪っていた。領土・勢力範囲獲得の順番でいえば、台湾、朝鮮、満洲の順であるが、植民地支配・統治の観点では、三者はほとんど一体であった。一九二〇年代に入って、台湾では内地延長主義、朝鮮では文化政治への転換が行われるとき、併合も軍事支配も行いえない満洲では、満鉄という鉄道会社と関東都督府（一九一九年から関東庁）という外地行政組織によって、文明による植民地経営の試みが曲がりなりにも一五年間続けられてきていたのである［平野　一九九五］。

一九二〇年代の満洲を包むもう一つの全体状況は、一九一七年のロシア革命によって満洲の北側に出現した新しい状況である。満洲の北辺に接して、共産主義という思想・政治体制とソヴィエト連邦という国家が登場した。関東軍をはじめとする日本の軍事勢力は共産主義のイデオロギーと国家を軍事的脅威とみなした。革命に干渉するため、列強とともにシベリア出兵を行い、しかも日本はそれをもっとも長く続けた。もともと一九世紀末にロシアが始めたシベリア鉄道・東清鉄道の建設によって、ロシアの勢力は満洲に浸透しており、ハルビンはそれを代表する都市であった。その開口部はロシア革命後も閉じられることはなく、顕著な形が白系ロシア人、亡命ロシア人の流入と存在であった。目に見えない形では共産主義思想の流入がある。具体的な形で満洲を経由するのではなくとも、満洲を越えて中国に及んだソ連共産主義の影響は、中国においてナショナリズムの潮流に加わり、中国共産党の誕生と発展、国共合作と内戦に現れる。ちなみに、満洲国のイデオローグと目されることになる橘は、従軍記者としてシベリア出兵の現地に滞在する間に病を得て、天津に戻り、満洲事変の数年前までそこで中国社会の観察に没頭したのである〔山本一九七七／山本編 一九九〇、五頁〕。

国際政治・経済の面では、アジアの一九二〇年代はワシントン条約体制の時代であった。英米を中心とする列強の政治的・経済的関心が中国に集中し、朝鮮半島から満洲に勢力範囲を拡大する日本を牽制する動きが強まった。第一次世界大戦を経て、米国は英国に代わる世界最強国への道を歩み始め、太平洋国家をも自任するようになった。米国政府は一九二一年から二二年の冬に日本、中国を含む九カ国の政府をワシントンに集め、海軍軍縮条約を成立させたが、同時に、中国に利権を持つ国々に中国の主権と領土の保全および中国における各国の機会均等を約束する九カ国条約を結ばせた。中国の門戸開放原則は再確認されたが、日本の山東権益、二一カ条要求を放棄させることはできなかった。英米は日本が満洲の権益を独占することを阻止しようと、満洲鉄道の中立化・国際経営を提案し、対中投資を国際借款団方式で行った。日本は満洲鉄道の独占を維持する一方、対中国際借款には個別方式で参加するなど、二〇年代の終りまで一定の英米協調を図り、英米も日本との協調を維持した。重要なことは、満洲がこのワシントン条約体制という国際的な枠組《レジーム》の真ん中に置かれ、満洲における国際競争が焦点になっていたということである。

一九二〇年代の日本国内社会の様相については、多くの著作があるので、それらに委ねたい。この一〇年は大正から昭和への一〇年であるが、大正デモクラシーによる民主化の進展など、文化の変容とそれにともなう解放感が昭和の経済不況によって暗転した時代である。ここでは、農村の貧困と、それに連動するとみなされた人口過剰が日本の緊急問題と認識されたことを、満洲に直結する問題として指摘しておきたい。

二　文化的支配の試み

上にも述べたように、一九〇六年から三一年までの二五年間の満洲における日本の試みは、一言でいえば、文化的支配の試みであった。さまざまな意味でそうならざるをえなかった。世界史の流れは、東と西からこの時期の満洲に国際的な焦点が結ばれる巡り合わせとなったから、日本が満洲をあからさまに併合したり、軍事的に支配したりすることは不可能であった。日本は、国際的な協約を無視して満洲に軍事駐留を続けた「野蛮国」ロシアを破って、欧米列強から「文明国」の地位を認められたのである。植民地を持ち、円滑な統治を行うのが文明先進国の条件であるという認識から、列強の視線を意識して、日本が文明的な植民国であることを証明しようとした。先行する台湾、朝鮮の植民地にとっても、満洲における文明的な経営の成否が関心事であったはずである［駒込 一九九六、第Ⅱ・Ⅲ・Ⅳ・Ⅴ章］。

満洲経営を直接行うことができるのは関東州と満鉄線および京奉線の沿線部分だけであった。広大な中国エリアに挿入された細い帯状の地帯を確保し、それを拡大するためには、そこに何かを施して、広大な地域の住民を説得しなければならなかった。そのためには、満鉄沿線を文明のショーウィンドウとすることが重要であった。後述するように、満鉄は実際に近代的な文明の成果物を次々に導入した。それだけでなく、満鉄が満洲の後背地に経済発展をもたらし、住民の生活の向上に貢献することを示すことが必要であった。満鉄と日本には幸運にも、一九〇八年ごろから、北満で生産される大豆が豆油の原料としてヨーロッパに輸出されるようになった。豆粕は肥料として日本に輸出され、満洲大豆は一躍国際商品となったが、大連港への移送は満鉄の独占するところとなったのである［塚瀬 二〇〇五、七九頁および注四三／安富 二〇〇九c、三〇二―〇三頁］。しかも満鉄は、空荷となるはずの北行する車両で山東省などから出稼ぎに来る中国人労働者を輸送する方式を編み出し、二〇年代にその輸送量を大きく増大させた。満鉄は、それによって自社の収入増を図るだけでなく、中国の民衆があたかも日本の満洲経営を肯定するか、黙認するかのような図を描き出すことに成功した。後藤の「文装的武備」論を実行に移した文化的支配は、満洲に一定程度の経済成長をもたらすことを含んだ、開発政策であったということができる。

大豆に依存する開発政策は典型的なモノカルチャー植民地経営と目されるかもしれない。しかし、植民母国としての日本に、当時、植民地満洲に大規模に資本を投下しようとか、そこから大規模に資源を収奪しようとする能力はなく、可能性もなかったというべきである［平野 一九八二］。そもそも、台湾、朝鮮、そして満洲も日本の隣接地である。西欧「先進」植民国が遠隔の植民地に対して資本と商品の投下、あるいは資源の収奪を行ったこととは根本的に事情が異なっていた。また、中国、朝鮮の人々とは、近代西欧「文明」の東進を受け、それに抵抗する「近代化」の努力を行う歴史を共有することになったが、僅かな時間差で日本が先行することになったのであった。西欧植民国がアジア、中東、アフリカの植民地との間に有したほどの発展の差(「文明差」といえるだろうか)はなかった。むしろ、近代化(近代西洋文明化)の競争の中で、その主要項目の一つである国民国家建設に一歩先んじた日本が、その勢いのままに国家を膨張させる先が隣接地であった、といった方がよい［Peattie 1988, p. 218］。日本植民地において内地延長や同化が重視されるようになる特異性も当然のなりゆきであった。後発帝国主義国日本が最後の植民地で企てることができるのは文化的支配の試みだけであった。

そのような満洲には日本人の移民が現れ、朝鮮から多くの「難民」が越境して入ってきた。日露戦争の講和直後から、日本政府は人口移植を一つの柱にして満洲を日本の勢力範囲に確立しようとした。後藤の「文装的武備」構想には当初から日本人の移住が入っており、一九一〇年には外務大臣小村寿太郎が移民の「満韓集中論」を提唱した。小村の提案は、当時明らかになり始めた北米における日本人移民排除の動きへの対策でもあった。後藤が日本人満洲移民の目標値として掲げたのは一〇年以内に五〇万人、小村の目標値は二〇年で一〇〇万人であったが、満洲事変勃発時の在満日本人は二三万人であったと推定される。他方、朝鮮人の満洲移住は想定外であった。難民の越境であったから、移動の実相はほとんどまったく把握されていないが、最近の韓国における研究では満洲事変時に六〇万人程度と推定されている［羅 二〇一〇などを参照］。朝鮮人が満洲、特に間島地帯の農村に入って行ったのに対して、日本人は鉄道付属地の都市で満鉄に寄生する第三次産業人口が多かった。人口過剰とされた内地からそういう人々を引き寄せるためにも、日本の満洲経営が文化的・文明的であることが求められた。

以下、部分的なものであるが、二〇年代の満洲で日本側が設置した文化的施設を例示しよう。一九一〇年に赤レンガの堂々たる満鉄奉天駅を完成させた満鉄は、その付属地に近代都市を建設する計画を本格化させ、警察署、病院、郵便局、給水塔、神社、公会堂、劇場などの公共建物は一〇年代のうちに竣工した。二〇年代の初めにはホテルをはじめとする民間の大規模建築が次々に新築・改築された。満鉄は二〇年に奉天の市街地を拡張し、工場地域と住宅・商業地域を整然とゾーニングし、一五年に完成していた上水道に続けて、二五年に下水道を完成させた。電気は二二年から、ガスは二三年から一般に使用されるようになり、電話の普及も日本本土のすべての都市を凌駕していたと思われる。二五年ごろには満鉄社宅の意識的な近代化が始まった。その家屋は洋風で、防寒、保温、換気、採暖に工夫を凝らし、ダブルベッド、鉄筋コンクリート製磨出し浴槽、白色陶器製洋式洗滌式水便器、上部天蓋付ガス台、臭気抜風車式換気装置などを備える設計であった。満鉄自身は二三年に奉天鉄道事務所を設置、二四年末には中国人街である奉天城内の満鉄公所を中華風の枠を凝らした建物に改築したが、その頃には、奉天付属地の中心、富士町通りには、東から女学校、医大と付属病院、中学堂、中学校、教育専門学校が森の中に整然と並び、道を隔てて満鉄図書館がある文教地区が完成していた［平野 一九八四、二三八―二三九頁］。満鉄は、奉天だけでなく、一五の主要付属地に対して、一九〇七年に市街地建設計画を立て、順次実施していたが、「大正十二年〔一九二三年〕三月末日に於て大小百四十箇処の市街計画……を完成した」[満鉄地方部残務整理委員会 一九三九、一九三―九四頁]。全体が鉄道線路を挟んで長方形の、すべての街路が碁盤目に、あるいは大通りが放射状に配された近代的市街が満鉄各駅に生まれたのである。これは日本本土のどこにも見られない景観であった。

やや戻って、満鉄が大正時代後期に奉天に建築した施設を列挙すれば、南満医学堂付属病院増築部分、南満中学堂(一八年)、奉天図書館(二一年)、奉天中学校(二二年)、奉天女学校、ヤマト・ホテル(二四年)、獣疫研究所(二五年)、満洲教育専門学校(二六年)などである。教育文化施設に重点が移っていることが注目される[同前、二三八頁]。南満中学堂は現地中国人の子弟のための上級学校である。関東都督府・関東庁と満鉄は管轄地域内に居住する現地中国人子弟の教育を満洲経営の重点に位置づけ、当初から公学堂、普通学堂、公学校と名づけた小学校での初等教育に力を注いだ。その延長として、中国人用の中学校を設立したのである。当時の中国の教育統計であり、満鉄の集計であるから確かなものとはいえないが、一九二二年の中国人初等学校就学率は、全国平均が一五・三%であったのに対して、東三省は二一・七二%と報告された。その中で、関東州と満鉄付属地の中国人初等学校就学率は三一・七二%と二七・二三%といっそう高かった[満鉄調査課 一九二九、二〇―二二頁]。これらの数字には大きな留保が必要であるとしても、関東州と満鉄付属地の中国人初等教育施設が当時の中国でもっともよく整っていたことは疑いない。日本の植民者側だけでなく、満洲の中国人側も教育に関心を寄せていた事実には注目する必要がある。

満洲は、二〇世紀の前半、ヨーロッパ文明を日本に導入する窓口の一つであったことも忘れられない。シベリア鉄道が日本をヨーロッパにつなぐ重要なルートであったから、近代ヨーロッパ文明の少なからぬ事物が満洲経由で日本にもたらされたのである。たとえば、今日の日本における近代西洋音楽隆盛の淵源の一つを辿れば、ハルビンに行き着く。「ハルビンという特殊な国際都市が日本からほど近い満洲の地にあったということは、日本の音楽文化にとってなにより僥倖であった」といわれるほどである[岩野 一九九九、四〇頁]。ハルビンに東清鉄道交響楽団が創設されたのは一九〇八年であった〔同前、二五頁〕。二〇年代に入って、山田耕作や近衛秀麿が日本に交響楽団を創ることができると考えたのは、満洲に多くの白系ロシア人音楽家の姿を見たからであり、関東大震災後の二五年に日本人が初めて東京で聴いた本格的なオーケストラ演奏は、彼らが組織した日露交歓交響管弦楽演奏会であった〔同前、三六―四九頁〕。奉天の満洲医科大学学生ら日本人と白系ロシア人の音楽家たちが満洲交響楽団を結成したのは二八年であった〔同前、九〇頁〕。

以上のように、二〇年代の半ばには南満洲にそれまでの風景とははっきり異なる近代的な都市の景観が出現していた。途中経過として、日本が満洲経営を試みてきた部分には、上海、東京などに匹敵する極東の文明地帯が現れていたのである。日本の対満洲文化政策は、より長期的には対中国文化政策であった（日本の外務省は一九二三年に「対支文化事業」を開始した）。満洲における日本の文化政策は、国際商品大豆が築く経済基盤と人口移動の上に乗って、極東を代表する近代都市空間を創る方向を目指すかと見えたが、一九二〇年代はそれが変調を来す時期となった。

三　一九二〇年代の変調

日本がロシアから獲得・継承した満洲における租借の権利および権益のうち、関東州の租借権は、清露間の原条約では二五年の期限であったから、一九二三年三月で終了するものであった。日本政府は、一九一五年の「二一カ条要求」にその期限を九九カ年に延長する要求を含め、「南満洲及東部内蒙古に関する条約」としてそれを認めさせた。それを既成事実として満洲経営を続けてきたのであり、さらに続ける方針であった。中国政府からの条約廃棄要求を拒否し、中国の民間からは旅大（旅順・大連、すなわち関東州）回収運動が起こった。

一九二三年の旅大回収運動に続いて、二四年には米国で排日移民法が制定され、二五年には五・三〇事件が発生し、五・三〇運動に拡大した。旅大回収運動は現地よりも中国本部の都市部で盛んだったことは事実であった。五・三〇事件の衝撃は大きく、その運動の波がついに南満洲の都会にも及ぶのを在満日本人も感じるようになった。五・三〇の興奮の中、軍閥張作霖に叛旗を翻した郭松齢の事件など、満洲は騒然とした雰囲気に包まれるようになった〔伊藤 一九六四、一〇九―一一四頁〕。旅大回収運動に続いて行われた教育権回収運動は満洲の中国人知識人の間にも広がりを見せて行った。

中国の民間における旅大回収運動は、まず北京に「旅大回収期成会」が組織され、北京と上海で学生連合会と商会連合会が対日経済断交を要求する運動を行った。両市における排日運動は一時高まりを見せたが、六月下旬には下火になった。東北では、前年一〇月に奉天で「国民外交後援会」が組織され、奉天省議会に北京政府と各省への通電を請願し、二三年三月には東三省学生連合会が排日運動を計画するなどの動きがあった。しかし、北京、上海などから日貨排斥に決起する呼びかけを受けても、東北の動きは、当局の厳重な取締りを受けたこともあって、鈍かったのである。後の研究によって、旅大回収運動は経済的断交運動として一定の成果を挙げたと評価されたが、満洲では、民族産業の未発達、つまり日本の経済力の浸透のために、そのような排日行動は不可能であったのだと思われる〔平野 一九八四、二四八頁〕。

そのあと、満洲にとって、特に日本の満洲における文化政策にとって、より意味の重い反日運動が二三年の半ばから展開された。それが満鉄付属地教育権回収運動であった。具体的には、吉林の学生が日貨排斥・国貨提唱運動の代わりに週刊新聞『吉林学生』を発行し、「国家重大問題」に国民の関心を喚起すると宣言したのである。そして、その「国家重大問題」とは教育問題であるという認識が満洲の中国人知識人の間に急速に広まったのである。発端は、奉天市政公署教育課長が満鉄経営の南満中学堂、公学堂を参観した感想を新聞に掲載し、それが「日本化」教育であることを激しく批判したことであった〔阿部 一九八三〕。二四年四月、奉天省教育会は、日本が満洲で行っている教育を「一種の文化侵略」と断定し、青年の国家観念を絶滅させるような日本の教育は速やかに回収されなければならないと、教育権回収運動を広範かつ長期的に組織実行することを提案したのである[平野 一九八四、二五〇―五一頁]。大連の中国語新聞『泰東日報』編集長の傅立魚のように、日本による中国人教育の排斥を越えて、中国人が教育の力によって独自の文化を形成するという認識に到達する中国人も現れた[李 二〇一〇]。日本の「満洲経営」策の核心に狙いが定まり、文化政策という方策の欺瞞はもはや覆いがたくなった。

満洲経営を支えるもう一つの柱とされた日本人の移植が最初から思惑どおりに行かなかったことは先述のとおりである。農業移民を実施する条件がまったくなかったからである。代わって北満の農村に入ったのが、華北から移動する中国人(漢族)で、それを移送したのが満鉄であった。その移動は世界史にも類を見ない「大民族移動」といわれた。当時の中国東北の人口に確かな数字はないが、一九二三年当時の総人口が二二〇〇万人、それが三〇―三一年には三一〇〇万人になったという推計がある[Sun 1969, p. 21]。満鉄の中国人移送は人口増加に寄与し、満鉄の増収になるとともに、日本の文化政策の証明ともされるものであった。しかし、少数の日本人を取り囲む中国人の人口をさらに増やすというジレンマを当然、抱えていた。ただし、中国本部と東北の間を移動する中国人には多くの季節労働者が含まれていた。彼らの働き場所は農村か、満鉄経営の炭鉱、波止場などに限られていたが、そのいずれでも「短工」(日雇い)か「長工」、「年工」(比較的長期の出稼ぎ)として働き、季節外には帰郷した[Hirano 1982, pp. 256–258]。満鉄は彼らの雇用・解雇と労務管理の一切を中国人の「把頭」(親方)に任せた[*ibid.*, pp. 156–158]。当時の満洲全体に、労働運動が強くなりえない拡散的な状況が広がっていたことが、満洲の国民革命への対応を鈍らせたといえよう。いいかえれば、満洲の地主と満鉄は、大豆産業を介して、このような形でも依存し合っていたのである。日本の文化政策は、都市部分と農業部分が乖離しながら依存する二重構造の、一時的なみかけの安定の上に支えられていたのであった。しかし、その間にも全体として満洲の都市化が進み(二五年には都市人口が全体の一割に達し[平野 一九八四、二四四頁〕）、二重構造に変化が兆した。そして、直接的には、二九年の恐慌を受けて、満鉄が創業後はじめて減収を記録し、中国人移送政策にも迷いを生じるようになったのである。

周囲を取り巻く中国人社会のそのような変化を感じる在満日本人にとって、米国の排日移民法は閉塞感を強めるものであった。本国における経済状況の悪化は、それ自体が閉塞感を生むが、過剰人口のはけ口として北米が期待できなくなった以上、満洲がその代替となるべきときに、周囲からの圧迫感が強まったのである。苛立ち始めた在満日本人の知識青年層が「満洲青年連盟」を組織したのが一九二八年であった。二七年と二八年、日本政府は、中国国民革命軍の北伐をチェックするために、二度の山東出兵を行い、二八年には関東軍が張作霖を爆殺した。その年の暮、張学良は易幟を行って東北を南京政府に加え、形の上で中国の全国統一を成し遂げさせた。同じ年、石原莞爾が関東軍参謀に着任し、密かに軍事行動を準備し始めた。しかし、そのような衝突コースの背後で、さらに決定的な変化が進行していた。

満洲の屋台骨を支える輸出農作物の大豆は北満の農村で生産され、馬車で県城の糧桟および油房という穀物商に集められ、そこから鉄道で大連またはウラジオストクに輸送されて、船積みされるというのがおおよその仕組みであった。この経路の要に当たる糧桟は地主が兼ねる場合も多く、農家・小作人と保護・被保護の関係にあることがしばしばであった。農民は糧桟を通じて端境期にも日用必需品を掛買いすることができた。他方、糧桟と鉄道輸送業の間にも相互依存関係が発達した。たとえば満鉄は、大豆の最終集積場である大連埠頭の取引所で糧桟と為替取引を行うことで、直接の集荷など一切行うことなく、大豆取引を安定的に実行することができたのである〔Hirano 1982, pp. 266–276; 安富 二〇〇九a、一七九―八〇頁〕。糧桟は大豆取引を主としたが、信用・金融、為替、両替、納税、質商、小売など、付随するあらゆる取引行為を行った。そのため、彼らはふんだんに地方通貨を使ったのである。「私帖」といわれた私的な紙幣、さまざまな銀行券から日本の軍票まで、ありとあらゆる通貨が地方ごとに流通したが、兌換保証がなくとも信用に裏付けられた取引決済手段として、相互に競争しつつ、それぞれに整然と小さな流通圏を分担し合っていたのである[Hirano 1982, pp. 276-305; 安富 二〇〇九b、二〇三―二〇七頁]。張作霖も日本の銀行や商人も介入を試みて失敗するほどに強靭なシステムであったが、糧桟と地方政府およびその銀行との結合が進むなどして、次第に流通貨幣の数が淘汰され、やがて張作霖政権が支配を強める全満洲規模の銀行が発行する北満の哈爾濱大洋票、官帖、南満の現大洋票に吸収される傾向が見えてきたのである[Hirano 1982, pp. 321-334; 安富 二〇〇九b、二〇八頁]。その現象がいつ確定的になったかはなお検討を要するが、一九二〇年代の終わりまでには日本側もそれに気づいたのである。通常、通貨圏の統一は支配の統一を意味する。大豆市場にまつわる分散的な通貨圏に安住していた日本勢力は、広義の文化政策の執行力を奪われるかもしれなかった。一九三一年夏の終わりに軍事力を発動することになったのは、その直前に起死回生をはかるためであった。

四　近代と「反」近代の交錯

一九二〇年代の満洲で日本と中国が共に追い求めたのは「近代西洋文明」であった。いってみれば満洲は、東から西からやってきた「近代」の終着点であった。そこで求められた「近代」とは産業であり、都市であり、教育であり、民主であり、なかんずく国民国家であった。

二〇年代の前半、橘樸が孫文主義と国民革命に注目しつつ中国に望んでいたのも「近代」、近代国民国家の形成であった。山田辰雄は「中国の国民革命は、基本的にはブルジョア民主主義的方向を目指しつつも、一面ではそれを労働者・農民の優位の体制にひきつけようとする立場と、他面では地主的利益を擁護しようとする立場との間で常に揺れ動いていた」と総括している。この国民革命の動揺に、当時その最良の観察者と目された橘の不安定な立場が重なるとも指摘している［山田　一九九〇（一九八三）、六六頁］。思い出されるのは、橘が当時、県城をもっともよく観察した日本人中国研究者であったに違いないということである。橘は、中国には「強固な国家」（すなわち、近代国民国家）を形成する力が不足するとした上で、県自治を国家統合に関わる最重要単位とみなす孫文の見解に同意し、そこに中国民衆の政治参加のカギを求めたのであった［山田　二〇〇五、六四〇頁］。県城は農民と官僚の接点であった。橘は、宋代以降の歴史を通じて中国民衆の階級闘争の敵は官僚階級であると見ていたから、県自治の帰趨を決定するのは地主の動向であると考えた。県城の周囲にはなおまだ伝統的な農村社会があり、地主と農民の間には恩顧関係を含む身分制的な秩序があった。付け加えれば、農村のその秩序に大豆産業が乗り、日本の文化政策が創り出しつつあった南満の近代的な都市の景観が乗っていたのである。

橘は早くも一九二五年には「当分の所は、矢張り孫氏の意見通り、自治行政の最下限を県に止め、村落は数千年来の伝統に放任して、大家族制に拠るパトリアーカルの或はオートクラティックな自治を行はせる事が、少くとも爰二三十年の間は適当であらうと思はれる」と宣告している［橘　一九二五（一九六六）、三五二頁］。これを橘の「理論的矛盾あるいは不徹底性」と見る立場［山田　一九九〇（一九八三）、八四頁］もあろうが、国民革命の不徹底性を察した橘が、近代性以前の、そして彼の本領である中国社会の現実に急いで戻ったと見ることも可能である。民主主義と個人主義を慫慂するようになっていた橘が、ここでは家族に依拠し、地主に賭け、伝統的な村落自治に中国政治を托すことを提唱した。暫く時間を買うことを提言したともいえるが、「二三十年」という時間は、中国共産党治下の中国農村における土地革命を思うと、予言的である。

一九二〇年代の満洲における「近代」への文化触変の試みは、中国の伝統的村落の再発見以外にも予想外のものとの遭遇を経験した。民族、民衆、そして人々の移動である。民族自決の時代であるから、「民族」との遭遇は当然のことだったといわれるかもしれない。「民族自決」の民族は近代的な民族、すなわち、一民族＝一国民の原則によって「近代的な」国民国家を創るべき集団であると想定されていた。しかし、一九一〇年代、二〇年代の満洲には複数の民族集団が存在し、複雑に交錯した。すべての民族集団が民族自決を強行できるはずはなかった。多民族状況はいずれの支配者にとっても予想外の展開であったと思われる。そして、支配者たちはあちらこちらから現れる民衆と直面した。その人々は移動する人々であった。国家・政府が移民・植民を求めても、人々は基本的に「移動者」であることを選んだ。一九四五年八月に北満の開拓地で無残に生を絶たれた人々もそこに定住するつもりであっただろうか。ここで敢えて提示しているのは、近代国民国家を「近代」と固定する見方からすれば、一九二〇年代の満洲で見られた重要な現象のいくつかは「反」近代とみなされるであろう、ということである。付言すれば、移住する主体を一般的に「社会群」と措定し、満洲を実質的植民論の射程に収めた矢内原忠雄は、多民族状況と人々の移動という認識には不足していたものの、ほぼ正鵠を射ていたと考えられる〔矢内原　一九六三（一九二六）、一七頁／矢内原　一九六三（一九三四）、五五八―五七一頁／村上　一九九三、二一一頁〕。

おわりに

橘はなぜ「満洲新国家建国大綱私案」で新国家の構成単位を「公民」としなければならなかったのであろうか。その理由はほぼ明らかになったのではないだろうか。橘は近代的な国民国家が出来るとは思っていなかった。「公民」規定は、日本人が新国家に加わるために日本国籍を放棄する必要もなくすから、日本人のジレンマを解決する妙案であった。

ところで、橘が一九三二年年頭に公表した「満洲新国家建国大綱私案」は、三一年一〇月に関東軍参謀部が受取った「久保田嘱託案」〔小林・島田・稲葉編　一九六五、五五七―五六〇頁〕とほとんど同一である。特に、建国方針の二（公民によって組織される民族連合国家)と三(分権的自治国家)は一字一句同じで、あとに続く詳細な自治方針も同じである。三一年の終りにはすでに関東軍が「久保田嘱託案」を棄却したことが明らかであったにもかかわらず、なぜ橘はそれを自らの案として発表したのであろうか。(1) 簡単にいえば、橘は、公民による民族連合国家(「民族協和」)と分権的自治国家(「王道」)以外に満洲国の構成原理がありえないことを、周囲に、特に関東軍に知らせたかったのであろう。最低限、中国社会研究者としての自負と矜持をそこにかけたのかもしれない。とすれば、この二つの項目は一九二〇年代の満洲における文化状況の変化のぎりぎりの決着点でもある。満洲国の、そして橘の民族協和論、王道論についてはすでに多くの優れた論考が発表されている[山室 一九九三(二〇〇四)/駒込 一九九六など]。ここでは、二〇年代終りの危機的状況のなかから、際どい間隙をついて捻出された理念、支配統治機関としての国家の造出というニヒリズムとセットになった理念としてそれを捉えたが、「近代」に対する「反」近代を含んでいた点で、一九二〇年代の満洲にはポスト近代といわれる現代への反省と示唆が少なくないことを言い添えて、結びとする。

(1) 橘の「満洲新国家建国大綱私案」と「久保田嘱託案」の関係について、筆者は別稿を用意している。

【文献一覧】

阿部洋 一九八三「旧満州における日本の教育事業と教育権回収運動——一九二〇年代前半期を中心に」阿部洋編『日中教育文化交流と摩擦——戦前日本の在華教育事業』第一書房

伊藤武雄 一九六四『満鉄に生きて』勁草書房

岩野裕一 一九九九『王道楽土の交響楽 満洲——知られざる音楽史』音楽之友社

片倉衷 一九三一—三二「満洲事変機密政略日誌」小林龍夫・島田俊彦編『現代史資料 七 満洲事変』みすず書房

小林龍夫・島田俊彦編 一九六四『現代史資料 七 満州事変』みすず書房

小林龍夫・島田俊彦・稲葉正夫編 一九六五『現代史資料 一一 続・満州事変』みすず書房

駒込武　一九九六　『植民地帝国日本の文化統合』岩波書店
橘樸　一九二五（一九六六）「孫文の革命思想——中国革命史論・其三」『月刊支那研究』第一巻第二号（『橘樸著作集』第一巻）
橘樸　一九三二「満洲新国家建国大綱私案」『満洲評論』第二巻第一号
塚瀬進　二〇〇五「中国東北地域における大豆取引の動向と三井物産」江夏由樹・中見立夫・西村成雄・山本有造編『近代中国東北地域史研究の新視角』山川出版社
平野健一郎　一九八一「「満洲産業調査」（一九〇五年）について」近代日本研究会『年報・近代日本研究三——幕末・維新の日本』山川出版社
平野健一郎　一九八四「一九二三年の満州」平野健一郎編『近代日本とアジア——文化の交流と摩擦』東京大学出版会
平野健一郎　一九九五「一九一五年の満州」平野健一郎編『二〇世紀アジアの国際関係Ⅱ　アジアに対する日本』原書房
満鉄地方部残務整理委員会　一九三九『満鉄附属地経営沿革史』上巻
満鉄調査課　一九二九『満蒙の文化的開発と日本の寄与』
村上勝彦　一九九三「矢内原忠雄における植民論と植民政策」大江志乃夫ほか編『岩波講座　近代日本と植民地　第四巻　統合と支配の論理』
安富歩　二〇〇九ａ「県城経済」安富歩・深尾葉子編『「満洲」の成立——森林の消尽と近代空間の形成』名古屋大学出版会、第五章
安富歩　二〇〇九ｂ「県流通券」同前、第六章
安富歩　二〇〇九ｃ「国際商品としての満洲大豆」同前、第八章
矢内原忠雄　一九六三（一九二六）『植民及植民政策』『矢内原忠雄全集』第一巻、岩波書店
矢内原忠雄　一九六三（一九三四）『満洲問題』『矢内原忠雄全集』第二巻、岩波書店
山田辰雄　一九九〇（一九八三）「橘樸の中国国民革命論」山本秀夫編『橘樸と中国』勁草書房
山田辰雄　二〇〇五「橘樸と中国研究」山田辰雄・家近亮子・浜口裕子編『橘樸　翻刻と研究——京津日日新聞』慶應義塾大学出版会
山本秀夫　一九七七『橘樸』中央公論社
山本秀夫編　一九九〇『橘樸と中国』勁草書房

山室信一 一九九三(二〇〇四増補版)『キメラ――満洲国の肖像』中公新書
羅京洙 二〇一〇「コリアンの国際移動とナショナリズム――近現代における「同胞」言説の系譜と再検討」早稲田大学アジア・太平洋研究科博士学位論文
李潤沢 二〇一〇「教育権回収運動期における関東州の中国人教育について」法政大学大学院国際日本学インスティテュート修士論文
Hirano Kenichiro 1982, "The Japanese in Manchuria 1906–1931: A Study of the Historical Background of Manchukuo", Harvard University Ph.D. thesis, University Microfilm International, Ann Arbor, Michigan.
Peattie, Mark R. 1988, "The Japanese Colonial Empire, 1895–1945", *The Cambridge History of Japan*, vol. 6, chapter 5.
Sun, Kungtu C. 1969, *The Economic Development of Manchuria in the First Half of the Twentieth Century*, Harvard University East Asian Research Center.

トピック・コラム

東アジアの近代学術の連鎖
――新社会科学運動の出現

孫　宏　雲
（中文翻訳）古谷　創

日清戦争の後、日中間における文化の流れの方向は逆転し、日本は中国が間接的に西洋文化を受容する上での主要なルートとなった。しかし、欧米から帰国する留学生が増加し、第一次大戦後においてアメリカの影響力がグローバルな規模で拡大し、紛争によって日中両国間の民族的感情が悪化するに従い、日本の中国に対する学術上の影響力は下降の一途をたどった。昭和前期になると、日中間の学術連鎖は明治後期ほどには注目を集めなくなっていた。だが、この時期においてもなお重要な学術連鎖上の事件が発生していた。たとえば新社会科学運動の出現は、日本の大正・昭和初期の社会主義運動の影響をかなりの程度受けていた。

一九世紀のドイツで一世を風靡した国家学（Staatswissenschaft）は、一九二〇年代には主流の座を社会科学（Sozialwissenschaften）に明け渡した（華勒斯坦〔I・ウォーラーステイン〕等『学科・知識・権力』劉健芝等訳、三聯書店（北京）、一九九九年、二二四頁）。この世界的な潮流の影響を受け、北京大学などの学術機関の法科、更には歴史学科も社会科学化していった。同時に、民国初期の政治制度革新の挫折や社会主義思想の非現実性への反省から、左派知識人たちは出版物と学校を通じて青年層を動員し、社会科学の中から国家と社会を改造する方法を模索した。そして必要なことは、マルクス主義の弁証法的唯物論との結合を主要な特徴とする、プロレタリアート化した新たな社会科学であると表明した。

新社会科学運動の出現は、第一次国共合作の崩壊後に起こった。同時代人の観察によれば、「中国では一九二七年より社会科学が盛んに湧き起こり、弁証法的唯物論は一日に千里を駆けるほどの勢いで広まり」（郭湛波『近五十年中国思想史』山東人民出版社、一九九七年、二八一頁）、「数年もしないうちに翻訳書は汗牛充棟の様相を呈し、学校には専門科目が設けられ、各地に学会が組織され、当時の青年は大挙してこの道に赴き、あたかもこの時期のトレンドとなったかのようだった」（陳高傭「怎様使中国文化現代化〔いかにして中国文化を近代化させるか〕」『申報月刊』第二巻第七期、一九三三年七月一五日）。新社会科学運動の政治的背景は、もしかしたら「トロツキスト」の王凡西の言うように、「数年来革命と反革命によって提起された社会的、政治的問題があまりにも切実だったために、およそ物を考えられるすべての人が都市でも農村でも、首都でも各省でも、彼らの運命と密接にかかわる大問題を理解しようとしたのである。これらの問題を理解するには、社会科学を研究するほかに道はない」（王凡西『双山回憶録』現代史料編刊社、一九八〇年、一七七頁〔『中国トロツキスト回顧録』矢吹晋訳、柘植書房、一九七九年、一五二頁〕）ということなのかもしれない。

　新社会科学運動の思想的来源について言えば、日本はその主要なルートであった。朱家驊はかつて「中国の共産主義は、思想的側面は日本から移植し、行動的側面はソ連から移植した」（薩孟武『学生時代』広西師範大学出版社、二〇〇五年、一六八頁）と語った。また賀麟の観察によれば、当時の中国学術界では、日本語から重訳した弁証法的唯物論の書籍が巷にあふれ、一般青年の心を摑んでいた（賀麟『五十年来的中国哲学』商務印書館、二〇〇二年、六七頁）。そして思想輸入の担当者こそは、まさしく郭沫若・朱鏡我・杜国庠・王学文などの一連の日本留学を経験した知識人たちであった。彼らの留学時期は、ちょうどマルクス主義の学説が日本で広範に伝播していた時期に当たっており、中でも福本イズムは、知識層とりわけ学生層の中で、極めて深い影響力を持った。夏衍はかつて「日本から戻った人たちは、私も含めて、福本イズムの「左」傾思想の影響を免れることは難しかった」と率直に述べている。「左聯」（中国左翼作家聯盟）の発起者たちのほとんどは日本語以外の外国語を解さず、「左聯」綱領を起草するに当たって参考にしたのは、主に日本の「ナップ」（全日本無産者芸術連盟）の綱領であった（夏衍「〝左聯〟成立前後」『左聯回憶録』上冊、中国社会科学出版社、一九八二年、三七・四一頁）。これらの日本へ留学した中国人学生たちは帰国後、『文化批判』『新思潮』などの刊行物の創刊、書籍の翻訳・出版、大学の教壇を利用するなどの手段を通じて、社会文化批判と社会科学理論の宣伝を展開し、新社会科学運動の発展を推進した。

夏衍

　新社会科学運動を制御し指導するため、中国共産党は一九三〇年五月に上海で「中国社会科学家聯盟」を立ち上げた。これは「系統的に中国の新興社会科学運動の発展をリードし、正確なマルクス主義の宣伝を拡大する」ことを主要任務の一つとした（「中国社会科学家聯盟綱領」『新地月刊』第一巻第六期、一九三〇年六月一日）。朱鏡我・王学文・杜国庠など日本留学を経験した知識人の大多数は、中国社会科学家聯盟のメンバーとなり、更に要職までも担当した。「社聯」には数多くの社会科学の研究者が集まり、組織は絶えず発展・拡大し続けた。北京・太原・広州などに分会を設立し、新興の社会科学運動が全国各地に拡大する上で深い影響を与えた。

人物コラム

ファン・ボイ・チャウ（潘佩珠）

今井昭夫

二〇世紀初頭の約四半世紀におけるベトナムの最も代表的な民族運動家・著述家。一八六七年にベトナム中部のゲアン省で儒学者の家系に生まれ、少年時より反仏抵抗運動に参加。一九〇〇年には科挙の郷試（ゲアン会場）で首席及第。一九〇四年、愛国的儒学者二〇名余りを結集し、皇族の畿外侯クオンデを会長に推戴して維新会を結成。一九〇五年に来日し、日本にベトナムの青年を留学させる東遊運動を組織。一九〇九年三月に日本政府より国外退去処分とされ、中国やタイなどで活動を続ける。一九一二年、中国の辛亥革命の影響を受け、ベトナム光復会を結成し、共和制国家の樹立を目指す。一九一三年一二月に中国の督軍・竜済光に捕らえられ投獄されたが、一九一七年に釈放され、引き続き中国などで活動する。一九二五年六月、上海で仏官憲に捕らえられ、ハノイの法廷で終身懲役の判決を受ける。ベトナム国内の減刑嘆願運動が高まったため、処分が変更されて中部の都市フエでの軟禁となる。これ以降、チャウは反仏抵抗運動の第一線からは退き、著作活動などに専念することを余儀なくされた。一九四〇年一〇月に逝去。

第一次大戦中までのチャウの思想は、武装闘争によってフランス植民地主義を打倒し、ベトナムの独立を目指すという暴力革命路線であった。第一次大戦後の二〇年代、チャウの思想は動揺しつつも、儒教的社会主義とでも呼ぶべきものに収斂していった。仏印総督アルベール・サローの協同主義政策の展開、パリ講和会議における民族自決論の提唱などの影響によって、チャウは一九一八年に暴力革命路線から一転して仏越提携論を唱えるようになった（『法越提携政見書』）。彼は、東アジアやインドシナにおいて今や日本の侵略が脅威になっており、仏越両者が提携しなければならないとして、フランスに植民地統治の改善を迫った。また『予九年来所持の主義』（一九二〇年）では、ウィルソン米大統領の提唱した民族自決に基づき大国が独立を支援してくれることに期待し、「文化、平和」を主要な手段とする「文明革命」を主張し、暴力革命を「野蛮革命」だと批判した。さらに『ガンディー』（一九二一年）ではインド国民会議派のガンディーの非暴力・不服従を賞賛した。

一方、同時期にチャウはマルクス・レーニン主義を知るようになった。彼の自伝的作品『ファン・ボイ・チャウ年表』（執筆は一九二六年以降）によれば、一九二〇年の日本滞在中に日本人の著作から社会主義を学び、それを漢訳して（『俄羅斯真相調査』）、同年一一月に北京でロシア使節団に面会した際に持参して披露したという。一九二一年には中国の雑誌に「赤色ロシアの偉大なレーニン略伝」を寄稿し、レーニンを高く評価した。

チャウが再び暴力革命路線を主張するようになるきっかけとなったのが、一九二四年六月に広東沙面で起きたベトナム青年による仏印総督メルランの暗殺未遂事件である。中国で第一次国共合作が進められている時期のことであった。チャウはこの事件に大きな衝撃を受け、ベトナム光復会ではなく新たにベトナム国民党という名前を用いて「ベトナム国民党声明書」を発表し、このような暴力的手段もやむをえないとした。事件直後に自決した実行犯のベトナム青年を顕彰した『ファム・ホン・ターイ伝』(一九二四年)では、その英雄的行為を讃えるとともに、最も人口の多い「下の階級」である労働者と農民による「社会革命」や、「帝国主義諸国」に対抗する「平民諸国」による同盟などが唱えられるようになった。一九二四年末、コミンテルンによってソ連から広東に派遣されていたグエン・アイ・クオック(後のホー・チ・ミン)とチャウは接触し、ベトナム革命における国共合作などについて意見を交換し、さらに協議を続けていこうとしている矢先に彼は逮捕された。

ファン・ボイ・チャウ記念館(フエ市)にあるチャウの銅像

二〇年代後半のフエ軟禁時代のチャウで特に注目される著作は『社会主義』(一九二八年頃)である。この中で彼は、資本主義の手先となっている「国家主義」や無政府主義の虚妄性を批判している。またマルクス主義と三民主義を接合しようと試みており、孫文とマルクスの関係が孟子と孔子のそれに譬えられている。チャウはマルクスを社会主義の正統としているが、彼自身の社会主義はコミンテルンや共産党から直接由来するマルクス・レーニン主義とは異なっていて、道徳学説としての色合いが濃い。本書は、社会主義の真の精神は「大同」であり、「大同」とはつまり最大の公の道理であるとして締めくくられている。このようにチャウの社会主義は、儒教的な社会主義思想だともいえるが、このような社会主義思想はホー・チ・ミンをはじめとするベトナムの共産党員たちの社会主義思想にとってまったく無縁なものであったのではなく、両者には通底するものもあった。ベトナム国内にマルクス主義を伝播した最初の論文とされているホー・チ・ミンの「インドシナ」(*Revue Communiste*, 5–1921)では、大同説、公田制度、孟子の仁政思想について言及されている。

個別史／地域史

Ⅱ　国際秩序変動とヴェルサイユ・ワシントン体制

個別史/地域史Ⅱ

アヘンと国際秩序——国際連盟とイギリス

後藤春美

はじめに——第一次世界大戦と国際連盟の画期性

第一次世界大戦はヨーロッパ諸国に甚大な被害をもたらした。直接戦場とならなかったイギリスにおいても本国だけで九〇万人もの若者が戦死、二〇〇万人が負傷し、身近に戦死者や負傷者のいる者は三〇〇万人にも及んだ。その衝撃は、日本にとっての第二次世界大戦のそれと比すべきものであった。

一九一八年一月にアメリカ合衆国のウィルソン大統領が発表した一四カ条は、軍国主義や帝国主義に対抗するものとしてイギリスでも真剣に受け止められた。そして平和を維持するための新しい試みである国際連盟を具体化していく上でイギリスの貢献は大きかった。というのも、ウィルソンは連盟の理想を高く掲げはしたが、その実現に向けての具体案を詰めてはいなかったからである。これに対し、イギリスでは一四カ条発表の直後から連盟に関する検討が重ねられた。また、アメリカは連盟に参加せず、結果としてイギリスが連盟を支える中心的な立場に立つこととなったのである。

国際連盟設立の第一の目的は平和の維持であったが、衛生状況の改善、知的国際協力、婦人児童売買の禁止など社会人道面での活動も連盟の任務とされた(1)。それらの活動の多くは、一九世紀以来ヨーロッパで高まった国際協力に向けての動きに端を発し、第二次世界大戦後には国際連合やその専門機関に引き継がれたものである。本稿で取り扱うアヘン撲滅問題もそのような国際連盟の活動の一つであり、かなりの成果が上がった分野であった。

アヘンは、日本でも、中国でも、西洋とくにイギリスによる東アジア侵略の象徴のように考えられてきた。一方、一九世紀半ばのイギリスでは自由貿易が希求され、後に述べるようにアヘンそのものに対する考え方も異なっていた。一九世紀英清関係に関する英中間での歴史認識の隔たりは、突き詰めれば現在でも相当に大きいと思われる。禁止された薬物を売り込もうとした結果、戦争にまで訴えたことの不当性は明らかと筆者も考える。ただし、アヘン問題を道義的側面からだけ考察しても十分ではない。アヘン使用の歴史は古く、西力東漸との関連からのみ論ずることはできない。また、アヘンは経済問題でもあり、一九世紀以来、南、東南、東アジアでの植民地経営に財政的基盤を提供してきた。すなわち、アヘンは多様な観点から検討すべき問題なのである。

そして国際連盟によるアヘン規制の強化は、イギリスの植民地経営に大きな変化をもたらすこととなった。というのも、連盟は植民地保有国に本国だけでなく植民地に関しても年報などを提出し種々の事象につき報告することを要求したからである。これによって植民地経営は国際社会の監視にさらされることとなっていったのである。(2)

一　前史――一九世紀のアヘン問題

アヘンを見る目の変化

アヘンは有害な麻薬であり、この認識は現在広く共有されている。しかし、この認識が、いつの時代、どの場所においても一定であったわけではない。古くは、アヘンの解熱・鎮痛作用に注目し、薬として用いる者も多かった。とくに、マラリアを蚊が媒介するという事実が未だ明らかにならず、キニーネのような解熱剤を人工的に製造できなかった一九世紀末まで、アヘンは熱帯地方においてマラリアの薬として重宝されたようである。イギリス本国でもオスマン帝国などから持ち込まれたアヘンは一六世紀までには薬として使われるようになった。一八世紀から一九世紀半ばにかけては、それをアルコールに溶かした飲み物がローダナム（laudanum）という薬として広く使われていた。イギリスでも当時すでに、アヘンを過剰に摂取すれば中毒という害があることは知られていたが、それほど大きな問題とは考えられていなかった。後にアヘンの害毒に関する知識が広まっても、それはアルコールの害に比べてより深刻なものとは考えられなかった。むしろアルコール中毒の方が往々にして暴力や時には発狂にすらつながり、摂取者以外にも被害を及ぼすために、害は大きいと考えられていた［Berridge 1999］。イギリスでアヘンの中毒性についての認識が広まり、規制を求める運動が始まったのは、ようやく一八七〇年代になってからのことであった。

アヘンを見る目の変化は中国でも起こった。ジェン（鄭揚文）の研究は一五世紀末以来の中国におけるアヘン消費の歴史を取り扱うが、これによれば、長い煙管を使ってアヘンを吸うには準備の手間も費用もかかり、その使用は明代には宮廷を中心とし、次第に有閑階級の「楽しみ」として広がっていったという。清代には上流の生活に憧れる者も彼らを模倣して吸煙を始め、地域的にも沿岸部から内陸へと伝播したという。「楽しみ」という側面が消え、アヘン吸煙が害悪としてのみ捉えられるようになっていった理由としては、一九世紀後半にアヘンの供給が増え、吸煙が貧しい人びとにも広がって彼らの生計の破壊が可視化されたこと、本稿第二節でふれるようなイギリスなどでの反アヘン運動の影響、中国のイメージ悪化への危惧、そして二〇世紀に入りナショナリズムが強まったことなどがあげられる［Zheng 2005; Lin 2004］。

日本ではイギリスや中国より早い時期からアヘンの害を強調する考え方が圧倒的だったようである。中国や東南アジアで人びとがなぜアヘンを吸い、そして本稿で取り扱うような規制強化の時期を経て、なぜ吸煙をやめていったのかについては、日本人の思いこみを投影するのではなく、社会・文化史的考察がさらに必要であろう。

経済問題としてのアヘン

イギリスがアジアに進出したのは、領土支配ではなく、経済的利益を追求してであった。そしてイギリスは、一八世紀の第二次英仏百年戦争に勝利を収める過程で高めた行財政能力を帝国においても発揮していった。(3) インドにおいてイギリスは、ムガル帝国の、これもまた優れた徴税機構を引き継ぎ、ケシの栽培からアヘンの流通に至る過程を全面的に管理下に置いた。アヘンからの歳入は帝国の拡大、開発、維持に使われ、一部は年金支払いなどの形でイギリス本国にも送られていった。

アヘンの製造と、関連する用語について説明しておこう。ケシの花が咲いた後、その下のふくらんだ部分に傷をつけて乳状の液を採取した。これを乾燥させ、品質をそろえた上で球状に丸めたものが生アヘンである。球状の生アヘンは一つ約一・六キロ、色は黒く、そこから時に「鴉片」という表記も用いられた。アヘン摂取には、インドなどで伝統医療の一環として行われた飲食(opium eating)という方法と、生アヘンをさらに煙膏(smoking paste)に精製し煙管を用いて吸煙する(opium smoking)という二つの方法があった。東・東南アジアでさかんに行われたのは後者であった。

一方、一七世紀半ばにイギリスへともたらされた茶は人気を博し、一八世紀後半にはイギリス人全員が毎日、一、二杯の茶を飲むのに十分なだけの茶葉が中国から輸入されていた。一九世紀初めになるとイギリス、インド、中国間の三角貿易が富の流れを逆転させた。すなわち、イギリスが中国から輸入する茶や絹の代金は、インドから生アヘンが中国に密輸出されることで支払われるようになったのである。一八二〇年代後半には手形を利用した決済だけでは不十分となり、銀が中国から流出し始めた。一八三三年にイギリス東インド会社の対中国貿易独占権が廃止されると、多数の地方貿易商人（カントリー・トレーダー）が貿易活動に参加し、アヘンの密輸はますます増加した。そして銀本位制をとっていた清朝中国にとって、銀の不足は大問題であった。林満紅は、一九世紀中国においてアヘンが健康問題よりも経済問題として論じられ、アヘン戦争に至る過程でも清朝側が最も気にしていたのは銀の喪失・不足であったと指摘している［Lin 2004, 2006］。

一九世紀イギリスの主張は、管理貿易ではなく自由貿易であった。アヘンも含め、すべての「商品」を自由に、関税なしで取引できることがその要求であった。英清両者が対立した結果としてのアヘン戦争で清が敗れたため、アヘンの密輸は継続した。清はアロー号事件を発端とする一八五六年からの第二次アヘン戦争でも再び敗れ、五八年に天津条約を結んだ。この条約に基づいて開かれた英清間の上海会議においてアヘン輸入の際の税率が決められた。すなわち、アヘン輸入は合法化されたと考えられる［Wong 1998］。

生アヘンはインド植民地政府の運営する工場で生産されたのだが、一八五八年から八九年にかけての三〇年間には、生アヘンの競売がもたらす歳入は常にインド植民地政府全歳入の一五％以上を占めた［Richards 2002, p. 157, chart 2］。この値は二〇世紀初頭には低下したが、それでも七％程度であった。アヘンは、中国の中央、地方政府にも、関税、国内輸送に伴う釐金《りきん》などの形で歳入をもたらした。さらに、中国国内でもケシの栽培が広がっていた。七四年には中国国内でのアヘン生産禁止が緩和され、八五年までにアヘンの輸入量と国内での生産量はほぼ同じになっていた。八六年には国産アヘンが合法化され四川省や雲南省からは国外に輸送されるアヘンすら出てきた。国産アヘンに課税すべきという議論も繰り返し現れた［Lim 1969, p. 32; Reins 1991, p. 120; Berridge 1999, pp. 177–178, 182–186; Lin 2004, pp. 121–122; Zheng 2005, pp. 110, 152–153; 村上 二〇〇九］。

東南アジアにおけるヨーロッパ諸国の植民地政府に目を向けると、そこではアヘン吸煙に関連する活発な活動から歳入を得る仕組みが作り上げられていた。これをシンガポールを例として見よう。

シンガポールは、一八二六年以降、ペナン、マラッカと共に海峡植民地を構成し、一八六七年にはイギリス本国の直轄領となった。海峡植民地は貿易基地として発展を続けたが、イギリス帝国の自由貿易原則に基づき関税を課さなかった。そのため、歳入源としてはアヘンが不可欠で、一九二〇年代になっても全財政収入の約半分をアヘンに頼っていた。

海峡植民地やそれに隣接し経済的に密接に結びついていたイギリス領マラヤにおける初期のアヘン税徴収方法はファーム制度(revenue farm system)と呼ばれる徴税請負制であった。これがどのように機能していたのか見てみよう。シンガポールの発展に伴い、香料などのプランテーションが成長した。また、マレー半島の内陸では一八五〇年代からスズ鉱の開発が進んだ。プランテーションやスズ鉱山は中国系住民の経営になることが多く、労働者も中国からやってきた人々であった。生活・労働条件は往々にして劣悪で、マラリアなどの罹病率や、死亡率も高かった。スズ採掘など自体からの利益はそれほど大きくなかったので、経営主は敷地内に売店を設け、労働者にアヘンなどを販売することで彼らに支払った賃金の一部を回収し、利益を増大させた。交通手段の発達していなかった当時、人里離れた熱帯の鉱山では、肉体労働が終わった後、時間をつぶす娯楽は他に何もなかった。身体の痛みや退屈を紛らわせ、あるいはマラリアに対抗するためにアヘン吸煙が行われた。売店での付けによる購入によって借金がかさみ、プランテーションや鉱山に縛り付けられる結果となる労働者も多くいた。このレベルでは、アヘン販売・吸煙は中国から移住した人々同士の搾取の問題だった[Trocki 1990, p. 69]。

植民地政府はインドから輸入された生アヘンを煙膏に精製する排他的権利を下請けに出して歳入を得た。スズ鉱山主などアヘンの販売を望む者は政府に料金を払って加工・販売を請け負ったのである。政府に支払った料金以上の収入を煙膏の販売から得ることができれば、それは請負業者(revenue farmer)の利益となった[Brown 1997, p. 54]。ファーム制度を最初に採用したのはオランダ領東インドだったが、これは、現地社会にできるだけ介入せずに最大の経済的利益を確保するという、一九世紀イギリスの帝国支配原則にかなった制度であった。結局植民地政府は請負料を財政収入として得る以外、アヘン吸煙に何ら干渉しようとせず、吸煙はほぼ野放し状態だったのである。

アヘンのファーム制度から生み出される歳入は東南アジアの各植民地で歳入全体の一〇―五〇％をしめていた。海峡植民地における比率が図抜けて高く、一九〇六年に五三・三％であったが、香港でも二九・〇二％だった［*Report of the International Opium Commission* 1909, pp. 246–247］。

二　反アヘン運動の開始

インドからの生アヘン輸出量が最大となったのは一八七〇年代だったが、その頃から、アヘン吸煙・貿易に反対する運動が各地で次第にさかんになっていった。イギリス本国における反アヘン運動の高まりには、次のような理由が考えられる。第一に、一九世紀中葉の医学や公衆衛生の進歩によって、薬物およびその副作用や中毒性についての知識が深まった。第二に、アヘンはイギリス帝国の経済にとって重要性を次第に減じていた。イギリス帝国で茶が生産できるようになったのはイギリス東インド会社が一八二〇―三〇年代にビルマ王国やブータンと争ってアッサムを手に入れて後である。アッサムには茶が自生していた。一九世紀後半になるとこの地やダージーリンなどで茶のプランテーションが拡大し、茶葉の生産が増えていった［マクファーレン 二〇〇七］。それに伴い、中国からの茶輸入量は減少した。また、インドでは鉄道の発達などによって市場への出荷が容易となり、換金作物の種類も増えた。古くからのアヘン貿易商であるジャーディン・マセソン商会やデント商会などもアヘン貿易から撤退し、他の商品を扱い、経営を多角化するようになっていた。第三に、アロー戦争（第二次アヘン戦争）後中国で活動する宣教師の数が飛躍的に増加したが、彼らはアヘン吸煙の害を実際に見聞し、本国に伝えた［Berridge 1999, pp. 173–179; Newman 1989, p. 528;

Lodwick 1996; McAllister 2000, pp. 16, 21; 新村 二〇〇〇]。

二〇世紀に入ると、アヘン貿易・吸煙を取り締まろうとする動きは国家を動かすようになり、さらには国際協力も求められるようになっていった。この時期以降主導的役割を果たしたのは、フィリピンを領有することとなったアメリカである。アメリカの行動は、もちろん、アヘンという中毒性のある薬物を撲滅し、犠牲となっている人びとを救うという人道面での熱情にも支えられていたのだが、他の動機も存在した。まず、イギリスから独立して成立したアメリカは、植民地支配に反対であると標榜していた。ヨーロッパ諸国がアジアに築いてきた植民地支配体制を攻撃する上で、自らそれほど手を汚してこなかったアヘン問題は、アメリカにとって格好の題材だったのである。アヘンの蔓延を防ごうという発想が、中国人や東アジアの人びとに対する人種偏見とつながっていた面も否定できない。一九世紀にはヒトの大規模な移動が起こり、アメリカ国内にも多くの中国人労働者が流入した。そして世紀後半には、アメリカは自国への中国人労働者の流入を拒否していた。アヘンには確かに害があったが、その害はアヘンを吸う者に中国人が多かったために注目されることとなったのである。アヘンを吸う人びとの移動によって、アヘン吸煙もまた伝染病のように広がり、自分たちの社会が汚染されるという危惧も国際協力提唱の背景に存在していた。

イギリスでは、一九〇五年末、自由党が政権についた。イギリスで反アヘン運動に関わった者には自由党支持者が多く、その中には翌〇六年一月の総選挙で自ら議員に選ばれた者もいた。アメリカでフィリピンのアヘン問題に関する報告書が出されたこともあり、イギリス議会では中国へのインド・アヘン輸出に関する質疑が行われることとなった。そして五月三〇日には、インド・中国間のアヘン貿易を終結させるべきだという動議が可決された。

北京駐在イギリス公使の報告によれば、清朝中国中央政府はこの事態に注目した。九月、清朝政府は、ケシの栽培やアヘンの消費を厳しく禁止する勅令を発し、翌〇七年一月には、インド・アヘンの輸入および中国での生産を毎年一〇分の一ずつ減らすという提案をイギリスに対して通知した。これをもとに英中政府間の交渉が行われ、一二月には合意に達した。すなわち、翌〇八年一月一日から、まず三年間インド・アヘンの輸出を五一〇〇箱ずつ減らし、その間に中国がアヘンの生産と消費を減少させれば、イギリスはその取り決めをさらに延長するという協定が成立したのである。すでにアヘン貿易よりも対中借款供与から得られる経済的利益の方が大きいと考えられるようになっており、インドから中国への公式のアヘン輸出は、一九一三年に修了した。(4)

このイギリス、中国の動きを受け、アメリカは、アヘンを国際協力によって取り締まることができるのではないかと考えた。そしてアメリカの提唱によって一九〇九年には上海でアヘン調査委員会、一一―一二年にはハーグで万国アヘン会議が開催された。ハーグでは万国アヘン条約(以下、ハーグ条約)が調印されたが、第一次世界大戦勃発までにこの条約を批准した国は六カ国のみであり、発効には至らなかった。

一方、この時期には、植民地におけるファーム制度の無責任さに対する批判も高まっていた。レッセ・フェールが長く続いた海峡植民地でも、スズ鉱山での機械化と合理化の進展、行政機構の整備と効率追求という事情も加わり、一九一〇年以降は植民地政府がアヘン卸売りの専売に当たることとなった。

三　国際連盟とアヘン問題

第一次世界大戦最後の年である一九一八年八月、アメリカはイギリスに対し、ハーグ条約を実効あるものにするよう提案した。これに対しイギリスは、一二月、問題を講和会議で取り上げるようアメリカに逆提案した。両国の動きが出発点となり、ヴェルサイユ対ドイツ講和条約二九五条は、この条約の批准がハーグ条約批准に等しいと規定した。また、国際連盟規約二三条(ハ)項は連盟がアヘンやその他の麻薬類監視の任務を負うと定めた。

連盟設立当時、アヘン吸煙はほぼ東・東南アジアだけの問題だった。そこで、日本、中国、シャム(タイ)、および当該地域に植民地を持つイギリス、フランス、オランダ、ポルトガルと、アヘンの大生産・輸出国であるインドの八カ国からなるアヘン諮問委員会（略称はOpium Advisory Committee、以下ＯＡＣとする）が連盟に設立された。アヘン問題はＯＡＣで詳細に討議され、その決議は連盟理事会で検討後、総会第五委員会（社会人道問題担当）に回されることとなった。

イギリス本国では、ヴェルサイユ条約を受けて二〇年には危険薬物法が制定され、イギリス内務省はその成果を誇っていた。また、すでにインド・中国間のアヘン貿易問題と真正面から向き合ってこれを中止し、ハーグ条約の枠組みの中で公正に行動しているという自信があったので、ＯＡＣではハーグでの取り決めを遵守しない諸国を厳しく非難し、中国や日本はその標的となった。

中国の問題は、辛亥革命後混乱に陥り、ケシ栽培も復活したことであった。一九二〇年代半ばには、かなり広い範囲でアヘンの生産・吸煙が行われていたようである。ＯＡＣは、たびたび中華民国政府に事態の正確な調査と報告を要求したが実現しなかった。やや先走るが、国際連盟の資料などからうかがわれる状況を概観してみよう。二四年から二五年にかけてのジュネーヴ国際アヘン会議の際には、イギリス人をリーダーとする北京の万国拒土会が中国におけるアヘン生産は最低でも一万五〇〇〇トン、すなわち当時の世界全生産量の八八％に当たるという報告を出した［Slack 2001, p. 6］。二九年七月、南京国民政府は禁煙法を公布した。しかし、現実の状況は三〇年代半ばになってもそれ程改善されなかったようである。三四年五月から六月にかけて開かれた第一八回ＯＡＣでは、中国国内でアヘンその他の麻薬の生産が四川省、雲南省、貴州省、上海、北京をはじめ、各地で広く行われていることが指摘された。当時中国を除く全世界における生アヘン生産が一七七〇トンであったのに対し、中国ではその七倍もの一万二〇〇〇トンが生産されていると見積もられた［LNd, C.317.M.142.1934.XI, pp. 2-7; LNd, C.277.M.144.1935.XI, p. 85; Zhou 1999, chaps 4 and 5; 山田 二〇〇二、七〇〇、七一〇—七一一頁］。

一方、日本の問題は国内ではなく、帝国にあった。一八九五年に領有した台湾では、アヘン吸煙を即座に全面的禁止とするのではなく、時間をかけて漸進的に禁止する政策を採用した。そこで当分の間は総督府による専売制を敷き、総督府専売局がインドなどから生アヘンを輸入して煙膏を製造することとしていた［劉 一九八三］。ただし、もちろん早期に全面的禁止とすべきだったことに議論の余地はないが、一九〇三年にアメリカが行った調査では台湾の専売制度は海峡植民地などのファーム制度、すなわち野放し状態よりは評価されていた。二〇年代半ばには、専売制度は国際社会で一般に認められたものであり、状況は三〇年代になっても大きく変化してはいなかった。三四年一一月の第一九回OACで中国は専売制度を目指す計画を披露し、三七年にはシンガポールやバタヴィアに政府運営の煙膏製造工場視察団を派遣していた。台湾の視察も計画されたが、日中戦争勃発のため中止された［LNd. C.33.M.14.1935.XI, pp. 55, 57–58, 65, 67–68; Zhou 1999, pp. 74, 80–81; Slack 2001, pp. 109, 156; 山田 二〇〇二、六九九—七〇〇、七一〇—七一六頁］。

したがって台湾に関しイギリスが問題視していたのは、アヘンそのものではなく、それを原料とするモルヒネの製造と製品の中国への密輸であった［鍾 二〇〇七、一三五—一四五頁］。第一次世界大戦によって西洋諸国からの輸入が全般的に減少すると日本では医薬品製造業も発達を始め、一五年には星製薬という企業がモルヒネの国産化に成功した。一七年には、他の製薬会社にもモルヒネ生産の許可が与えられた。イギリスは、原料となるインド産アヘンが誤用されている可能性を懸念していた。

アヘンに関して問題であったのは、日露戦争後に租借した関東州での状況であった。関東州アヘン制度は一九〇六年に導入されたが、アヘンの販売は一五年以来宏済善堂という慈善団体に請け負わせていた。すなわち、各地ですでに廃止されていたファーム制度が続くような状況にあったのである。関東庁はアヘン販売から歳入を得る以外、問題にほとんど関心を持っていなかった。関東州の生アヘン、モルヒネ輸入量は一九一四年から一八年にかけて巨額に上っていた。実際、中国東北地方を貫く南満洲鉄道付属地の存在や日本人の治外法権などを利用してアヘンの販売地域は租借地内に限定されず、関東州外にまで広がっていたのである(5)[山田 二〇〇二、序章から第三章]。

四　ジュネーヴ国際アヘン会議とイギリス帝国の政策転換

一九二二年九月に開催された連盟第三回総会はアメリカにOACへの参加を呼びかけた。これを受け、アメリカは第四回OAC(二三年一月)に非公式オブザーヴァーを、さらに第五回OAC(二三年五月から六月)には下院外交委員会議長ら三名を派遣した。

アメリカの参加によって、OACでの議論はそれまでとは様相の異なるものとなった。イギリスは非合法取引こそが問題だと考え、インドでの生アヘンの生産と輸出を維持した上で中国や日本批判の熱弁をふるっていたのだが、アメリカは、医療科学用以外のすべてを不正使用とみなした上で生アヘンの生産制限が必要だと考えていた。この考え方によると問題の元凶はむしろイギリス帝国であり、こちらの方が多くの国や人びとにとって理解しやすい考え方であった[Willoughby 1925, pp. 123, 450]。

第五回OACでは、麻薬の生産輸入制限に関する国際会議を招集するという決議がなされた。同年九月からの連盟総会でイギリスは、議事の煩雑を避けるためという理由で、東洋におけるアヘン吸煙量削減のための第一会議と、その他の麻薬類製造および使用制限のための第二会議に分けることを主張した。第一会議は、吸煙が依然として行われている八カ国の代表のみで構成されることとなり、アメリカは招請されなかった。

イギリスは本国の状況を誇っていたのだが、帝国に目を向けると依然アヘンと深く関わっているというのが現実であった。まず、インド植民地政府は、中国への輸出を停止した後も依然として中国以外の地域への生アヘン輸出を続け、年二〇〇万ポンドの歳入を得ていた。これはインド植民地政府全歳入の約二％に当たり、財政状況の悪化していた植民地政府は、安定した歳入源をこれ以上失うことに乗り気ではなかった。

また、イギリス帝国だけではないが、東・東南アジアの多くの植民地政府は、輸入したインド・アヘンの専売から利益を得ていた。とくにイギリス領海峡植民地では専売収入が全財政収入の約半分にも達していた。アヘン問題に手を着ければ財政は深刻な状況に陥ることが容易に予想され、植民地政府は、政策を変更すれば不満を抱いた吸煙者が騒擾を起こすとの理由でハーグ条約から一歩も進もうとしていなかった。

国際アヘン会議は一九二四年一一月三日、ジュネーヴで開かれた。このうち第二会議は一七日に始まったが、ここでアメリカはアヘン吸煙禁止に関する提案を行った。すなわち、煙膏使用を許している国々は生アヘン輸入を毎年一〇％削減し、一〇年間でアヘン禁止を達成すべきという案であった。中国代表団は、自国が麻薬の国際取引とそれを支える治外法権の犠牲になっているとして、アメリカの提案を支持した。しかし、会議は紛糾することとなった。

イギリスはアメリカからの批判に敏感であった。当時イギリスは第一次世界大戦中にアメリカから借りた資金の返還を渋っていたが、その一方でアメリカ人の強く反対するアヘンから多大の利益を得続けているというのは具合の悪い状況であった。さらに、英語という言語を共有するアメリカからの批判は、イギリス国民への直接の訴えとなり、「素晴らしいはず」のイギリス帝国の実情に対する疑念を生むという点でも問題が大きかった。

アヘン会議は、一時中断の後、二五年一月一九日に再開された。イギリス主席代表はアメリカが論じようとしたアヘン吸煙問題が第二会議の権限内にないことを演説し、続いてイギリスの新方策を説明した。すなわち、中国がケシの過剰生産をやめ、中国からの密輸の危険がなくなったと国際連盟任命の委員会が認定した時から一五年以内に、イギリス帝国もアヘン吸煙を撲滅するという方策であった。

この後アメリカとイギリス、フランス、オランダ代表の間で激しい議論が闘わされた。意見の一致には至らず、二月六日、アメリカは脱会を声明した。中国もこれに追随し、第一・第二の両会議から脱退した。

国際アヘン会議は米中両国を除いて続行され、第一会議は二月一一日に終了した。議定書では、アヘンや煙膏を政府の専売とすること、未成年者へのアヘン販売の禁止、小売店や吸煙場の数を制限すること、アヘンや煙膏の輸出禁止、輸入国政府の発行による輸入証明書がない場合の生アヘン輸出禁止、学校における反アヘン教育の実施、吸煙者数の報告などが定められた。この議定書に中国を除く参加国が調印した。続いて一九日に第二会議が終了、情報を集め、密輸を監視する常設中央委員会の設置などを取り決めた議定書が作成された。

弱小国との二国間交渉でなく、複数の国々が参加する場での交渉では、大国であっても明白に理不尽な状況を維持するのは困難である。アヘンに関する情報が次々と明らかになるという状況下、イギリスのように国際秩序を支えると自負する国が、すでに中毒の害があると明らかになった「商品」の輸出を正当化し続けることは困難となった。ジュネーヴ会議の後、イギリス帝国はアヘン政策を大きく転換させていくこととなった。

一九二六年二月、インド植民地政府は、医療科学用以外のアヘン輸出を一五年程度で禁止、コルカタでの生アヘン競売制度も廃止するというアヘン政策の大転換を宣言した。インド国内でのアヘン摂食、吸煙、さらには密輸出[Emdad-ul Haq 2000, pp. 98–100]という問題は残ったのだが、少なくともインドからの公式の生アヘン輸出は、この後急激に減少していった。一九世紀中葉に植民地政府全歳入の一五%を占めたアヘンからの歳入は一九三〇年代半ばには〇・五%程度にまで減少することとなった。

海峡植民地でも新しい方策を導入せざるを得なくなった。第一に重要なのは財政面の改革であった。第二に、政府はそれまでのように煙膏の卸売だけでなく小売も専売で管理することとした。第三に、アヘン中毒者を政府の病院において無料で治療するという改革も実行した。また、アヘン中毒への第一歩は痛みを和らげるためにアヘンを吸うことであるとされていたので、貧しい人びとにも痛みや病気の治療を無料で提供する病院、遠い村への巡回診療なども整備していく必要があった。

アヘン問題に関する改革は、アジアにおけるイギリス帝国の支配原則を揺るがすものであった。イギリス本国にとって帝国支配は本国に利益をもたらすがゆえに意味があった。しかし、海峡植民地などでは、それまでアヘンからあげていた利益を漸減させなければならない一方、専売や人びとの福祉向上など、支配の責任とコストは増大したのである。

五　ジュネーヴ会議後の東アジア

設立以来のOACで非難を浴び、危機感を強めていた日本は周到な準備をしてジュネーヴ国際アヘン会議に臨んだ。アメリカをはじめとする多くの国々がイギリス帝国こそ問題の元凶だと考えていたことなどによって、日本は会議を成功裡に乗り切ることができた。しかし、この成功は、日本を安心させ、一九二〇年代後半にアヘンその他の麻薬問題を放置するという結果を招来してしまった。

前述のように一九二〇年代後半の日本の問題は、アヘンそのものというよりは、生アヘンを原料としたモルヒネなどの麻薬製造量の多さとその密輸出の疑いであった。さらに、OACに参加する日本委員が取締り励行を繰り返し声明するにもかかわらず、現実には何の努力もなされているようには見えず、何も変わっていないということであった。日本本土で行われていた厳しい管理に比較すると植民地・租借地での状況は、取り締まろうという意欲がないためか、あるいは最悪の場合、麻薬から何か利益を得ようとしているためなのではないかと疑われたのである。

ただし、少なくとも一九二〇年代においては、密取引は個別の犯罪者によるものだったようである。OACで日本を代表し、イギリスなどが収集した情報を詳細に知るに至った人びとは、この状況を放置して良いと考えていたわけではなかった。彼らはアヘンその他の麻薬の取締りを早急に強化する必要を外務省に書き送り続けた。しかし、この声はどこにも届かなかった。アヘン問題に関し、イギリスでは閣議で大臣たちが検討を重ねた。これに対し、ジュネーヴ会議後の日本では重要問題と認識された形跡は全くない。視野を広げれば、官僚・政治家だけでなく圧倒的多数の日本人がこの問題に無関心であり、イギリスとは異なり民間にもアヘン禁煙運動は存在しなかった[菊地ほか共述一九二八、五頁]。政府は国内からの批判にさらされることもなかった。

一九二八年六月、イギリスは国際連盟に対し、東・東南アジアにおける密輸の増加によってアヘン消費量の削減が困難となっていると主張し、極東アヘン事情調査を提案した。この提案を受け、国際連盟第九回総会では、三名の委員からなる極東調査団の派遣が決定された。

調査団は中国の状況についても調査することが望ましかった。この時期、中国はOACに委員を出してはいたが、国内の内戦状況などの結果欠席する場合もあり、また、年報を提出しないことなどもあった(たとえば、[LNd, C. 521. M. 179. 1927. XI. O.C. 686(I). pp. 4, 7; LNd, A.7.1928. XI, p. 6])。中国においてケシ栽培、アヘン生産などがどのような状況にあるのかOACではほとんどわからなかった。しかし、この時期の中国は未だ国際連盟に協力的ではなかった。政府も民間も、調査団が中国人委員を加え、アヘンだけではなく、その他の麻薬を生産するすべての国でその生産状況を調査するという条件が満たされなければ、調査団の中国訪問を認めないという意見であった。結局、国際連盟と南京国民政府とは意見が折り合わず、極東調査団は租界、租借地などを除き、中国を訪問・調査することはできなかった[岡田・多田井・高橋編 一九八六、一二六頁/The National Archives, Kew, FO371/13255, F5280; F6276; Zhou 1999, pp. 55–56]。

極東調査団は一九二九年九月にジュネーヴを出発し、八カ月かけて東・東南アジアの調査を行った。三一年一月に開かれた連盟第六二回理事会では調査団の報告を了承し、同年一一月上旬に国際会議をバンコクで開くことが決められた。

バンコク会議が開催された時にはすでに満洲事変が勃発していた。この会議では取締りの技術に関する議論が多く、それほど画期的な成果はなかったが、二〇世紀初頭以来アヘンの取締りを求めてきた運動は、これによって一段落を迎えたと言える。ただし、中国はバンコク会議にも参加しなかった。

おわりに

本稿は、一九世紀にヨーロッパ諸国のアジアにおける植民地支配を財政的に支えたアヘン吸煙が、国際連盟の設立によって本格的に取り締まられることとなった様を概観してきた。イギリス帝国は確かにアヘン問題と最も長く、そして深く関わっていたのだが、国際連盟ひいては国際秩序を支えると自負する以上、中毒性の明らかになった麻薬の取引を継続することは困難になった。

一九三〇年代には、海峡植民地財政のアヘン専売収入への依存率は低下していった。ただし、第二次世界大戦勃発直前の時期になっても、依存率は決してゼロになってはいなかった。一九二〇年代初頭の四〇％超に比べれば低下したとはいえ、依然二〇％前後にとどまっていた。同様に東南アジアの他の植民地や香港においてもアヘン吸煙問題は解消していなかった。第二次世界大戦が勃発したとき、依然として、海峡植民地を含め英領マラヤ全体で約一三万人、フランス領インドシナで約一二万人、オランダ領東インドで約六万人の吸煙者がいたのである[Jennings 1997, p. 100]。

一方、東アジアのアヘン問題は、日本が三一年九月に満洲事変を引き起こし、三二年三月に傀儡の「満洲国」を建国して後、新しい段階に入った。日本は、アヘンその他の麻薬問題に関しても国際社会の動向と逆行していくこととなった[江口 一九八八]。これに対し中国は、日本に対抗するために国際社会との協力を必要とし、国際連盟との関係を変化させていった。三五年六月には生アヘンの輸入証明書制度を採用し、三六年には、ジュネーヴ会議で二五年に作成されていた議定書に調印した。このような協調姿勢によって中国は、ＯＡＣでの議論の際にも国際社会、とくにアメリカの支持を得た。

しかし、戦争状態においては、アヘンは軍事費を生み出すものとして、日本にとっても国民政府にとっても必要となった[Zhou 1999, chaps 4 and 5; 内田 二〇〇七、一七一―二〇五頁]。この満洲事変以降の時期に関しても今後一層の研究が期待されるが、その際には本稿で取り扱った一九二〇年代までの状況も視野に入れて考察する必要があるであろう。

（1）関連する研究として[唐 一九九八／張 一九九九／川島 二〇〇六・二〇〇七／後藤 二〇〇五・二〇〇七・二〇一〇／舘 二〇〇八／安田 二〇〇八／Pedersen 2001; Grant et al 2007; Akami 2007; Kawashima 2007]などを参照されたい。

（2）本稿は、[後藤 二〇〇五]を元とする。資料、出典について、そちらも参照されたい。

（3）一八世紀のイギリスは、税制の整備によって国内の富を有効に集め、それを海軍に集中的に投資して国力を高めていった。[コリー 二〇〇〇／ブリュア 二〇〇三]など参照。

（4）アヘン一箱は一四〇ポンド(約六三・五キロ)であり、球状の生アヘンが四〇個ずつ入っていた。

（5）一九二四年三月、関東州アヘン令が公布され、二八年七月には関東庁アヘン専売局が大連に設置された。当時大連駐在のイギリス領事であり、第二次世界大戦後に駐日大使となるエズラ・デニング(M. E. Dening)は、専売局設置を良い方向への変化と見なしていた。

【文献一覧】

内田知行 二〇〇七 「内モンゴルの抗日政権とアヘン政策」平野健一郎編『日中戦争期の中国における社会・文化変容』東洋文庫

江口圭一 一九八八 『日中アヘン戦争』岩波新書

岡田芳政・多田井喜生・高橋正衛編 一九八六 『続・現代史資料 一二 阿片問題』みすず書房

川島真　二〇〇六　「中国外交における象徴としての国際的地位」『国際政治』一四五号

川島真　二〇〇七　「中華民国の国際連盟外交」緒方貞子・半澤朝彦編著『グローバル・ガヴァナンスの歴史的変容』ミネルヴァ書房

菊地酉治ほか共述　一九二八　『阿片問題の研究』国際連盟協会

後藤春美　二〇〇五　『アヘンとイギリス帝国』山川出版社

後藤春美　二〇〇七　「国際連盟の対中技術協力とイギリス　一九二八—一九三五年」服部龍二ほか編著『戦間期の東アジア国際政治』中央大学出版部

後藤春美　二〇一〇　「中国のロシア人女性難民問題と国際連盟」木畑洋一・後藤春美共編著『帝国の長い影』ミネルヴァ書房

小林元裕　一九九八　「国際シンポジウム「東アジア史におけるアヘン　一八三〇—一九四五」参加記」『近きに在りて』三三巻

コリー、リンダ　二〇〇〇　『イギリス国民の誕生』川北稔監訳、名古屋大学出版会

篠原初枝　二〇一〇　『国際連盟』中公新書

鍾淑敏　二〇〇七　「拡散する帝国ネットワーク」石田憲編著『膨張する帝国　拡散する帝国』東京大学出版会

舘葉月　二〇〇八　「内戦期ロシア難民とフランス　一九一八—一九二九年」『史学雑誌』一一七巻一号

新村容子　二〇〇〇　『アヘン貿易論争』汲古書院

ブリュア、ジョン　二〇〇三　『財政＝軍事国家の衝撃』大久保桂子訳、名古屋大学出版会

マクファーレン、アラン＆アイリス　二〇〇七　『茶の帝国』鈴木実佳訳、知泉書館

村上衛　二〇〇九　「閩南商人の転換」籠谷直人・脇村孝平編著『帝国とアジア・ネットワーク』世界思想社

安田佳代　二〇〇八　「戦間期東アジアにおける国際衛生事業」『国際関係論研究』二七号

山田豪一　二〇〇二　『満洲国の阿片専売』汲古書院

劉明修　一九八三　『台湾統治と阿片問題』山川出版社

張力　一九九九　『国際合作在中国』中央研究院近代史研究所・台北

唐啓華　一九九八　『北京政府与国際聯盟』東大図書公司・台北

Akami, T. 2007, "The Nexus of the Nation-State and the Empire", in A. Hanzawa (ed.), *Japan and the UN in International Politics*. 北海道大学大学院法学研究科

Berridge, V. 1999, *Opium and the People*, revised edition, Free Association Books.
Brown, Ian 1997, *Economic Change in South-East Asia, c. 1830–1980*, Oxford University Press.
Emdad-ul Haq, M. 2000, *Drugs in South Asia*, Macmillan.
Grant, K. et al（eds.）2007, *Beyond Sovereignty*, Palgrave Macmillan.
Jennings, J. M. 1997, *The Opium Empire*, Praeger.
Kawashima, S. 2007, "Sino-Japanese Relations at the League of Nations", in A. Hanzawa（ed.）, *Japan and the UN in International Politics*. 北海道大学大学院法学研究科
Lim, Margaret J. B. C. 1969, "Britain and the Termination of the India-China Opium Trade, 1905–1913", unpublished Ph. D. thesis, University of London.
Lin Man-houng（林満紅）2004, "Late Qing Perceptions of Native Opium", *Harvard Journal of Asiatic Studies*, vol. 64, no. 1.
Lin Man-houng（林満紅）2006, *China Upside Down*, Harvard University Asia Center.
Lodwick, K. L. 1996, *Crusaders against Opium*, The University Press of Kentucky.
McAllister, W. B. 2000, *Drug Diplomacy in the Twentieth Century*, Routledge.
Newman, R. K. 1989, "India and the Anglo-Chinese Opium Agreements, 1907–14", *Modern Asian Studies*, vol. 23, no. 3.
Pedersen, S. 2001, "The Maternalist Moment in British Colonial Policy", *Past and Present*, 171.
Reins, Thomas D. 1991, "Reform, Nationalism and Internationalism", *Modern Asian Studies*, vol. 25, no. 1.
Richards, John F. 2002, "The Opium Industry in British India", *The Indian Economic and Social History Review*, vol. 39, nos. 2 & 3.
Slack, E. R. 2001, *Opium, State, and Society*, University of Hawaii Press.
Trocki, Carl A. 1990, *Opium and Empire*, Cornell University Press.
Wong, J. Y. 1998, *Deadly Dreams*, Cambridge University Press.
Zheng Yangwen（鄭揚文）2005, *The Social Life of Opium in China*, Cambridge University Press.
Zhou Yongmin 1999, *Anti-Drug Crusades in Twentieth-Century China*, Rowman & Littlefield Publishers.

〈英文1次資料〉

British Foreign Office, 1974, *The Opium Trade*, Scholarly Resources.

League of Nations documents.（LNd と省略）

Report of the International Opium Commission, China, Vol. I—Report of the Proceedings 1909, North-China Daily News & Herald, Shanghai.

The National Archives, Kew, FO371.

Willoughby, W. W. 1925, *Opium as an International Problem*, The Johns Hopkins Press.

個別史／地域史Ⅱ

ドイツと東アジア
——一九二八年独中関税条約とヴェルサイユ・ワシントン体制の急旋回

工藤　章

はじめに

ドイツの東アジアにたいする関わり方を検討することにより、一九二〇年代における東アジア政治経済の相貌を描きなおすこと、これが本稿の課題である。

ドイツは第一次世界大戦における敗戦により東アジアにおけるすべての権益を喪失した。それでも東アジアへの関心は失われず、戦後まもなくこの地域に再び姿を現した。ただし、他の列強諸国とは異なって、政治・軍事力を欠き、経済力のみでの再進出であった。それだけに、その東アジアへの再進出と対東アジア政策を解明することにより、東アジア政治経済の、これまで見過ごされてきた一面を明らかにしうるのではないかと思われる。

もっとも、ドイツの東アジアへの関わり方という視角は近年ようやく意識されはじめたばかりであり、しかもドイツと日本、あるいはドイツと中国という関係を別個に検討することから進んで、個別の関連を総体として認識する努力はなお不足している。しかも研究者の関心は一九三〇年代に集中しており、一九二〇年代については通史を書きうるほどの研究の蓄積がない(1)。そこで本稿では、ドイツの対日関係および対中関係を関連づけて総体を認識することを指向しつつも、視野を通商・関税政策に限定する(2)。

一　ヴェルサイユ・ワシントン体制とドイツの通商・関税政策

ヴェルサイユ・ワシントン体制とドイツ――アウトサイダーからインサイダーへ

一九一九年一月一八日に開始されたパリ講和会議の結果、同年六月二八日にパリ郊外のヴェルサイユ宮殿において連合諸国とドイツとのあいだで講和条約が調印された。ドイツはパリ講和会議には招請されず、ヴェルサイユ講和条約にはいわば無条件で署名しなければならなかった。同条約により、ドイツはエルザス(アルザス)・ロートリンゲン(ロレーヌ)をはじめとする領土の割譲を強いられ、中国膠州湾租借地・南洋諸島を含むすべての植民地・対外資産・権益を失ったばかりでなく、工業施設の破壊・撤去と巨額の賠償負担、それにともなう財政・金融的制約、さらにはラインラントにおける非武装地帯の設定、軍事監視団の受入れ、戦車・潜水艦・航空機などの先端兵器の保有・生産の禁止、陸軍一〇万人・海軍一万五〇〇〇人規模への制限、参謀本部の解散などの軍事的制約をも被ることとなった。ヴェルサイユ講和条約は一九二〇年一月一〇日に発効したが、その後に締結された他の講和条約とあいまって、ヨーロッパには敗戦国ドイツを厳格に統御するヴェルサイユ体制が成立した。世界政策 Weltpolitik を掲げて大戦を戦ったドイツは、さしあたり世界規模の帝国主義競争から脱落することになった。

他方、東アジアにかんする戦後処理はこれよりやや遅れ、一九二一年一一月から翌二二年二月にかけて、アメリカの提唱により海軍軍縮および極東・太平洋問題にかんするワシントン会議が開催された。その結果、海軍軍備制限にかんする米英日仏伊五カ国の条約、中国の主権尊重・領土保全・門戸開放・機会均等を保証し、民族自決主義を謳った中国にかんする米英日中仏伊・ベルギー・ポルトガル・オランダの九カ国条約、日英軍事同盟の廃棄を内容とする米英日仏の太平洋に関する四カ国条約が調印された。さらに、同会議と並行して進められた日中間の交渉の結果、日本はヴェルサイユ条約で獲得した膠州湾租借地および山東半島の旧ドイツ権益を放棄することを約束した。それらは中国に返還されることになったのである。こうして、東アジアにはいわゆるワシントン体制が成立することになった。このワシントン会議にも、ドイツが招かれることはなかった。

このように、世界大戦の戦後処理のために、ヨーロッパではヴェルサイユ体制が、東アジアではワシントン体制が成立し、世界規模ではヴェルサイユ・ワシントン体制が成立することになった。この体制の下で、ドイツは疎外され、アウトサイダーの位置にあった。パリ講和会議には出席を許されぬまま、会議の結論であるヴェルサイユ条約への調印を事実上強制され、領土の割譲、植民地・在外権益の喪失、巨額の賠償という負荷を負い、財政・金融的および軍事的制約を被ることになった。他方、ワシントン会議にも招請されず、東アジアにおけるその旧権益の処理はその手の届かぬところでなされたのである[田嶋 二〇〇八、二〇―二二頁/工藤 二〇〇八a、八六―八七頁]。

このように、西欧列強の一角をなしていたドイツがアウトサイダーの位置に置かれたことは、ヴェルサイユ・ワシントン体制の抱える脆弱性の一因となった。ただし、ドイツが政治的・軍事的に弱体化し、経済的にもなお戦前の力を回復しないかぎり、その脆弱性は顕在化することなく済んだ。そして実際にも、ドイツは対外的には連合諸国とのあいだでの賠償・戦債問題に忙殺され、国内的にも経済的混乱と政治的不安定を抱えていた。そのため、東アジアにたいして積極的な対外政策を展開する余裕がなかったのである。

ヴェルサイユ・ワシントン体制に潜む脆弱性のいまひとつの、より重要な要因は、アメリカの関わり方であった。アメリカはワシントン会議を主導し、日英同盟の廃棄と中国に関わる「門戸開放」という自らの主張を盛り込んだことなどの点において、ワシントン体制の内実を形成したといってよい。だが他方で、ヴェルサイユ条約の成果のひとつである国際連盟に加盟しないなど、アメリカはヴェルサイユ体制にたいしていわば外接的であり続けた。したがって、アメリカがヴェルサイユ体制とワシントン体制を結びつける最も重要な主体であったかぎりにおいて、ヴェルサイユ体制にたいするアメリカの外接的関わりは両体制のあいだの紐帯の弱さを意味し、したがってまたヴェルサイユ・ワシントン体制の脆弱性をも意味した。このような脆弱性はまもなく顕在化することになる。

さて、総力を挙げて戦争を遂行したために疲弊したドイツ経済は、革命とその前後の混乱、さらにはインフレーションの昂進、それにともなう政治的混乱――それはフランス・ベルギーのルール出兵によって頂点に達する――によって疲弊の度を増した。そのため、予定された賠償の支払いが早々と不可能となった。この困難を克服するために、賠償額が軽減されるとともに、ドーズ公債の発行によるアメリカ資金のドイツへの導入が計画され、一九二四年八月にはそれを内容としたドーズ案が実施された。アメリカは、ドイツの経済再建はヨーロッパの経済再建の鍵であり、ソ連への対抗上不可欠であるとして、ヨーロッパに経済的に介入した。ヴェルサイユ体制にたいするその関わり方が深くなったのである。こうしてヴェルサイユ体制は修正されることになった。これを踏まえて、ドイツは金本位制に復帰してインフレーションを最終的に収束させた。さらに、産業合理化を国民経済的課題として掲げ、労使が協調してこの課題の達成に向けて邁進し、それによる輸出競争力の強化、輸出超過の達成、外貨の獲得、賠償支払いという好循環を目指した。「再建金本位制―産業合理化―賠償履行政策」がヴァイマール体制――正確には修正されたヴァイマール体制――の総路線となったのである〔工藤　一九九九、一五―一七、二三頁〕。

賠償にかんするドーズ案の実施とその後の総路線の設定により、ドイツ経済は、ただちに好況に向かったわけではなかったにせよ、回復軌道に乗った。そこで翌一九二五年になると、この復活した経済大国をワシントン体制に適切に位置づけるべく、同体制に修正の手が加えられることになった。すなわち、一九二五年七月、ワシントン会議で調印された九カ国条約の批准が完了し、八月に発効したことを受け、同年一〇月から北京関税特別会議が開催されたが、この会議が開催される直前の一〇月一日、アメリカは九カ国条約調印国を代表し、ドイツにたいして九カ国条約への参加を呼びかけたのである。後述するように、ドイツは戦後まもなく在華権益を放棄したことにより、また当時国民党との関係が緊張の度を増していたことにより、対中政策に困難を感じていた。そこで、国内での意見調整を経て、一二月一七日、ドイツ政府はこの呼びかけに応じるとの回答をした［Ratenhof 1987, S. 335-336］。ワシントン体制の修正である。これにより、ドイツをアウトサイダーの位置に置くという脆弱性はほぼ払拭された。ちなみに、北京関税特別会議は成果を得られぬまま、一九二六年七月に終わったが、中国にたいして関税自主権を一九二九年一月から付与する――ただし一定の条件付きで――ことを原則として承認していた。これがその後の関税自主権をめぐる列強と中国とのあいだの交渉の前提となった［久保 一九九九、四八頁］。

さらに一九二六年九月八日、ドイツは国際連盟に加入し、常任理事国となった。ヴェルサイユ体制はいわば再修正された。こうして、ヴェルサイユ・ワシントン体制は段階的に修正された。この過程でアメリカは主導性を発揮してこの体制により密接に関わることになり、それによって両体制間の紐帯が強化された。他面、ヴェルサイユ・ワシントン体制のアウトサイダーであったドイツはインサイダーとなった。これを踏まえ、外相シュトレーゼマン Gustav Stresemann の賠償履行と協調（平和）を追求する外交は、反ヴェルサイユ・ワシントン体制の国際秩序構想を抱いていた国内勢力［田嶋 二〇〇八、二二一―二二五頁］を抑え込むべく、東アジアへも拡大された。

ドイツ通商・関税政策と東アジア

ヴェルサイユ条約のドイツにたいする制約は通商・関税政策にも及んでいた。すなわち、条約第二六四条以下の規定により、ドイツは一九二五年一月一〇日までは連合諸国にたいして一方的に最恵国待遇を付与しなければならない片務的状態に置かれることになったのである。この間、ドイツはアメリカとのあいだで一九二三年一二月に通商条約を調印していたが、その発効は遅れていた。ただ、ドイツと同様にヴェルサイユ・ワシントン体制の外部に置かれていたソ連とは、一九二二年四月のラパロ条約で相互に最恵国待遇を供与していた［加藤 一九七三、三六八―三六九頁］。

東アジアにたいするその通商・関税政策もまた、ヴェルサイユ条約の制約を受けていた。すなわち、連合国の一員たる日本とのあいだでは、ヴェルサイユ条約の発効とともに国交を回復したが、最恵国待遇にかんしては片務的状態に置かれたのである。なお、戦前一九一一年に調印された日独通商航海条約は大戦初期に失効したままであった。日本政府は連合諸国とくに英仏に追随しつつ、片務的状態による利益を享受する方針をとった。これにたいしてドイツ側は、ヴェルサイユ条約の上記の規定が失効する一九二五年一月一〇日を待つという方針をとった。規定失効の日が近づくと、さすがに日本も新たな条約を締結する必要を痛感するようになり、ベルリンで両国間の交渉が持たれた。だが、この交渉は成果なく終わり、一九二五年一月一〇日以降、両国は無条約状態に移行した〔工藤 二〇〇八b、二六八―二七〇頁〕。

中国にたいする通商・関税政策はこれとは対照的であった。両国は、大戦末期になってからの中国北京政府の対独宣戦布告により戦争状態に入った。戦後、旧ドイツ権益が日本に委譲されることに反発して、中国はヴェルサイユ条約の調印を拒否した。もっとも、中国も同条約により設立された国際連盟には加盟したし、対独戦争状態の終結を宣言した。だが、独中間ではあらためて国交回復を図る必要があり、そのための交渉が一九二〇年九月北京で開始された。その結果、一九二一年五月二〇日、すなわちワシントン会議に先だって、国交回復のための条約が北京で調印された。その内容は国交回復のほか、通商・関税関係にも及んでいた。すなわち、ドイツは中国の不平等条約撤廃の要求に応じて戦前の在華権益および治外法権を放棄し、他方、中国側は条件付きながらも、接収したドイツ資産の返還、さらに清算されたドイツ資産についての賠償および債務の元利支払いを約束した。さらに同条約は通商における対等ないし同権の原則を確認していた。この原則により、ドイツは中国の関税自主権を承認するとともに、中国側の要望により最恵国待遇という文言は避けながらも、両国は事実上最恵国待遇を相互に付与したのである（Borch, Denkschrift, o. D, R 105377, Politisches Archiv des Auswärtigen Amtes 所蔵。(3) さらに［Ratenhof 1987, S. 290–291］をも参照）。

こうして、一九二一年の独中条約は国交回復条約であると同時に通商条約でもあった。ドイツ側は中国との正式の政府間関係の樹立に慎重であったため、内部ではこれを条約ではなく合意 Übereinkommen と呼んでいた。条約と呼称するのは中国側の事情を考慮してのことである。それはともかく、これは中国が欧米列強と結んだ最初の平等条約であった。そこには、東アジアにおけるすべての権益を失ったドイツの、結果としての中国にたいする好意が示されていた。これに応じて、中国もドイツを野心なき大国として好意的に見るようになった[Kirby 1984, pp. 43-45]。一九二一年独中条約は、いわばヴェルサイユ・ワシントン体制のアウトサイダー同士の友好を謳ったのである。なお、その後一九二四年六月六日、なお未解決のままであった債権債務関係について、中国側が利子支払いを約束する内容の交換書簡により決着を見ている[Ratenhof 1987, S. 297-298]。

一九二五年一月一〇日、ドイツに通商上の片務的状態を強いたヴェルサイユ条約の規定が失効した。これを受けてドイツは同年九月に新たな関税法を施行し、連合諸国とのあいだでの通商・関税条約の締結ないし更新の作業に入った。その結果、イギリス・フランスとのあいだで新条約を締結した。とくに対仏通商条約の締結は、両国の鉄鋼業の関係の調整ともあいまって、最も重要な成果となった[加藤 一九七三、三六九―三七〇頁/工藤 一九九九、一一九―一四八頁]。そのほか、すでに調印していた対米条約を発効させ、ソ連とのあいだでも通商条約を締結した。

このようなドイツの通商・関税政策上の努力は、連合国の一員たる日本との関係にも向けられた。日本との関係においても、一九二五年一月一〇日をもって片務的状態が解消され、以降無条約状態となった。そこで、あらためて通商条約の締結に向けての交渉が開始されることになったのである。

この間、日本政府は戦時に勃興した重化学工業の保護を目的として、関税引上げのほか、種々の量的統制措置を採用していた。その最も端的な事例が染料にたいする輸入許可制という直接的な輸入制限措置である。これは一九二四年六月に農商務省(商工省の前身)が省令によって実施したものであったが、その秘められた狙いはドイツ染料の輸入制限にあった。ちなみに、関税改正の作業は遅れ、それが実施されたのは一九二六年三月のことである。これをドイツの一九二五年九月の関税法に対応するものと考えれば、遅れはちょうど半年である。

日本側がドイツ染料の輸入制限という交渉上の武器を手にしたのにたいし、ドイツ側も大豆関税を引き上げるなどの対抗措置をとり、攻撃性を強めていった。こうして、日独間の条約交渉は難航した。もっとも他面では、通商条約がなくとも通商関係は拡大しており、このことが交渉遅延の背景にあった。ともあれ、双方はさしあたり染料問題の解決を先行させることで合意し、そのための交渉は、外務省間の通商条約交渉とは別に、双方の染料工業の利害を代表する商工省とＩＧファルベンとのあいだでおこなわれた。その結果、一九二六年八月に、日本で国産化が進行している染料にかんしてはドイツ側が輸出を自主的に規制するという趣旨の、斎藤・ヴァイベル協定という名の紳士協定が調印されることになった［工藤 二〇〇八b、三〇九―三一一頁］。

この染料問題の解決を待って新たな日独通商航海条約が調印されたのは、ほぼ一年後の一九二七年七月のことである。ただし、協定関税率の締結のための交渉は難航したため、これは先送りされ、条約は無条件最恵国待遇の相互供与を内容とするものにとどまった。ドイツにとっては、欧米諸国とのあいだの通商条約網の再建が主たる課題であり、日本との通商条約の締結は周辺的な意義しか持たなかった。日本にとっても、この通商条約は経済的にはさしたる意義を持たなかったものの、政治的な意義が称揚された。すなわち、この条約は戦後東京で調印された列強とのあいだの最初の条約であり、ドイツは日本を大国として遇する最初の大国であるとされた。戦前における条約改正の延長上に、この条約の調印は大国の威信を発揚する好機と受け止められたのである。ただ皮肉にも、成果は「経済外交」を標榜して交渉を担った外相幣原喜重郎の手に帰することはなく、条約調印の三カ月前に成立した田中義一内閣――田中が外相を兼摂した――の外交成果とされた（『国民新聞』七月二一日付夕刊）。

さて、一九二七年七月の日独通商航海条約の調印をもって、ドイツの通商条約をめぐる努力は一段落した。そしてそれは同時に、ヴェルサイユ・ワシントン体制が通商・関税面においてもひととおり修正されたことを意味した。ただし東アジアには、なお未解決の問題が残されていた。いうまでもなく、一九二五年一〇月から翌年七月にかけての北京関税特別会議でも解決されなかった中国をめぐる関係の調整であり、それは、国民革命軍の強化と国民政府の成立を背景に中国の不平等条約撤廃の主張が強まっていたこともあって、喫緊の課題となっていた。そして、この課題の解決に際して、ドイツは看過しえない重要な役割を果たすことになるのである。節をあらためてこの点を見よう。

二　一九二八年独中関税条約の調印とヴェルサイユ・ワシントン体制の急旋回

米中関税条約の調印とドイツのアメリカ追従

一九二八年六月九日、国民革命軍が北京に入り、東北地区を除く中国の再統一が成ったが、その一カ月後の七月七日、「革命外交」を掲げる南京国民政府の外交部長(外相)王正廷は、すべての不平等条約を撤廃するとの方針を明らかにした[久保 一九九九、四一頁／後藤 二〇〇六、一五四—一五五頁]。国民政府のこのような主張は、もちろんこれが最初ではなかったが[後藤 二〇〇六、一三二—一三三頁]、再統一直後の主張であっただけにその反響が注目された。

実は、イギリスとアメリカはこのような中国の主張に応じる態度を明らかにしていた。イギリス政府の一九二六年一二月のいわゆる「一二月メモランダム」、そしてアメリカの一九二七年一月の国務長官声明がそれである[後藤 二〇〇六、九五—九六頁／服部 二〇〇六、一〇五—一九六、一一〇—一一一頁]。そしてドイツ外務省も、英米の態度表明から大幅に遅れながら、しかも内密裏に、一九二八年六月二〇日、国民政府の通商・関税上の要求にたいして基本的に応じることを決定し、「指令」(Erlaß IV Chi 648 vom 20. Juni 1928)として文書化していた。

先頭に立ったのはアメリカである。七月二五日、アメリカは北京において米中関税条約に調印した。条約の骨子は相互に関税自主権を承認し、また最恵国待遇を供与しあうというものであり、一九二九年一月一日発効の予定とされた(Borch an das Auswärtige Amt(以下 AA と略記する), Telegramm, 26. Juli 1928, R 265495; Das AA an das Büro des Reichspräsidenten, 3. August 1928, R 265495)。

この米中条約調印はイギリスをはじめとする連合諸国に衝撃を与えた。日本もその例外ではなかった〔久保 一九九九、二九─三〇頁／後藤 二〇〇六、九頁〕。ドイツも同様であったが、最も迅速に反応したのがドイツである。米中条約調印の日、前任地東京から着任したばかりの北京駐在公使ボルヒ Herbert von Borch はたまたま上海へ赴いたが、内密にこの米中条約調印の情報を入手した。ボルヒは、六月二〇日の「指令」にもとづき米中条約と同様の協定 Abkommen を締結するための交渉を開始すべく、ベルリンの外務省にたいして交渉全権の付与を求めた。その際、彼は「調印のための迅速な準備が成否を分ける」ことを強調し、さらにすでに交渉および調印を南京でおこなうことを念頭に置いていた(Borch an das AA, Telegramm, 26. Juli 1928, R 265495)。ちなみに、米中条約の調印により「わが国の貿易にとってとりわけ重要な関税問題につき、南京政府と交渉に入るための道がわれわれにとっても拓かれたように思われた」とは、後日のボルヒの言である(Borch an das AA, Nr. 2064, 27. August 1928, R 265495)。

さてベルリンの外務省では、外務次官シューベルト Carl Schubert がただちにボルヒの提案を了承し、国民政府との交渉の開始を許可した。ただしシューベルトは、交渉に際して一九二一年五月二〇日の「合意」において平等互恵 Gleichstellung und Gegenseitigkeit の原則が承認されていること、またその第五条において最終的な条約締結のための交渉が予定されていることに言及すべきことを付言した。さらに、交渉の主たる目標は、六月二〇日の指令に記されているように関税問題・通商・航海・居住における最恵国待遇の保証を獲得することであり、さらに、可能であれば法制度の分野における最恵国待遇の保証を獲得することであるとした。ただし、通商および居住にかんする最恵国待遇は一九二一年「合意」第三条において保証されているので、場合により、関税問題における最恵国待遇の保証を得ることで満足すべきであるとも記していた(Schubert an Borch, Telegramm, 27. Juli 1928, R 105377)。最後の点について、別の文書では、中国側にそこまで広範な合意の用意がないのであれば、「アメリカの範例にしたがった」関税条約を締結することで満足すべきであるとも記している(Das AA an das Büro des Reichspräsidenten, 3. August 1928, R 265495)。

このように、ドイツ外務省と駐華公使ボルヒは、六月二〇日の段階においてすでに確定していた方針に基づき、迅速にアメリカの後を追った。実は六月二〇日の「指令」(Erlaß IV Chi 648 vom 20. Juni 1928)はドイツ外務省外交史料館の文書綴りに見あたらないのであるが、前述のように、シューベルトおよびボルヒの文書からその骨子を推測しうるのである。その基本方針は、一九二一年「合意」からの継続性を独中相互に確認しつつ、国民政府を承認するというものであった。

まもなくボルヒに交渉の全権が付与された。ボルヒは早くも八月初旬、上海において国民政府首脳と接触した。ただし、その相手は米中条約の当事者財政部長宋子文ではなく、外交部長王正廷であった。ボルヒは王正廷とは旧知の間柄であった。両者の会談での冒頭、王正廷はボルヒにたいしていつ南京へ赴くのかと問うた。これにたいするボルヒの答えは、自分の南京行きは彼の地での調印を前提とし、それは事実上の国民政府承認を意味するというものであった。ボルヒはすでにこの会談において、シューベルトの指示にあった最大限の目標、すなわち法制度における最恵国待遇の保証を獲得することは困難であると判断した。すなわち、米中条約の内容以上のものを求めることは避けるべきであるし、関税問題における相互無差別原則——ボルヒの考えではそれは最恵国待遇と同義であった——の獲得のみを目指すべきであると判断したのである。このような判断に立って、ボルヒは早くも、関税条約草案を王正廷に手交した。草案は、一九二一年合意における相互無差別原則を補完すべく、かつ「米中条約を模して」、関税における相互無差別を内容とするものであり、また将来速やかに最終的な条約のための交渉に入るべしとする条文をも含んでいた(Borch an das AA, Telegramm, 7. August 1928, R 265495)。

ドイツ側草案を南京に持ち帰った王正廷は、旬日を経ず、これを了承する旨電報により回答してきた。この時点でのボルヒの判断は、条約は中国側にとって実際には何らの利点もないが、それにもかかわらず国民政府が条約締結に同意するのは、「国家条約が初めて南京で調印される」ことによる対外的威信の高まりを重視するからであるというものであった(Borch an das AA, Telegramm, 11. August 1928, R 265495)。その後、王正廷が電報で条文の一部字句の修正を要望したが、一五日、ボルヒは南京へ赴いて王正廷と会談し、翌一六日には王正廷がボルヒの修正案に同意した。そして条約は一七日に調印され、二〇日に公表された(Borch an das AA, Nr. 2064, 27. August 1928, R 265495)。米中条約の調印から一カ月足らずでの調印であり、外相シュトレーゼマンがボルヒに祝電を送った際、あえて「迅速な schnell」成果と記すほどであった(Stresemann an Borch, Telegramm, 21. August 1928, R 265495)。

この時点で公表された条約は関税等諸問題にかんする条約 Vertrag betreffend Zoll- und verwandte Angelegenheit という、全四カ条から成るものであった。関税自主権および最恵国待遇の相互付与を内容とし、米中条約を範例としている。米中条約調印以前にすでに方針を確定していたとはいえ、臆面もないアメリカ追随といってよい。ちなみに、アメリカへの追随は、調印の二日後に公表するという手続きにまで及ぶほどに——ただし実際には三日後になったが——徹底したものであった(Borch an das AA, Telegramm, 11. August 1928, R 265495)。

なお、一九二一年条約との比較では多少の相違がある。一九二一年条約では最恵国待遇の有効期間および適用分野において制限があった。有効期間は、中国が関税自主権を獲得し全般的に適用するまでとされ(Michelsen, Aufzeichnung, 3. Oktober 1928, R 265495)、適用分野も前述のように通商および居住に限られていた。米中条約との比較では、アメリカが無条件で関税自主権を付与するという譲歩をしたのにたいし、ドイツはなんらの譲歩もしていなかった(Borch an das AA, Nr. 2064, 27. August 1928, R 265495)。ただし、それはドイツはすでに一九二一年に譲歩していたからにすぎない。

条約の批准は、ドイツでは順調に進んだが、中国では条約に調印した外交部長王正廷への国民政府内部での反発などから難航し、一九二九年一月二一日にまでずれ込んだ(Schubert, Bekanntmachung, 21. Januar 1929, R 266988; Reichsgesetzblatt, 1929, Teil II, Nr. 7, 1. Februar 1929, S. 79, R 266988)。この間、条約の名称が関税条約 Zollvertrag から通商協定 Handelsabkommen へと変更されている。

ここでとくに注目すべきは、中国にたいする関税自主権の付与が国民政府の承認を含意していたことである。独中関係の場合、一九二一年条約ですでに関税自主権を承認していただけに、この含意は際だつ。公使ボルヒが交渉の当初から南京での調印を想定していたことは——米中条約はすでに見たように北京で調印された——、ドイツ外務省の意図を明瞭に示していたし、その意図は確実に交渉相手の王正廷に伝わっていた。いうまでもなく、ドイツは米中条約をもこのような文脈で解釈していた。そしてこの解釈は、一〇月になって、米中条約により国民政府を法的 de jure にも承認したとするアメリカ側の言明により裏付けられた(Michelsen, Aufzeichnung, 3. Oktober 1928, R 265495)[4]。これに追随するように、ドイツ外務省も独中条約は国民政府の法的承認を意味すると理解するに至る(Trautmann, Erklärung betreffend China, 19. November 1928, R 265495)。

ドイツは、たしかに中国にたいする通商・関税政策において慎重な態度を崩さなかった。中国全土の統一を果たした国民政府との関係においても、それは変わらなかった。それゆえに、ドイツ外務省は一九二八年関税条約が一九二一年「合意」を補完するものであることをたえず強調していた。このような慎重さが、一九三三年以降のナチス政権による積極的な中国政策——貿易融資・直接投資支援などの——と対照的であることは否定しえない[Ratenhof 1987, S. 371; Martin 2003, S. 52]。しかし他面では、ドイツは英米の方針転換にかなり遅れてではあれ、国民政府にたいする関税自主権付与の方針を固めており、しかも米中条約調印の後最も迅速にその後を追った。すでに一九二一年「合意」によって当時の中国政府に対して関税自主権を付与していたので、国民政府にたいしてあらためて不平等条約を迫る意図を持っているのでないかぎり、国民政府との関税条約にたいする抵抗は少なかった。そうだとしても、アメリカ追随の迅速さは際立っている。この意味で、先行研究が強調するドイツの対中国通商・関税政策における慎重さは、あくまでも先陣を切らないという意味での慎重さであったと理解すべきである。

対中関税条約への雪崩現象――促進要因としてのドイツ

独中関税条約の調印からまもない一九二八年八月末、ボルヒはベルリンに宛てて、調印にたいする上海外交筋の反応についての詳細な報告を送った。ボルヒはここでも、中国の政治状況は日々変化しており、いまこそ交渉開始の好機だとする八月一一日付けの電報におけると同様(Borch an das AA, Telegramm, 11. August 1928, R 265495)、七月末が絶好の機会であったことを繰り返し指摘していた。すなわち、国民政府の指導部は自らの立場が内外において不安定であることを認識していたこと、対外的には不平等条約をめぐる列強との交渉が難航し、外交部長王正廷は窮地に陥っていたこと、対内的には国民党内部の対立が激化していたこと、したがって党としても王正廷としても何らかの外交上の成果を必要としていたことを記していた(Borch an das AA, Nr. 2064, 27. August 1928, R 265495)。

さらに同じ報告のなかで、ボルヒはまた、イギリス公使ランプソン Sir Miles Lampson が自らとの会話のなかで、アメリカとは異なってドイツが譲歩なしに最恵国待遇を得るという成果を挙げたことを賞賛し、また対中関税問題でドイツが他の列強と同じ立場にあることを評価したと記している。このイギリス公使の評価は、ドイツがすでに一九二一年の時点で譲歩をしていたことを考慮すれば、いささか過大であったが、それでもなおアメリカとの違いを強調している点は重要である。

さらにまたボルヒは、これまで慎重であった他の列強が直ちにドイツの先例を追うことになろうと観測していた。

そしてこの観測が正しかったことはまもなく証明された。各国はボルヒと同じくこれを好機と見、こぞって中国との関税条約締結のための交渉に入ったのである。王正廷はドイツ側にたいして条約批准の遅れについて説明し了解を得る際、理由のひとつとして、イギリス、フランス、オランダ、スウェーデン、ポルトガルの各国との関税・通商条約についての折衝に忙殺されていることを挙げていた(Erdmannsdorf an das AA, Telegramm, 21. Dezember 1928, R 265495)。このほか、史料には交渉相手としてイタリア、ベルギー、デンマーク、ノルウェーの名が登場する。そしてこれらの諸国は、この年の一一月から一二月にかけて、米中条約と――したがってまた独中条約と――ほぼ同じ内容の対中関税条約を次々と調印したのである[久保 一九九九、三〇―三五頁/後藤 二〇〇六、一九二頁]。

こうして、一九二八年七月末の米中関税条約の調印を機に、イギリスをはじめとする諸国は雪崩を打って対中通商・関税政策の方針を転換させ、中国の関税自主権を承認するとともに国民政府の承認に踏み切った。そのなかで、かつての敗戦国ドイツはいち早くアメリカに追随する動きを見せることにより、アメリカが引き起こした雪崩を加速させた。これを言い換えれば、一九二四年から一九二六年にかけてアメリカの主導により段階的に修正されたヴェルサイユ・ワシントン体制の下、この体制のアウトサイダーからインサイダーへと転換したドイツは、対中国政策の転換という東アジアにおける変容を促進する要因となった。一九二八年八月における独中関税条約の調印は、東アジア規模でのヴェルサイユ・ワシントン体制の急旋回の一契機となったのである。

ただし、対中関税条約を締結した諸国のなかに日本の名前はなかった。日中間の交渉は難航した[久保 一九九九、三五―四〇頁/後藤 二〇〇六、一五四―一五五頁]。独中関税条約の調印にたいし、駐華公使芳沢謙吉は最恵国待遇の保証を獲得したことをドイツ外交の成果と評価し、祝辞を述べていた(Borch an das AA, 4. September 1928, R 265495)。またそれ以前、ドイツと中国が関税条約の締結を目指して交渉をすすめているさなか、ベルリンでは日本大使館参事官重光葵がすくなくとも三度にわたりドイツ外務省を訪れて独中交渉の細部について情報を収集していた(Aufzeichnung,

16. August 1928, R 265495; Dirksen, 25. August 1928, R 265495; Michelsen und Trautmann, Aufzeichnung, 24. Oktober 1928, R 265495)。だが、一九二八年末までに諸国とともに対中関税条約の調印がなされることはなかった。その後一九二九年六月になって、日本はアメリカなどに遅れて国民政府承認に踏み切ったが、そのことは政府承認を関税交渉上の武器として用いる可能性が閉ざされたことを意味しており、その後一九三〇年一月からの関税交渉において、中国側から何らの譲歩をも得られないまま関税自主権を付与することになったのも当然であった。

おわりに

敗戦国ドイツはヴェルサイユ体制の下で厳しい制約を被り、経済的・政治的に弱体化した。ドイツはまたワシントン体制にたいしてもアウトサイダーであり、東アジアにおいても帝国主義競争から脱落した。だが、賠償にかんするドーズ案の実施を前提として経済回復の軌道を設定することができ、それを背景として国際連盟への加盟、常任理事国への就任や中国にかんする九カ国条約への参加を果たした。こうして、アメリカの主導によるヴェルサイユ・ワシントン体制の修正により、一九二六年までにドイツはヴェルサイユ・ワシントン体制のアウトサイダーからインサイダーへと転換した。

その通商・関税政策の展開において、一九二八年八月における独中関税条約の調印は――その後通商協定と改称されたが――アメリカに追随した結果であったが、それは政治・軍事力を欠いた経済大国の、いわば機会主義的行動であった。それはまた、諸国がこぞって同種の対中関税条約を結ぶ潮流を加速した。こうして、一九二八年独中関税条約はヴェルサイユ・ワシントン体制の急旋回をもたらした。しかも、日本にたいしては対中交渉の遅れとその結果としての孤立をもたらすことにもなり、意図せずして東アジア域内における緊張を高める作用をも伴うことになったのである。

（1） 一九二〇年代については[田嶋 二〇〇八、二〇―三二頁]を、日独関係については、[工藤 二〇〇八a、八四―一〇〇頁]を、独中関係については[田嶋 二〇〇七、四―六頁]を参照。

（2） ドイツの対東アジア通商・関税政策にかんする研究は、日本については[工藤 二〇〇八b]がある。対中国については[Ratenhof 1987]のほか、史料集[Martin 2003; Leutner 2006]があるが、いずれも部分的な記述にとどまっている。戦間期独中関係史の標準的業績とされる[Kirby 1984]は、通商・関税政策にはほとんど関心を示していない。他方、列強の対中通商・関税政策については、[久保 一九九九／服部 二〇〇一／小池 二〇〇三／後藤 二〇〇六／服部 二〇〇六]など、分厚い蓄積があるが、独中関係への関心は見られない。なお、ここで用いるドイツ側史料は、ベルリンのドイツ外務省外交史料館 Politisches Archiv des Auswärtigen Amtes 所蔵のものである。

（3） 以下で用いるドイツ語史料はすべて同史料館所蔵のものであるので、以下、この点の記載を省略する。

（4） ただし、アメリカによる国民政府の正式承認は一一月三日のことである[後藤 二〇〇六、一九一頁]。

【文献一覧】

加藤栄一 一九七三『ワイマル体制の経済構造』東京大学出版会
工藤章 一九九九『二〇世紀ドイツ資本主義――国際定位と大企業体制』東京大学出版会
工藤章 二〇〇八a「日独経済関係の変遷――対立と協調」工藤章・田嶋信雄編『日独関係史 一八九〇―一九四五 I総説／東アジアにおける邂逅』東京大学出版会
工藤章 二〇〇八b「一九二七年日独通商航海条約と染料交渉」工藤・田嶋編『日独関係史 一八九〇―一九四五 I総説／東アジアにおける邂逅』東京大学出版会
久保亨 一九九九『戦間期中国〈自立への模索〉――関税通貨政策と経済発展』東京大学出版会
小池聖一 二〇〇三『満州事変と対中国政策』吉川弘文館
後藤春美 二〇〇六『上海をめぐる日英関係 一九二五―一九三二年――日英同盟後の協調と対抗』東京大学出版会
田嶋信雄 二〇〇七「孫文の「中独ソ三国連合」構想と日本 一九一七―一九二四年――「連ソ」路線および「大アジア主義」

再考」服部龍二・土田哲夫・後藤春美編『戦間期の東アジア国際政治』中央大学出版部

田嶋信雄　二〇〇八「東アジア国際関係の中の日独関係」工藤・田嶋編『日独関係史　一八九〇―一九四五　Ⅰ総説／東アジアにおける邂逅』東京大学出版会

服部龍二　二〇〇一『東アジア国際環境の変動と日本外交　一九一八―一九三一』有斐閣

服部龍二　二〇〇六『幣原喜重郎と二十世紀の日本――外交と民主主義』有斐閣

Kirby, William C. 1984, *Germany and Republican China*, Stanford.

Leutner, Mechthild（Hrsg.）2006, *Deutsch-chinesische Beziehungen 1911-1927. Vom Kolonialismus zur „Gleichberechtigung". Eine Quellensammlung*, Berlin.

Martin, Bernd（Hrsg.）2003, *Deutsch-chinesische Beziehungen 1928-1937. „Gleiche" Partner „ungleichen" Bedingungen. Eine Quellensammlung*, Berlin.

Ratenhof, Udo 1987, *Die Chinapolitik des Deutschen Reiches 1871 bis 1945. Wirtschaft-Rüstung-Militär*, Boppard am Rhein.

個別史／地域史Ⅱ

一九二〇年代の中露／中ソ関係

唐啓華
（中文翻訳）平田康治

はじめに

一九二〇年代の中露／中ソ関係は東アジア近現代史を理解するうえでのキーポイントの一つである。それは、一面ではこの問題が大きな影響力を持っており、ロシア革命後に成立した社会主義政権が、「世界革命」に力を尽くしたからである。中国は清朝末期と民国初期に帝国主義による侮辱を多大に受けたが、第一次世界大戦中には民族主義が高揚し、またアメリカのウィルソン主義とソヴィエトのレーニン主義の影響を受け、条約の束縛から抜け出すために全力を尽くし、自由で平等な国際的地位を目指すようになった。ロシアは中国に対して平等に接することを宣揚し、帝政ロシアによる侵略の成果を放棄することを進んで望んだが、その無私の精神と社会主義の理想は一時は中国人民の熱烈な歓迎を受け、後に中国が社会主義革命の路へと進んでいくことに大きな影響を及ぼした。

東アジア国際政治について言えば、北京政府はウィルソン主義の路にそって、西洋列強と協力しながら漸進的に条約改正を進めていくことを求めた。一方広州政府はレーニン主義の路にそって、「反帝廃約（帝国主義に反対し・不平等条約を廃棄する）」を通じて「革命外交」を行い、資本主義列強（特に日本）に対して大きな衝撃をもたらした。

その一方で、一九二〇年代の中露／中ソ関係は中国の「反帝廃約」言説と密接な関係にあり、国共両党の台頭、また民族主義の支持の下で相次いで政権を握ったこととも不可分の関係にある。数十年来中国の学会はおしなべて革命党の立場から孫文の「連俄（ロシアと連合する、連ソ）」政策を肯定し、ソ連が自ら進んで在華特権を放棄し、中国を平等に扱い、中国の「反帝廃約」を助けたことなどを強調し、同時に北京政府の条約改正への努力を貶めてきた。その結果として一九二〇年代のプロパガンダが教科書の中に記載されて絶え間なくそのプロパガンダを複製し、多くの史実を歪曲し覆い隠し、いまだに中国内外の学会に深刻な影響を及ぼしている。

近年中国大陸及び台湾の学界においては一九二〇年代の中露／中ソ関係について新しい研究成果が少なくない。これらの研究は、過去の観点が革命党及び南方の視点に偏っており、ロシア／ソ連の中国に対する善意を過度に肯定し、北京の対ロシア／ソ連政策を否定し、史実からはなれて多くの盲点を作り出してしまったことに疑問を投げかけている。同時に北京政府の視点に注意し、またソ連の対華政策にもその国家利益の考量があり、それが国共衝突の根源を作ったことにも注意してこそ、この問題を全面的に理解することができる。このため現在においてこのテーマはまさに新旧の観点が相争っている時期にあたり、過去において定説と見なされてきたことが現在では多くの疑義を呈されているのである［李 二〇一〇］。本稿はまず初めに革命党の観点に立った伝統的な観点を簡単に述べ、ついで近年の新たな研究成果を紹介し、最後に簡単な比較を行う。いずれの解釈が妥当かという点については読者自らの判断に委ねたい。

一　一九二〇年代中露／中ソ関係の伝統的説明(1)

従来の定説は、ロシア革命の後にソヴィエト・ロシア政権が帝政ロシアの対外侵略政策を捨て去ったこと、帝政ロシアが中国侵略の結果得た利権を放棄する用意があると幾度も中国に通知したことを肯定的にとらえている。また、一九一九年七月二五日発表の「第一次対華宣言(第一次カラハン宣言)」は、帝政ロシアがかつて日本、中国及び連盟各国と結んだ一切の秘密条約を破棄し、また中東鉄道及びその他の資産を全て無条件で中国に返還すると述べた。しかし当時の北京政府は外交上協約(協商)国に追随し、ソヴィエト・ロシアを疑い恐れたために積極的に応答せず、また協約国の列強によるソヴィエト・ロシアに対する武装干渉(であるシベリア出兵—訳者注)に参加した。一九二〇年九月二七日、ソヴィエト・ロシアは「第二次対華宣言(第二次カラハン宣言)」を提出し、第一次宣言の各原則を遵守することを表明し、これに基づいて中国と友好条約を結ぶことを求めた。ソヴィエト・ロシアは同時にまた幾度も使節を派遣して中国と接触した。一九二〇年に極東共和国が成立すると、ユーリン代表団が中国を訪れたものの、北京政府との交渉は順調には進まなかった。その後ソヴィエト・ロシア政府はバイケス使節団及びヨッフェ使節団を相次いで中国に派遣したものの、いずれも合意を達成するには到らなかった。一九二三年九月にカラハンが中国を訪問し、幾度もの交渉を経て、一九二四年五月三一日に北京政府と「中俄(中ソ)解決懸案大綱協定」(略称「中俄(中ソ)協定」)に署名し、明確にロシアの在華条約特権を取り消し、中国人民の高い賞賛を得た、とされる。

同時に、従来の定説では、ソ連が中国共産党の結成を援助し、国共合作を促進することで中国における革命勢力の成長を支援した、とされる。一九二三年一月、孫文はヨッフェと上海で「孫文・ヨッフェ共同宣言」に署名し、連ソ政策を開始した。ソ連はボロディンを広州に派遣して孫文が国民党を改組するのを助けた。一九二四年一月、国民党第一回全国大会が広州で開かれ、ボロディンの起草した「第一次全国代表大会宣言」が通過したが、そこにおいて、孫文がコミンテルンと中国共産党の助言を容れて新たに「三民主義」を解釈しなおして帝国主義侵略への反対を強調し、農民・労働者大衆と協力し、共産党を受け容れ、中国において反帝国主義闘争を行うことを明らかにした。ソ連の援助の下で広州政府の実力は増大し、一九二五年の「五・三〇事件」の後には広州政府は英国に対して「広東省・香港大ストライキ」を実施し、全国の「反帝廃約」闘争を指導し、中国民族主義の旗幟となった。一九二六年七月には北伐を実施し、北伐初期の「反帝廃約」は大きな成果を収め、漢口と九江の英国租界を回収した。しかし一九二七年四月一二日に蔣介石がクーデタを発動し、まもなく南京国民政府を打ち立て「清党（党内粛清）」を行った。武漢政府も七月一五日に「分共（共産党切り離し）」を実施し、ボロディンは中国を離れた。中国共産党は南昌起義（蜂起）及び一二月の広州暴動を起こすも失敗し、国民党はソ連との関係を絶った。

一言で言えば、従来の歴史解釈はソ連の対中友好を肯定的に描き、広州政府を主軸として、孫文の「連ソ」政策とソ連の対中政策を結びつけたもので、過去八〇年間、公定の「革命史観」の基調となってきた。

二　一九二〇年代中露／中ソ関係の新観点(2)

近年一部の学者は、北京政府が中国の中央政府であるという観点に立ち、一九一七年のロシア革命から、一九二四年五月三一日の中ソ国交樹立を経て一九二七年四月六日の北京政府による北京のソ連大使館捜査と中ソ関係の実質的な断絶に至る一〇年間（一九一七—二七年）の中露／中ソ関係を再検討しようとしている。それらの研究は次のような点を指摘している。まず北京政府が当時の対露／ソ交渉の主体であり、ロシアの関心は中国東北における利益、とりわけ中東鉄道にあったこと。次に対中援助の主要な対象は北方の馮玉祥であり、孫文の北上を利用して、馮と孫とが協力して北京政府をコントロールしようとしたこと。そして当時カラハンが北京で強大な影響力を発揮し、北方の国共合作は後々にも大きな影響を及ぼしたこと、である。しかしながらこのような見方は、国民党・共産党が相次いで政権を担った後に南方の革命的な観点によって覆い隠された。本節では「中俄協定」を中心に、全中国の視点（北京・広州・東北・新疆を含む）から一九二〇年代の中露／中ソ関係を理解する。

北京政府による旧ロシア条約権益の整理、一九一七―二二

一九一七年のロシア革命の後、政局は非常に混乱し、北京政府は協約国に追随してソヴィエト・ロシアに対して不承認の態度を採ったため、帝政ロシアの公使は引き続き北京に駐在し、中露間の旧条約関係は維持された。しかし、旧条約の影響を大きく受けていた新疆当局は、ロシア商人の減免税特権の廃止を幾度も主張した。東北当局も中東鉄道区域の権益を回収しようとした。北京政府もまた国際情勢の変転に合わせて次第に帝政ロシアの旧条約権益を清算していった。

光緒七年（一八八一年）、曾紀沢は帝政ロシアと「イリ条約」を議定し、ロシア商人に陸路通商上の各種特権を与えたが、この条約には一〇年後に改正を協議できるという規定があった。清政府は一八九一年及び一九〇一年の二度の一〇年期限満了時のいずれにおいても改正を提議しなかった。宣統三年（一九一一年）の三度目の期限満了の際には清政府が修正を提議したことによって双方が交渉を行ったが、辛亥革命のために中止となった。ロシア商人は新疆各地で免税貿易を行い、イギリス人商人も最恵国待遇を援用して免税特権を享受し、さらには一部の中国人商人も外国籍を取得したため、多くの弊害が発生し、新疆当局は大いに不満を持った。ロシア革命後の内戦は激しく、新疆省長兼督軍の楊増新が紅軍・白軍の新疆領内への進入を避けるべく一九一八年初めに国境封鎖を命令したため、中露貿易は大幅に萎縮した。また、楊増新は外交部に対して「イリ条約」改正の提議を幾度も求めた。

一九一九年よりソヴィエト・ロシアの中央アジア当局は新疆と貿易関係を樹立することを打診したが、楊増新は慎重な態度を崩さなかった。一九二〇年初頭、タシケント政府は代表を派遣して新疆が通商を開放することを要求し、双方は公式接触を開始した。五月二七日、新疆はソヴィエト・ロシアの中央アジア当局と「イリ臨時通商条件」を取り決め、次のことを規定した。ロシア人商人による輸出入はみな新疆統税章程にしたがって中国の税関に納税すること。両国人民の間に貿易に関する争いが発生した場合、及びすべての民事・刑事訴訟案件は、みな在住国の法律によ

って裁判し、執行すること。楊増新はこの臨時通商取り決めをカシュガル、迪化（ウルムチ）にまで押し広め、すべてのロシア商人に納税を命じた。

「イリ条約」が一九二一年に再び一〇年期限の満了を迎えると、北京政府外交部は国務会議において同条約の中止を提案した。同時に中国代表はワシントン会議において、「中国現行陸路進出口或抽税減税章程」の廃止を要求し、同意を得ることに成功した。一九二二年一月八日、北京政府は命令を下し、中露が新条約を締結するまで、全ての減・免税に関わる取り決めを四月一日より停止し、以後、ロシア商人は海関の輸出入税則に従って輸出入税を完納することとしたが、このことは事実上中国が一方的に中露「イリ条約」を改正したことに等しい。

ロシア革命後、北京政府及び東北当局は有利な条件を利用して中東鉄道区域の主権を回収した。はじめにホルヴァートを代表とする旧ロシア勢力を利用してハルビン労働者・兵士代表ソヴィエトを解散させ、機を見て鉄道区域に派兵・進駐した。また、日米の矛盾を利用し、両国いずれにも中東鉄道の支配権を渡さず、とりわけ米国を利用して日本が中東鉄路に迫ろうとするのを抑えた。さらに、鉄路区域内の「新党」を利用してホルヴァートを追放し、機に乗じて各種主権を回収した。

後の中ソ交渉において、ソヴィエト・ロシア、ソ連は鉄道区域の主権が中国に帰属するという問題について異議を唱えなかった。「中俄協定」及び「暫行管理中東鉄路協定」は次のように規定した。一〇月革命以後に中国政府が中東鉄路区域の軍隊による鉄道保護権、警察による治安維持権、司法裁判権、民政管理権、市政管理権を回収し、帝政ロシアが満洲里及び綏芬河に設置した海関を撤去し、鉄路区域でのロシア人住民からの徴税など中国側の国家主権の行使について、ソ連政府が法律上の確認を与えること。また、帝政ロシア政府及び臨時政府が鉄道区域における中国の主権を奪ってきた各種の不法行為について、それが完全に終了したことも声明した。「中俄協定」はまた、日本や米国が中東鉄道に手をつけようとする野心を抑えると明文で規定した。東北当局はさらに一歩進んで「中俄協定」に依拠して鉄道区域内の地畝(田畑)管理権をも回収した。こうして、中国政府が鉄道区域内で行使すべき各種の主権はみな回収された。奉天(東北)当局はソ連に残された中東鉄道の管理権の半分についてそれを回収しようと幾度も争いを挑み、その結果中東鉄路の理事会とロシア人局長との権限争いとなり、多くの争議を誘発した。

ロシア革命後、北京政府は日本を後ろ盾として策動し、外モンゴルに一九一一年一一月三日の「俄(露)蒙協約」と「商務専条」を取り消し、一九一五年六月七日の「中俄(露)蒙協約」(キャフタ協定)による自治の撤廃を請願させようとした。一九一九年一一月二二日の大総統令は、モンゴルの請願に鑑みてこれらの条約の無効を宣言するとした。北京政府は西北籌辺使の徐樹錚に善後措置に当たらせ、一九二〇年一月一日に活仏を冊封した。しかし、七月に直皖戦争が勃発すると、徐樹錚は庫倫《クーロン》(ウランバートル)を離れ、まもなくロシアの白軍・紅軍が前後して外モンゴルに進入し、中国の勢力は後退した。

ロシア革命後、北京政府はソヴィエト・ロシアを承認しなかったため、帝政ロシア公使は引き続き北京に駐在し、中露の旧条約に基づく関係は依然として維持されていた。一九二〇年初頭、協約国はロシア内戦への態度を変化させ、日本を除いて各国は次々とシベリアから撤退し、イギリスやフランスはソヴィエト・ロシア政府と接触するようになった。同時に極東共和国外交代表ユーリンは北京を訪問し、ソヴィエト・ロシアの二度にわたる対華宣言(カラハン宣言)を確認するとともに、交渉を行うことを希望した。このため北京政府は「新勢力に接近し、旧勢力と距離を置く」という対露方針を確立することとなった。

直皖戦争後、一九二〇年九月二三日の「大総統令」は次のことを定めた。帝政ロシアの公使・領事らの待遇を停止し、ロシア人居留民の生命及び財産は今まで通り保護すること。ロシア国内の政争に対しては引き続き中立を守ること。ロシア租界及び中東鉄道用地、また各地に居住するロシア国民についての一切は、北京政府の主管各部局及び各省区の長官によって適当に処置すること。北京政府は直ちに「管理俄僑辦法」及び「対於漢口・天津俄国租界接管辦法」を公布した。また、外交部は地方長官に対して次のことを通告した。各地のロシア領事官待遇を停止し、各地の特派交渉員及び交渉員がその職権によって在華ロシア人民の保護及び管轄を行うこと。ロシア租界は特派交渉員が代わって管理すること。中露人民間の訴訟及びロシア人の犯罪事件はみな中国の法廷において審理することとし、司法部が別個詳細な規則を定めること。その他の事項については暫定的に今までの措置を続けること。

北京政府は直ちに北京のロシア公使館及び各地の領事館の接収及び代行管理を実行しようとしたが、この一方的な断固たる措置が条約体制に大きな衝撃を与えたため、協約国列強は条約特権を保護するために次々と憂慮を示した。結局、ロシア公使館が公使館区域内にあるという理由で北京外交団によって接収された以外は、各地の領事館は大部分が中国当局によって接収・代行管理され、すべての接収リストがまとめて北京外交団に渡された。一九二四年に「中俄協定」が署名された後、各地の領事館は順々にソ連の領事に返還されていった。

北京政府が帝政ロシアの外交官への待遇を停止した後、中国政府はロシア権益を代行管理し、ロシア租界及び各地のロシア領事館を接収し、交渉員によってロシア領事の職権を代行させることでロシア人居留民を中国の司法管轄の下に包摂し、実質的にロシア人居留民に対する領事裁判権を回収した。

総じて言えば、一九一七年から一九二二年にかけて、北京政府と東北・新疆の地方当局は、時機を捉えて帝政ロシアの在華条約権益を清算しており、中ソの正式な交渉が開始したときには帝政ロシアの在華特権は大部分が回収されているという状況にあった。また、東北当局による中東鉄道区域内主権の回収及び新疆当局による清算行動は、カラハン宣言が中国に伝わる前にはすでに始まっていたのである。

中ソ交渉と旧条約廃止問題、一九二〇―二四

ロシアは革命後、列強による封鎖を解くべく、二度にわたって対華宣言(カラハン宣言)を発表して帝政ロシアによ

る中国侵略の成果を放棄することを望むと声明したが、その中には中露間の旧条約も含まれていた。一九二〇年五月三〇日、極東共和国外相は北京政府に照会を発し、両国が正式な関係を樹立することを提議した。六月上旬、極東共和国はユーリン使節団を中国に派遣し、帝政ロシア時代の中露間の一切の条約と協定の廃止を提議し、中国と政治・経済面で友好的な関係を樹立しようと試みた。また、同使節団は中東鉄道などの問題についても解決する権限をソヴィエト・ロシアによって与えられていた。同時に中国の「督辦辺防事務処」は六月下旬に陸軍中将張斯麐率いる代表団をヴェル＝ウジンスクに派遣し、極東共和国外務省と交渉した。同使節団は九月五日にモスクワに到着し、ソヴィエト・ロシア政府との間に相互に領事を派遣するという合意に達したものの、北京政府は協約国列強の不興を買うことを恐れ、同使節団を召還した。張斯麐は一一月にペテルブルクに到着してレーニンと会見し、二八日に北京に帰還して「第二次対華宣言（カラハン宣言）」を持ち帰ったが、これは中ソの非正式接触の試みの一つであった。張斯麐はソヴィエト・ロシアと連絡して通商条約を結ぶことを建議したが、皖系（安徽派）が勢力を失ったために影響力を発することは無かった。

一九二〇年八月二六日、ユーリンは北京に到着し、ただちに外交部に通商条約草案を提出したが、外交部も対案及び声明文書を提出したため、双方は交渉を行うことになった。しかし北京政府はモンゴルと中東鉄道の問題を先に解決した後に通商条約について協議することを主張し、ユーリンは先に通商条約を協議することを主張したため、交渉は延会となった。

一九二一年一二月、ソヴィエト・ロシア政府はパイケス使節団を中国に派遣し、北京政府と正式に交渉を行い、ワシントン会議前に中東鉄道問題を解決してソヴィエト・ロシアの権益を確保しようとした。翌年五月二二日、パイケスは外交総長顔恵慶と会談し、必ず二度の対華宣言（カラハン宣言）を承認するが、宣言の本意はロシア皇帝が締結した条約に代えて新条約を協議・締結すべきだということにあり、これらの条約を根本的に取り消すというわけではないと主張した。しかし北京政府はすでに中東鉄道を回収しており、ワシントン会議においても列強による中東鉄道管理案を退けるのに成功していたため、ソヴィエト・ロシアとこの問題を解決するのを急いではおらず、外モンゴルからの撤兵及びソヴィエト・ロシアとモンゴルとの条約の方を重視していた。こうして双方の目標が異なっていたため、正式な会議の開催は遅々として進まなかった。

ソヴィエト・ロシア政府は改めてヨッフェを中国に派遣し、ヨッフェは一九二二年八月一二日に北京に到着するとただちに外交総長顧維鈞に覚書を提出し、二度の対華宣言の原則に則って中国と協議を開始し、条約を結んで国交を樹立することを願うと述べた。北京の国務会議は、「まず先に懸案を議論し、それから通好を議論する」と決し、中東鉄道、外モンゴルなどの懸案を解決した後に国交を樹立するという態度を示した。このときヨッフェは中東鉄道の権益を改めて取得することを要求し、またソヴィエト・ロシアの紅軍が一九二一年六月に外モンゴルに進入し、モンゴル共和国を組織したことに対して北京政府が厳重に抗議したため、ヨッフェはこれらの問題を解決することができなかった。一一月七日にヨッフェは「第一次対華宣言（カラハン宣言）」のうち無償で中東鉄道を返還するという条項を否認し、一七日には「ソ蒙友好条約」が中国の主権を侵犯しているということを否認した。ヨッフェは北京政府と正式に談判を行うことができなくなり、ついに南下して上海で孫文と会談し、両者は一九二三年一月二六日に「孫文・ヨッフェ共同宣言」を発表した。

一九二三年九月二日、ソ連代表カラハンが北京に到着し、各方面からの盛大な歓迎を受けた。カラハンは「第三次対華宣言（カラハン宣言）」を発表して二度の宣言の原則と精神は今でもソ連の対中関係の原則であると声明したものの、中ソ国交回復にはいかなる前提条件も存在してはならず、まず先に国交回復してから懸案について議論すべきだと主張したため、北京政府の方針と抵触することとなった。

北京政府が王正廷に中ソ交渉を担当させたところ、王正廷は外交部に対ソ方針を調整するよう建議した。まず先に二度の宣言の主旨に基づいて各種懸案を解決するための大綱を提出し、双方がその大綱に同意して署名・実行するなら正式な国交を回復し、後に協定の細目を決めるべきである、というのが建議の内容であった。これに対する外交部の回答は、まず先に中ソ間の懸案のうち最重要の外モンゴル及び中東鉄道などの問題について具体的に解決し、その他の問題については解決の大綱を定め、その後に国交を回復するというものであった。カラハンはすぐに中東鉄道の運行についての協定を締結することを願っており、その他の問題は外交関係回復後に協議して解決すればよいという姿勢であった。旧条約問題について、中国側はまず旧条約を破棄してから新条約について協議することを主張し、ソ連側はまず国交を回復してから新条約を議定して旧条約にとって替えることを主張した。中ソ間の意見の食い違いは多く、交渉の展開は遅いものであった。

一九二四年初頭、イギリスとイタリアが相次いでソ連を承認するなど国際情勢はソ連に有利なものとなった。また中国では南北が分裂して北方で直隷派と奉天派の内戦となり、南方が対ソ提携を実行すると、世論は迅速にソ連と国交を回復することを要求した。二月下旬、北京政府は状況に合わせて対ソ方針を変更し、まず各重要懸案について解決の大綱を協定し、同時にソ連政府との国交回復を承認し、それからこの大綱に基づいて協議を再開して各問題の細目を決定することにした。中ソ交渉はこれより迅速に進み、まず中東鉄道管理の暫定的な方法について解決し、ついで旧条約廃止問題についての議論となった。王正廷の提出した草案は、両国政府は中国と帝政ロシア間の旧条約を一律廃止し、平等・相互性・公平の原則及び各宣言の精神に基づき、改めて条約・協定を締結する、というものであった。三月一日、カラハンは最終修正案を提出し、各条項に「在会議中（会議において）」の四文字を加えようとした。

八日、王正廷は国務会議へ出席し、中国は直ちに旧条約を廃止することを要求しているが、ロシアは原則上廃止に同意しているものの、会議において廃棄するのでなければならないとしていると報告した。国務会議の議決は、政府各部が意見を付け加えて国務会議の討論に付し、それから王が再びカラハンと交渉を行うというものであった。中央各部はみな、旧条約廃止の時間が「署名の日」なのか「会議において」なのかが大きな問題であると考え、多くは署名時に直ちに廃止すべきであると主張した。教育部の加えた意見は次のようなものであった。もしもソ連が頑なな態度を採るなら、交換公文によって、廃止されるべき条約・規約・協定・議定書などは会議終結前には効力を発生し得ないと規定することで、宣言と抵触する事実が発生するのを防ぐべきである。

王正廷はカラハンと激烈な議論の後にようやく妥協し、三月一四日朝、王とカラハンは「中俄(ソ)協定」に仮調印したが、そこでは旧条約問題について「両締約国は、前条に規定する会議において中国政府と帝政ロシア帝国政府の締結した一切の条約・規約・協定・議定書及び契約などを廃止し、平等・相互性・公平の原則及び一九一九年と一九二〇年のソ連政府の宣言の精神にもとづいて改めて条約・協約・協定などを締結する」と規定されていた。また、「議定書」に補充を加え、ソ連は「新たな条約・協定などが取り決められる前の時点では、全ての過去の協約・条約・協定・議定書・契約などについて、これを施行しないことに同意する」と声明した。その後まもなく王正廷は閣員との意見の不一致のために国務会議に出席しなくなったので、北京政府は外交部にこの案件を引き継がせた。顧維鈞はカラハンと交渉を行い、五月三一日に「中俄(ソ)協定」及び「暫行管理中東鉄路協定」に署名したが、主要な条文は三月一四日のものと似通ったものであった。この「議定書」は秘密文書とされて公布されなかったため、「密件議定書」と呼ぶ。

中ソ会議、一九二四—二七

「中俄(ソ)協定」調印後、中国人の多くはソ連がすでにすべての在華条約特権を放棄したと考えた。しかし実際のところは、「中俄(ソ)協定」一三条の、国交を回復し、共産主義を宣伝しないということ以外、ソ連が直ちに租界・義和団賠償金・領事裁判権を放棄する(第一〇・一一・一二条)という内容は、みな北京政府によってそれまでに全て清算されており、事実上回収されていた。また、「会議において」、通商条約・平等関税・国境線画定・航行・中東鉄道・賠償及び外モンゴルの問題を解決する（第二・三・七・八・九・一三・一四条）とされていた。言い換えれば各主要条文には全て「会議において」という但し書きがつけられており、中露の旧条約が廃止される以前においては、ソ連はただ「会議において」この原則に従って新条約を取り決め、旧条約にとって替えることを承諾したに過ぎなかった。ソ連の希望する国交樹立と中東鉄道管理権の問題においてはいずれもソ連側が実利を得たのに対し、中国の希望する外モンゴル、旧条約廃止などの問題においては、中国側は口先だけの利益を得たに過ぎず、中ソの正式な会談において実行するのを待っていたに過ぎなかった。

協定調印後、外交総長顧維鈞は積極的に会議を行う手続きについての準備を進めようとしたが、ソ連は中国が各種義務の履行を行っていないことを非難した。例えばロシアの北京公使館・各地の領事館・東方正教会の引き渡しはみな遅れていた。最もロシアが手を緩めなかったのは中東鉄道であり、ソ連が北京と「中俄（ソ）協定」に調印した主要目的の一つは中東鉄道を再び手中におさめることにあった。しかし当時、直隷派と奉天派の関係が悪化し、奉天派が自治を宣言して中ソ協定の内容が適用されるのを受け入れていなかったため、中東鉄道の理事会の改組は遅々として進まなかった。北京政府は幾度も人員を派遣して張作霖と交渉したものの、結果は得られなかった。カラハンは北京に圧力をかけて会議の開催を拒む一方で、勝手に張作霖と地方協定締結交渉を行った。

九月一八日、第二次奉直戦争が正式に勃発し、二〇日に「奉俄（ソ）協定」が調印されると、外交部はいくども厳重に抗議したが、ソ連公使館は取り合わなかった。奉天とソ連は一〇月初頭には中東鉄道を改組し、その管理権を新理事会と新局長に移転した。奉天派は理事長兼督弁を任命し、ソ連はイワノフを副理事長兼会弁に任命したが、実際の管理権はイワノフの担当する局長が握っていた。「奉俄（ソ）協定」の規定によれば、各条に規定された各委員会が一カ月以内に業務を開始し、六カ月で完成することになっていた。これは「中俄（ソ）協定」の内容と近似していたため、

「中俄（ソ）協定」及び「中俄（ソ）会議」と「奉俄（ソ）協定」及び「奉俄（ソ）会議」の間には重複による面倒な問題が生じることとなった。

一〇月二三日、馮玉祥が北京に入城してクーデタを起こし、一一月二日には大総統曹錕が下野を通電すると、代理国務総理の黄郛が大総統の職務を代行し、王正廷が外交総長に就任した。このとき王正廷は中ソ会議に熱心な姿勢を見せ、カラハンも積極的にこれに応えたため、中ソ会議の開催は間近に見えた。しかし段祺瑞と張作霖が疑義を呈したため、ソヴィエト側はしばしの遅延を主張した。張作霖は次第に北京政局を支配するようになり、一一月一五日には張作霖と馮玉祥が天津で会談し、彼らの名前を筆頭に各省に通電し、段祺瑞の中華民国臨時執政への就任を推した。二四日に段祺瑞は臨時執政に就任し、臨時政府を組織した。

一九二五年一月中旬、張作霖は臨時政府執政に「奉俄（ソ）協定」を提出し、三月一二日に臨時執政は「奉俄（ソ）協定」を審査のうえ追認し、「中俄（ソ）協定」の付属文書として扱うことにした。このため「中俄（ソ）協定」と「奉俄（ソ）協定」は一つの文書となり、両協定に規定された会議もまた一緒に行われることとなった。北京政府は王正廷に中俄（ソ）交渉事公署を主宰させ、中ソ会議に備えさせたが、王は中東鉄道、松黒（松花江及び黒龍江―訳者注）航行権の両委員会を東三省で開催し、それを中央で調印することとしたため、事実上は依然として中ソと奉ソの二つの会議があるのと変わらなかった。

当時は馮玉祥が大きな力をもっており、また孫文も北京に到着したため、ソ連は中国政局に対して楽観的な態度を持っていた。三月六日にカラハンは外交部に覚書を送り、「外モンゴルの紅軍はすでに完全撤退した」と述べた。しかし、孫文が死去すると張作霖は馮玉祥の勢力を圧迫するようになり、このため北京政府とソ連の関係は悪化した。ソ連は再び会議の開催を延期したうえで、中国の地方官憲が帝政ロシアの財産の返還を行っていないと非難し、奉天軍の張宗昌が白系ロシア人を任用していること、および東三省が日本から借款を導入して洮南・チチハル間の鉄道を建設して中東鉄道の発展を妨害していることに抗議した。また、中ソによる中東鉄道の共同管理について争いが起り、「九四命令」事件が発生すると、奉ソ関係はさらに悪化した。張作霖は王正廷を信用せず、彼を監視するような態度を取ったため、王正廷はことあるごとに制限を受けることとなった。これに加えて上海で五・三〇事件が発生すると、カラハンは積極的に反帝国主義的宣伝を行ったため、張作霖は治安維持を名目に上海に奉天軍を派遣し、その結果、中俄(ソ)会議は停滞する結果となった。

八月には北京政府は関税会議の準備で忙しかったが、カラハンは帰国して職務報告を行うよう命令を受けたため、二一日に外交部に通知し、ロシア帰国前に中ソ会議の開幕式典を行うよう求めた。二六日夜、中俄(ソ)会議は開幕式をとり行い、双方は六つの専門委員会を組織することに決め、それぞれ通商条約・債務・鉄道・国境・航行権・特務等の問題を討議することとなった。翌日、カラハンはロシアに帰還した。中俄(ソ)会議は開幕式を行ったものの、当時の国内世論は会議の先行きに対して全く楽観的ではなかった。最も問題だったのは奉天派がカラハンに対して大いに不満だったことであり、中俄(ソ)会議に対しても冷淡な態度を示した。

中俄(ソ)会議の決定によると、先に個別の委員会を開いて諸事項を話し合い、カラハンが中国に戻ってから、その内容を再び大会に呈することになっていた。一〇月末より各個別委員会が次々と予備会議を開き、一一月初めには名簿を決定し、ソヴィエト側委員も大体派遣されてきた。しかし中国の東南で反奉戦争がおこり、呉佩孚もまた機に乗じて東山で再起を図った。馮玉祥の国民軍は直隷省と山東省を奪取し、また策動により奉天派の郭松齢に反乱を起こさせた。カラハンは全力で馮を支援し、王正廷もまた馮玉祥と接近したため、北京政府と奉天派の中俄(ソ)会議に対する意見の相違は日に日に深まっていった。

カラハンは一一月にモスクワを発って中国入りし、二六日に奉天の張作霖を訪問した後、一二月一日に北京の赴任地に戻った。当時馮玉祥軍の勢力は強く、北京を支配しており、また李景林の部隊と天津で大規模な戦闘を行った。

郭松齢軍は奉天に迫ったため、奉天軍は四面楚歌の状態となった。ソ連の学者は、馮玉祥が北京を支配していたことを、中俄（ソ）会議の進行が順調であったことの重要な背景だと考えている。一一月下旬、イワノフは、中東鉄道での中国軍の運送に際しては、中国軍が前もって運賃を支払わなければならないと通告してきた。奉天派はこれを兵員輸送への妨害とみなし、抗議した。一二月末には郭軍は失敗し、張作霖は難関を乗り切った。この時奉天派の委員が北京に到着しなかったため、中俄（ソ）会議の個別委員会は幾度も延期された。一一月二八日になって通商条約委員会がようやく開始され、他の個別委員会も次々と開かれたが、奉天派が消極的だったため、進展は限定的であった。

一九二六年一月中旬、中東鉄道停車事件が発生すると、鉄路守備軍司令の張煥相は鉄道当局に抗議し、列車を走らせるよう強行に命令し、また兵隊を派遣してイワノフらを拘禁したため、カラハンはこれに対して厳重な抗議を行い、奉ソ関係は緊張した。間もなくして国民軍と奉天派の間に衝突が起こり、二八日に張作霖の命により、奉天交渉員は馮玉祥の援助・学生の扇動・内乱の助長を理由にソ連領事館に対してカラハンの送還を要求した。まもなく張作霖と呉佩孚は和解して連合して馮を攻撃したため、国民軍は戦略的に不利な状況に立たされた。四月九日に国民軍は段祺瑞を駆逐し、段は東交民巷へ逃亡し、馮軍は北京から南口へ撤退した。

奉天派の張作霖は北京を支配した後、反共政策を進め、カラハンを追放しようとした。中俄（ソ）会議の個別委員会は何とかすすめられたものの、双方とも関心を失いかけていたため、実質的な進展は得られず、結局夏に入ったことを名目に二カ月間休会することになった。七月二日、奉俄（ソ）議が再開したが、すぐに張作霖がカラハンの中国出国を求めたため、再び停滞状態となった。三一日の北京での国務会議において、外相蔡廷幹は、カラハンが中国において青年を惑わして赤化宣伝を行っているのが「中俄（ソ）協定」の精神に反していること、また彼は好き勝手に中俄（ソ）会議を延期していることを理由に、すぐにソ連政府に彼の召還を求めるべきだと主張した。

一九二七年四月六日、北京の軍隊と警察がソ連大使館を捜索したため、ソ連政府は中国に対して抗議し、また北京大使館員を召還した。北京政府とソ連の外交関係は実質的に断絶し、中俄(ソ)会議はこれによって終わりをつげ、何ら具体的な成果を得ることができなかった。

中俄(ソ)会議の失敗について、中国側はソ連が誠意を持たず、対華宣言(カラハン宣言)の精神と協定大綱に基づいて懸案を解決しようとしなかったことを原因としたものの、中国の国内政争が相次いだこともまた対外交渉を大きく阻害した。奉天派は東北の利益と密接に結び付いた中東鉄道および賠償問題に関心をしめしたが、ソ連は決して譲歩しようとはせず、会議は成功の見込みがなかった。奉天派はソ連に誠意がないと考え、様々な手段で抵抗・対抗措置を講じ、中東鉄道区域において中国の主権が侵されていた事態を修復しようとしたが、ソ連もまた対抗手段を取ったため、中東鉄道における衝突が相次ぐこととなった。ソ連は北京政府が実権を持たず、内戦が相次いで政局も動揺し、条約義務を貫徹することができず、会議において大きなことを求めても実質的でないと非難した。実際上、ソ連は「中俄(ソ)協定」において、国交樹立・旧ロシア財産の回収・中東鉄道管理権の取得などの主要目的をすでに達しており、中国がソ連に対して求めていたものについては会議において解決すると承諾していたにすぎなかった。会議においては当然既得利益を守ろうとし、たとえ会議が失敗に終わったとしてもソ連にとっては利益のみで何の損失もなかった。

広州政府と「中俄(ソ)協定」

ソ連が北京政府と国交樹立を交渉していたとき、広州政府もまたソ連と密接な関係を持っていた。「中俄(ソ)協定」調印前後の時期は、まさに孫文が「連ソ容共」政策を確立し、国共両党の「反帝国主義・条約廃棄」論が形成されていた重要な段階だったのである。

孫文は広州政府初期には西洋列強の支持を得ようと努力しており、また平和的な手段によって中国と外国との条約問題を解決しようとし、各国が広州政府を中国の唯一の合法政府と承認するよう主張していたものの、列強に冷遇され、ワシントン会議への参加も拒まれた。一九二二年夏、孫文は「広州蒙難」（陳炯明による孫の追放―訳者注）のため広東を逃れて上海へ行き、一九二三年一月二六日には上海で「孫文・ヨッフェ共同宣言」に署名した。その主要な内容は、ソ連が孫を援助すること、第二次対華宣言（カラハン宣言）に従って両国が協議して中東鉄道の問題を解決すること、ソ連の軍隊が直ちに外モンゴルより撤退する必要はないと孫文が認めること、であった。

一部の学者は孫文のソヴィエト・ロシアへの接近は国民党のソヴィエト・ロシア革命への崇敬の念と関係があったためだけではなく、外交もまた両者の協力の基点であるとみなしている。広州政府はいまだ国際的な承認を受けていなかったため、ソヴィエト・ロシア／ソ連との交渉において北京政府が受け入れがたい外交上の譲歩を行うことで、ソ連と交渉を行う際の得点稼ぎにしようとした。ソ連はしばしば南下して国民党と交渉することで北京政府に圧力をかけ、外モンゴルと中東鉄道を再び獲得するのに有利に働かせようとした。「孫文・ヨッフェ共同宣言」の署名後、国民党系メディアの中ソ交渉への立場はすぐに変転し、北京は列強に追随してソ連の善意を受け入れないようにしようとしていると非難し、また無条件でソ連を承認する運動も開始した。

一九二三年九月、ボロディンは広州を訪問したが、これは孫文が関与（関税剰余）問題のために列強と衝突し、「白《はく》鵝《が》潭《たん》事件」（広州海関収入の団匪賠償金部分を広州政府が差し押さえしようとし、それに反発した列強が海軍を派遣し、緊張が高まった事件―訳者注）が起きていた時期と重なっていたため、孫文は急速に左傾化し、ボロディンと密接な関係を築いた。一九二四年初頭、国民党第一回全国大会が発布した憲章はボロディンの影響を深く受けており、世界革命の観点を受け入れ、帝国主義打倒と不平等条約廃棄を主張していた。

カラハンと北京政府との交渉期間中、孫文は親ソ路線を守ることを明らかにした。一九二四年三月一四日、カラハンと王正廷が条約草案に署名したものの国務会議により否決されたとき、ボロディンは孫文に電報を送り、孫文がその影響力を行使してロシアのために公正な発言をすることを希望すると述べた。孫文はボロディンとカラハンに電報を打ち、ソ連が北京政府との交渉を放棄するよう要求した。当時、国内の穏健的な世論の一部はカラハンについて強い不満を示していた。というのも彼の対華外交が帝政ロシアの型を脱していなかったためである。ソ連は国民党が世論を誘導して速やかに対ソ協定に調印するよう北京政府に圧力をかけるよう望み、また北京の各親ソ団体に大規模な対ソ協定支持運動を起こさせた。

「中俄(ソ)協定」調印後、ソ連と北京政府は正式に国交を樹立したが、これは広州政府にとっては一大打撃であった。中国共産党の「中俄(ソ)協定」への評価は完全にソ連の立場に立ったものであり、中ソ国交樹立を強く支持し、ソ連は現代世界において帝国主義を放棄した唯一の国家であると主張した。ボロディンはこの協定は精神的に国民党の宣布した対外政策と完全に一致すると主張し、孫文はこの協定に理解を示し、広州の主要な政治家の多くも賛意を示し、国民党に加入した中国共産党員もそれに従ったが、国民党右派はこの結果に不満を持ち、この協定を否定して共産党を攻撃しようとした。

六月中旬、国民党右派は中国共産党が「叛党売国(党に背いて国を売る)」して国民党を弄んでいると弾劾し、ソ連が中国に対して新らしい帝国主義を行っていると非難し、ソ連との関係を断絶することを主張した。孫文はソ連の支援を得るために国民党内のソ連との関係断絶を主張する党員を説得したが、中国共産党員のソ連を無条件で支持する態度に対する党内右翼の強烈な不満を鎮めることは難しく、国共両党の関係は重大な危機を迎えた。結局、国民党中央執行委員会は「中国国民党の中俄(ソ)協定に対する宣言」を通過させ、民族主義の観点からソ連が帝政ロシアの侵略の成果を放棄したことを肯定し、「中俄(ソ)協定」を支持し、中ソ国交樹立を擁護すると同時に、北京政府を非難し、これを打倒することを主張した。この宣言はボロディンと国民党の幾度にもわたる議論の結果であり、孫文がソ連の支援をすぐにでも必要としており、この声明によってソ連と連合する立場を守って国民党内の不満の声を打ち消したことを意味していた。

「中俄（ソ）協定」署名後、中国国民は真相を知らず、多くは世論宣伝の影響を受けてこれを歓迎し、これはソ連が進んで不平等条約特権を廃除することを承諾し、それを実践したものであるとみなし、ソ連と協力して共同で帝国主義に反対すべきだと考えた。七月には北京で「反帝国主義運動大連盟」が成立し、「反帝廃約」を鼓吹した。八・九月には上海・広東各地で似たような組織が成立した。孫文と国民党は引き続き「中俄（ソ）協定」と「反帝廃約」論説を結びつけていた。一一月七日には孫文は一〇月革命七周年を記念する演説を行い、「ロシア革命の後、ロシア政府はかつてツァーリが結んだ一切の不平等条約及び権利を中国にただちに返還した。ロシア革命成功の後、以前の帝国主義的政策に反対し、平民政策を実行し、かつての侵略によって得た権利を返還した。これは前例のない、画期的なことである」と主張した。

当時、馮玉祥が北京政変を起こしたため、カラハンとボロディンは孫文の北上を強く求めていた。孫文は一三日に「北上宣言」を発表したが、その時局に関する主張は、国民会議を開き、対内的には民治を実行し、対外的には一切の不平等条約を廃棄することで、国家の独立・自由・統一という諸目的を実現すべきだというものであった。上海到着後の一九日の記者会見では、「中俄（ソ）協定」を例にとり、中国と結んだ一切の不平等条約を放棄したとソ連外交を称賛し、我々は友人であると述べた。一二月四日には孫文一行は日本より天津に到着し、汪兆銘と張作霖が会談を行ったところ、張は孫が連ソ政策を絶つべきだと主張したが、汪は「ソ連は平等に我々を扱っているので」不可能だと回答した。一九二五年三月一二日、孫文は北京で死去し、その遺嘱において「世界において我々を平等に遇する民族と連合し、ともに奮闘する。……最近国民会議の開催と不平等条約の廃棄を主張したが、最短期間のうちにこれらを実現する必要がある」と述べた。孫文の「中俄（ソ）協定」への評価、及びソ連との連合の維持、帝国主義への反対、不平等条約廃棄、という主張は、後の国共両党の宣伝の基調となった(3)。

五月一八—二五日、国民党は第一期第三回中央全会を開催し、「総理の遺嘱を受ける宣言」と「時局に対する宣言」を発表し、不平等条約廃棄に賛成しているかどうかで諸外国の中国との関係を評価し、また「中俄（ソ）協定」を例に「現在世界において我々を平等に扱う民族といえば、ソ連のみがその評価を得ることができる。……ソ連はかつて中国と帝政ロシアが結んだ不平等条約を取り消し、改めて互いに平等で互いに尊重する条約を結んだほか、中国民衆を助けて一切の不平等条約を廃除する運動に従事している」と述べた。五・三〇事件の後、広州政府は引き続き「反帝廃約」論説を推し進め、全国で大きな反響を引き起こした。

一九二六年一月八日、当時国民党宣伝部代理部長であった毛沢東は第二次全国代表大会で「二年間の宣伝工作の回顧」という報告を行い、「中俄（ソ）協定」の宣伝成果について次のように述べた。「国民はこれより国際上に帝国主義国家と反帝国主義国家の区別があることを知り、北京と各地の反帝同盟は奮起し、「反帝国主義」のスローガンは民衆に受け入れられ始めた」。続いて「総理が北上して「北上宣言」を発布し、「国民会議を開く」「不平等条約を廃棄する」という二つのスローガンを提出した」後、孫文の死去と五・三〇運動を経て「不平等条約の廃棄」は深く人心に入っていくことになった。

三　結　論

一九二〇年代の中露／中ソ関係は複雑で錯綜しており、数十年来の「革命史観」の影響もあって、多くの当時の政治宣伝が今に至るまで教科書の中で複製されており、「史実」が「神話」に覆い隠されてしまっている。近年、一連の実証研究の成果が過去とは異なる観点を提出し、学界はより多元的にこの課題を理解できるようになった。

伝統的な説明では、ロシアは革命後、中国に対して新外交を行い、二度にわたる宣言と「中俄（ソ）協定」において自ら進んで在華条約特権の放棄を行ったというものであった。これに対して新しい観点は次のように考える。ロシア革命の後、北京政府と東北・新疆当局は直ちに帝政ロシアの在華条約権益を清算し、回収するという事実を作り上げた。北京政府は中ソ交渉において外モンゴルや中東鉄道・旧条約廃棄といった国家利益の回収に努力し、双方の激烈な論争を経た妥協の産物として「中俄（ソ）協定」ができ上がり、ソ連は会議において新条約を議定し旧条約に取って替えることを承諾した。その後北京政府の外交官は中ソ会議において国権回収に力を尽くしたが、内外の不利な要素のため、具体的な成果を獲得することができなかった。よって、中国と帝政ロシアとの条約は完全には廃棄されず、ただ「密件議定書」の取り決めを受けて「施行しない」状態にすぎなかった。北京政府の対露、対ソ外交と国権回収のための努力は、肯定されるべきものである。

伝統的な説明は、孫文が「連ソ容共」を実行して社会主義と民族主義を結合させ、中国革命の原動力となったというものであった。新しい研究は次のように指摘する。ソ連は孫文と広州政府を利用して北京政府に対ソ外交上の譲歩を行わせた。孫文と国共両党は世論と大衆運動を利用し、ソ連を承認して速やかにソ連との協約を結ぶよう鼓吹した。「中俄（ソ）協定」についてもソ連の立場に立ってその対華平等の善意を宣揚し、また世界革命の観点を受け入れて「反帝廃約」を宣揚した。しかし条約廃棄について言えば、ソ連は「中俄（ソ）協定」において旧条約廃止を認めたとはいえ、実際は「口先だけで恩恵を与え、実態が伴わない」状態で、外モンゴルと中東鉄道の問題に至っては、力づくで国家利益を擁護しようとしており、それは列強に勝るとも劣らないものであった。反帝国主義について言えば、「反帝」をめぐりソ連が中国の内政に介入した度合いは、その非難する「帝国主義列強」よりも更に深かった。国共両党は「中俄（ソ）協定」及び外モンゴル問題について異なる見方を持っており、孫文はロシアの支援を得るために国民党内部のソ連と中国共産党に反対する勢力を抑圧したが、国共分裂の種はすでに蒔かれていた。

（1）　李育民『中国廃約史』［李　二〇〇五］は「革命史観」によった「廃約史」の集大成と言える。本節はその第八章「中俄不平等条約的廃止」及び第十二章「南方革命勢力的廃約闘争与帝国主義態度変化」を主に参考にした。最近出版された薛銜天『民国時期的中蘇関係史　一九一七―一九四九』はすでに近年の中ソ関係史の新成果を取り入れている［薛　二〇〇九、第一章第一節、九一―九七頁］。

（2）　本節は主に次の諸研究を参考にした［敖　二〇〇七a・b・c／唐　二〇〇六・二〇〇七・二〇〇九］。

（3）　ここで指摘しておかなければならないことは、孫文が「密件議定書」の存在を知っていたかどうかはすでに確かめようがないということである。また、孫文が死去した際には「中俄（ソ）会議」はいまだ開催されておらず、彼は中ソがまだ新条約を締結して旧条約に取って替えていなかったことを知らなかったはずである。よって、彼は本当にソ連が平等に中国を扱っていると信じていたのであろう。

【文献一覧】

李育民　二〇〇五　『中国廃約史』駐華書局・北京

李育民　二〇一〇　「廃約史研究三十年」『近代史研究』第二期

敖光旭　二〇〇七a　「革命・外交之変奏――中俄交渉中知識界対俄態度之演変（一九一九―一九二四）」『中央研究院近代史研究所　集刊』第五五期・台北

敖光旭　二〇〇七b　「失衡的外交――国民党与中俄交渉（一九二二―一九二四）」『中央研究院近代史研究所　集刊』第五八期・台北

敖光旭　二〇〇七c　「一九二〇年代国内蒙古問題之争――以中俄交渉最後階段之論争為例」『近代史研究』第四期

唐啓華　二〇〇六　「一九二四年「中俄協定」与中俄旧約廃止問題――以「密件議定書」為中心的探討」『近代史研究』第三期

唐啓華　二〇〇七　「一九二四―一九二七中俄会議研究」『近代史研究』第四期

唐啓華　二〇〇九　「北京政府対旧俄条約権益的清理　一九一七―一九二二」山東大学『文史哲』第五期

薛銜天　二〇〇九　『民国時期的中蘇関係史　一九一七―一九四九』中共党史出版社・北京

個別史／地域史Ⅱ

太平洋問題調査会（ＩＰＲ）と一九二〇年代

片桐庸夫

本稿では主に戦間期という時代性を背景として民間の知識人により設立されるとともに、国際連盟、汎米会議と並んで世界三大国際会議の一つと称されるようになる太平洋問題調査会（The Institute of Pacific Relations, 以下、ＩＰＲ）の目的、組織、時代性、一九二〇年代の三回の会議における移民問題と満洲問題の討議、その教育効果、影響、そして情報発信等についての考察を日本ＩＰＲの活動を中心に試みる。以上の作業を通じて、国際非政府組織（international non-governmental organization, 以下、ＩＮＧＯ）の可能性や限界性、機能する条件、そして国際関係における行為主体が多様化し、その存在意義も増すことが予想される今日のＩＮＧＯへの示唆も得たいと考える。

一　ＩＰＲの設立、その背景と目的、組織

人類未曾有の大惨事となった第一次世界大戦終了後、自由主義、国際主義、平和主義、民主主義といった思潮や科学思想が世界を覆う最中、交通・通信手段の発達により世界は一層小さくなると考えられた。アジア太平洋地域においては、西洋と東洋との交通を遮断して来た太平洋が便宜な要路〔神崎　一九二六、五四頁〕へと変わり、人口移動や異文化間および異人種間の接触が増えることも予想された。さらには、第一次世界大戦の惨禍を原因とするオズワル

ド・シュペングラー Oswald Spengler のいう「西欧の没落」によって世界の中心がアジア太平洋地域に移動し、アジア太平洋時代の黎明期を迎えるという観測も流布していた。

その反面、アジア太平洋地域には文化、言語、風俗、習慣等の間隙が大きく、人種や民族、そして発展段階や勢力を異にする多くの国々が海を隔て、あるいは国境を接して存在するといった具合に、国際紛争の原因となりうる問題や地域が混在していた。しかも、現実に同地域では日米間の移民問題、中国の排外的民族覚醒の動きといった東西両洋間の軋轢が深刻化していたのである。それにもかかわらず、本地域は国際連盟から遠く、したがって連盟の同地域に対する関心や理解も乏しいところから、同地域は「国際連盟の治外法権区域」〔同前、五一頁〕に過ぎないという疎外感もあった。

右の諸相を背景かつ要因とし、同時にウッドロー・ウイルソン Woodrow Wilson 米大統領の秘密外交禁止の考えに触発され、政府の外交独占への危惧から民間人の外交分野への参画を志向し、あわせて東西両洋間に橋を架けようとする努力が本地域を中心とする自由主義的かつ国際主義的知識人によって払われたのである。その成果として、太平洋の中心部、東西文化の接点に位置するホノルルにおいて一九二五年七月一日からの二週間、INGOの先駆的存在であるIPRハワイ会議がハワイの実業人、ロックフェラー財団等の助成を得て、アメリカ本土、カナダ、中国、日本、朝鮮、フィリピン、オーストラリア、ニュージーランドそしてハワイの民間有識者グループの参加を得て実現をみた。そういう意味で、IPRは第一次世界大戦のもたらした大惨事の申し子ともいえる。そのIPRは、一九六一年まで活動を続けることになる(**表1**)。だが、IPR設立当時、一体どれだけの者がその後三六年もの長きにわたって活動を続けることになると予想したかは疑問である。

IPR設立の発端は、一九一九年はじめにアメリカYMCA事務局が太平洋地域のYMCA指導者を召集し宗教的

表1 太平洋会議開催名・開催年・主要議題一覧

会議	開催年	主要議題
第1回ハワイ会議	1925	移民問題
第2回ハワイ会議	1927	中国の不平等条約問題
第3回京都会議	1929	満洲問題
第4回上海会議	1931	中国の経済発展
第5回バンフ会議	1933	太平洋における経済的・政治的・文化的生活の衝突と調整問題
第6回ヨセミテ会議	1936	太平洋諸国の社会的経済的政策の目的と結果
第7回ヴァージニア・ビーチ会議	1939	太平洋における通商競争の政治的経済的側面
第8回モン・トランブラン会議	1942	太平洋における戦争と平和
第9回ホット・スプリングス会議	1945	太平洋における安全保障
第10回ストラットフォード会議	1947	極東における経済再建
第11回ラクノウ会議	1950	極東における民族主義とその国際的影響
第12回京都会議	1954	極東における生活水準向上に関する経済的政治的社会的諸問題
第13回ラホール会議	1958	南アジアおよび東アジアにおける外交政策の諸問題

山岡道男[山岡 1997, 41-42頁]の資料1, 2を参考に作成.

目的の汎太平洋ＹＭＣＡ会議をハワイにおいて開催するよう指示したことにある。ところが、ホノルルの実業家で、国際主義団体や民間団体で活躍し、ハワイ地域のＹＭＣＡ設立にも尽力していたフランク・Ｃ・アサートン Frank C. Atherton は、時勢からして宗教的目的の会議開催に疑問を抱き、会議開催を延期すべきと考えるようになったのである[アサートン 一九二六、六六頁]。その背景には、東西間の軋轢、具体的には日本人移民排斥問題の深刻化、そして中国における国民党革命への気運の高揚、とりわけイギリスに矛先が向けられた排外的民族主義の激化がある。

その後、右の軋轢を背にしたアサートンの意に沿って、会議の目的が宗教的目的から世俗的それへと比重を移していくことになる。例えば、一九二四年九月二一日に汎太平洋ＹＭＣＡ会議準備委員会が太平洋地域のＹＭＣＡ九団体の代表者を集めて開催したアトランティック・シティ予備相談会は、次の諸点を結論として閉会した。円卓会議における討議課題を考察したペーパーを基とした討議を通じて、太平洋地域の相互理解を増進すること。会議の目的は教育的であること。参加者は、世論に対して影響力を有する有識者からなること。会議の進行は、一種の教育過程とすること。参加者が同一の問題を同時に討議する円卓会議を本会議最大の特徴とすること。だが、アサートンはそれにも満足できなかった。それは、アサートンが真にアジア太平洋地域が必要としているのは異文明間の接触や異人種間の交渉から生じる問題の国際的討議と研究に専念する民間の独立組織以外にはないとの確信に至っていたことによる[Hooper 1980, p. 111]。

アサートンのそうした考えを披露する機会は、翌二五年二月二二日に訪れることになる。この日、前駐日大使ロナルド・S・モーリス Ronald S. Morris の発意によって、アメリカ本土の予備相談会がニューヨークで開催された。それは、スタンフォード大学学長レイ・ライマン・ウイルバー Ray Lyman Wilbur、スタンレー・K・ホーンベック Stanley K. Hornbeck 等のアジア太平洋地域に縁故経験の深い学会、教育界、実業界、宗教界等の有力者で構成されていた。本相談会の席上、アサートンの考えが了承され、議決された二つの大綱(①会議の目的遂行のため常設機関設立を模索すること。②会議のプログラムは各国民間に共通の課題を重視すること。会議は論争的よりも寧ろ教育的なるべきこと。会議はあらかじめ蒐集した実証的資料を利用出来る様に準備すること)の中に反映されたのである[澤柳編 一九二六、四―五頁]。

本大綱は、予備相談会で設置の決められたホノルルの中央執行委員会においても了承された。さらに同委員会は、会議の名称をウイルバーのいう「太平洋問題調査会」とすることを決定した。その上で、アメリカ本土、カナダ、中国、朝鮮、日本、フィリピン、オーストラリア、ニュージーランド、そしてハワイの各YMCAに会議の招待状を発送した。ここに、IPRハワイ会議は一九二五年七月開催の運びとなったのである。

本会議は、「友誼の冒険」(San Francisco Business, August 12, 1925)の第一歩を成功裏に踏み出すことが出来たことから、次に必要な作業はIPRの恒久機関化であった。その任務は、アサートン、ウイルバー、温世珍、鶴見祐輔等からなる臨時組織準備委員会に委ねられた。本委員会は、中央委員会を創設し、二年後の第二回会議の資金の調達、会議開催の準備を遂行した。その間に、アメリカ本土、カナダ、中国、日本、オーストラリア、ニュージーランドに各国ＩＰＲが組織され、地方的にハワイ、京城（現・ソウル）、マニラにもＩＰＲが組織された。続いてＩＰＲを統轄する中央理事会が組織され、理事長にウイルバー、副理事長にアサートン、理事には井上準之助、余日章等が就任した。

課題として最後まで残されていたＩＰＲ規約は、第二回ハワイ会議の最終日である一九二七年七月二九日の中央理事会において制定された。本規約のうち、ＩＰＲの目的と会員の資格をめぐる主な規定は次の通りである［高柳 一九二七、六一―六八頁］。

第二条　目　　的

本会ハ太平洋諸国民ノ相互関係改善ノ為メ其事情ヲ研究スルコトヲ目的トス

第三条　会　　員

一、太平洋問題調査会ハ……国家単位及ビ将来本規約ノ定ムルトコロニヨリ会員トシテ加入スルコトアルヘキ他ノ国家単位ヨリ成ル

一、本条第一項ニ所謂国家単位トハ太平洋内ニ存シ又ハ之ニ臨ミ或ハ又太平洋内ニ自治領植民地・属領・領（委任統治地域タルト否トヲ問ワズ）ヲ有スル主権国又ハ自治国内ニ存スル本会ノ為メニ組織セラレタル国内理事会又ハ本会ト同様ノ目的ヲ有スル団体ニシテ本規約ニヨリ組織セラルル中央理事会ニヨリ会員トシテ承認加入セラルルモノヲ云フ各組成国ハ一個ノ国内理事会又ハ之ニ準スル団体（以下国内理事会ト呼フ）ヲ有ス国内理事会ヲ作ルニ至ラサル有資格国ニハ中央理事会ノ承認ヲ経テ独立ノ地方的団体ヲ組織スルコトヲ得

一、本会ノ諸会議ニ於テ本条第二項ニ規定スル有資格国ニ存スル異レル人種的又ハ地域的団体ノ完全ナル自己表現ヲ奨励スル為メ中央理事会及ビ事務局ハ右国家ノ国内理事会ノ意ヲ得テ諸会議ニ於ケル其代表及ビ参加準備ノ為メ右諸団体ト直接ニ交渉ヲ為スコトヲ得

かくて、IPRはアジア太平洋地域に利害関心を持つ民間人による恒久的調査研究および討議機関としての要件を充足し、本格的に「友誼の冒険」を開始することになる。

二　第一回、第二回ハワイ会議における移民問題

一九二五年七月一日からホノルルのプナホ(ハワイ語で「新しい春」を意味する)学校(Punahou School)を会場に二週間にわたって開催された第一回ハワイ会議にはアメリカ本土グループ、カナダ、中国、朝鮮、日本、フィリピン、オーストラリア、ニュージーランド、ハワイの九IPR、一五〇名有余の会員が協力と友誼の精神をもって参加した。日本IPRが第一回ハワイ会議において訴えんとしたことは、アメリカの排日移民法撤廃ではなく、①国内的には自由主義、対外的には国際協調主義を基調とする新日本の紹介、②日本の移民政策には人種による差別のないことの説明、③日本人がアメリカの排日移民法になぜ憤慨するかの説明、④同化問題についての公平な研究、⑤国際社会から見た各国移民政策の進むべき道の論究、以上の五点である［高柳 一九二五、二九頁］。

既述の九IPRの中で、日本とアメリカ本土の両IPRが中心的位置を占めることは自然の成り行きであった。理由は、民間の会議といえども、その背後にある日米両国の国際的地位が他と比較して抜きん出ていたことにある。その結果、第一回ハワイ会議の焦点は、日米間の移民問題、とりわけその法律的政治的問題に絞られたのである。

移民問題討議は、七月三日午後からの全体会議において開始された。その中で注目すべきは、アメリカ本土IPRの会員の見解が各々異なっていたことである。例えば、排日運動の一翼を担っていたカリフォルニア州労働連盟書記ポール・シャレンバーグ Paul Scharrenberg は、排日移民法の修正が法の威信からして困難との論拠を基に同法を支持した。それに対し、サンフランシスコ商工会議所のロバート・N・リンチ Robert N. Lynch がアメリカ各都市の商

工会議所、教会、大学は排日移民法に不賛成で、新聞各社ももう少し寛大に制定されなかったのかとの意見である旨を主張したことに示されている［阪口　一九二五、(三)］。

七月四日午後の法政円卓会議において高柳がアメリカの立場である移民を制限する主権の存在を認めるが、その制限を課すにあたってはいたずらに他民族の欲望を制するべきではないと主張した。それは、アメリカ本土側会員の間でも支持を得、高柳の所論を印刷の上配布を望むとの要望が寄せられたほどであった。同時に、ジョージ・H・ブレークスリー George H. Blakeslee がアメリカ東部の大学関係者、公平な新聞、宗教家の大半が排日移民法に反対であると述べながらも、同法に対する反対運動を起こすことは却って得策でないと考えている旨を披露している点も見過ごせない［澤柳編　一九二六、二〇頁］。

高柳は、七月八日午前の第四回法政円卓会議の席上「移民政策の進歩改善に関する私案」を発表している［高柳　一九二六、三二七―三三一頁］。その主旨は、人種の相違や異人種の混在から生ずる弊害を認めるとの現実主義的立場に立脚しつつ、主権は一定の原則に基づいて行使される必要のあること、アメリカが日本人に帰化不能外国人というレッテルを貼り、排日移民法第一三条C項により日本人を差別待遇していることを念頭に置いて、人種、国籍による差別待遇の不当性を述べたこと、既に移民した者の利益擁護を訴えたこと等、全体として公正かつバランスのとれたものであった。そういう意味で、本私案は、第一回ハワイ会議中に提出された報告書の中で最も学術的、かつ重要なものの一つとの評価を得、会員の注意を喚起しえたのである。

第四回法政円卓会議の後に開催された「太平洋における政治的諸問題」をテーマとする円卓会議では「太平洋諸国における在留外国人待遇」が討議された。その中でアメリカとフィリピンではアジア人の帰化が不可能なことが明らかにされたのである［リーブリック　一九二六、三八八―三八九頁］。

その際に、ニュージーランドＩＰＲの会員がアメリカ本土ＩＰＲ側の主張を「時代に遅れている旧思想を固持して新しい世界の大勢を観ていない」〔阪口 一九二五、(五)〕と日本IPRの見解を支持すると、あたかも会場が法廷と化し、日本IPRが原告、アメリカ本土IPRが被告、オーストラリア、ニュージーランド、フィリピンの三IPRが証人、その他が陪審員といった状況が生れたという〔高柳 一九二五、二九頁〕。それは、日本IPRの第一回ハワイ会議に臨む目的が達成されたことを示す一つのエポックといえる。理由は、アメリカ本土IPR側が、会員の間には見解の相違が残るものの、総じてアメリカ議会の犯した誤りを正す努力を払う意向に傾いたからである。

こうして第一回ハワイ会議における移民問題討議は終了した。

二年後の一九二七年七月一五日から二週間、やはりプナホ学校を会場として開催された第二回ハワイ会議は、参加者数の増加、イギリス王立国際問題研究所の会員を中心としたイギリスIPRの初参加、国際連盟事務局から二名と国際連盟労働局(ILO)から一名のオブザーバーが派遣される等、新たな展開をみせていた。

日本IPRの心境は、前回同様、移民問題中心の討議に参加するというものであった。しかし、そこには陥穽が待ち構えていたのである。それは、アメリカ本土、イギリス、オーストラリアの三IPR一行が同舟し、サンフランシスコからホノルルに向かう船上より約六〇名の連名をもって「議事日程……全部変更を望む」〔鶴見「太平洋会議 七、爆弾来」〕との電報を中央事務局に送付してきたことによる。(1)

その結果、プログラムが見直され、主要議題が中国の不平等条約問題となり、移民問題は第二議題とされた。それはさておき、日本IPRは新規の議題として人口食糧問題を提議し、第二回ハワイ会議に新たな論点を提示した。それは、移民問題を人口食糧問題解決の唯一の手段ではなく、いくつかの手段の中の一つと位置付ける意図に基づくものである〔青木 一九二七、八五—八七頁〕。

七月二一日、人口食糧問題円卓会議が開催された。その中で鶴見は、「支那問題の円卓会議が終わつてから、……

日本委員の実力が発揮せられてきた。それは……支那問題のごとき一時的政治問題に手薄であったに反し、事実の精細なる攻覈に基く根本問題に得意であった」〔鶴見　一九二七、四九頁〕と評している(2)。

人口食糧問題討議においては、七月二一日にアメリカ本土ＩＰＲのＯ・Ｅ・ベーカー O. E. Baker、Ｃ・Ｌ・アルスベルグ C. L. Alsberg、そして鶴見の三名が報告を行っている。その中で、鶴見は「過剰人口の圧力は二つの方向を取る。一は外に出住口を求めて移住せんとし、一は社会組織の改造によりて内に救済の途を見出さんとする。……斯かる際に高度の文化を有し勤勉にして平和を愛する国民は、未開地尚豊富なる他国に平和的に移住するをも許されざるべきものであろうか」〔那須　一九二七a、一四〇—一四一頁〕と日本の立場を説明し、加えて那須皓は日本の立場の一層の理解を得ることを目的として THE PROBLEM OF POPULATION AND FOOD SUPPLY OF JAPAN（日本の人口食糧問題）と題された二六頁の英文小冊子を配布している。

右に続く円卓会議においては、日本の状況に理解を示す見解が目立った。日本人移民排斥の根拠としてハースト系新聞にたびたび取り上げられた日本人の「兎のような」出生率の高さに関して、アルスベルグが人種による差異がなく、カリフォルニア州では日本人の出生率が著しく低下した旨を実証的に論じたこと、またＩＰＲ調査主任のジョン・Ｂ・コンドリフ John B. Condliffe が日本人のかっての「異常な」出生率は壮齢の者が多いというバランスを欠いた年齢別人口分布状態によるものであったと述べたこと等がその例である。

七月二二日夜の人口食糧問題に関する全体会議において、那須は「今日の国際道徳は甚だ幼稚にして偏狭たる利己的見地より種々の制限を加ふる為め、困難なる人口食糧問題の解決を愈々困難ならしめる」〔同前、一四七頁〕と主張した。それにコンドリフが続けて、自らの高い生活標準維持を目的として移民制限を主張する会員に反省を求めたことは、人口食糧問題の一つの結論と受け止められたのである。

移民問題は、七月二六日、二七日の円卓会議、同二七日夜の全体会議において討議された。その中で、日本ＩＰＲ

会員が遺憾としたのは以下の主旨である。曰く、移民制限が自国本位に陥り国際協調にもとってはならない。排日移民法はその例に当てはまり、日本国民に不必要な侮辱を与える。当面の解決策は、排日移民法の撤廃、日米紳士協約への復帰、または移民割当て制適用しかないと〔那須 一九二七b、六〇—六一頁〕。それについては、シャレンバーグ、チェスター・H・ローウェル Chester H. Rowell からの異論もあったが、アメリカ本土IPRの会員の多くが賛同した。

その両名から東洋人を一括して別扱いとする移民法の是非をめぐる問題が提起された。日本IPRの会員は、それに強く反対した。その背景には、日本人だけが文化・教養の程度において白人と同等に扱われるべきであるとの自負心のあったことはいうまでもない。

当初日本IPRは、会議直前のプログラム変更に驚嘆したが、最終的には移民問題に関する目的を達成出来たといえる。特に人口食糧問題を新たに提議した結果、日本の抱える同問題の深刻さが従来以上に各会員に認識されるという教育効果もあった。日本への移民割当て制適用に関しても、それを認めていく方向性が示されたことも収穫であった。

ところで、第二回ハワイ会議の最中にアジア太平洋問題の重心はアジアにある、したがって日本での次回大会開催を望むとの声が大勢を占めるようになった。だが、井上は、関東大震災の復興がなっていない、世界三大会議の一つだけに荷が重い、満洲問題が主要議題となる等の理由からホノルルでの開催を求めた(太平洋問題調査会第二回会員総会席上における本会理事長井上準之助氏挨拶要旨、外務省記録、第一巻)。しかし、開催期日も切迫する中、井上は第三回IPR会議の日本開催受け入れを余儀なくされることになるのである。

三　第三回京都会議における満洲問題

二〇年代末に至ると、ＩＰＲをめぐる環境にも暗雲が覆い始める。日本軍の山東出兵、関東軍の張作霖爆殺等の事件を通じて、中国の排外的民族主義の標的がイギリスから日本に替わる。そういった一連の事跡のもたらす新たな時代の趨勢が第一次世界大戦後の思潮の勢いを次第に凌駕し、延いてはＩＰＲの理念、目的の実現を危うくしようとしていた。

第二回ハワイ会議時にそれを透徹した目で予見した人物がいた。桑島主計ホノルル総領事である。桑島は一九二七年七月二八日付の田中義一外相宛電信の中で「今回ノ会議ニ於ケル支那問題ノ討議ニ関シ将来太平洋問題調査会議ナルモノハ政治及経済或ハ外交問題ニ接近シテ時局問題ヲ主眼トシテ討議セラルルニ至」（一九二七年七月二八日付桑島ホノルル総領事発田中外相宛電信機密第三六五号「第二回太平洋問題調査会議ニ関スル件」外務省記録、第一巻）ると観測するとともに、日本側代表者の陣容充実の必要性を進言しているのである。

ところで、日中両国および両ＩＰＲも懸念する満洲問題をめぐる欧米の新聞の論調や会員の発言の多くは中国の現状に懐疑的であり、逆に日本に対して比較的好意的、ないしは同情的姿勢を示していた。例えばウイルバーは、一九二七年九月一一日付『ロサンゼルス・タイムズ』に日本が移民および経済的必要性から満洲に発展せざるをえない事情を認め、同情するといった主旨の記事を掲載している。またコンドリフは、一九二八年二月に談話を発表し、中国を観察する有力な外国人はその現状に悲観せざるをえない。満洲方面に関しては、山東方面より満洲に出稼ぎに行くクーリーの数は毎年三〇万から四〇万人で……重税、内乱および飢饉等のため、近来山東のみならず直隷や河南方面よりクーリーとともに農夫や小商人までが移住する事態となり、しかもその数は昨年一〇〇万人以上であると述べる

（一九二八年四月二日付桑島ホノルル総領事発田中外相宛電信機密第一二二号「次期太平洋関係調査会議主要討議問題ニ対スル「コンドリフ」博士談話ニ関スル件」外務省記録、第一巻）。さらには、花旗銀行《シティ・バンク》の北平（北京）支配人を二〇年間勤めていたチャールズ・R・ベネット Charles R. Bennet は、中国については悲観材料にならないものはない。外債償還の義務を顧みることなく借款を起こそうとすることばかりを考える中国政府および国民であるから、好意ある態度を示すことは出来ないと評している（一九二八年五月三日付堀義貴在支臨時代理公使発田中外相宛電信機密第三九三号「太平洋問題調査会京都会議ニ関スル件」外務省記録、第一巻）。

三者の右見解は、英米ＩＰＲ会員の見解を概ね代表しているといえる。さらに、ほとんどのアメリカＩＰＲの会員が事前に中国、満洲を視察した後、訪日している(3)。彼等には、中国と、経済発展し秩序の保たれた満洲および景観の優れた京都の姿が非対称イメージとして映っていた。それもあって、満洲における排日感情の強さや日本政府の門戸閉鎖という施策にもかかわらず、概して日本側に好意的であったということが出来る。

もう一方の当事者中国ＩＰＲの第三回京都会議に臨む方針は、北平ＹＭＣＡ総幹事の陳立廷によれば、右の事情からして実際上達成困難ではあったが「支那国民カ満洲ナルモノニ対シテ有スル領土的執着心ノ如何ニ熾烈ナルモノカヲ日本側委員ニ認識セシ」（外務省記録、第一巻）め、アメリカＩＰＲ会員の理解や同情を得ることにあった。

会議開催地でもある日本ＩＰＲは、中国側以上に神経をとがらさざるをえなかった。その具体的準備は、一九二九年二月八日に蠟山政道を主査とする第一回満洲問題特別委員会開催に始まる。加えて、蠟山は同年三月二三日からおよそ二カ月間、満洲、中国で調査、講演を重ねながら満洲の実情調査を行っている。それには二つの目的があったと考えられる。一つは満洲の実情調査であり、もう一つは矢野真広東総領事から批判されることになるが、京都での満洲問題討議について日中両ＩＰＲ間に共通の土俵作りを試みることであった。それゆえに、中国に赴く際に自ら作成した日本側案を携えていたと考えられる。

帰国した蠟山は、内外から満洲問題への理解を得るために、英文小冊子 Japan's Position in Manchuria, Japanese Investment in China,『太平洋問題パンフレット』そして太平洋問題叢書を刊行している。それらの中にも示される日本側の満洲問題に対する基本態度は、日本IPRが過去二回のハワイ会議への参加費用の一部負担や情報の提供を外務省に仰ぐといった半官半民的性格からも推察可能である。すなわち、満洲の権益擁護、アメリカの参加会員の理解と支持の獲得があげられる。そういった態度は、程度の差こそあれ日本側参加会員の個人的見解や国策とも一致し、概ね国内世論を反映するものでもあった。

一方、外務省には在外公館から第三回京都会議における満洲問題の討議への懸念や憂慮、日本IPRへの注意喚起等を示す電信が相当数送られていた。例えば、一九二九年六月二一日、矢野広東総領事が田中外相宛電信の中で「蠟山教授ノ提起セル諸問題ノ如キ研究ノ仕方ニ依リテハ之カ政治的ニ及ホス影響相当大ナルモノアルハ云フ迄モナシ殊ニ外国利権ノ回収熱盛ナル現在ノ支那ニ於テハ満洲問題ノ如キニ対シテハ学者トシテモ殊ニ之カ取扱方ニ関シ相当慎重ナル態度ヲ持スルヲ要スヘキハ勿論ナリ……今日迄本件ニ余リ注意ヲ払ハサリシ広東学生延ヒテ一般民衆ニ至大ノ刺戟ヲ与ヘ問題ノ曲解又ハ誤解ニ依リ排日的思想ヲ更ラニ深刻化スルニ至ルノ恐レ無シトモ云フヘカラス……又大会ニ於テ万一此問題討議セラルル場合之カ支那国民ノ対日態度ニ及ホス政治的影響等ニ付日本側関与者ニ於テ予メ深ク考慮置カルルコトモ必要ナリ」（一九二九年六月二一日付矢野在広東総領事発田中外相宛電信機密第三三一号「太平洋問題調査会ノ開催ト満洲問題ノ研究ニ関スル件」外務省記録、第一巻）と具申していることは、その典型的例といえる。加えて、一〇月七日に谷正之アジア局第二課長、西春彦通商局長、山形清欧米局第二課長、河相達夫情報部第二課長等が参加し、中国および満洲問題が検討がされる等、細心の注意が払われたのである（外務省記録、第二巻）。そうした外務省の姿勢は、世界三大国際会議の一つと評され、国際連盟からもオブザーバーが派遣され、かつまた当時の日本としては史上初の最大規模かつ本格的国際会議であった第三回京都会議において満洲問題が主要案件とされることから、その討議結果が中国における排日運動の噴出や国際世論の対日批判の高揚といった形をとって日本外交に深刻な打撃をもたらすことを憂慮していたことを物語る。

第三回京都会議は、一〇月二八日から一一月九日までの一三日間、都ホテルを会場に開催された。その開会劈頭に中国IPR代表の余日章が会員一同に声明文を配布し、済南事件と張作霖爆殺事件をめぐる日本軍の行動を批判した。この唐突な行為が会議全体の空気をいやがうえにも張り詰めたものにしたことはいうまでもない。

余日章の一件が余韻を残す中、四日の満洲問題討議初日の円卓会議において日中両IPR会員は、①満洲問題の歴史的背景、②現状に対する各国の立場、③権益擁護の根拠に関する批判、④問題解決の可能性と方法に関する提案の四点をめぐって激しく論争した。

中国側会員の主張の意図は、日本がロシアの権益を踏襲したことを認めるにやぶさかでないが、日本はそれ以来とかくその権益の範囲外においても活動し、その範囲を拡張する傾向のあることを明らかにし、それを通じて中国の立場に対するアメリカ側会員の支持を獲得することにあった。その例として日本による郵便局の設置、鉄道地域または関東州租借地以外の領事館警察の設置、在満日本人の行動がとかく中国人の権利を侵し、感情を害する結果となっていること、日本人の政治的活動が中国の統一を妨げる傾向を持っていること等の諸点を挙げて論じた。それに対する日本側会員の反駁は、伝統的なロシアの脅威と自国の安全のために日露戦争のやむなきに至った事情、とりわけ露清密約の存在の力説、さらには中国自身がソ連の侵入を妨げるだけの実力を持つまで、日本が満洲の地に軍事力を保持し続けざるをえない事情を説明する内容であった。

同日は、夜八時から日中両IPRの論客松岡洋右、徐淑希の両名によって満洲問題を主題とする講演が行われた。その時の会場は、緊張感がみなぎっていたという。

まず松岡は、満洲が列国争闘の根源地となるとの説を否定し、日本の対満政策は経済発展に力を入れていること、満洲の経済発展および人口、貿易量の増加の模様、そしてその恩恵を中国人も享受していること等について論じた。それに対し、徐淑希は、ＩＰＲが忌避することであるが、松岡の所論を感情的口調で反駁論難したため、会員に徐淑希が松岡の所論をことごとく主観的に非難、あるいは皮肉ったとの感を与え、満洲問題をめぐっては中国側の立場が不利となる結果を招いた。松岡は、徐淑希が非紳士的であるとして直ちに反駁の機会を求めた(4)。それが受け入れられ、翌五日の午前中に反駁の機会が与えられることになり、波乱に富んだ満洲問題討議初日を終えたのである。

翌五日午前、松岡は徐淑希の非難に一点一点応える形で次の反駁の論を展開した。一八九六年五月、いわゆる李・ロバノフ協定が締結され、これが日露戦争を誘発した。そのために一〇万の死傷者を出し、二〇億円の戦費を費やした。徐教授は、日本が払った犠牲に対して既に満洲において十分以上のものを得たと主張したが、それらは露国から譲り受けたものである。中国は第二の李鴻章を出さぬ保障を与えることが出来るか。より強大となったソ連が再び満洲を席捲するとの国防上の重大問題に中国が満足なる保障を与えるまで、日本は到底態度を改め得ない、と〔松岡洋右伝記刊行会編　一九七四、三一二―三一六頁〕。

松岡は反駁を即席の英語で流暢かつ冷静に行った。それが功を奏して、欧米の会員に日本の満洲獲得の歴史的経緯、理由を理解させるとともに、日本には中国に対して十分反駁を行う余地のあることを知らしめたばかりでなく、本会議において国際世論の支持を獲得せんとする中国側の所期目的の達成を困難にした(New York Times, November 5, 1929)。それゆえ、松岡の反駁は、満洲問題討議に一つの区切りをつける形となったのである。

しかし、それは同問題の恒久的解決に途を開くというものではなかった。さらには、日中両ＩＰＲの会員が国策や国益に沿った発言を展開したことは、ＩＰＲの理念や目的を尊重した討議を可能とする条件が次第に失われていくことを暗示するものでもあった。

また討議結果は、日本の満洲政策に影響力を持ちえなかった。理由は、日本IPRをはじめ政府や外務省も会議の中で難問や国際世論の批判を浴びるような事態の現出を警戒するという護りの姿勢に終始し、会議の成果をわが国の外交に採り入れるという姿勢に欠けていたことにある。同時に、日中双方の政府や世論の側にも妥協を許す態度が欠如していたことが会議の一つの成果として具体的合意を生み出すことを困難にさせたといえる。

四　一九二〇年代IPRの総括

本稿は、E・H・カーの名著『危機の二十年』(岩波文庫)と時代、関心が重複する。背景には、第一次世界大戦後の新思潮の流布、国家間の距離の地理的、時間的縮小にともなうアジア太平洋時代の到来と東西両洋間の軋轢の深刻化が予測されたことがあった。また外交分野を「民主化」し、多様な行為主体の参画する方向性が生まれたこともあった。

そういう意味からも、民間の国際会議の開催、アジア太平洋地域に関する国際比較研究、論文・図書の刊行、異文化理解、民間交流事業を柱として同地域の平和を希求し長期間活動したIPRは、二〇世紀という時代の要請に応えた先駆的INGOであった。同時に、勃興しつつある地球的市民社会に対応する理念や目的を持つ最初の存在でもあった。

会員は個人単位で参加することとされた。それは、会員の自由な発言を保証すると同時に、会員に対して客観的実証的立場の確保に努めるよう求めたことによる。

会議の方式としては、二〇世紀における国際会議の一つの特色をなすことになる円卓会議という先進的方式を初めて本格的に採用した。IPR運営上不可欠な予算は、主にロックフェラー財団、カーネギー平和財団、企業、個人等からの寄付により運営されることとされ、それは各国ＩＰＲの場合にも原則同様であった。ただし、アメリカ本土ＩＰＲおよびハワイＩＰＲ（後にアメリカＩＰＲとして統合）を除く各国ＩＰＲの場合には政府からの助成もあったと推測される。少なくとも日本ＩＰＲの場合にはそうであった。

研究討議の対象テーマは、移民問題、その解決のための関連課題と考えられた出生率、同化問題、生活標準問題、そして農業、工業化等の問題から中国の不平等条約問題、満洲問題、日中関係、太平洋地域の平和機関問題、教育問題、政治的経済的問題等幅広いものがあった。それらの研究成果は膨大で質も高かった。機関誌 Pacific Affairs や研究書の刊行を通じてＥ・ハーバート・ノーマン E. Herbert Norman やオーウェン・ラティモア Owen Lattimore といった多くの優れたアジア研究者を輩出したこと、アジア研究の水準を高めたこと、第二次世界大戦中にはアメリカＩＰＲの会員が対日戦遂行や戦後対日占領政策の立案に参画したこと、さらには、ノーマンの自殺という悲劇に象徴されるように、彼らの多くが一九五〇年代にマッカーシズムの標的とされたこと等が知られている。

ＩＰＲの最大の特色であると同時にＩＰＲが初めて本格的に導入した国際比較研究を通じた教育効果の追求という目的が最も具現できた課題は、第一回および第二回のハワイ会議における移民問題であったと考えられる。本問題の場合には、個人の見解の尊重が図られ、会議場はもちろん、それ以外のくつろいだ場における意見交換等を通じて啓発しあい会員が自らの考えを修正するといった柔軟性のあったことが教育効果を発揮する上で力があった。また日本ＩＰＲを除く各国ＩＰＲおよび参加会員の事前の準備研究の不足から、同問題の原因についての理解の欠如や無知という問題もあった。そのことが討議を通じた教育効果を発揮する下地となった。加えて、アメリカ本土ＩＰＲの側では、会員間に問題をめぐって見解の統一がなかったことが教育効果を生み出す要因となったことも事実である。

日本ＩＰＲの場合には、日米間の移民問題が主であったＩＰＲの会議において時代の思潮やＩＰＲの目的と理念に背を向けることなく、また会員の個人としての見解、あるいは日本ＩＰＲの見解と国のそれとが矛盾することもなく一致しえた。また英文小冊子やパンフレットそれに太平洋問題叢書の刊行等、今日いう情報発信にも努め、日本の立場に対する理解を得ることにも効果を発揮した。その反面、弱点として露呈するまでには至っていなかったとはいえ、中国問題に対する認識が死角となっていたことは否めない。

しかし、恵まれた環境は長くは続かなかった。とりわけ満洲事変以降、日本IPRは日本が国際的孤立を深める中で国策の擁護者としての役割を担うことになるからである。

その結果、日本IPRは、日本がワシントン体制打破へと向かう一九三〇年代において政府や軍と一線を画する姿勢を取れなかった点が批判の対象とされることになる。そうした姿勢は、半官半民的性格を有していたことからも察せられるように、実は日本IPR設立の時点から一貫するものであったともいえる。初期においてそうした点が表面化しなかったのは、移民問題の場合、その立場が政府と一致していたこと、欧米の低い中国評価が日本に対する好意的態度を生んだこと、日中両IPRを除く他のIPRの満洲問題に対する理解が不足していたこと、満洲問題もさほど深刻化しておらず、日本の現状打破勢力としての姿勢が鮮明になる以前であったこと等による。したがって、日本IPRは、一九二五年の設立時から政府と一線を画する姿勢を打ち出す必要を感じずに済んだのである。

そうした視角から、日本IPRやそれを構成した自由主義的知識人を否定する、あるいはIPRの活動を失敗の事例として取り上げることは容易である。また政策決定能力を持たないINGOの限界性を指摘することも容易である。しかし、今日グローバル化が進み、INGOの数、有する意義や果すべき役割が加速度的に増大する時、IPRや日本IPRの多面にわたる活動の足跡からアジア太平洋地域に関する先駆的研究、人材の育成、人材のネットワーク化、国境を越えた信頼関係の構築、情報の発信、INGOの連携、太平洋経済協力会議(PECC、Pacific Economic Cooperation Council)を後継とするINGOのパイオニアとしての存在意義や教訓等を見出すことの方がはるかに有益と考えられる。(5)

（1）　その理由は、中国政策立て直しのためにあらゆる機会を捉えようとしていたイギリス政府の意を受けたイギリスＩＰＲの要求とそれを実現するだけの威厳と存在感、さらにイギリスに同情的な英連邦のオーストラリアＩＰＲが支持したためである。

（2）　本件に関しては「当時の日本メンバーにとって太平洋問題イコール対米問題であり、中国問題を議論の対象としてとらえる視点のなかったことを示す」という中見真理の指摘がある［中見　一九八五、一一〇頁］。

（3）　既にみたように、ＩＰＲ基本規約が一九二七年に制定されて加盟団体の単位が主権国家となると、アメリカ本土ＩＰＲはアメリカＩＰＲとなり、ハワイＩＰＲはアメリカＩＰＲの一支部となった。

（4）　松本重治は、その時の厳しさに満ちた模様を「これで会議が決裂するのかと心配するほどでした」と語っている［松本　一九七四、二六頁］。

（5）　最後にＩＰＲの主な先行研究を紹介して本稿を閉じることとしたい［Thomas 1974; Hooper 1980; Woods 1993; Hooper edit 1995; Akami 2002; 原　一九八四／油井　一九八九／山岡　一九九七／塩崎　一九九八／片桐　二〇〇三／山岡編　二〇一〇］。

【文献一覧】

青木節一　一九二七　「開会当初に於ける各国代表の声明及び冀望の概要」井上準之介編『太平洋問題――一九二七年ホノルル会議』太平洋問題調査会
アサートン、フランク・Ｃ　一九二六　「「太平洋問題調査会」の目的」澤柳政太郎編『太平洋の諸問題』太平洋問題調査会
片桐庸夫　二〇〇三　『太平洋問題調査会の研究――戦間期日本ＩＰＲの活動を中心として』慶應義塾大学出版会
神崎驥一　一九二六　「太平洋問題と国際連盟」『国際知識』六月一日号
阪口生　一九二五　「太平洋会議秘録」（三）（五）『日布時事』一九二五年七月一七日付および一八日付
澤柳政太郎編　一九二六　『太平洋の諸問題』太平洋問題調査会
塩崎弘明　一九九八　『国際新秩序を求めて――ＲＩＩＡ、ＣＦＲ、ＩＰＲの系譜と両大戦間の連係関係』九州大学出版会
高柳賢三　一九二五　「移民問題と太平洋の平和――太平洋関係調査会第一回総会で討議された移民問題諸相」『改造』一二月号

高柳賢三　一九二六　「より善き移民政策の提唱」　澤柳編　『太平洋の諸問題』　太平洋問題調査会

高柳賢三　一九二七　「(二)『太平洋問題調査会』の規約及び会の活動方針」　井上編　『太平洋問題』

鶴見祐輔　「太平洋会議　七、爆弾来」　本資料の掲載紙名、日付は不明である

鶴見祐輔　一九二七　「(Ⅱ)ホノルル会議(一)太平洋会議下瞰」　井上編　『太平洋問題』

中見真理　一九八五　「太平洋問題調査会と日本の知識人」　『思想』　二月号

那須皓　一九二七ａ　「人口食糧問題」　井上編　『太平洋問題』

那須皓　一九二七ｂ　「太平洋会議と移民問題」　『中央公論』　一〇月号

原覚天　一九八四　『現代アジア研究成立史論』　勁草書房

松岡洋右伝記刊行会編　一九七四　『松岡洋右――その人と生涯』　講談社

松本重治　一九七四　『上海時代――ジャーナリストの回想』　上巻、中公新書

山岡道男　一九九七　『「太平洋問題調査会」研究』　龍渓書舎

山岡道男編著　二〇一〇　『太平洋問題調査会「一九二五―一九六一」とその時代』　春風社

油井大三郎　一九八九　『未完の占領改革――アメリカ知識人と捨てられた日本民主化構想』　東京大学出版会

リーブリック、Ｋ・Ｃ　一九二六　「太平洋諸国に於ける在留外人待遇問題」　澤柳編　『太平洋の諸問題』　太平洋問題調査会

Akami Tomoko 2002, *Internationalizing the Pacific*, London and York.

Hooper, Paul F. 1980, *Elusive Destiny*, Hawaii.

Hooper, Paul F. edit 1995, *Remembering the Institute of Pacific Relations*, Tokyo.

Thomas, John N. 1974, *The Institute of Pacific Relations*, Seattle and London.

Woods, Lawrence T. 1993, *Asia-Pacific Diplomacy*, Vancouver.

トピック・コラム

排日移民法

廣部　泉

一九二四年に制定された米国の移民法は、東・南欧からの移民の制限を主目的としたものであったが、日本からの移民の禁止を狙った条項が含まれており、日本ではこの移民法は排日移民法と呼ばれた。明治維新以来、欧米列強に追いつくことを目指してきた日本が、国際連盟で常任理事国となり、名実共に一等国の仲間入りを果たしたかに思われたとき、人種を理由として米国への移民を禁止されたことは大いなる屈辱だと日本の世論は激昂し、対米世論は悪化した。

米国は建国当初、東アジアからの移民の到来を想定していなかった。一九世紀半ば以降、中国からの移民が西海岸に多数訪れるようになると、移民政策は東アジアからの人々に対して人種差別的傾向を持つようになる。中国からの移民は一八八二年に禁止されたが、当時国力の充実著しかった日本に対しては、その後すぐには移民の全面的禁止の措置はとられなかった。しかし、第一次世界大戦後、移民削減の機運が米国内で高まると、日本からの移民を全面的に禁止するための条項を含んだ移民法が一九二四年に議会を通過した。

移民法案が米国議会を通過すると日本の世論は激昂した。『大阪朝日新聞』は、一面で「国民的運動を起せ」と題して、「米国の議会は、帝国が今日迄披瀝し来りたる斯の如き友情や善心を泥土の如くに踏み躙ぢり、紳士協約を破棄し、わざわざ法律を以て我臣民を劣等国民として排斥すべき事を規定せんと計画して居るのである。何たる侮辱ぞ、何たる無礼ぞ。」と書いた。『読売新聞』に至っては、もし米国が日本に挑戦するつもりなら喜んで受けて立とうとまで主張している。日本全国を始め日本人が多く居住する東アジア各地で開かれた反米集会には多数の群集がつめかけた。米国大使宛の書簡を胸に抗議の切腹におよぶ者や米国大使館の星条旗を盗み去った者などが喝采を浴びた。

だが、この日本人の憤激は、非白人国の中で日本のみが西洋列強に並び立つ実力を備えたのになぜ排斥されなければならないのかという、他のアジア諸国民に対する優越意識を背景とするものであった。そのことを批判する者もわずかではあるが国内に存在した。中野正剛は「米国の排日案の前に叩頭しながら、〔旧満洲の朝鮮民族居住地である〕間島に暴れ込んで、学校焼討の武勲に誇る我国の現状」を嘆いたし、石橋湛山は「支那人はどうあっても、朝鮮人はどうあっても、日本人さえ、白人の間に同等の待遇を受くれば満足なりとする心は利己的であり、卑屈である」と書いた。

日本人の人種偏見を最も痛烈に批判したのは、植民地統治下にあった朝鮮半島の人々であった。『朝鮮日報』は、検閲により削除された記事の中で、日本が近隣の弱小国には強く出る一方で、強国には遠くから卑屈に振舞っていると痛烈に批判すると共に、日本がまずなすべきことは悔い改めることと主張した。

日本人の大半がこの問題を日本対米国という枠組みで考えたのに対し、中国人にはこの問題をアジア対米国という枠組みで捉えた者が多かった。北京の有力紙『晨報』は、同法を人種戦争の種をまくものと批判し、総ての有色人種が人種差別に立ち向かうために合同するよう呼びかけた。サンフランシスコの有力華人紙『中西日報』は、米国人は排日問題と排華問題とを同列に論じているのであるから、排日移民法の制定は排華移民法の改正をより困難なものにするであろうと憂えた。

『東京朝日新聞』1924年4月18日付

その後、一部の知日派米国人によって移民法修正運動が行われたが、対日世論の悪化や大恐慌もあって実を結ぶことはなく、日米は太平洋戦争へと突入していく。真珠湾攻撃へと向かっていく中で、日本人の頭の中に米国の人種差別に対する憤りが去来したことは、昭和天皇の独白録や真珠湾へと向かう海軍参謀の日誌などにみてとれる。

開戦直後の日本軍の勝利によって動揺した米国人の中には、アジア人による対白人連合の形成の可能性を危惧する者もあった。そのような懸念が、アジア人に対する差別的移民法の見直しへとつながっていく。米連邦議会では、連合国の一員である中国が、緒戦の日本軍の勝利を見て、同じアジア人の日本と手を結ぶ方が得策という考えを強めるのではないかという見方が強まった。そのため米国が中国人に対して差別的でないと示して、中国を日本から引き離すために、一八八二年以来の排華移民法を修正しようという動きが起こった。その時の議会での、「もしアジアの総ての黄色や褐色の人種が我々に向かってきたら、未来は真っ暗闇」であり、「太平洋における戦争が、人種戦争にならないように」することが肝要とのある議員の発言は、その恐怖を端的に表している。

こうして同盟国中国に対する排華移民法の修正は第二次世界大戦中になされた。敵国であった日本からの移民に関する法の修正は勿論なされず、排日移民法が修正されたのは、一九五二年。それは、冷戦が始まり、米国が自由と平等の盟主として世界に任ずる必要が強まり、また、第二次世界大戦中、米兵として命をかけて米国への忠誠を示した日系アメリカ人二世の法改正への努力などを経た後のことであった。

人物コラム

ジョン・デューイ (John Dewey)

山腰敏寛

ジョン・デューイ(一八五九―一九五二)はアメリカ合衆国のバーモント州出身。プラグマティズムの哲学者であったが、民主主義を支えるものとしての教育を重視した教育学者でもあった。知識偏重の詰め込み教育には批判的で、むしろ知を道具として活用できるようになることだとした(道具主義)。知か行動かということとなると、中国でも朱子学の主知的な側面への反動から王学(陽明学)が出現したことがある。

知は科学と産業の発達により飛躍的に増大した。その膨大な知識をどうすれば児童に伝えることができるのかとデューイは腐心し、荘子の無用の用の逆説さながらに試行錯誤の過程を重視した。

デューイは日本と中国を訪れた歴史の証人でもあった。日本で二カ月講義をして中国を訪れた。滞日中には大正期の民主主義の風潮(二一カ条要求への批判も含む)にも触れ、首相の原敬を表敬訪問した。日本から僅か三日の旅程で中国まで赴いたデューイは、政治状況が日本とはまるで違うと驚いた。その訪中はまさに五・四運動直前であり、この大運動の勃発をデューイは目撃しその熱気を体感し、その後二年間中国に留まり歓待された。山東半島を訪れて強力な日本の占領の情況を見てからは中国よりの立場に立った。

デューイ自身は知識欲旺盛で、科学の時代の教育としての使命を自覚し、授業が授業者によって巧みに計画されるべきものとも考えていた。しかし、知の量を忌み、主体性を重んじた彼の主張の一部分が体系的な知に対して背を向けさせる温床を提供したことも今日疑われている。

中国においても文化大革命は「「文化」と名を冠しながら」「歴史の上にも稀な」「見事な文化破壊」であった(村松暎による)。米大統領がアフガニスタンとイランの区別もつかず戦争を始めた。日本でも地誌教育は後退し、中学校英語では筆記体も使役動詞も教えなくてよいとされた。思考を支える土台の液状化は止まるところを知らない。教育によって培われた力で今の子供たちも日本も世界に伍していかなければならないのに、何たる惨状だろう。このような「知」とは正反対の「思考停止」へ向かう風潮はそこかしこにある。この知の破壊の根源にデューイがいるのだろうか?

得られた知識は先人からの得難い賜である。旧来的な教科というのは、多くの人々の貴重な努力の営みを集約して伝えようとした敬虔な営みであった。平面幾何のユークリッドの第五公理の意図の理解には二千年以上という時日が費やされている。新たな知の獲得はダイヤを原石から研磨するがごとき尊い作業の結実であり、優れた思考や知識は弁証法的な変容を重ねて歳月を生き延びる。

積み重ねられた知の量というのは確かに人を圧倒する。しかし、それは忌避するものではなく、それをいかに克服し利用していくかこそが正にホモ＝サピエンスたる人間の生き様なのである。かつてのスキーの教授方法というのはまずは基礎基本をうるさく教えた。今は最低限の基礎基本を教えたらインストラクターの指導下、いきなりリフトに乗せて高いところまで連れて行って滑らせる。滑ること自体が楽しいから、転びながらでも上達は早い。スキーゲレンデで、雪が多いと誰が文句を言うだろう。確かにそこに雪があるから、楽しめるのである。

訪中時のデューイ（前列左から２人目．1920年，南京にて）

デューイ風の問題解決学習の手法も、真に放任するのではなく、むしろ用意周到に準備がなされて既知の事柄がどのように驚くべきものであるかということを実感させる手法として有効である。しかし、皮膜の間の違いに過ぎないが、知の量を忌み、何の計画もなく生徒の主体性・自発性にのみ期待するように軸足が遷ると危険な議論となる。泳ぎを教えるとして、何の基本も教えずにどこまで修得しているかを把握もせず、「子供たちは大丈夫」と言って、いきなり子供を太平洋の真ん中に放り込むような非道なことを誰がするだろう。学力云々ということではかくの如き戦慄すべき事態と教育論が平気で横行する。最終的には子供たちは世界レベルで知を競う場で自分の力を問われるのである。

デューイが訪中した時には毛沢東は師範学校を出たばかりで青年教師として影響を受けた世代である。経済は素人であったというのが毛沢東晩年の悪評価にして定評である。「大躍進」政策では餓死者の山が築かれた。さらに文化大革命では教員の出自でありながら文化と教育をも破壊したのが毛沢東である。

孔子はこう言っている。学んだ上で自分で考えなければ理解したとは言えないし、自分で考えるだけで学ばなければ危険であると。学ぶことと自らが考えるという二つの営みが共に重要なのであり、相互間の絶えざる検証と緊張を説いたこの格言の前にデューイや毛沢東は門前の小僧である。さらに孔子は学ぶこと自体が楽しいし、学んで学問をする者にはかなわないともした。果たして毛沢東とデューイはこのような簡にして要を得た孔子の教えを真に理解したであろうか。

個別史／地域史

Ⅲ　国民国家体制と植民地体制の変容

個別史／地域史Ⅲ

帝国日本の植民地統治と官僚制
――一九二〇年代の朝鮮総督府・台湾総督府

岡本真希子

はじめに

一九二〇年代、帝国日本の統治下の朝鮮・台湾では民族運動が高揚し、日本本国（「内地」）では大正デモクラシーの機運から普通選挙獲得運動の高揚、政党政治の展開、二大政党期への転換など、大きな変貌の時代に突入した。こうしたなか帝国日本の植民地統治方針も転換を余儀なくされ、植民地統治機構であり官僚組織たる朝鮮総督府と台湾総督府は、新たな時代の要請に対峙することとなった。第一に、植民地組織内部に朝鮮人や台湾人を官僚や下級職員として組み込むことが、喫緊の課題となった。第二に、本国における政党政治の展開は、政党と官僚の関係にも変化をもたらし、そもそも〝政党なき植民地〟〝官僚天国〟といわれた植民地が、政―官関係の角逐の場ともなっていった[1]。

以下、本稿では、第一節で、植民地官僚制の骨組みとなる任用制度について、本国の官僚制度との相違や一九二〇年代の特色に目配りしながら検証する。第二節では、朝鮮・台湾総督府の構造を、階級別および民族別の態様に着目しながら検証する。第三節では、両総督府の高級官僚人事の特色を政党政治との関連から考察し、併せて本国にとって植民地官僚制がもたらした意味をも検証する。各地域の固有性とともに、本国との連動／断絶を視野に入れながら、本稿では本国―植民地を架橋する政治史のなかに一九二〇年代の帝国日本の植民地官僚制を考察してゆく。

一　植民地官僚の任用制度[2]

帝国日本の官僚任用制度は、大別すれば、第一に本国同様の制度を植民地に適用した内地延長主義型のもの、第二に植民地固有の制度を制定した特別統治主義型のものがあり[3]、両者は各地域で並存していた。以下、内地延長主義型の文官任用令、特別統治型の朝鮮人・台湾人特別任用令を順に見てゆく。

文官任用令の基本原則(内地延長主義型制度)

一八八九年に制定・公布された大日本帝国憲法では、「日本臣民ハ法律命令ノ定ムル所ノ資格ニ応シ均ク文武官ニ任セラレ及其ノ他ノ公務ニ就クコトヲ得」(第一九条)として、「資格」に応じて「日本臣民」に官吏となり得る機会を均等に与えるとした。そして、官吏の任用制度の基本法は、一八九三年の文官任用令(明治二六年勅令第一八三号)で試験合格者による資格任用を原則として、植民地領有以前にすでに本国で一つの体系を形成していた。一八九五年、日清戦争の結果台湾を領有した日本は、イギリスのインド高等文官試験(ICS)〔本田 二〇〇一、第一章〕のように植民地官僚の選抜制度や研修制度を創設することはなく、確たる基準を欠きながら急ごしらえで本国から内地人官僚を掻き集めていった。しかし、猟官や汚職が問題化したため、児玉源太郎総督のもとで一八九八年に本国同様に文官任用令に依る官吏任用が原則とされた[4]。こうして文官任用令は帝国日本の植民地官僚制度の基本法をも兼ねることとなり、これ以後は台湾以外の朝鮮などのほかの植民地においても内地延長主義的に適用されたことで、帝国日本全土をおおう官僚任用制度の基本法となった。

しかし、本国を基準として創設された文官任用令とその資格任用の原則は、内地延長主義的に植民地に適用された場合、植民地出身者を官吏任用から実質的に排除する機能を持った。文官任用令が定める資格試験たる文官高等試験(高文)は、受験資格を満たした者であれば受験可能なため、一見すると〝機会均等〟の装いをこらし〝平等〟原則が貫徹されていたように見える。しかし高文受験には一定の学歴か資格が必要であり、内地人も植民地出身者も民族を問わず同じ要件が要求された。しかし植民地では義務教育制度すら基本的には未実施で、初等教育の就学率は本国とは著しく異なっていたため、受験資格を満たすこと自体が困難を伴った。また、試験はすべて「国語」たる日本語で行われ、高文の試験会場は本国の「帝都」東京のみであり、かつ、一九二〇年代後半までは植民地における大学設置も極めて抑制されるなど、受験機会も均等に開かれていたとは言い難かった。高等文官試験の行政科の全合格者数九五六五名(一八九四—一九四七年)のうち、朝鮮人・台湾人合格者が占める割合は極めて少ない。一九二三年に初の朝鮮人と台湾人の合格者が現れたが、戦前期最後となる一九四三年の高文試験までに、朝鮮人合格者数は合計一三三名、全体比では約一・四%、台湾人合格者は合計三二名、全体比はわずかに約〇・三%のみであった。(5)

内地人に有利な任用制度に加えて、内地人に限って支給される植民地在勤加俸や宿舎費・旅費など、帝国日本の植民地官僚制度は、内地人官僚を優遇し、本国から植民地へと押し出す役割を果たしていた〔岡本 二〇〇八、第四章〕。こうした制度に対し一九二〇年代に入ると、民族間の不平等待遇への批判が朝鮮・台湾において高まってゆく。そのため、次に見る朝鮮人や台湾人の特別任用令がクローズアップされてくることとなった。

朝鮮人特別任用令の拡大(特別統治主義型制度)

適用民族と適用範囲を限定した特別任用制度は、一九二〇年代の朝鮮で拡大された。ただし、その嚆矢は「韓国併合」時にさかのぼる。一九一〇年の「韓国併合」後に設置された朝鮮総督府では、「朝鮮人タル官吏ノ特別任用ニ関スル件」(明治四三年勅令第三九六号)が制定され、適用民族を「朝鮮人」とし、従来の韓国政府での任官者を引き続き朝鮮総督府及び所属官署の文官に任用可能とした。とりわけ地方庁の高等官である道長官・郡守・道参与の職について、「朝鮮人タル朝鮮総督府道長官参与官及郡守ノ任用及官等ニ関スル件」（明治四三年勅令第三八三号。以下、「朝鮮人高等官任用令」と略す）により文官任用令を適用せずに、すなわち試験任用を原則とせず、「学識経験」者から詮衡任用する制度を制定した。そのため朝鮮全土の地方庁において、これらの職に一定程度の朝鮮人官吏が組み込まれた。

一九二〇年代に入ると朝鮮総督府は、朝鮮人高等官任用令を幾度か改正し、任用可能な職を拡大した。その背景には一九一九年の三・一独立運動を契機とした帝国日本の植民地統治方針の転換がある。一九一八年に首相に就任した「平民宰相」原敬は、その持論である内地延長主義に基づき植民地統治の新指針「朝鮮統治私見」（「朝鮮統治私見」）を作成した。そのなかで原は、朝鮮人官吏任用問題につき、「位置ニ於テモ俸給ニ於テモ内地人ト朝鮮人トノ間ニ懸隔甚シ」い現状は、「朝鮮人ノ不平ヲ醸ス原因ナルノミナラス彼等ヲ同化スル所以ノ途ニ非サルヘシ」と批判し、「官吏ノ登庸ハ本来適材ヲ適處ニ用ユルニ在リテ其内地人タルト朝鮮人タルトノ区別ヲ為スヘキ理由ナシ」とし、「苟《いやしく》モ我官吏タル可キ資格ヲ有スル者」は「朝鮮人ヲ内地ノ官吏ニモ登庸スヘシ、朝鮮ニ於テハ尚更ノ事」として、「今日ノ如ク差別ヲ設クルハ行政上失当」として見直しを主張した。（ただし、文官任用令の改正は行われなかった）。原首相の意を受け朝鮮に赴任した斎藤実総督は、「文化政治」を展開し「朝鮮人の任用待遇」改善をアピールしつつ（「朝鮮総督府及所属官署に対する総督訓示」七—一〇頁）、前述の「朝鮮人高等官任用令」を改正した。まず一九二一年に法令名から「朝鮮人タル」という呼称を削り法文から「朝鮮人」という特定の対象を指す用語を取り除き[6]、新たに「朝鮮総督府事務官等ノ特別任用ニ関スル件」（勅令第二六号）を公布した。これにより、これまで地方庁限定だった適用対象職を本府の事務官にも拡大、また地方庁でも各道の理事官にも拡大し（『枢密院会議議事録』第二三巻、二五頁）、一九二四年には道事務官にも拡大して道庁の内務部長・財務部長に朝鮮人を任用可能とする改正を行った[7]。

そもそも内地延長主義の原則に基づき資格任用を説くのであれば、本国同様の制度（文官任用令）が貫徹されるべきである。にもかかわらず、植民地に固有の特別統治主義型制度を拡充せざるを得ないところに、朝鮮人側からの強い不満への対応を迫られる一九二〇年代の朝鮮総督府のジレンマが浮かび上がる。朝鮮総督府が改正の重要性を本国へ主張する電報文〔「朝鮮総督府政務総監ヨリ法制局長官宛電報[8]」〕では、以下のようにいう。この改正は「今般総督府ノ行政改革ノ一大眼目」で「朝鮮統治ノ大局ヨリ見テ最必要ノ改正」である、なぜなら朝鮮の現状に対する朝鮮人の感想は「過去ノ総督政治ハ口ニ一視同仁ヲ説クモ事実ハ常ニ彼等ヲ抑圧シテ内地人ノ利益ヲ図ルニ垂ントシ」ており、「殊ニ官吏ノ任用ニ関シ著シク差別待遇ヲ為シ彼等ヲ失望セシムルコト甚シ」く、「親日派ト雖絶エズ怨嗟ノ声ヲ放ツノ現状」にある、また、文官任用令に基づく資格任用制度は「彼等〔朝鮮人のこと〕ノ常識ヨリ見レハ資格制限ハ畢竟スルニ鮮人《〔ママ〕》ノ任用ハ拒否スル好箇ノ口実タルニ過キスト思考セリ」〔傍点筆者〕として、本国の学歴・教育を基準とする資格任用という制度自体が、朝鮮人側からは朝鮮人登用拒否の方便と見なされていると認識していた。朝鮮総督府としては、「総督府ハ此ノ機会ニ於テ鮮人《〔ママ〕》中才幹力量アル者ヲ総督ノ局課長ニモ重用シ且地方ノ内務部長財務部長等ニモ採用シ彼等多年ノ希望ヲ満足セシメ以テ鮮人《〔ママ〕》ノ安定ヲ図ルハ所謂寸ヲ与ヘテ尺ヲ取ルノ良策ナリト認ム」〔傍点筆者〕と述べており、特別任用令の改正により朝鮮人の任用可能な職種を増加することで、「寸ヲ与ヘテ尺ヲ取ル」との文言が示すように、不満を抱く朝鮮人側に対する懐柔政策としてこの制度の存在意義を見出していた。

台湾人特別任用令の制定と登用の抑制

台湾総督府では、そもそも台湾総督府設置当初から台湾人特別任用令は制定されておらず、一九二〇年代に入り朝鮮総督府を前例として歩調をそろえる形で制度が形式的に創出されていった。

一九一九年の原敬首相の一連の植民地官制改変を受けて、植民地長官は従来の武官専任制度から文武官併任制度へと変更され、同年一〇月には初の文官出身総督に田健治郎が就任した。田総督の一九二一年四月の訓示では、朝鮮とは違いなぜ台湾では台湾人を官吏に任用するための特別任用令を制定しないのか、という点につき以下のようにいう。朝鮮は「数千年来の独立国で完全なる政治組織が成立って居って大臣も道長官も上下を通じて総ての官職が現存し」ていたため、「併合」後も「其時の朝鮮の役人は当然の資格を以て其儘新制度の役人として引移り来て居る」、そのため「道長官以下色々の役人があることは当然の結果」である、しかし台湾は「清国政府の割譲を享けて新領土になったが其場合台湾の役人は台湾人自身ぢやなくして清本国から出て来て治めて居つたのが引渡の際残らず清国に引揚げた」ので、その「結果台湾には前朝より引継の役人は絶対にない」、したがって「朝鮮の例は絶対に引証すべき筋ではない」として、朝鮮との比較を退ける。そして「吾々は台湾人だから用ゐないと云ふ考は毛頭持たない」のであり、「台湾人にして任用の資格さへあれば内地人と何等の区別せずに採用する積り」であって、「資格を備へずして高等官にして呉れぬと不平を云ふ者」は「内地人の享有し居るより以上の特典を与へろと云ふ」に等しく「全く出来ない相談」〔「大正十年四月地方官会議議事事項及訓示」三五九―三六〇頁〕として、資格任用原則を前面に押し出していた。

一方、一九二〇年代の台湾では、植民地自治を標榜する台湾議会設置請願運動に見られるように、台湾人の政治・社会運動が活発化し、台湾人の権利要求や、朝鮮人や内地人と台湾人との間の格差批判が高まるなか、台湾人官吏の任用問題もまた民族間の不平等待遇の象徴とみなされていた。「人材登用」を要求する台湾人の論説では、「大いに門戸開放主義を取り、市郡を始め其の他の理事官助役属等の要職を本島人にも配置任命」すれば「差別的待遇の嫌ひも自然に消滅」するとし、「台民を以て台民を治むることは、彼の民族自決の趣旨にも適」うものと主張する〔張 一九二〇、三八―四〇頁〕。ここからは、台湾人官吏登用の要求が、単なる〝体制内への参与〟希望を意味するわけではなく、内地人占有の台湾統治体制の修正と、台湾人による政治の掌握という文脈のなかで捉えられていることがわかる。

こうしたなかで、台湾総督府は一九二二年一〇月に台湾人特別任用令を初めて制定した（大正一一年勅令第四二六号）。朝鮮人特別任用令を「台湾ニモ及ホスコトトシ」「台湾語ニ熟達シ台湾ノ事情ニ精通シ且相当ノ学識経験アル者」（台湾人のこと）のなかから、試験任用によらない任用を可能とした。この制度制定に際して、台湾総督府の御用新聞である『台湾日日新報』の社説「時世の進運と本島人の自省」（一九二二年一〇月一一日）では、従来からの台湾人の批判に対して、以下のようにいう。これまで「本島人に依りて放たれた呪詛の声」では「本島人が如何に学問知識に於て優秀であつても絶対に其地位を与へて呉れない、従つて今日の時機に於て学問をした処で結局は宝の持ち腐れである」というが、「これこそ全く本島人の邪推と僻見であつたことは這回に於ける特別任用令の制定に依りて極て明瞭にされた」とし、そもそも「特別任用令などの今日まで遷延するの余儀なきに至つた点なども本島人に適材がなかつた結果」であって、台湾人官吏の「採用は寧ろ為さゞるにあらずして適材を見出せなかつた為め」であり、あとは「本島人の実力次第」として、台湾人こそがこれまでの態度を「自省」せよと述べていた。

しかし台湾人特別任用令で任用可能な職は、州理事官・庁理事官・郡守・市尹・市理事官などの地方庁限定で本府の事務官は対象外とされ、また、地方庁でも勅任官（州知事など）を除外したように、極めて限定的であった。

以上のように一九二〇年代には、民族運動の高揚と植民地統治方針の転換を受けて、帝国日本は植民地出身者の官僚組織内部への組み込みを模索することを余儀なくされた。その際には、朝鮮・台湾総督府はともに内地延長主義を掲げながらも、朝鮮・台湾が帝国日本の植民地となった際の歴史的経緯や、両総督府成立時の制度設計の相違などを理由に、各地域ごとに固有の側面を併存させていったのである。

二　植民地官僚組織と民族問題(9)

本節では、朝鮮・台湾両総督府の構成について民族別および官吏の階層別に見てゆく。帝国日本の官吏の身分秩序は、本国で形成されていた官僚制度の体系が植民地にも持ち込まれたもので、官等により天皇からの身分的距離が厳密に区分された。官等は官僚にとっては絶対的な意味を持ち、大きくは高等官と判任官に分かれる。高等官は、親任官を除く高等官が一等から九等に分けられ、一・二等が勅任官、三―九等が奏任官とされた。奏任官どまりではなく勅任官まで昇進できれば、官吏としては出世の花道をかざったことになる。判任官は奏任官の下に位置した。一般的には、高等官・判任官を合わせて官吏と呼ぶ。この下に、正規の官吏とはいえない雇員・傭人などが存在した。各官等に該当する職（総督・局長・属など）は、厳密に規定され、植民地官僚組織は、総督を頂点とする厳密な身分秩序が貫徹する、巨大なピラミッド構造のなかにあった。

朝鮮総督府の民族・階層別構造

朝鮮総督府の民族・階層別構造について、一九二九年八月一日時点を例に図示したものが**図1**である。朝鮮総督府には、京城（現・ソウル）にある本府に六局（内務・財務・殖産・法務・学務・警務）と、多くの現業職員を朝鮮全土に抱える所属官署（鉄道・逓信・専売局、山林部・土地改良部など）、そして地方庁としては朝鮮全土を一三道に区分けした各地に道庁、その下の二一八郡に郡庁、さらに末端行政機構である面（本国の村に相当）が設置された。

本府では、最高位の親任官は、植民地長官である総督とその〝女房役〟たる政務総監のみで、各一名ずつが就任した。この二つのポストには植民地期全期を通してすべて内地人が就任した。本府・所属官署で勅任官に該当する局長・部長では、朝鮮人が就任したのは植民地期全期を通して二名のみで、ほかはすべて内地人が就任した。初の朝鮮人局長は一九二四年一二月に斎藤実総督の「文化政治」期に李軫鎬が就任した（一九二九年一月まで）。高文合格者ではなく道長官・知事の歴任者である李軫鎬の〝抜擢〟は、朝鮮人特別任用令の具体化であり朝鮮人「重用」の証左として喧伝された（「鮮人《ママ》重用の先駆たる新学務局長李軫鎬氏」）。しかし課長では（多くは奏任官）、一九二九年時点で官房・局・部に設置された全四五課長のうち、朝鮮人はわずか一名（学務局宗教課長）、その他全ての課長は内地人が占有し

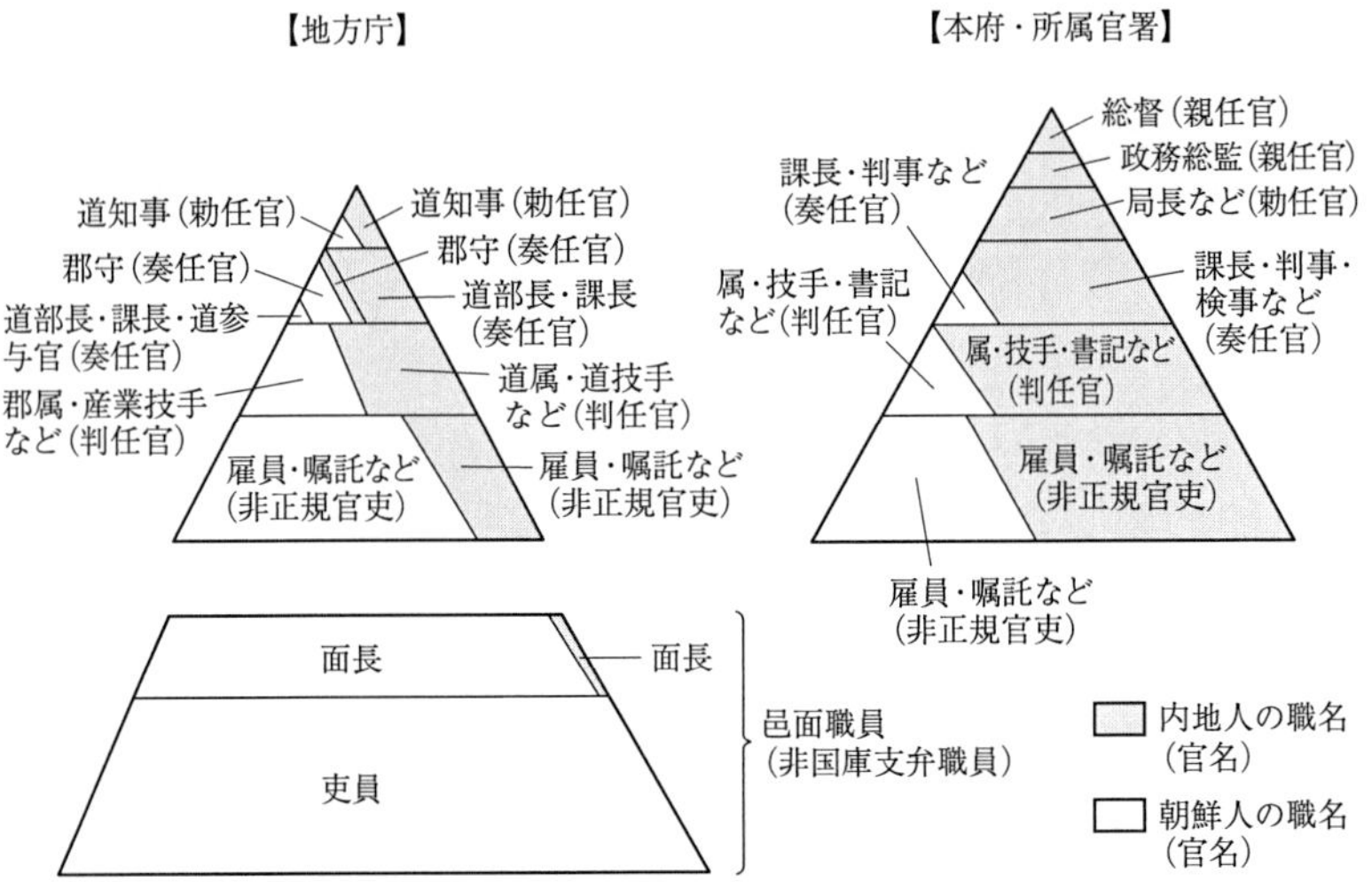

図 1　朝鮮総督府の本府・地方庁職員の民族別階層図（1929 年 8 月 1 日現在）
注：本図は，『旧植民地人事総覧』朝鮮編（日本図書センター，1997 年），［岡本 2008，第 1 章］をもとに，岡本作成．

た。下級官僚の判任官に該当する属・書記・技手などは約二割の朝鮮人官僚が、非正規官吏の雇員・嘱託などは約三割の朝鮮人職員が存在した。統治の本丸である本府や所属官署では、大部分を内地人が占有していたといえる。

　地方庁では、全一三道の長官に勅任官である道知事が任命され、一九一四年以後は内地人八名・朝鮮人五名が任命され、両者の赴任先の道が入れ替わることはあってもこの民族比率は保たれたままであった。奏任官である各道庁の部長・課長では、時期によりその職名・数は異なるが、内地人がほぼ占有していた。前述の朝鮮人特別任用令で一九二四年に朝鮮人も道部長に任用可能としたにもかかわらず、一九二〇年代には効力はなかったといえる。[10] 奏任官では各道に一名ずつ配置された道参与官（道知事の諮問機関）が、道庁で朝鮮人官僚に用意された数少ないポストといえよう。このほか奏任官では、朝鮮全土に設置された二一八郡の郡守があり、ここでは朝鮮人郡守が九〇%以上を占めた。このように高級官僚に関しては、一九一〇年代以来の特別任用令で任用可能としてきた道知事・郡守・参与官などが基本的に朝鮮人官僚の〝指定席〟であって、一九二〇年代に掲げた「待遇改善」政策にもかかわらず、官僚組織内部の民族構成に目立った転換があったとは言い難い。なお、地方庁の下級職員に該当する郡属・産業技手などの判任官では朝鮮人官僚は約四割、非正規官吏の雇員・嘱託などは朝鮮人職員の比率は約七割となっており、地方庁では上層部は内地人が主要な職を占め、下級官僚・職員で朝鮮人の比率が高い。また、末端地方行政機構の面においては、その長である面長は九九％近く朝鮮人が任命されていた。

このように、本府と地方庁、官僚の階級により民族構成は異なるものとなっており、あくまで内地人の優位が維持されていながら、他方で、常に官僚組織内部に民族問題を包含する構造となっていた。

台湾総督府の民族・階層別構造

次に、台湾総督府の民族・階層別構造について、一九三一年八月一日時点を例に図示したものが**図2**である[11]。この時点の台湾総督府は、台北にある本府に五局(内務・財務・殖産・警務・文教)と、多くの現業職員を全島に抱える所属官署(専売・交通局〔鉄道部・逓信部〕・法院など)、そして地方庁としては台湾全島を五州三庁に区分けした各地に州庁・庁庁が設置され、五州下に四五郡および三庁下に一〇支庁、さらに末端行政機構にあたる街・庄(本国の町・村に相当)が設置された。

本府では、親任官は台湾総督のみで、その〝女房役〟である総務長官は勅任官であり、各一名ずつが就任したが、この二つのポストには植民地期全期を通してすべて内地人が就任した。本府・所属官署で勅任官に該当する局長・部長にもすべて内地人が就任し、台湾人の就任は統治期全期を通して皆無である。課長でも(多くは奏任官)、一九三一年時点で官房・局・部に設置された全四五課長のうち、台湾人は一名(殖産局水産課長)で、ほかはすべて内地人が就任した。なお、この本府の台湾人課長は領台以来初めて一九三一年に劉明朝が任命されたものである。一八九〇年生まれの劉明朝は、一九一六年以来「内地留学」し第八高等学校・東京帝大法学部を卒業、そして台湾人初の高文合格

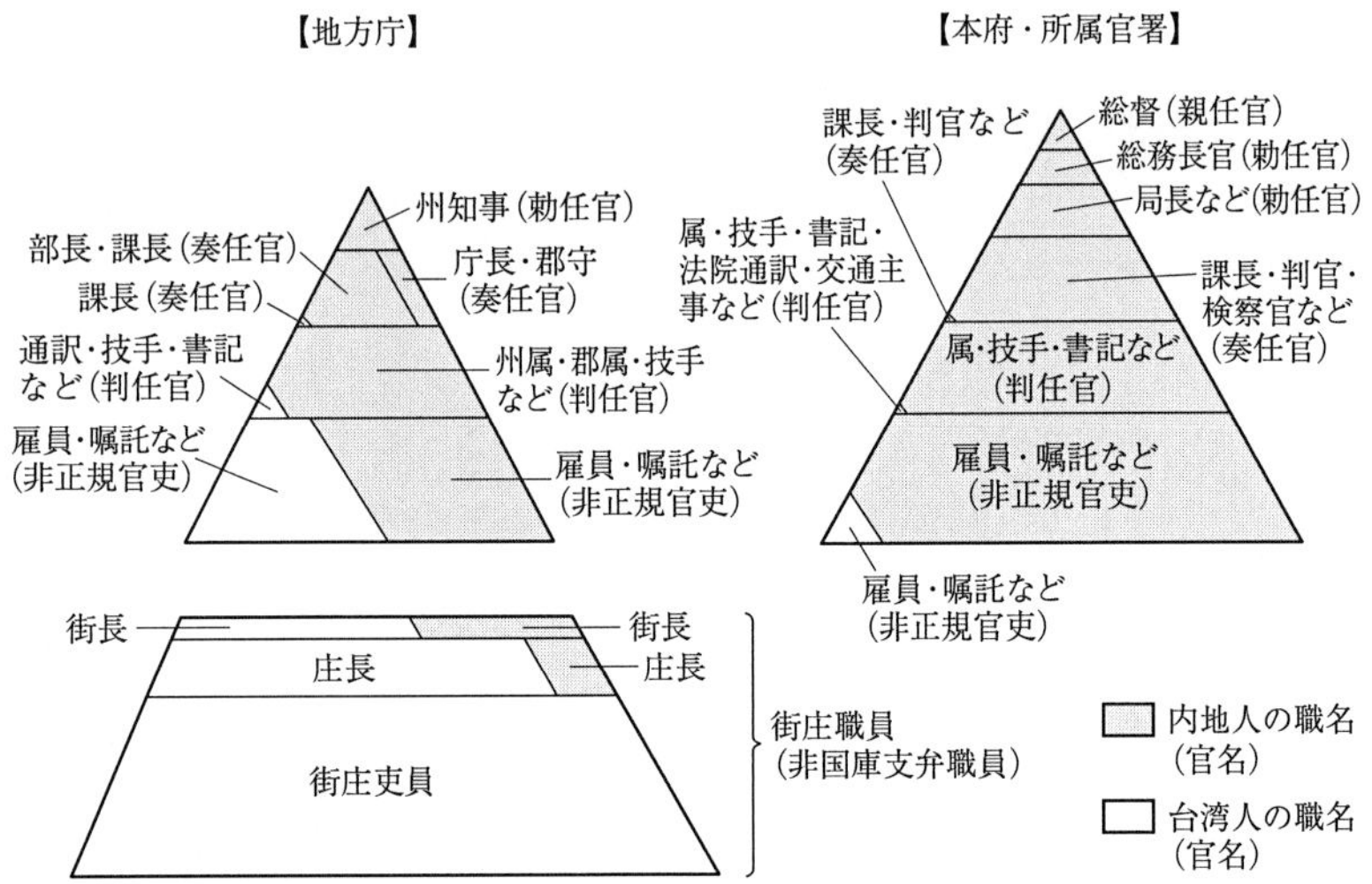

図2　台湾総督府の本府・地方庁職員の民族別階層図（1931年8月1日現在）
注：本図は，台湾総督府編『台湾総督府及所属官署職員録』昭和6年8月1日現在（台湾時報社発行所，1931年），［岡本 2008，第1，10章］をもとに，岡本作成．

者（一九二三年合格）となった。大学卒業時には一時期、雑誌『台湾』の和文編集主任となるなど台湾人の政治・社会運動に接近した時期もあった。高文合格後には台湾総督府入りしたが、地方庁（新竹州）の勧業課長のまま八年間も据え置かれた末、ようやく一九三一年に本府の殖産課長に登用された。ほぼ同じ経歴・資格の内地人とは昇進に大きな格差が生じたため、一九二〇年代の台湾人の社会運動側からは「万年課長」と皮肉られ、台湾総督府の台湾人登用への消極的姿勢の象徴的存在となっていた［「卅五年間に高等官が五人 我等の前途に光明ありや否」／岡本 二〇〇八、三二〇―三二四、三一九頁］。ついで下級官僚の判任官に該当する属・書記・技手・法院通訳などでも台湾人官僚の占める割合はわずかに二％弱で、非正規官吏の雇員などでも約一割強にすぎない。本府や所属官署では、台湾人の存在は非常に限られたものであった。

地方庁の場合も、台湾総督府の場合は、内地人占有の人事が貫徹されていた。五州の長官は勅任官である州知事だが、州知事は日本統治期全期を通じてすべて内地人が就任し台湾人知事は皆無である。また、奏任官である三庁の庁長も同様で全時期を通じて内地人のみが就任した。その下の四五郡の郡守と一〇支庁長も、一九三一年時点ではすべて内地人が占有していたが、これはこの時期に固有の状況ではなく、全植民地期を通じても郡守に就任した台湾人は六名だけにとどまる。奏任官に該当する部・課長においても台湾人部長は皆無で勧業課長に二名が任用されていただけで、内地人が占有した。下級官吏の判任官である通訳・技手・書記、下級職員の雇員などの下層部分になってようやく台湾人の存在が確認しえる。台湾総督府においては、地方庁においても台湾人官僚の排除の傾向が極めて強かった。したがって台湾では官僚組織内部においては民族問題は顕在化しにくい構造となっていた。

こうした状況に対する台湾総督府と台湾人側の主張を、一九二六年八月に初の台湾人郡守として李讃生が任命された際の議論から見てみる。李讃生は有資格者ではなく台湾領有初期から総督府下級官僚として勤務したのち本国で学歴を身につけ、教育関係の経歴・資格も持ちながら再び台湾総督府に戻った経歴の持ち主である。同時期に台湾総督府入りした台湾人有資格者である劉明朝・劉茂雲を差し置いて、制定後五年間も有名無実化していた特別任用令を発動しての任用であった。このとき、台湾総督府の御用新聞『台湾日日新報』では、社説「本島人任用上の一新例――登用の第一資格は「責任感」」(一九二六日一〇月二〇日)で、「官吏たる者に責任感の必要な事は、形式的な任用資格などより遥かに上」と言い放ち、従来の資格任用原則から「責任感」へと任用条件が極めて恣意的に転換されていた。これに対する台湾人側の『台湾民報』紙上における批判は、台湾統治開始以来三二年が経過し特別任用令が制定され五年も経過したのに、たった一人の郡守登用を以て台湾人登用の実現として喜ぶには値しないというものであった[「有名無実的人材登庸法」「台湾人郡守」/呉 一九九二、二〇〇―二〇三頁]。彼等からみた特別任用令は「有名無実的人材登庸法」であった。そして、台湾人登用を忌避する土壌として指摘されていたのが、日清戦争後から醸成されてきた「中国人」に対する侮蔑的態度とリンクした、台湾在住の内地人のなかにある台湾人への「優越的思想」であり――中国の一省であった台湾が割譲されたことから台湾人に対しては侮蔑感がいっそう強いという――「優越感の差別を除き去り公平に人材を登用」することを妨げているという〔「内台人親善的暗礁」〕。他方で従来からの資格任用原則も、台湾人に対しては有名無実化していた。一九三〇年元旦の『台湾民報』紙上では、「今年迄に国家試験に合格したものは、全部で二十三名居る。〔日本統治下に入って〕卅五年間に廿三名は多くはないが、近来の様のような及第数で行くと、十数年後には、高文及第者の雇が出るだらう」〔「国家試験及第者の総まくり」〕と批判するような状況であった。

三　総督政治と政党政治の相剋(12)

朝鮮総督府と台湾総督府は、朝鮮・台湾内においては、行政・司法・立法権を掌握し総督政治を展開した。ただしその政治領域は各地域内で完結するわけではなく、実に複数のアクターとの関係のなかで構築されていた。一九二〇年代は、日本本国(「内地」)における軍部の地位の相対的低下と政党政治の展開、そしていわゆる「官僚の政党化」が進行し、朝鮮では武断政治から「文化政治」期へ、台湾では武官総督期から文官総督期へと転換するなかで、植民地官僚が植民地統治の主要な担い手として浮上するとともに、植民地問題は政―官間の角逐の場ともなってゆく(13)。以下、両総督府の高級官僚の人事問題に焦点をあてながら、一九二〇年代における総督政治と政党政治の相剋の過程を検討する(内閣と両総督府の首脳の変遷は、**表1**を参照)。

朝鮮総督府の高級官僚人事

一九二〇年代の一〇年間に就任した朝鮮総督は、斎藤実(一九一九―二七年。約半年間、宇垣一成が代理総督)・山梨半造(一九二七―二九年)・斎藤実(一九二九―三一年)だけであり、その更迭は比較的少なかった。一九一九年の一連の植民地官制改変に際して原敬首相は、台湾総督並みに朝鮮総督に対しても内閣の監督権を明記して植民地長官の地位・権限を横並びにし内閣の監督権保持を試みた。しかし、「総督の威信」維持のために頻繁な朝鮮総督更迭を忌避すべきという、官僚の牙城たる枢密院の意向がはたらき、この試みは挫折した。以後、朝鮮総督は内閣交代に伴う更迭を免れて比較的長い任期が可能となった。しかし、政務総監に関しては一九二〇年代前半から内閣交代による余波が及び、与党交代に伴う総監更迭が行われた。だが、そもそも政党がなく選挙法未施行の植民地の人事に政党政治が介入することは、「政党の私物化」「政党政治の弊害」論を惹起する要因となる。斎藤実総督は植民地人事における政党色払拭に留意し、とりわけ一九二四年に本国で第二次護憲運動後に本格的政党内閣(加藤高明内閣)が成立すると、彼等が推す純然たる政党人(憲政会)の下岡忠治の政務総監就任に際して、党籍離脱措置を求めた。また、翌年の下岡病没後の湯浅倉平政務総監就任に際しては、「政党政派を超越」した「党臭」のない人物として喧伝された。局長・課長クラスの高級官僚に関しては、一九一九年の「文化政治」開始時には、内務官僚出身の水野錬太郎政務総監らとともに、本国から移入された内務省系官僚たちが新たな政策をも構築しえる官僚群の存在感を示したが、本国からの大規模かつ連続的な移入官僚の投入は、武断政治期から朝鮮で植民地統治経験を蓄積してきた在来官吏たちの反発を呼ぶとともに、他方で政党政治の展開に伴って植民地に対する「政党の私物化」批判を惹起した。こうしたなかで、第一期の斎藤実総督期は、自身の赴任時に際しては移入官吏を投入したものの、次第に朝鮮在勤者の中から順繰りに出世を考慮した人事へと移行し、朝鮮官界の〝安定〟に努めた。なお、内地人高級官僚は基本的に資格任用制度に基づき高文合格者の有資格者が大部分を占めるエリート官僚の世界であった。

本国の政党政派を超越する朝鮮総督という像が揺らいだのは、一九二七年一二月の山梨半造の総督就任時であった。本国で二大政党期初の政権交代が起こり、田中義一(政友会)内閣は樺太庁・満鉄などの植民地関係長官を次々に与党系人物に替え、朝鮮総督も任期八年に及ぶ斎藤実から、田中首相の盟友たる山梨半造にすげ替えた。しかしこの人事は、当時の山梨個人に関する党争・買収などの悪評とあいまって、「総督の威信」へのダメージが懸念され、また昭

台湾総督府の首脳

在任期間	関係政党	朝鮮総督府							
		総督	就任年月日	在任期間	関係政党	政務総監	就任年月日	在任期間	関係政党
5.9		斎藤 実	1919. 8.13	8.4		水野錬太郎	1919. 8.12	2.10	
3.2									
						有吉忠一	1922. 6.15	2	
3.9						下岡忠治	1924. 7. 4	1.5	(憲)
						湯浅倉平	1925.12. 3	2	
		〔宇垣一成；代理総督〕	〔1927.4.15-10.1〕	〔0.5〕					
		山梨半造	1927.12.10	1.8	政	池上四郎	1927.12.23	1.3	
1.1	政					〔欠員〕	〔1929.4.4-〕	〔0.2〕	
						児玉秀雄	1929. 6.22	2	
1.5	民	斎藤 実	1929. 8.17	1.10					
0.3	民								
0.7	民	宇垣一成	1931. 6.17	5.2	(民)	今井田清徳	1931. 6.19	5.2	
4.8	政								

2. 在任期間の欄では「3.10」は3年10カ月,「1」は1年,「0.3」は3カ月というように「年.月」を数字で略して示す.
3. 網掛けをした部分は関係政党がある者をさす.

和天皇も危惧を抱く事態となった。そのため政務総監人事は難航し、最終的には非有資格者で七一歳の池上四郎を登用、また総督秘書官などの側近人事にも無資格者が登用されるという、極めて特殊な私的人事が行われた。山梨赴任当初には本国・朝鮮で囂々たる非難が起こったため、赴任後の高級官僚人事はかえって穏便なものとならざるを得ず、局・課長の多くは在来官吏から登用された。しかし、田中内閣—山梨総督の時代には、田中内閣が設立を進める植民地管轄官庁たる拓務省設置問題など、本国と植民地、内閣と朝鮮総督との関係が揺らぎを見せ、そのうえ山梨総督は在任末期に側近者とともに疑獄事件を引き起こしたために更迭論が噴出した。こうしたなか池上政務

表1 1920年代の内閣と朝鮮総督府・

内閣			台湾総督府					
首相	就任年月日	与党	総督	就任年月日	在任期間	関係政党	総務長官	就任年月日
原　敬	1918. 9.29	政	田健治郎	1919.10.29	3.1	(政)	下村　宏	1915.10.20
高橋是清	1921.11.13	政					賀来佐賀太郎	1921. 7.11
加藤友三郎	1922. 6.12							
山本権兵衛	1923. 9. 2		内田嘉吉	1923. 9. 3	1			
清浦奎吾	1924. 1. 7	(超)						
加藤高明	1924. 6.11	護	伊沢多喜男	1924. 9. 1	1.11	憲	後藤文夫	1924. 9.22
加藤高明	1925. 8. 2	憲						
若槻礼次郎	1926. 1.30	憲	上山満之進	1926. 7.16	2	憲		
田中義一	1927. 4.20	政						
			川村竹治	1928. 6.16	1.1	政	河原田稼吉	1928. 6.26
浜口雄幸	1929. 7. 2	民	石塚英蔵	1929. 7.30	1.6	民	人見次郎	1929. 8. 3
			太田政弘	1931. 1.16	1.2	民	高橋守雄	1931. 1.17
若槻礼次郎	1931. 4.14	民					木下　信	1931. 4.15
犬養　毅	1931.12.13	政					平塚廣義	1932. 1.13
			南　弘	1932. 3. 2	0.3	政		
斎藤　実	1932. 5.26	(挙)	中川健蔵	1932. 5.27	4.3	民		

注：1. 政党名の欄の表記では，「政」は政友会内閣，「(超)」は超然内閣，「護」は護憲三派内閣，「憲」は憲政会内閣，「民」は民政党内閣，「(挙)」は挙国一致内閣をさす.

総監が病死、その後任の人選は困難を極め二カ月以上もの欠員を生じたのち、ようやく児玉秀雄に決定した。児玉は統監府・武断政治期を通じて一二年間に及ぶ朝鮮勤務経験を持つかつての在来官吏であり、もと朝鮮総督・寺内正毅の女婿でもあった。政党内閣による総督人事の私物化との批判は、二大政党期の渦中にかつての武断政治期の旧在来官吏を呼びもどし、朝鮮総督府へと還流させる役割を果たしたのである。

一九二九年七月再び政権交代が起こり、憲政会の流れをひく民政党が与党となり浜口雄幸内閣が成立すると、前与党系総督・山梨の更迭をめぐる政争が勃発した。朝鮮総督人事への政党の介入が慣例化しつつあることに対しては、各方面から大きな反発を呼んだ。そのため後任総督人事では初の文官総督任用が検討されながらも、枢密院や昭和天皇などから政党色ある人物採用への懸念があることなどを鑑みて、斎藤実を総督に再任命することで落ち着いた。政務総監には児玉が留任し、また、高級官僚人事は在来官吏から任用され、朝鮮在勤官吏にとっては波風のない穏健な人事となっていた。しかし与党民政党は、総督更迭は断念したものの今度は政務総監を与党系人物へとすげ替えようとし、居座る児玉政務総監および児玉を庇護する斎藤総督と内閣とが対立する構図となった。この間、民政党の看板政策である緊縮財政政策に沿って実施された官吏減俸は植民地官僚にも導入された上、内地人官吏の特権である植民地在勤加俸の削減を巡り朝鮮総督府官僚は一丸となって猛反発した。このほか、忠清南道庁移転問題や朝鮮議会設置案などをめぐって、官僚・貴族院・軍部に基盤を置く児玉政務総監と、衆議院で最大多数を誇る民政党内閣は、決定的に亀裂を深めていった。最終的には児玉政務総監との抱き合い心中などといわれつつ一九三一年六月に斎藤総督・児玉政務総監は辞職を余儀なくされたが、この間の朝鮮総督府と政党内閣の角逐の経過は、本国では政党政治批判の根源となった。総督政治は政党政治から超越すべき領域とされ、本国の外に広がるこの肥沃な官僚の活動領域は、ひとたび政党内閣が介入しようとするとき手痛い傷を負わせていったのである。

台湾総督府の高級官僚人事

一九一九年の官制改変で台湾総督府に文武官併任制度が導入されると、同年一〇月に初の文官総督として田健治郎が任命された。文官総督期は一九三六年まで一七年間、文官総督は九人に及ぶ。文官総督期の総督人事の最大の特徴は、任期短く次々と更迭されたことで、特に一九二三年の内田嘉吉就任から一九三二年の中川健蔵就任までは、在任期間一―二年という頻々たる更迭が相次いだ。この頻繁な総督更迭は内閣交代と連動しており、こうした事態は前述の朝鮮総督人事をめぐる政党批判の背景ともなっていた。

一九一九年の田総督就任後、台湾総督府では移入官吏の大規模な投入は行われず、総務長官も局長人事においても一〇数年来台湾で在勤してきた台湾官界育ちの生え抜き古参官吏が登用されていた。彼らの大部分を有資格者が占めており、学歴・資格が高級官僚の必須条件であることは朝鮮同様である。

台湾官界に本国政治の波動が及んだのは、一九二四年の本格的政党内閣(加藤高明内閣)成立後である。政変に伴い内田総督は任期一年で更迭され、与党憲政会と関係の深い内務系官僚出身の伊沢多喜男が総督に就任し、総務長官には内務官僚出身で浪人中の後藤文夫が就任した。台湾官界で統治経験を積み順繰りに出世するという官界の慣例が乱され、かつ、局長人事でも移入官吏の登用が大規模に行われた。他方、課長クラスでは台湾官界の生え抜き官吏を登用しており、移入・在来官吏の混在状況となった。もう一つの本国政治の余波は、憲政会内閣が掲げる行政整理による台湾官界の大リストラで、領台以来の古参の在来官吏が次々とその対象とされ、彼等に依存してきた台湾在住の民間内地人にも衝撃を与えた。そのうえ伊沢総督は本国の政党間の抗争に起因して東京市長に選任され、任期二年未満で早々に総督を辞任し本国へ戻ったため、在台内地人からは「政党政治の弊害」論が台頭した。彼らは台湾総督の地位が軽んじられる理由として、台湾総督が朝鮮総督とは異なり内閣総理大臣の監督を受ける地位にある官制の規定を問題視し、これが内閣交代と連動した台湾総督更迭と政党政治の介入を招く原因と見なして、台湾総督府官制改変や台湾総督に任期を設けようとする総督任期制論、あるいは政党政治を掣肘できる勢力として軍部による武官総督の復活を期待した。他方、台湾人側は、武官総督復活も官僚専制や政党政治下の総督政治にも反対し、総督政治への監督機関として台湾在住者による民選議員からなる台湾議会設置を主張した。本国の政党政治とも連動する官僚主導の総督政治に対して、民主的な手段による総督政治の監視機関の設置と、台湾在住者による自主決定権の領域拡大を要求していったのである。

一九二七年四月、二大政党期開始後初の本格的政権交代が起こると、与党政友会は前政権(憲政会)系の上山満之進総督の更迭を画策したが、田中首相は同郷の上山の更迭を渋るなど、与党内は紛糾した。他方で昭和天皇は、金融恐慌に際し台湾内の動揺を抑制した上山総督を高く評価し更迭せぬよう伝達していた。与党による上山総督更迭運動が露骨さを増すなかで、台湾訪問中の皇族を朝鮮人・趙明河が襲撃した台中事件（一九二八年五月）の責任をとって上山総督は辞任する。しかし、この際の田中首相の対応は、与党と昭和天皇との板ばさみのなかで態度を二転三転させたため、最終的には昭和天皇の不信を買い、また本国や台湾の内地人側メディアは田中の対応のみならず政友会内の圧力を問題視した。

一九二九年七月に再び政権交代が起こり浜口（民政党）内閣が成立すると、与党は台湾総督の更迭にとどまらず局長クラスにも移入官吏を投入し総督府首脳の陣容は一変した。「政党政治の弊害」論に対抗するため浜口内閣は、政党色払拭の演出として植民地首脳部の赴任時に党籍離脱措置を採ったり、自党系人材登用の際にも台湾勤務経験者の再任用などの配慮を見せた。しかしながら、課長や地方庁の高級官僚では在来官吏が登用されてはいたものの、総督府首脳部更迭に伴って在来官吏の人事異動が頻繁に発令されたため、在来官吏も台湾内を異動範囲としつつも一、二年で別の職場へ異動するという事態が常態化した。

二大政党制や普通選挙制度（一九二五年成立）は、政党や選挙法から隔絶させられた植民地在住者にとっては無縁のものであるため、植民地人事への政党政治の介入は、本国政治に翻弄される植民地台湾という位置を一層際立たせた。異民族統治を根底におく植民地台湾においては、台湾人の政治的権利要求の声を抑圧するためにも、「総督の威信」は維持されねばならず、「政党政治の弊害」は払拭されねばならないと考えて危機感を募らせた在台湾内地人は、実業団体を中心として総督任期制論を叫び始めた。しかしその後も与党交代に伴う総督更迭は続き、一九三二年中には台湾総督の椅子に座ったのは三人にも及んだ。こうした事態は本国においても貴族院が問題視し元老西園寺公望も憂慮するなど、植民地長官人事は政党政治批判の濫觴となっていった。こうしたなか一九三二年に本国では軍部のクーデタである五・一五事件が起こり、犬養首相が射殺され、政党内閣は終焉した。あとを受け「挙国一致」内閣を組閣したのはもと朝鮮総督の斎藤実であった。斎藤内閣は内閣交代に伴う植民地関係人事の抑止と政党色払拭を帝国議会で明言し、ここに一九二〇年代の総督政治と政党政治との相剋の歴史に幕は下ろされたのである。

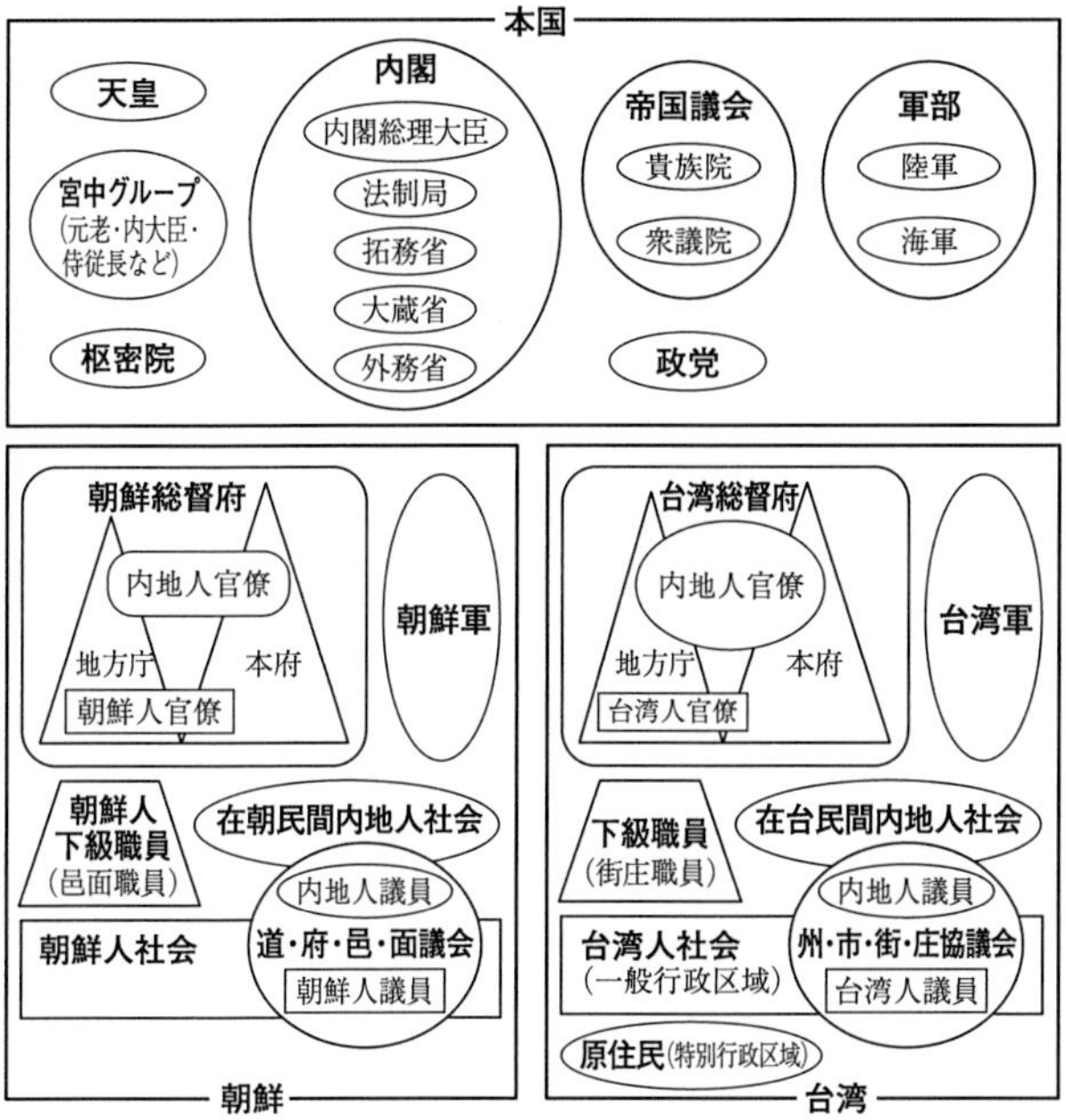

図3　帝国日本の植民地統治をめぐる主要な政治アクター（1920年代後半）

おわりにかえて

本稿では、一九二〇年代の帝国日本の植民地統治と官僚制について、朝鮮総督府と台湾総督府に焦点を当てながら、植民地における民族問題との対峙と包摂、本国における政治体制（政党政治）と植民地における統治体制（総督政治）との相剋の過程という二つの側面から検討してきた。これらの検討をふまえて、一九二〇年代後半の帝国日本の植民地統治をめぐる本国・朝鮮・台湾の主要な政治アクターを図示すると**図3**のようになる。植民地官僚制や高級官僚人事問題に限らず、本国と各総督府の意図は必ずしも一枚岩ではなく、また、植民地内部においても民族別利害ではくくれないイッシューも存在した。ここから浮かびあがるのは、日本の植民地支配とそれに対抗する民族運動という従来の「支配対抵抗」の二項対立図式ではとらえきれない領域の存在である。また、本国政治史(内政史)、植民地統治史(朝鮮史や台湾史などの「地域」史)などの割拠性を帯びた歴史からはくくれない、本国と植民地を架橋する相関関係の歴史も浮かびあがる。

(1)　植民地官僚研究の動向については、[岡本 二〇〇八、序論・第四・五・六章／松田 二〇〇九a・b／やまだ 二〇〇九／尹 二〇〇六・二〇〇九]を参照。
(2)　本節は、[岡本 二〇〇八、第五章]および[岡本 二〇一〇b]をもとにしている。
(3)　植民地統治政策における「内地延長主義」と「特別統治主義」については、[春山 二〇〇八、第Ⅱ部]を参照。
(4)　「台湾総督府文官特別任用令及明治二十九年勅令第二百二十九号廃止」(明治三一年勅令第一九〇号)。
(5)　[駒込 二〇〇二、四〇三・四〇九—四一〇頁]を参照。
(6)　「朝鮮人」の代替語として「朝鮮語ニ熟達シ朝鮮ノ事情ニ精通シ且相当ノ学識アル者」が用いられた[『枢密院会議議事録』第二二巻、三八九—三九一頁／岡本 二〇〇八、二五九—二六〇頁]。
(7)　各道庁には、内務・財務・警察の三部が設置されていた。ただし警察部長には朝鮮人は任用対象外とされた[『枢密院会議議事録』第三五巻、二〇八頁]。
(8)　同文書は日付不詳だが、改正内容と前後に編綴された文書から一九二四年一一月頃のものと推測される[岡本 二〇〇八、二五七—二五八頁]。
(9)　本節は、[岡本 二〇〇八、第一・六・七・八章]と[岡本 二〇一〇a]もとにしている。
(10)　一九三〇年代、各道庁に産業部が新設されると、朝鮮人は産業部長・産業課長に就任することはあったが、内務・財務・警察の主要三部の部長・課長就任は極めて少ない[岡本 二〇一〇a]。
(11)　台湾総督府が毎年刊行した『台湾総督府統計書』には、台湾人官僚・職員数は一九三〇年代後半まで未掲出。本稿では筆者が『台湾総督府及所属官署職員録』一九三一年版から算出したデータ[岡本 二〇〇八、第一・七・一〇章]をもとに記述する。

(12) 本節は、[岡本 二〇〇八、第二章、第七章第二節、第八章第二・三・四節、第九章、第一〇章]をもとにしている。

(13) 植民地高級官僚の人事問題と本国の政党政治との関連を検討した研究については以下、参照。[岡本 一九九八・二〇〇〇・二〇〇三・二〇〇八、第七・八章/李 二〇〇六・二〇〇九/王 二〇〇八a・b/松田 二〇〇九b・二〇一〇]。また、朝鮮総督の地位に関しては[永井 二〇〇九]。

【文献一覧】

李炯植 二〇〇六 「「文化統治」初期における朝鮮総督府官僚の統治構想」『史学雑誌』第一一五編第四号

李炯植 二〇〇九 「政党内閣期における植民地統治」松田利彦・やまだあつし編『日本の朝鮮・台湾支配と植民地官僚』思文閣出版

王鉄軍 二〇〇八a 「近代日本政治における台湾総督制度の研究」中京大学法学会編『中京法学』第四三巻一号

王鉄軍 二〇〇八b 「台湾統治と総務長官」『中京法学』第四三巻二号

岡本真希子 一九九八 「政党政治期における文官総督制」『日本植民地研究』第一〇号

岡本真希子 二〇〇〇 「総督政治と政党政治」『朝鮮史研究会論文集』第三八集、緑蔭書房

岡本真希子 二〇〇三 「枢密院と植民地問題」由井正臣編『枢密院の研究』吉川弘文館

岡本真希子 二〇〇八 『植民地官僚の政治史』三元社

岡本真希子 二〇一〇a 「朝鮮総督府官僚の民族構成に関する基礎的研究」日韓歴史共同委員会編『日韓歴史共同委員会 第二期報告書』第三分科会篇(近現代史)

岡本真希子 二〇一〇b 「朝鮮総督府官僚の任用制度と俸給制度」『日本学報』第八四輯、韓国日本学会・ソウル

駒込武 二〇〇二 「植民地支配と教育」辻本雅史・沖田行司編『新 体系日本史 一六 教育社会史』山川出版社

『枢密院会議議事録』第二一・二三・三五巻、東京大学出版会、一九八五—八六年

永井和 二〇〇九 「田中義一内閣時の朝鮮総督府官制改定問題と倉富勇三郎」松田・やまだ編『日本の朝鮮・台湾支配と植民地官僚』

春山明哲 二〇〇八 『近代日本と台湾』藤原書店

本田毅彦 二〇〇一 『インド植民地官僚』講談社

松田利彦　二〇〇九ａ　「朝鮮における植民地官僚」松田・やまだ編『日本の朝鮮・台湾支配と植民地官僚』
松田利彦　二〇〇九ｂ　「朝鮮総督府官僚守屋栄夫と「文化政治」」松田・やまだ編『日本の朝鮮・台湾支配と植民地官僚』
松田利彦　二〇一〇　「内務官僚と植民地朝鮮」『思想』一〇二九号
やまだあつし　二〇〇九　「台湾植民地官僚制について」松田・やまだ編『日本の朝鮮・台湾支配と植民地官僚』
尹海東　二〇〇六　『支配と自治』歴史批評社・ソウル
尹海東　二〇〇九　「植民地官僚から見た帝国と植民地」『東洋文化研究』第一一号、学習院大学東洋文化研究所
呉文星　一九九二　『日據時期臺灣社會領道階層之研究』正中書局・台北（改訂版が二〇〇八年、五南図書出版・台北。その日本語版は、所澤潤監訳『台湾の社会的リーダー階層と日本統治』財団法人交流協会、非売品、二〇一〇年）
張棟梁　「台湾官制改革に対する希望及自覚」『台湾青年』第一巻第三号、一九二〇年九月一五日、原文中文
「国家試験及第者の総まくり」『台湾民報』第二九四号、一九三〇年一月一日
「卅《マヽ》五年間に高等官が五人　我等の前途に光明ありや否」『台湾民報』第二九四号、一九三〇年一月一日
「鮮人重用の先駆たる新学務局長李軫鎬氏」『京城日報』一九二四年一二月一二日
「大正十年四月地方官会議議事事項及訓示」台湾総督府編『詔勅・令旨・諭告・訓達類纂』台湾総督府、一九四一年（成文出版・台北、一九九九年）
「台湾人郡守」『台湾民報』第一二八号、一九二六年一〇月二四日
「朝鮮総督府及所属官署に対する総督訓示」一九一九年九月三日（水野直樹編『朝鮮総督府諭告・訓示集成』第二巻、緑蔭書房、二〇〇一年）
「朝鮮総督府政務総監ヨリ法制局長官宛電報」（「大正十年勅令第二十六号朝鮮総督府事務官等ノ特別任用ニ関スル件中ヲ改正ス」所収（『公文類聚』第四八編・大正一三年・第一三巻。アジア歴史資料センター、レファレンスコード A01200530800））
「朝鮮統治私見」国立国会図書館憲政資料室所蔵「斎藤実関係文書」一〇四―一九
「内台人親善的暗礁（優越和差別的感念是最大的暗礁）」『台湾民報』第三巻第七号、一九二五年三月一日、原文中文
「有名無実的人材登庸法」『台湾民報』第二九六号、一九三〇年一月一八日

個別史／地域史Ⅲ

朝鮮における「文化政治」と「協力」体制

宮本正明

はじめに

一九一〇年の「韓国併合」は、粘り強く継続された義兵闘争を徹底的な武力鎮圧により圧殺するなかでなしとげられた。そして、軍隊警察である憲兵が日常的な警察業務をも担う憲兵警察制度が「併合」に先行して導入されたことに象徴されるように、きわめて強権的な形で朝鮮統治が開始された。「武断政治」と呼ばれるこの支配のもと、朝鮮人側は意思表示の機会を大きく制約され、閉塞状態に置かれてきた。反発・憤懣をはじめ、日本の統治に対する朝鮮人側の様々な思いや願望が一挙に噴出したのが、一九一九年の三・一独立運動である。「数千人の団体にて腕に赤布を巻き韓国独立の文字を大書したる旗を翻し」た朝鮮人がソウル市内を「喊声を揚げて練り回」るなど、「市中は恟々《きょうきょう》たる有様」である――シーメンス事件を機に当時半ば隠棲状態にあった予備役の海軍大将・斎藤実のもとに寄せられた書翰は、このように三・一運動の開始を報じている（信太郎書翰、一九一九年三月五日付。「斎藤実関係文書」）。朝鮮内における運動は約二カ月にわたって続いたが、日本本国からの軍隊・憲兵の投入などによって鎮圧される。しかし、「武断政治」の行き詰まりは明らかであり、日本政府は朝鮮統治の転換の必要性に直面した。そこで、新たに朝鮮で展開されたのが「文化政治」である。[1]「文化政治」は、当時の施政方針のなかに「文化的制度」「文化ノ発達」

や「文明的政治」といった用語が掲げられたことから同時代的にも使用された表現であるとともに、研究史上でも主に斎藤実総督在任期（一九一九―二七年、二九―三一年）の朝鮮統治を念頭に置いた呼称として用いられている。

「文化政治」期を対象とする個別研究は多岐にわたり、その蓄積も厚い。本稿では、「文化政治」のねらいの一つが、朝鮮人側から日本の支配への自発的な従属を導き出すところにあったことから、日本側が朝鮮において支配に対する一定の「合意」や「協力」をどのように引き出そうとしたのか、という点に限定して論じる。姜東鎮の研究［姜　一九七九］は政治宣伝の強化・「親日派」の育成・「参政権」問題の利用・民族分断政策という四つの側面から「文化政治」を照明するもので、政策面での本格分析の先駆となった。その後も、総督府側の働きかけと朝鮮人の運動側での認識・対応、朝鮮人の「政治参加」問題をめぐる日朝間の角逐などについて継続的に研究が積み重ねられている。一方、実証研究の深まりと同時に、日本の支配の進展と朝鮮人との関係のありかたをどのように把握するのかという点に関わって、新たな枠組や概念の提示もおこなわれている。本稿では、先行研究で明らかにされてきた事実関係に依拠しながら「親日人物」の創出に関わる総督府側の動きをまとめ、ついで「文化政治」期の総督府と朝鮮人との関係性をめぐる研究史の流れに言及する。そして「文化政治」を朝鮮人側がどのように受けとめたのかといった点などに着目しながら、総督府側による「協力」体制の構築が朝鮮社会でなしとげられたのかどうかについて検討を進めたい。

一　「文化政治」下での統治の改編

「文化政治」への転換は、三・一運動で示された朝鮮のナショナリズム、日本国内の「大正デモクラシー」の高揚、日本と欧米列強との摩擦のなかでもたらされた［中塚　一九六六、五八―五九頁］。強権的な統治手法をめぐっては、日本国内の新聞・雑誌上で以前から批判があり、三・一運動に際しては欧米列強からも統治の「改善」要請があいついだ

［梶居 二〇〇六、三八―四一頁］。当時の原敬内閣は、国内世論や国際協調路線への対応から、統治の改編に迫られる一方、政党勢力の植民地への伸長というかねての目的実現という面で、三・一運動はその好機となった。関東州に続き、それまで現役の武官に限定されていた朝鮮総督・台湾総督の地位について文官に対しても就任の途を開く形で官制の改正をおこなった。これに伴い、朝鮮では朝鮮総督が天皇に「直隷」するという規程がはずされ、朝鮮に駐屯する日本軍（朝鮮軍）の指揮権を朝鮮総督が保持するとされていたのが、朝鮮軍に出兵を要請する権限へと変更がなされた。台湾・関東州ではこの官制改正にもとづき、文官の総督・長官が送り込まれたが、朝鮮に関しては陸軍をはじめ、文官総督に対する抵抗が大きかった。しかし、陸軍側もまた、「武断政治」を陸軍出身者が担ってきたことから、陸軍から後任総督を推すことに躊躇があった。海軍出身の斎藤実が後任の朝鮮総督として浮上したのは、こうした妥協の産物であった［長田 二〇〇五、二五四―二五九頁］。

原敬は、自身の見解をまとめた「朝鮮統治私見」を、新任の総督・政務総監である斎藤実・水野錬太郎に手交していた。ここには、朝鮮の「独立」を否定するとともに、朝鮮人は日本人と「同文同種」であるから日本人への「同化」が可能とする認識のもと、朝鮮人に日本の「内地」と同様の法制度を適用するという方向性を示し、ただその急速な実現は困難であるため段階を経て実現していく、とする「漸進的内地延長主義」の構想が記されていた［春山 二〇〇八（一九八〇）、二〇五―二〇六頁］。原は朝鮮統治について「可成《なるべく》内地と歩調を合」せることを望み、「朝鮮丈にて割拠せんとするの傾向」を懸念していた（水野錬太郎あて赤池濃《あつし》書翰、一九二〇年九月二六日付。「守屋文書」）。朝鮮総督府は従来、本国政府からの自立性の確保を志向してきたものの、政党内閣期に入ると議会での予算審議や総督府人事、本国での財政方針（積極・緊縮）などを通じて、政党主導の本国政府による掣肘を一定程度受けざるを得なくなる。とはいえ、原の企図は以後の朝鮮統治に貫徹されたわけではない。政党内閣の時代とほぼ重なる「文化政治」期は、本国政府と総督府との間で、また総督府内部でも当該期に送りこまれた本国の内務官僚と総督府の在来官僚との間で、本国政府と総督府の関係性や個別の政策などをめぐってせめぎあいが展開された時期でもあった〔岡本 二〇〇八／李炯植 二〇〇六〕。

大正天皇の「官制改革ノ詔書」において「一視同仁」が宣明され、朝鮮に赴任した新たな総督府首脳陣は、本国と同様の制度の段階的実現、日朝間の「差別撤廃」、「内鮮《ママ》融和」、「民意ノ暢達《ちょうたつ》」、「朝鮮ノ文化ト旧慣」への配慮などを掲げて統治の改編に着手した。主要な措置としては、以下のものが挙げられる。

（1）憲兵警察制度から普通警察制度への転換。憲兵による普通警察の業務兼任を廃して文官警察主体の警察制度へ改め、地方行政に警察権を移管した。その一方で、三・一運動に伴い動揺した支配秩序の回復・維持のため、警察署・駐在所の拡充、本国からの警察官の導入や憲兵の普通警察への転身による人員増強などを通じて、警察力の強化・稠密化が図られた。

（2）教育制度の改変。朝鮮人を対象とする初等学校（普通学校）の増設をはかるとともに、京城帝国大学の開設や専門学校の認可など、高等教育に配慮する姿勢を示した。そして、「内鮮《ママ》共学」の名のもとに朝鮮の朝鮮人・日本人の教育法規を一元化し、日本人の小学校（六年制）と朝鮮人の普通学校（四年制）とで異なっていた修業年数（これにより、朝鮮人は上級学校に進む途が制度上閉ざされていた）を、日本人学校と同等の年数とした。しかし、日本語の授業が増加するなど、教育現場における日本語の優位性はより強まった〔金富子 二〇〇五、五三―五四頁〕。

（3）地方諮問機関の設置。「地方自治」の名のもとに、従来府（＝市）に設けられていた府協議会に加え、朝鮮の地方行政単位である道・指定面・面（道＝府県、指定面＝町、面＝村）に道評議会・指定面協議会・面協議会という諮問機関を新たに開設した。評・協議会員として参与した朝鮮人の数は一九二〇年後半段階で二万名以上にのぼる〔糟谷 一九九二、一四三頁〕。しかし、諮問機関であるため審議案件に対する議決権がないなど権能が限定されたうえ、道評議会員・面協議会員は任命制とされ、選挙制が導入された府協議会・指定面協議会も制限選挙（男性限定・納税額要件あり）であった。

（4）言論・出版・集会・結社に関する規制緩和。「火を焚いて煙突が無いと何時か窯が破裂をする」ので「煙突を付け」る〔「朝鮮行政」編輯総局編　一九三七、二〇九頁〕という意味合いから民間の朝鮮語新聞（『東亜日報』『朝鮮日報』など）の発刊を許可するなど、言論・出版・集会・結社について認容の幅を一定程度広げた。ただ、言論・出版面では事前検閲の実施や、発行停止命令を含む行政・司法処分の権限を総督府が保持するなど、改めて取締の枠組が課せられた。時に朝鮮語新聞は「今日の総督政治」には「ただ「沈黙」があるのみ」であるとし、日本の為政者に「この無言の雄弁である「朝鮮人の沈黙」を洞観する能力がありや」という問いかけを突きつけている（『東亜日報』一九二二年八月一六日付〔コリア研究所編訳　一九九〇（政治篇）、一三五頁〕）。

日朝間の「差別撤廃」は、主に総督府関係機関の公官吏任用に主眼を置いて実施が目指され、朝鮮人登用の一部拡大も見られた〔岡本　二〇〇八〕が、制度面での日朝間の格差は様々な形で維持された。先述の教育制度では、「国語（日本語）ヲ常用スル者」「国語ヲ常用セサル者」という用語のもとに朝鮮人と日本人との二元教育は実質的に維持され、また上級学校への進学を想定しない四年制の普通学校も存置された〔金富子　二〇〇五、五三―五四頁〕。地方諮問機関の場合も、面協議会員のなかには「従来全ク干与スルヲ得サリシ面予算ヲ審議」できるようになったことで「如何ニ民意ヲ重セラルルニ至リシカニ想到シ文化政治ノ有難味ヲ感シタリ」とする受けとめ方がある（外務省亜細亜局『朝鮮独立運動ニ関スル参考資料』一四六頁。以下『参考資料』）など、肯定的な評価があるかたわら、「議員（面協議会員）ハ只其ノ予算ノ内容ヲ見セテ貰フト云フニ過キサル程度」（『平安北道民情視察復命書』吉村伝・李範益、一九二一年四月。「大塚文書」）という指摘もあり、諮問機関の実質的な機能に対する失望も確認される。そして、制度面の格差もさることながら、朝鮮人側にとってより深刻なのは、「ヨボ（朝鮮人の蔑称として日本人が使った表現）ノ癖ニ」という言いまわしに代表される、日本人側の「倨傲《きょごう》」「暴慢」の姿勢（同前）が日常化している状況であった。この「根本的」「解決」こそ、朝鮮人が身近に思い描く「差別撤廃」であった。しかし、施政方針などでうたわれた「差別撤廃」も、日本への「同化」をひたすら求める性格を帯びた「内鮮融和《ママ》」〔糟谷　一九九二、一二五―一二六頁〕も、朝鮮人のこうした願いに応えるものではなく、後述のように、かえって日本人や警察官吏に向け「日韓併合ノ精神ヲ宣伝センコトヲ要求」〔同前〕せざるをえない情勢が続くことになる。

他方、経済・産業面では、米穀生産の拡大を目指す産米増殖計画が、朝鮮内の需要を満たすとともに、本国の米不足に備える目的のもとに推進されたほか、産米増殖計画の前提となる灌漑施設の整備や、鉄道敷設・土木工事など、各種の事業が展開された。こうした施策の推進のため、朝鮮内での増税実施や、本国から朝鮮への補充金（原内閣のもとで再開）の投入がなされた。山梨半造総督期（一九二七―二九年）を含む一九二〇―三一年度における本国一般会計からの支出累計は補充金一億八二〇〇万円、軍事費二億九〇〇〇万円に達した〔小田　一九四三、四―五頁〕。原は、赤池濃警務局長に対し「朝鮮の問題は結局金の問題なり、多く支出すれは可、支出せされは不成功」（守屋栄夫《えいふ》あて赤池濃書翰、一九一九年九月二六日付。「守屋文書」）と語っているように、朝鮮統治の成否はカネにあると考えていた。そして、こうしたカネは、「親日」勢力の創出・育成にも振り向けられていく。

二　「協力」拡大の試み

日本の支配に対する朝鮮人側の一定の「合意」獲得を命題とする「文化政治」期の総督府にとって、朝鮮社会の各層に「親日人物」をいかにつくりだしていくか、ということは重要な課題であった（「朝鮮民族運動に対する対策案」。「斎藤文書」）。総督府側は、地方諮問機関などの設置のほかに、「親日」を標榜して活動する諸勢力への便宜供与や資金提供、三・一運動の主導者・関係者を含む民族運動家・知識人・宗教者への個別的な接触や働きかけ、朝鮮人学生に対する学資援助など、懐柔や育成を図っている〔姜 一九七九〕。前述の灌漑・土木などの各種事業にしても、地域レベルでの利益供与を積極的に展開し、それによって地主など地域の有力者を受益者として包摂しようとする側面があった〔森山 一九九一、九頁〕。一方、民族運動については、社会主義勢力や朝鮮独立を目指す「不逞ノ徒」に対しては強硬な弾圧措置をとるかたわら、「穏健」的と見込んだ一部運動勢力には宥和的な対応を示すなど、運動側の分断も企図された。

こうした働きかけには、斎藤総督をはじめ、総督府の治安機関の高官・地方長官・総督の個人ブレーンなどをまじえておこなわれた。斎藤総督は運動家・知識人や「親日」勢力を含めて朝鮮人と会合する機会を設ける〔姜 一九七九〕など、朝鮮人の意見に進んで耳を傾けるポーズをみずから示した。これに比して、斎藤の後任である山梨半造総督は「朝鮮人ノ陳情、請願」に対し「何人ニモ面会セラル、ト云フ御方針ヲ取ラレズ」、「閣下〔斎藤〕の御時トハ異」り朝鮮人の「官邸への出入り存外多カラヌ様」であったという総督府通訳官の指摘もある（斎藤実あて田中徳太郎書翰、一九二八年二月一七日付。「斎藤文書」）。また、斎藤は個人的なブレーンである阿部充家を通じて朝鮮人学生に学資の提供もおこなっている（「阿部充家関係文書」〔国立国会図書館憲政資料室所蔵の〕阿部充家あて斎藤実書翰群参照）。阿部充家は朝鮮人の民族運動家・知識人との交友関係も広く、斎藤総督に朝鮮の著名人士や青年層の動向などの情報を報知するとともに、特に一九二〇年代初頭に盛り上がりを見せた「実力養成運動」（後述）に着目してこれを非政治的な方向へ誘導すること、あるいは朝鮮人の運動家・知識人の間に各種の勢力をつくりだして競合させるべきといった献策をおこなうほか、自身でも朝鮮人の「説得」に当たっている。

阿部のような非公式ルートのみならず、総督府の警務局の幹部クラスにおいても朝鮮人の運動家・知識人・言論関係者への接触が図られた。丸山鶴吉（警務局事務官・警務局長）をはじめ、朝鮮人との対論を通じて「実力養成運動」を支配体制の枠内へ取り込むよう試みている〔松田 二〇〇九、三四四頁〕。また、裏面からの働きかけにとどめて「椽ノ下ノ力持チ」をもって任ずるケース（白上佑吉〈京畿道警察部長〉。守屋栄夫あて白上佑吉書翰、一九二二年二月二四日付。「守屋文書」）もあるなど、担当者の個性やその局面に応じて様々な手法をとりまぜておこなわれた。他方、地域レベルでもこうした動きが見られる。忠清北道知事の米田甚太郎は管下郡内の「勢力家」に対して「懐柔ニハ相当注意」をはらっており（斎藤実あて米田甚太郎書翰、一九二一年一一月七日付。「斎藤文書」）、また平安南道知事の篠田治策は、全般的に「内心反日感情ヲ有スル」状況にあっては「独立派ト称スル程ニハアラサル」人物も「排日派」と見ることもできるが「不逞ノ徒輩ニ非サル」限りは「排日派」として「疎外」せずに「懐柔指導」の対象として措定している（守屋栄夫あて篠田治策書翰、一九二〇年一〇月一一日付。「守屋文書」）。

警務局や地方長官サイドでは、明確に「親日」を打ち出す人物・団体への支援も個別に見られたが、これに対し阿部充家は、「親日を標榜し却て鮮人《ママ》間に仇敵視され」るような人々を「手足」とすることは「全朝鮮に無用の敵を作り気力ある声望あり他日我が用をなすべき人士を駆りやる患あり」（「下村氏〈阿部充家〉意見書」。「斎藤文書」）として、「親日」を表だって掲げる勢力のあからさまな利用は逆効果であり、あくまでも総督府は後景にあって、朝鮮人の内部分裂を促すよう仕向ける「高等政策」に徹すべきという考えを持っていた。ここには、「親日」に対する朝鮮人側の忌避意識の広範な存在が示唆されてもいる。

また、総督府側においても、「親日」勢力に対する認識は冷厳な面があった。衆議院議員選挙法の朝鮮への施行を求める国民協会も一貫して支援を得ていたわけでなく、冷遇される場合もあった［松田 二〇〇四］。「内政独立」の請願を後におこなう同光会が独立運動家への懐柔工作の費用を総督府・日本政府に要請した際、赤池濃警務局長は「馬鹿〳〵しき限」りと見なし、その懐柔工作は「不成功なるべき」としていた（水野錬太郎あて赤池濃書翰、一九二一年九月一三日付。「守屋文書」）。総督府の警察官僚として独立運動家の検挙にもあたった金泰錫は「小生ニ対スル不逞徒ノ悪評」が高く「小生ノ身辺最モ危険」な状態にあるにもかかわらず「当局ニ於テハ何等特別予防方針ヲ設置セズ」と不安を訴えている(宇佐美勝夫あて金泰錫書翰、一九二〇年。「大塚文書」)。また、警務局高等警察課長の田中武雄は警察官対象の講演で、「親日派」は「現在及近キ将来ニ於テ到底独立不羈《ふき》ノ国体ヲ維持スル事能ハサル」という「自覚」があるから「日本トノ共存共栄ヲ主張」するのであって、「如何ナル親日派ト雖《いえども》朝鮮ガ完全ナル独立ヲ希望セズ徹頭徹尾日本ノ一属地タル事ヲ念願スルモノ一名モナカラン」と話している(「林利治ノート」。「林家史料」(山口県文書館))。この田中の見方は、朝鮮人に対し「生レナガラノ内地人」と「同一ナラン事ヲ要求スル」ほうが「無理」(同前)という、ある種のリアリズムにもとづいていた。とはいえ、総督府側には、日本の支配を肯定的にとらえる「親日」勢力に対する信頼感が充分にあるとは言いがたく、ましてや朝鮮人の運動家や知識人・青年層も含めた朝鮮人一般に対する不信や警戒の念は絶えず存在した。

一方、朝鮮の独立に関しては日本側では否定が大勢を占めていたが、朝鮮人の「政治参加」をめぐっては「自治」(大枠としては「朝鮮議会」に類する機関の設置が想定されている)や「参政権」(朝鮮選出の議員を本国の帝国議会に送る)について、朝鮮人や日本人の一部でこれらを求める主張や運動が見られた。しかし、日本本国や在朝日本人側においては、「自治」についてはいずれ朝鮮の分離・独立につながる、また「参政権」については朝鮮選出議員の存在が本国政治の「攪乱」要因になるなど、種々の懸念から一貫して根強い拒否反応が介在した。

朝鮮では、こうした「政治参加」の問題が議論として浮上する機会があった。総督府部内で一九二〇年代前半に「自治」案の検討がなされた形跡があるほか、二四―二五年にかけて下岡忠治政務総監が「自治」に関する言及を新聞紙上でおこなったり、『京城日報』(総督府が経営主体である日本語新聞)で社長の副島道正が「自治」を主張する社説を掲載するなど、総督府とその周辺で「自治」問題を対内・対外的に取りあげる流れが見られた〔松田 二〇〇四、三八八―三九〇頁〕。また、斎藤実は、総督再任に際し独自の議会的機構の設置を施政の目玉として考えていた節があり〔李炯植 二〇〇七、三九三―三九四頁〕、実際に総督府部内で検討が進められていた。その案は、朝鮮における予算の一部を「朝鮮地方費」としてその審議・議決をおこなう機関を設置するというものであったが、審議案件の範囲の制約、議決取消をはじめ総督の介入権限の大きさなど、その機関に想定された権能は限定的であるうえ、その設置によってできる限り朝鮮統治への本国政府の容喙を防ぐという意図もかいまみられる〔岡本 二〇〇八、五三一頁〕。これは、朝鮮人側で求めたような、「朝鮮人の与論を尊重し而して朝鮮人をして是を行はしむる」（阿部充家「崔麟氏との答問覚書」。「斎藤文書」）ものとは程遠いものであった。この案も検討過程の中でさらに縮小され〔森山 二〇〇〇、二一一―二二三頁〕、地方諮問機関の議決機関への転換（議決機関として道会・府会・邑会（指定面を邑に改称）を設置するとともに道会に一部選挙制を導入。面協議会は諮問機関のままとされたが選挙制を導入）を骨子とする「地方自治」の拡大という形で一九三〇年に実行された。結局、「自治」問題は部内検討の段階で立ち消えとなり、朝鮮統治の中で現実的な政策として対外的に提示されることもなく終わった。

三　総督府支配と朝鮮人との関係をいかにとらえるか

「文化政治」期は言論・結社などの規制緩和に伴い、知識人・民族運動家を中心に多彩な言論活動や各種の民族運動が展開された。「親日」や「内鮮融《ママ》和」を掲げる組織が結成されたほか、「政治参加」をめぐっても「参政権」・「内政独立」を求める諸活動が登場した。また、民族主義運動も盛んになるとともに、青年・女性・農民・労働者・被差別民（「白丁」）など各階層による団体結成・組織活動が活性化した。一九二〇年代初頭には、新教育の振興、朝鮮国産品の愛用・民族産業の育成、伝統的慣習の改革、人格修養・「民族性」改造などを通じて、朝鮮人自身による「実力養成」の展開を訴える「文化運動」が朝鮮各地で進められた〔朴 一九九二〕。これに対し、「実力養成運動」を凌駕する形で社会主義運動が朝鮮内で急速に勢力を拡大し、一九二五年には朝鮮共産党が結成されるが度重なる弾圧と再建が繰り返される。「実力養成運動」のなかからは、日本による支配の枠内で政治的権利の獲得を目指そうとする動き(「自治論」「自治運動」)もあらわれはじめた。特に『東亜日報』一九二四年一月二—六日に連載された社説「民族的経綸」では、「日本を敵国視」する運動にのみとどまるのでなく、「当面の民族的権利と利益」の擁護ならびに将来の「政治運動」に向けての基礎作業のためとして、「朝鮮内で許される範囲内」での「政治的結社」の組織を提唱している。民族主義運動陣営の中ではこうした方向性を支持する「民族主義右派」と、日本の統治に妥協するものとしてこれを拒む「民族主義左派」の分化が顕在化した。その後、「民族主義左派」と社会主義勢力との間では接近が進み、一九二七年に民族協同戦線の組織として新幹会が成立する一方、一九二九年の光州学生運動や元山ゼネストなど大規模な闘争があいつぐようになる。

　これまでの研究蓄積のなかで、日本の本国政府・朝鮮総督府・朝鮮社会との関係、そして朝鮮における総督府、在朝日本人、朝鮮人の民族運動、「親日」勢力や地方諮問機関などへの「参加」者、そして朝鮮民衆との関係のありかたをどのようにとらえるのか、という問題について自覚的な追求がなされてきた。基本的には日本の支配と朝鮮人との間を相互規定の関係として把握すること自体は、従来の研究史を通じて共有されていると見てよい。着目する朝鮮人の階層・集団は論者によって異なるが、そこには検討対象の階層・集団について、どこまで総督府の支配に影響を及ぼしえた主体としてみなすのか、という問いを伴っている。

　姜東鎮[姜 一九七九]は、懐柔対象となった民族運動家・知識人の対応について、総督府側による策動という外在的な要因を強調するため、総督府や阿部充家の仕掛けに従属する存在として描かれがちで、こうした評価に対する批判と再検証が趙聖九[趙 一九九八]によっておこなわれている。ただ、総督府による表裏両面での働きかけが存在する以上、懐柔工作を受けた朝鮮人や「民族主義右派」の主張・運動にどこまで総督府の意図が反映しているのか、この連動関係の確定が困難であり(当時より「灰色分子」「灰色鮮人《ママ》」という表現が見られる)、それが評価の難しさにつながっている面は無視できない。しかし、こうした困難さにもかかわらず、総督府側と何らかの形で接点を有していた「民族主義右派」に対する内在的な把握を目指す成果が積み重ねられてきた。並木真人〔並木 一九八九〕は「民族的経綸」の執筆者である李光洙の「近代」認識を分析するなかで、総督府に接近していく思想的な素地としてその「近代至上主義」を明らかにしている。朴賛勝〔朴 一九九二〕は「民族主義右派」の運動と論理の解明に取り組み、朝鮮社会の「近代化」という側面に限定すれば一定の意義が認められるとしつつ、「資本主義的文明」の確立を最優先させたために「独立」という最終目標の、現実的課題としての色彩が稀薄化したなどの点で問題性があったと指摘している。以後も「民族主義右派」・「自治論」をめぐっては資本家層の動向分析や比較研究もまじえつつ論議が続いている〔呉美一 二〇〇二／卞恩真ほか 二〇〇七、一九二―一九四頁〕。

一方、近年の研究においては、総督府と民族運動との関係のありかたについて、「バーゲニング」や「植民地公共性」といった分析概念を用いて把握を試みる主張もなされている。金東明〔金 二〇〇六〕は「民族主義右派」を「分離型協力」運動、「親日」勢力を「同化型協力」運動と規定したうえで、二〇年代後半に「同化主義支配体制」から「自治主義支配体制」への転換の模索がはかられる（先述の第二次斎藤総督期における「議会的機関」設置の検討など）なかで、「抵抗運動」を含めた運動勢力間の相互関係もからみながら、これらの運動が総督府に対する一定の「バーゲン力」（政治的交渉能力）を発揮する余地があったと位置付ける。この枠組では、従来総督府に従属的として研究史上であまり顧みられることのなかった「親日」勢力が、総督府との交渉能力を有する主体的な存在の一つとして描かれることになる。また尹海東〔尹 二〇〇二（二〇〇〇）〕は地方諮問機関や各地域の住民「大会」などを介して日常的な利害の調整について朝鮮人側も一定の影響力を行使しえた点を指摘し、ここに「政治的なるもの」の公的領域の拡大を見出している。並木〔並木 二〇〇三・二〇〇四〕はこれらの議論をふまえつつ、「文化政治」期に総督府と朝鮮社会との間に「公共領域」が本格的に成立し、この「公共領域」における両者のせめぎあいのなかで朝鮮統治が進展していくとする「植民地公共性」論を提起している。これは、朝鮮語の新聞・雑誌を拠点とした言論活動の活性化、地方諮問機関など総督府の設置になる各種機関への「参加」、「合法的」な形での各種民族運動の展開など、総督府との「接近戦」によって日本の統治を掣肘する側面が当該期に拡大していくととらえ、朝鮮支配をめぐり「要求」「異議申立」や「交渉」「妥協」などを通じ、一定程度の成果を引き出せる余地が朝鮮社会の様々な局面で多分に生み出されたとするものである。

「バーゲニング」や「植民地公共性」の議論については論者自身も留保をつけているものの、既に批判がなされている。「バーゲニング」の場合、総督府側が「分離型協力」運動や「同化型協力」運動の側に対し「協力」に見合うだけの具体的な見返りを提供していない以上、総督府に対する一定の「呼応」や「抵抗」はあっても一方的な「協力」を強いられるにとどまり、「バーゲニング」という関係性は成立していないという指摘［李テフン 二〇〇七］がある。また、「植民地公共性」論の場合は、こうした「公共領域」への朝鮮人の「参加」はごく限られた階層に限定されているとともに、そこにも日本人による差別の論理が貫かれているほか、そもそも朝鮮民衆はこうした「公共領域」から総督府・朝鮮人有力者双方から排除されていることなどから、「植民地公共性」の「幻想性」が指摘されている［趙景達 二〇〇八］。特に地方諮問機関については、池秀傑［池 二〇〇五］が、特定の地域に即した実証研究を通じて、諮問機関への「参加」は地主など地域の「有志者」の間で見られるものの、実態面では地域の要請が諮問機関を通じて解決されることはほとんどなく、日本人の有力者に依存した「裏取引」でその要請の実現を目指さざるをえなかったこと、地域社会には日本人有力者が優越的な序列構造が成り立っており、そのなかに「抵抗」や「差別」の関係が内包されていることなどを明らかにしている。

四　「文化政治」と朝鮮人

官憲の「民情」調査より見た「文化政治」

朝鮮の各地域において、「文化政治」下の状況はどのようにとらえられていたのか。ここでは、時期・地方などの面で限定的かつ不充分ではあるが、官憲側の情報収集の成果である『平安北道民情視察復命書』（吉村伝・李範益、一九二一年四月。以下『復命書』）や江原道「民情彙報」（一九二三―二四年分が韓国歴史研究会編『日帝下社会運動資料叢書』第四巻〈高麗書林、一九九二年〉に収録。以下「彙報」とし、頁数は前記『資料叢書』のものを記す）などの史料から、その一端をさぐっていきたい。

「文化政治」は「宣伝政治」とも呼ばれていた。各地での講演会などの開催は、「新施政」の宣伝をおこない、それを通じて支配への同調を促す機会として位置づけられた〔姜 一九七九〕。ある地域では朝鮮人の総督府事務官（張憲植）の口を通じて、施政方針・「併合」の精神・朝鮮独立不可能・「内鮮《ママ》ノ共存共栄ノ必要」が語られたが、「青年階級ノ一部」の感想は「彼モ朝鮮人ナル以上朝鮮人トシテノ頭ヲ以テ講演スルモノト思料セシニ」「彼ノ頭ハ全ク内地人ナリ」とし、講演は「全ク政府ノ飯ヲ食ヒツツアルモノノ広告」にすぎないというものであった（『復命書』）。一方、講演会の開催手法も「農繁期をも顧みず警官の威力を濫用して、無理に民衆を駆り集め、中央地方の役人に加ふるに、総督府手飼の浪人雑輩をして、手盛りの善政を押売らしめ自己の治績を吹聴せしめ」たり、「過去に於ける韓国時代の悪政を引証し徒に善政を押売りする傾向」〔春日 一九二五、四七―四八頁〕があったとの指摘があり、聴衆側に対する効果的な「説得」の機会となっていたのかについて、疑問が投げかけられている。

また、地域において「新政の唯一の代表者であり、文化政治第一線の宣伝者」〔関根 一九二二、三二頁〕という位置づけを与えられていたのは警察官であった。とはいえ、警察の中堅クラスにおいても、「警部考試試験」での「文化政治を論ず」という問題に対し「文明開化の政治」「立憲政治」と解した回答が多く、「朝鮮に於いては特有の意味を有するこの標語」に対する理解が欠けている状況であったという〔薄田 一九二五、七四頁〕。

地域の「一般人民」にとって、「官憲」といえば「彼等ノ頭ヲ支配スルモノハ只警察ノミ」というほど、末端の警察官の存在感は大きなものであったが、その「素質不良」は頻繁に指摘のあるところである。「文化政治」の「宣伝」の担い手としてよりも、朝鮮語・朝鮮事情に通じていない日本人警察官による「官権」の「濫用」「横暴」のほうが一般的であり、「市街路上等ニ於テ濫《みだ》リニ人民ヲ殴打シ又ハ正当ノ理由ナクシテ民家ニ侵入スル等ノ不法行為」や拷問などが見られた。特に平安北道のように、中国との国境地帯にあたり、武装独立運動勢力の進攻をしばしば迎える地域では、警察が「不逞者ト良民トノ区別明カナラス為ニ全体ニ対シ検束ヲ加ヘ」るといった「玉石混淆的取締」をおこなったり、青年層や地域住民に対し「全然不逞者扱」いする姿勢で臨んでいた(以上『復命書』)。

このほか、警察との関係では、「文化政治」期に拡充がはかられた警察署の新築にあたり、警察側が地域住民に「暗ニ寄附強要」を迫ることへの不満も確認され、「警察ノ御機嫌ヲ損スルノ頗ル不利益ナルヲ知ル」ため、警察側からの要請に対しては「唯々トシテ之ニ従フ」ものの「内心頗ル迷惑」であるという訴えがある。「寄附」を求められた「面内有力者」は、以前「不逞団関係者」として検挙の後に放免された経緯があることから拒めずに承諾したが、面の住民からその負担に対する苦情が出て面長や「有力者」が「板挟」となる事例も報告されている(以上『復命書』)。

『復命書』では、警察の「人格ヲ無視スル専制的虐(虐)待」が「内地人官民」の差別感情ともあいまって、「有為ノ青年達ヲ駆リテ排日ニ走ラシム」として、警察側の対応が朝鮮人側の反発を招来していると報告している。また、地域住民の対官憲姿勢について、「排斥」せずとも「接近ヲ避クル」傾向が指摘されるほか、警察への「接近」もあくまで朝鮮人側の「自覚」の結果であって「当局ニ信頼スルガ為ニアラサル」との証言(「要視察」対象者・「有力」青年、

『復命書』)があり、警察側の姿勢が改まらない限りは、「一洞里一駐在所ヲ置クモ決シテ民心ヲ収拾スルニ足ラサルヘシ」としている。しかし、一九二〇年代前半を中心に、警察が「警察の民衆化」という標語のもとに朝鮮民衆との接近を図る動きが展開されるなかにあっても、警察による権力の「濫用」「暴行」や高圧的姿勢は日常的なものであり、これは「文化政治」期全般にわたり絶えることはなかった〔松田 二〇〇九、四七五―四七六頁〕。

翻って、朝鮮民衆が生活の維持に専心せざるを得ない状況は官憲史料上にもあらわれている。「細民」においては「総督政治ノ何物タルヲ解セサル者多ク従テ朝鮮独立ノ如何ハ全ク彼等ノ意トスル処ニ非ラス唯彼等ハ其ノ日常生活ニ追ハレ居リ生活ノ安定ヲ希フノ外他意ナキモノ」(『参考資料』一四九頁)という観察がなされ、あるいは「下層住民」については「殆ント施政ノ方針時世ノ変遷ニ無関心ノ状況ニ在リテ世ノ大勢環境ノ移動ヲ観察スルノ能力ニ乏シク只管衣食ノ資料ヲ得ムカ為」に日々を過ごしている状況であるという指摘が見られる(全羅北道『高等警察ニ関スル管内状況』一九二六年六月。以下『管内状況』)。

「朝鮮独立」との関係では、平安北道では、「大多数ノ人民ハ全ク誤解又ハ脅迫ノ結果其ノ疑ヲ避ケ以テ生命ノ安全ヲ期スル必要上之〔抗日勢力〕ニ応シタル即チ名義ノミニシテ実際ノ運動ヲナシタルモノナシ」という証言がある(『復命書』)。どこまで真意を反映したものかはともかく、警察と抗日勢力とのはざまにあって「其ノ堵ニ安ンスルコト能ハサリシ」(「有力」青年の言、『復命書』)という状況に置かれていたことは見てとることができる(同様の指摘は朝鮮語新聞にも見られる〔コリア研究所編訳 一九九〇(社会篇)、一七四頁など〕)。しかし他方では、「下級無識ノ一般人民」の間には独立運動家に対し「相当有力ナルモノトシテ尚畏怖シ居ルモノ少カラサル」(「要視察」対象の青年の言、『復命書』)とする指摘もある。また、独立運動組織の一つ、義烈団の活動をめぐって、飛行機を目にして「日本文明ノ進歩ハ驚嘆スルノ外ナシ」と受けとめ、独立運動も目的達成は不可能であると判断する「部民」もいれば(「彙報」第二二報、一九二三年五月九日。三八五―三八六頁)、「鮮人《ママ》ニシテ朝鮮独立ヲ希望セサルモノナカルヘシ単ニ官憲ノ取締ヲ顧慮シ露骨ナル言動ヲ慎ミ居ルニ過キス」（「彙報」第一五報、一九二三年六月七日。四一八―四一九頁）との思いをにじませるケースもあり、独立に対する希望とあきらめの交錯・併存するさまが見てとれる。

一方、「施政ノ方針時世ノ変遷」との関係では、「流言」・「風説」などを通じて朝鮮民衆の受けとめ方がうかがえる。当時、総督府・朝鮮の知識人双方から「文明化」などの名のもとに朝鮮民衆には「民風改善」「生活改善」が求められていく〔宮本 一九九八〕なか、消費節約も叫ばれるが、その趣旨が必ずしも朝鮮民衆に正確に伝わっているわけではなかった。「国家ニ重大事件突発ノ前兆」とされていた「鵲《かささぎ》ノ夜泣」に接し、日本側による消費節約・勤倹貯蓄の奨励の「裏面ニ重大ナル原因伏在」と見て「国家凶事ノ前兆」だとする「流言」があらわれたり（「彙報」第七報、一九二三年三月三一日、一八一頁）、消費節約の一環として都市部で綿服着用が奨励されているのに対し、「低級部民」において「朝鮮独立ノ愈々見込ナキヲ自覚シ旧韓国時代ノ風習ヲ回復セムト先ツ服装ヨリ始メタルモノ」と「誤解」して受けとめる向きがあることが報告されている（「彙報」第八報、一九二三年四月一〇日、二二〇頁）。「近代的」な生活様式・価値観の受容とは懸隔のある理解であり、消費節約自体に前向きな見通しを感じているわけではない。また、課税に関する「臆説」もしばしば見られ、「非文明」の象徴とされる髷《まげ》に対する「結髪税」の導入が計画中である（「彙報」第二報、一九二三年一月二七日、三三二頁）、あるいは貨物運搬などの面で牛馬の利用が多いことから「車両税」として「牛馬税」が徴収される（「彙報」第九報、一九二三年四月一八日、二五二頁）、といった「風説」が散見される。日々の生活に追われるなか、敏感にならざるをえない政策面での関心事として税金が意識されていたことがうかがえる。

とはいえ、「我カ大韓独立ニナル　信ジヨ〳〵天様　□（一字不明）ノ如ク信ジヨ此ノ世ノ人等／努メヨ〳〵独立運動ニ努メヨ　御覧ナサイ〳〵　之レヲ良ク御覧ナサイ」という「不穏落書」がトイレの板戸に記される（「彙報」第七報、一九二三年三月三一日、一七八頁）など、独立願望も確認される。そして、日本の支配にも独立運動にも積極的な姿勢を持てない形で生活維持に尽力する朝鮮民衆において、そうした姿勢に変化をもたらす契機もまた見出される。『復命書』に採録される複数の牧師の証言のなかには、「此ノ感情〔意識面での「差別撤廃」を日本人側に求める信者の感情〕ニ解決ヲ与フルニアラサル限リ遂ニ独立ノ希望ヲ絶ツ能ハサルヘシトノ意」がほのめかされていたり、官憲に敵対行為をとる意図がないにもかかわらず、キリスト教徒に対する警察の圧迫がなお強く、「常ニ其ノ疑ヲ解カンコトニ努メても効果がないとして、信者の間で「将来迄斯クノ如クンバ〔略〕何等カノ対抗策ヲ講セサルヘカラス」といった声がささやかれているとする。また、『管内状況』でも「下層住民」については「思想取締上深キ注意ヲ加フル要ナキ」としながらも、社会主義者による介入も想定しつつ、その「生活苦」が「悲観—絶望—恐怖ニ導キ其ノ極マル処如何ナル大事ヲ惹起スルヤモ予測シ難キ」という認識が示されている。ここには、日本人側の差別意識や抑圧、日本統治下での生活状態いかんによっては、支配への忍従という姿勢のままでとどまるとは限らない可能性が示唆されている。

末端行政の状況——区長の位置づけをめぐって[2]

転じてここでは、朝鮮における末端行政をとりあげ、特に「区長」の存在に注目して、総督府の統治システムが浸透していたのか否かについて触れておきたい。

行政区分の最末端は面であるが、面の下部の地域単位である「洞里」には、「面制」（一九一七年）の実施に伴い従来の「洞里長」が廃され、無給の名誉職である「区長」（朝鮮全域で約三万人）が置かれていた。法規定上は告知事項・法令の周知や洞里関係の面業務の補助にあたるとされたが、実際には税金の督促や農業・衛生面の業務など、その活動は広範囲にわたっていた。それだけに区長は総督府行政と地域住民との間をつなぐ重要な位置にあり、「其ノ人ヲ得ルト否トハ」朝鮮統治全体に関わるとされた〔井坂 一九三三、五一〇頁〕。そのため、資産・知識を有し、地域住民からの信望も厚い「一流の資産徳望家」〔任 一九二五、九二頁〕が区長として期待されていた。

しかし、従来の洞里長と同じく、区長は地域社会から「小使」として「侮蔑」されたり「有力者の為すべき仕事ではない」と敬遠される向きがあり〔橘川 一九二五、五一頁〕、輪番制をとって「其の任期満了の日を待つ有様」というケースもあった〔金錫天 一九三〇、一二四頁〕。区長には「中産階級以下」が多いとの指摘がある〔金尚鉉 一九三〇、九五頁〕など、総督府の期待に即した人物が区長として輩出されていたとは必ずしもいえない面がある。また、規定上は無給の区長に対しては、「慣習」として洞里の住民から穀物・金銭の提供が引き続きなされていたこともあり、区長は「面職員と言ふよりも寧ろ部落民側唯一の外交機関」という評価〔一駐在査公 一九三三、四六頁〕も見られる。他方、区長の人数不足を補うため「各部落毎に何等法令の根拠なき洞長と称する名称を附したる区長」を独自に設けている事例も報告されており、そこでは「洞長は事実上区長の事務を取扱ひ、区長は寧ろ取次機関の態様を為し、面と面民との間は兎角隔靴掻痒の感無きを得ぬ」状況であったとされる〔金淳卿 一九三一、七五頁〕。

また、これは宇垣一成総督期(一九三一—三七年)の記述に属するが、地域によっては「彼の区長は六十五歳で耳も遠いのであるが、小供もなし財産もなく、生活に困る処より区長に就職せしめ、部落民から手当を支給し辛ふじて生活してゐる」という事例〔一駐在査公 一九三三、四八頁〕も報告されているが、これはむしろ地域社会における相互扶助機能のなかに区長が位置付けられていることを示している。また、「民風改善」を標榜して「部落民申し合せ禁酒部落となつた」が、区長に「部落から一二丁隔つた処」で酒の小売をさせてその手当に充当するという事例〔同前、四九頁〕も挙げられており、日本の統治のもとで勧奨された「民風改善」が実質的に骨抜きにされるさまも見てとれる。

これらの事例は、当該期には朝鮮の地域社会にあっては前近代的な慣行が機能を続けるなど、総督府の行政システムが必ずしも朝鮮の地域社会に直接貫徹されていない側面があったことを物語っている〔金翼漢 一九九六〕。

おわりに

先行研究もふまえつつ、これまで述べてきたことをまとめてみる。

「文化政治」のもと、総督府とその周辺では、個別的な働きかけや「公的」機関の設置、地域への利益供与などを通じて、朝鮮人の運動家・知識人や学生・青年層、地域の有力者から、統治に対する積極的な「合意」や「協力」を調達すべく、あるいは最低限「即時独立」や「反日的」な志向を封じるよう尽力した。しかし、日本の支配を受容する「親日」勢力についてすら総督府側が充分な信を置いていない側面があり、総督府側にとって一定の利用価値が認められるような朝鮮人側の動きにも警戒感を解くことはなかった。「自治」問題でも、民族運動側にこれに呼応しうる層が想定され、あるいは総督府とその周辺においても何らかの形で「自治」実施の必要性が実感されていたものの、ついにロードマップとして公式に打ち出されることはなかった。議論のみに終始したことから、「自治」に関心を寄せる朝鮮人にとっては、「当局」から向けられる「推疑の目」と、「朝鮮側」からの「変節漢呼はり」との「板挟み」に陥るのみ（前掲「崔麟氏との答問覚書」）で、「自治」を求める動きが運動体として表だって糾合されることもなかった。結果的に見ると、総督府の動きはしばしば空手形を示しつつ、その時々の都合に応じて朝鮮人に一方的な「協力」を強いるものであり、民族運動側に深刻な分裂を持ち込むことになった。

地域社会においても、「文化政治」の媒介者とされた警察による権力の「濫用」や「横暴」、日本人の差別意識が朝鮮人の反発を招く状況が続いているほか、末端行政レベルでも総督府の統治システムに忠実な形での運営というよりも従来の慣行を優先させる向きが見られる。また、地方諮問機関への「参加」や、産米増殖計画・水利事業などによって、日本への「協力」が「構造化」される〔並木　一九九〇、四〇頁〕端緒がつくられたが、名・実の利益を享受できた層はきわめて限られた存在であった。諮問機関を通じて行使できる「政治」的な影響力は決して大きいものとは言えず、しかも日本人の有力者が優位の位置を占める地域秩序のなかに組み込まれ、民族差別など様々な制約を受けていた。そして、このような秩序からも排除されていた朝鮮民衆は、日本の支配にも独立運動にも、朝鮮知識人の主張にも確たる展望を抱けないまま、眼前の生活の維持に日々つとめることを余儀なくされていた。

以上のことから、「文化政治」期においても、総督府にとって朝鮮社会の中で充分な「協力」体制を構築できているとはいいがたい状況にあり、宇垣一成総督期以降、地域社会の直接把握を目指す政策的な方向性が登場するのは、こうした状況を前提にしていると考えられる。しかし、朝鮮民衆に対する警察の暴力的行為は朝鮮人の警察官も例外でなく、国境地帯においては抗日勢力への「見張り」役として日本人とともに面協議会員や区長も免除の対象となっていた。「文化政治」期に打ち込まれた各種の働きかけや「協力」の「構造化」というくさびは、民族運動のみならず、朝鮮社会のなかに分断状況のさらなる拡散と重層化をもたらすことになる。

（1） ここで史料状況について附言しておく。「文化政治」に関わる根幹史料は斎藤実のもとに残された「斎藤実関係文書」である。国立国会図書館憲政資料室に総督府関係の書類や各方面からの書翰・意見書が、岩手県奥州市の「斎藤実記念館」に朝鮮関連の雑誌・新聞・図書・写真類がおさめられており、当該期の研究には不可欠である。また、「大塚常三郎関係文書」（憲政資料室）や「守屋栄夫《えいふ》関係文書」（国文学研究資料館）など、当該期の総督府官僚であった人物の個人文書群がこれらを補完する（本稿でこれらの文書所収の史料を用いる場合は、以下「斎藤文書」「大塚文書」「守屋文書」という形で表記する）。一方、「文化政治」期には出版関係の規制緩和がなされたため、『東亜日報』『朝鮮日報』『開闢』など、朝鮮語の新聞・雑誌が数多く発刊されており、これらは当時の朝鮮人有識層の主張や日本支配下での出来事・事件などを知るうえできわめて重要である。そして、当該期には限らないが、近年では韓国の国家記録院所蔵の総督府関係の行政文書（「朝鮮総督府記録物」）のほか、韓国内各地の行政文書や地主所蔵の文書など地域史料の発掘と活用が進みつつある。

（2） 本項の記述は「未公開資料 朝鮮総督府関係者録音記録」九の註記の一部に依拠する［宮田監修 二〇〇八、六四三頁］。

【文献一覧】

李炯植　二〇〇六「「文化統治」初期における朝鮮総督府官僚の統治構想」『史学雑誌』一一五―四
李炯植　二〇〇七「政党内閣期（一九二四―一九三二年）の朝鮮総督府官僚の統治構想」『東京大学日本史学研究室紀要』一一
井坂圭一良　一九三三『邑面制精義』帝国地方行政学会朝鮮本部
一駐在査公　一九三三「農村振興と区長優遇論」『朝鮮地方行政』一九三三年一一月
任洪淳　一九二五『面行政大要』帝国地方行政学会朝鮮本部
岡本真希子　二〇〇八『植民地官僚の政治史』三元社
小田忠夫　一九四三「文化政治期に於ける朝鮮総督府財政の発達」『〔京城帝国大学〕法学会論集』一四―一
梶居佳弘　二〇〇六『「植民地」支配の史的研究』法律文化社
春日閑人　一九二五「朝鮮人に宣伝するには朝鮮人を以てせよ」『朝鮮時報』一九二五年四月
糟谷憲一　一九九二「朝鮮総督府の文化政治」『岩波講座　近代日本と植民地』二、岩波書店
姜東鎮　一九七九『日本の朝鮮支配政策史研究』東京大学出版会
橘川順三　一九二五「区長制度改正論」『朝鮮地方行政』一九二五年三月
金翼漢　一九九六「植民地期朝鮮における地方支配体制の構築過程と農村社会変動」東京大学大学院博士学位論文
金尚鉉　一九三〇「区長の待遇改善を提唱す」『朝鮮地方行政』一九三〇年一〇月
金淳卿　一九三一「区長を増員し洞長を廃すべし」『朝鮮地方行政』一九三一年六月
金錫天　一九三〇「区長は有給制度にして面費より支給せよ」『朝鮮地方行政』一九三〇年五月
金富子　二〇〇五『植民地期朝鮮の教育とジェンダー』世織書房
コリア研究所編訳　一九九〇『消された言論　政治篇・社会篇』未来社
薄田美朝　一九二五「考試試験憲法及作文の答案について」『警務彙報』一九二五年一二月
関根白念　一九二二「新聞記者と警察官」『警務彙報』一九二二年七月
池秀傑　二〇〇五「日帝時期の在朝鮮（邑単位）日本人社会と朝鮮の〝地方自治〟」宮嶋博史・金容徳編著『近代交流史と相互認識Ⅱ』慶應義塾大学出版会

趙景達 二〇〇八 『植民地期朝鮮の知識人と民衆』有志舎
趙聖九 一九九八 『朝鮮民族運動と副島道正』研文出版
「朝鮮行政」編輯総局編 一九三七 『朝鮮統治秘話』帝国地方行政学会朝鮮本部
長田彰文 二〇〇五 『日本の朝鮮統治と国際関係』平凡社
中塚明 一九六六 「日本帝国主義と朝鮮」『日本史研究』八三
並木真人 一九八九 「植民地期民族運動の近代観」『朝鮮史研究会論文集』二六
並木真人 一九九〇 「植民地期朝鮮人の政治参加について」『朝鮮史研究会論文集』三一
並木真人 二〇〇三 「朝鮮における「植民地近代性」・「植民地公共性」・対日協力」『国際交流研究』五(フェリス女学院大学)
並木真人 二〇〇四 「植民地期朝鮮における「公共性」の検討」三谷博編『東アジアの公論形成』東京大学出版会
春山明哲 二〇〇八(一九八〇) 「近代日本の植民地統治と原敬」『近代日本と台湾』藤原書店
松田利彦 二〇〇四 「植民地期朝鮮における参政権要求運動団体「国民協会」について」浅野豊美・松田利彦編『植民地帝国日本の法的構造』信山社出版
松田利彦 二〇〇九 『日本の朝鮮植民地支配と警察』校倉書房
宮田節子監修 二〇〇八 「未公開資料 朝鮮総督府関係者録音記録」九『東洋文化研究』一〇(学習院大学東洋文化研究所)
宮本正明 一九九八 「植民地期朝鮮における「生活改善」問題の位相」『史観』一三九(早稲田大学)
森山茂徳 一九九一 「日本の朝鮮統治政策(一九一〇—一九四五年)の政治史的研究」『法政理論』二三—三・四(新潟大学)
森山茂徳 二〇〇〇 「日本の朝鮮支配と朝鮮民族主義」北岡伸一・御厨貴編『戦争・復興・発展』東京大学出版会
尹海東 二〇〇二(二〇〇〇) 「植民地認識の「グレーゾーン」」藤井たけし訳『現代思想』三〇—六
李テフン 二〇〇七 「権力と運動のみをもって政治史は叙述可能か?」『歴史問題研究』一六・ソウル
呉美一 二〇〇二 『韓国近代資本家研究』ハヌル・ソウル
金東明 二〇〇六 『支配と抵抗、そして協力』景仁文化社・ソウル
朴賛勝 一九九二 『韓国近代政治思想史研究』歴史批評社・ソウル
卞恩真ほか 二〇〇七 『帝国主義時期植民地人の〝政治参与〟比較』先人・ソウル

個別史／地域史Ⅲ

日本の東南アジア・南洋進出

安達宏昭

はじめに

本稿では、二〇世紀初めから一九三〇年代後半までの、日本の東南アジアへの進出とその特徴を検討する。(1) 東南アジアという地理概念が一般に定着したのは第二次世界大戦後のことで、戦前の日本では、東南アジア地域を「南洋」「南方」と一般的に呼んでいた。もっとも、この戦前の南洋・南方という用語が持っていた地理的範囲はあいまいなところがあり、インドやオーストラリア、ニュージーランドなどもその一部と考えられていた場合もあった。また、第一次世界大戦後、ドイツが領有していたミクロネシアの島々を、国際連盟から日本の委任統治区域としてゆだねられると、この「南洋群島」を「内南洋」と呼び、そしてその外側に位置する東南アジアを「外南洋」と呼ぶ場合も出てきた。しかし、ここでは南洋の範囲を、日本の統治下にあった南洋群島はその対象からはずし、ほぼ現在の東南アジアに限定して考え、その地域との関係を見ていきたい。

日本の東南アジア進出について、一般の関心を呼び起こすとともに、この研究の端緒となるような大きな見取り図を示したのは矢野暢である［矢野 一九七五・一九七九］。矢野は、近代日本と東南アジアの関係史を「南方関与」と表現し、これを「日本人の南方との自然な関わりの総体」とする一方で、それまでしばしば使われていた「南進」を、

「南方関与」が国策と結びつき侵略の要素が強まる局面についてだけ用いることを提唱した。この枠組みは、日本の多様な関わりを明らかにすることを可能にした。この影響とは言えないが、その後、様々な地域とテーマで研究が進んだ。しかし、「官」と「民」を分けてしまったために、「南進」期以前の官民関係があいまいになり、進出に対する「官」の動きが見えづらくなってしまったという側面もある。こうした見取り図が示された背景には、近代日本の中心的な関心事であった「北進論」との対比のなかで、南洋への進出を「反官・反中央」としてとらえようとしたことがあるであろう。また、南洋を進出の対象ととらえ、あくまでも主体としての日本に関心を向けたことも一因になっているといえる。

一方で、矢野の議論とは別に、日本の東南アジア進出の過程は、経済史の観点から実証的な研究が進んできた［正田 一九七八／清水 一九九二］。これらの研究は、進出が深化していく様相や次第に日本経済にとって東南アジアが重要な位置を占めていくことを明らかにした。しかし、こうした研究もまた、日本資本主義の発展と膨張を視点の軸にしているところは、矢野の視点と重なる点もあるように見える(2)。

近年、これまでの動向とは異なり、進出先であった南洋を含むアジアをめぐる国際的な環境について、新たな視角から研究が進んできている。とりわけ、イギリス帝国史研究の進展やアジア流通ネットワークの研究が、それを促進している。こうした最近の国際環境そのものの分析については、本講座の他の論考において取り上げられているので、本稿においてはふれず、進出を見ていく上で必要な東南アジアについての情報を、最小限提示することにとどめる。

本稿で注目したいのは、こうした国際環境の再検討とともに日本の進出についても、東南アジアの国際環境を以前より重視して、その環境を視野に入れて進出の特徴や方法を分析する研究が近年増えてきていることである。また、それにともない、「南進」期以前の日本政府の関与も明らかになってきている。そこで本稿では、これらの研究を整理して取り上げることで、進出の特徴を確認するとともに、政府関与の諸相を紹介したい。まずは、特徴を指摘するために、日本の東南アジア進出の概要を提示しておく必要があるだろう。

一　東南アジアの国際的環境

二〇世紀前半の東南アジア地域は、「シャム」(一九三九年にタイと改称)を除いて、統治方式にはそれぞれの特色はあったものの、実質的に西欧列強の植民地となっていたことは共通していた。「ビルマ」および「英領マラヤ(英領北ボルネオサラワクを含む)」はイギリス、「仏領印度支那」はフランス、「蘭領東印度」はオランダ、フィリピンはアメリカ、東部チモールはポルトガルが支配をしていた(3)。

一方、経済的にも、それぞれの地域は植民地宗主国に従属していた。本国経済のために原料を供給し、工業製品を輸入していた。この地域の主な輸出製品は、世界商品としての性格を持つもので、一九世紀後半から二〇世紀前半にかけて開発が進められた。天然ゴム、ジュート、砂糖、茶、コーヒーなどのプランテーションによる商品作物と、錫《すず》、銅、石油などの鉱物資源であった。そして第一次大戦後は、アメリカがこの地域からの原料輸入により他の輸出超過を相殺するという関係ができて、欧米を中心にした世界の多角的決済関係の重要な一環に組み込まれた。すなわち工業原料の生産と貿易決済という面から、欧米各国は相互のもたれあいによって資源の開発を進め、一九三〇年代までには東南アジアは欧米の植民地本国の企業投資によって、商品作物の生産や原料資源の開発が行われる地域になっていたのである[眞保　一九七九]。

また、流通については、華僑商人も重要な役割を担っていた。イギリスが英領マラヤの第一次産品生産の労働力を中国人の移民労働者に求めたため、これら労働者の消費市場の拡大にともなって華僑通商網が形成されたのである[籠谷　二〇〇六]。

このような政治的経済的な環境は、日本の植民地・租借地や中国とは大きく異なったものであった。

二　進出の全体像

貿易の動向

図1は、日本とビルマを除く東南アジア地域の輸出入額の推移を示したものである。この図から、第一にわかることは、日本の東南アジアとの貿易関係が第一次大戦を機会に、急激に拡大したことであろう。輸出についてみれば、一九一一年に約一七八〇万円だったものが、一九一八年には一億五三五〇万円と、約八・六倍にもなった。貿易総額も一九〇三年から一九一九年にかけて約八・一倍にもなっている。また、輸出の品目は、一九一一年においては石炭とマッチなどの雑貨が中心であったのに対して、第一次大戦後はこれらの品の輸出は急減し、代わって綿織物が全輸出額の半ばを占めるまでになった［正田　一九七八］。すなわち、大戦を機に欧米植民地宗主国が軍需品生産に全力を注ぐとともに商船も軍事動員したために、東南アジアへの工業製品の輸出が減少し、その穴を埋めるべく日本の綿製品を中心とした製品が大量に輸出されたのである。大戦後、欧米諸国の復帰により戦後恐慌を迎え大戦期に比べると半減するものの、一九二〇年代の後半には回復してきており、市場として確立していたことがわかる。したがって、第一次大戦を機会として、日本は東南アジア地域を近代的な工業製品の本格的な輸出市場にしたといえる。

第二にわかることは、一九二九年の世界恐慌後、いったんは輸出入ともに減少するが、一九三三年以降、大幅に輸出額を伸ばし、それまで入超傾向であったものが、出超を維持するようになったことである。日本の東南アジアに対する輸出の急激な伸びは、一九二〇年代の産業合理化によるコストの引き下げと、一九三一年末の金輸出再禁止による為替相場の切り下げに起因していた。このことにより、主力商品である綿布を中心とした繊維製品の輸出価格が下

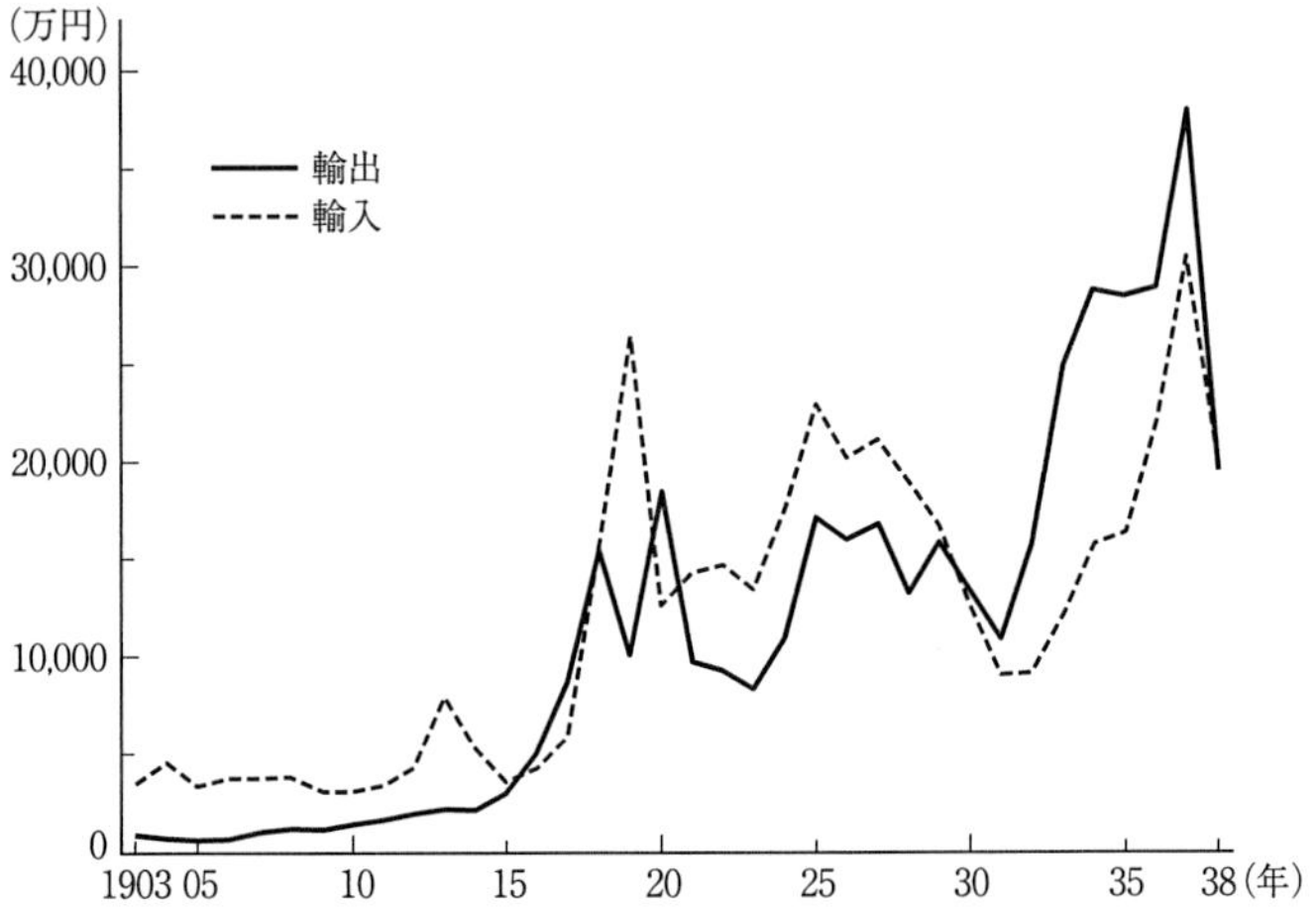

図 1　日本の東南アジア地域との輸出入額(1903-1938 年)
出典:『大蔵省年報』各年度版より作成.
注:「英領海峡植民地」「蘭領印度」「仏領印度」「比律賓諸島」「暹羅(シャム)」を合計したもの. ビルマは入っていない.

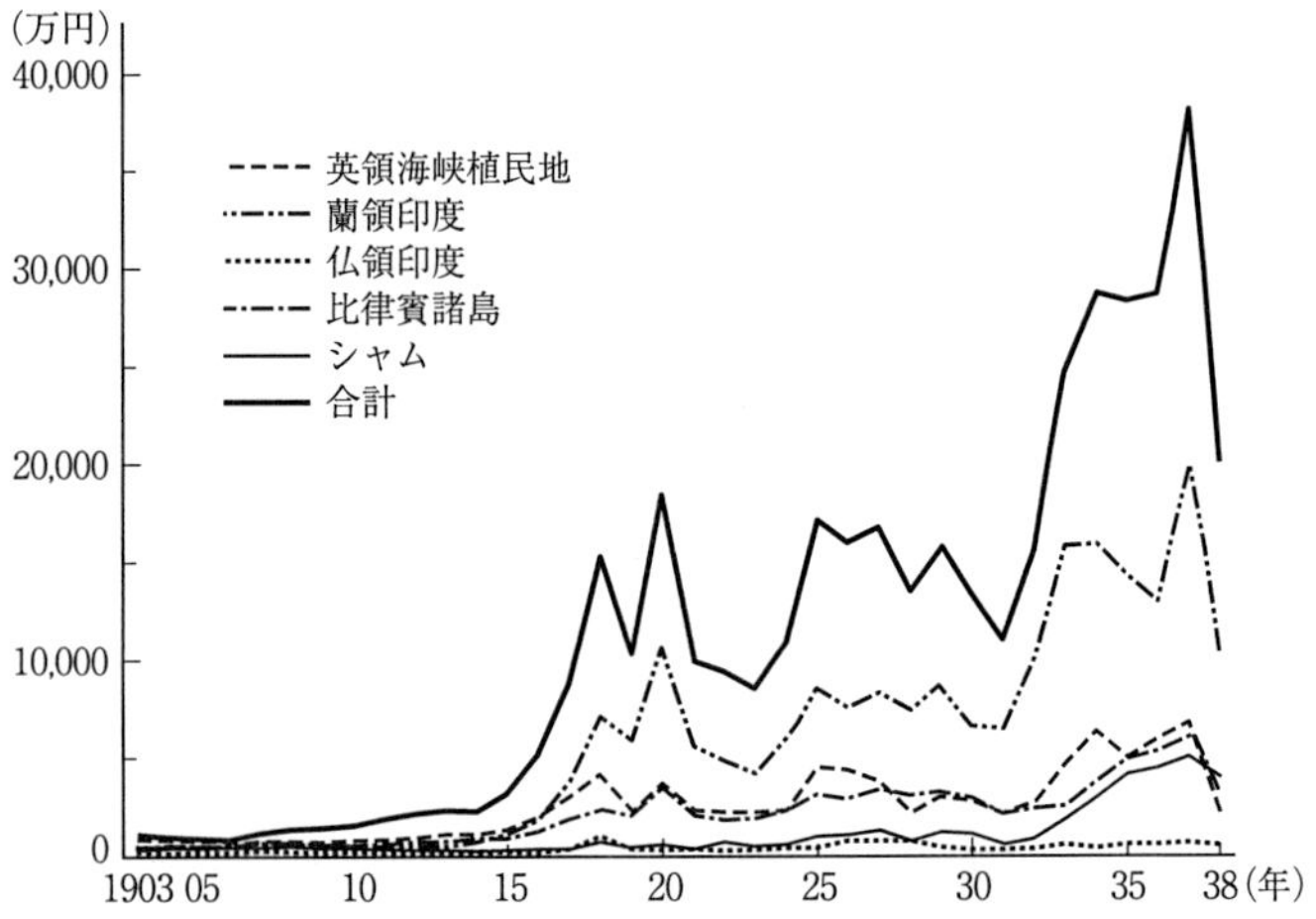

図 2　日本の東南アジアへの地域別輸出額(1903-1938 年)
出典:『大蔵省年報』各年度版より作成.

落した。恐慌によって第一次産品輸出に打撃を受けた東南アジアでは住民の購買力が低下していたため、廉価な日本製品は歓迎されて、東南アジア市場でのシェアを大幅に増やしたのである。**図2**は日本の輸出を地域別に表したもので、東南アジアの輸出市場で最も大きな地位を占めたのは蘭印であり、最大の綿布市場であった。この蘭印において、日本はシェアを一九二九年の四一％から三三年には八四％と約二倍に増やした[清水 一九九二]。東南アジアでの出超による外貨の獲得は、満洲事変以後、満洲地域を円ブロックに編入した日本にとっては、貿易収支を調整するうえできわめて重要な要素となっていた。しかし、日本の綿製品の大幅な輸出の増加は、植民地宗主国各国との軋轢を生み出し、貿易摩擦が起きていった。この摩擦問題を調整するために、日印会商、日蘭会商(第一次)、日比綿交渉が行われた[杉山、ブラウン編 一九九〇／石井 一九九五]。

企業投資の概要

二〇世紀前半における東南アジア地域への日本の企業投資については、柴田善雅・鈴木邦夫がその全体像を明らかにしている[柴田・鈴木 一九九五]。ここでは、その研究に依拠して、概要を示したい(**表1**参照)。

東南アジアへの事業投資で、戦前を通して多くの企業が進出したのは、フィリピンのミンダナオ島ダバオを中心とするマニラ麻の栽培事業と、マラヤのゴム栽培事業であった。早くから商品の売り込みや輸入のための商社進出が見られたが、日露戦後、国内の景気低迷のなかで、この二つの事業に企業進出がなされた。フィリピンについては、ベンゲット道路建設に日本人出稼ぎ労働者が送り出されたが、その事業終了後、失業した日本人労働者はダバオ近郊の農園に就労することになった。その仲介を行った太田恭三郎が、この労働者を雇用して一九〇七年に太田興業株式会社を起こし、マニラ麻の栽培事業を開始したのである。マニラ麻の需要が伸び価格も上がったため、ダバオ周辺に多数の日本企業と農業移民が進出することになった。マニラ麻は船舶用ロープとして最適であり、外洋航路の拡張とと

表1　戦前日本の対東南アジア投資

（単位：千円）

	鉱業	林業	水産業	商業	栽培業	計
英領マラヤ	42,785	600	2,614	3,256	30,679	79,934
英領北ボルネオ	—	6,294	—	61	13,730	20,085
蘭領東インド	2,543	—	3,542	8,838	27,373	42,296
フィリピン	1,330	12,237	—	7,419	67,000	87,986
仏領インドシナ	—	—	—	903	—	903
タイ	237	—	—	434	500	1,171
計	46,895	19,131	6,156	20,911	139,282	232,375

出典：樋口弘『南洋に於ける日本の投資と貿易』(味燈書屋，1941年)，91頁より作成.

注：1. 原史料は，1939年に開催された「南洋経済懇談会」の参考資料第4に掲記されたものと記述されている．おそらくその時期より以前で比較的近い時期のデータと推測できる.

2. 表の原題は「邦人投資の地域別・産業別内訳表」で，「其他」の欄もあった．「其他」はオーストラリアやニューカレドニアを意味するものと考え，割愛した.

3. 本文中の数値と総額が異なるが，表が異なるためで，本文で使用した数値の表には，「泰国の投資不明に付き之を除く」との注記がある.

もに需要が増大した。一方、マラヤでの日系企業による大規模なゴム栽培は、一九〇六年に三五公司によって始められた。自動車工業の勃興とともに、タイヤ原料としてゴム価格が高騰するなかで、三五公司は事業を拡張するとともに、さらに多くの日本資本がゴム園経営に参入した。大倉、古河といった財閥資本も投資を行った。

第一次大戦期は、すでに進出を開始していた麻とゴム栽培の事業が急拡大したほか、その他の農企業投資も拡大した。また、商社・銀行・海運会社はさらに店舗や路線網を拡充させた。南方航路の充実は商品や人員の移動を容易にし、東南アジアでの事業を促進した。フィリピンでは一九一四年に古川拓殖株式会社がマニラ麻栽培に乗り出し、太田興業に次ぐ事業を行い、両社は自社だけでなく多くの出資会社を傘下に置いて企業集団を形成した。一九一八年には日系企業数は六六社をこえ、買入地と租借地合計五万町歩を超えていた。また、ゴム栽培事業も、価格の高騰をうけ、マラヤの半島各地のみならずスマトラ、北ボルネオなどでも事業が開始された。一九一七年末の東南アジア各地におけるゴム租借地は七万九〇八一エーカーで、マラヤのジョホール州と北ボルネオのタワオに集中していた。

大戦後の恐慌により農産物価格が暴落し、これらのマニラ麻やゴムの栽培事業は大きな打撃を受けた。マニラ麻栽培から撤退する業者が相継いで、ダバオの日本人は半減した。また一九一九年にフィリピンで新土地法が施行されたため、日本人の土地租借に制限が加えられるようになった。一九二五年にかけて価格が回復しやや持ち直したものの、この間、太田興業などは苦しい経営だった。同様にゴムも価格が低迷し、一九二〇年代は撤退する企業や大手日本企業への事業集積が進むことになった。

その一方で、一九二〇年代には、漁業や林業での事業が拡大し、鉱業への参入が始まった。シンガポールで一九二二年に事業を開始した大昌公司が沿岸漁業で最大の供給を行うようになり、遠洋漁業でも日本人労働者が雇用され、一九二〇年代後半以降、日本人の漁業人口の増加はめざましかった。林業では、日本の木材輸入が拡大するなかで、フィリピンからの輸入が盛んとなり、日本企業が進出して租借地の伐採を行った。鉱業では、石原広一郎が一九二〇年に南洋鉱業公司を設立し、マラヤのジョホール州スリメダンで鉄鉱石の採掘を開始した。官営八幡製鉄所に鉱石を供給して、その採掘量を増大させ、一九二四年にはトレンガヌ州ケママンでも採掘を始めた。南洋鉱業公司は、船舶を購入して輸送コストを低下させるとともに、二九年には石原産業海運合資と改称し、海運業でも大きく事業を展開した。

世界恐慌による物価低下で、農林業は大打撃を受けたが、その後の価格反騰で持ち直した。一九三〇年代は、鉱業投資がさらに増大した。日本鉱業がマラヤのズングンで一九三〇年から採掘を開始し、石原産業も事業を拡張するとともにマラヤだけでなくフィリピンなどにも進出を図った。このほかに新規企業も参入して、マラヤ・フィリピン・仏印で鉄鉱石やボーキサイトの採掘が行われた[安達 二〇〇二]。またフィリピンでは一九三四年に一〇年後の独立が決まると、コモンウェルス政府が樹立され日本との経済提携が始まり、日本企業が日比合弁で新規工業を起こすようになった。ゴム靴やビール、缶詰、繊維産業などで合弁企業が設立された。

しかし、これらの日本の農業や鉱工業への投資総額は、一九三九年に作成された資料においては二億四〇〇万円で、世界各国の東南アジアに対する総投資額のわずかに二・四％を占めるに過ぎなかった〔樋口 一九四一、八八頁〕。

在留邦人の動向

在留邦人の人口動向は、『アジア経済』第二六巻三号「特集 戦前期邦人の東南アジア進出」において、「海外在留本邦人職業別人口調査」や「海外日本実業者之調査」などの外交史料に基づき、詳細で総合的な検討が行われている。そこでは、明治期においては「からゆきさん」と呼ばれた「海外出稼娼婦」を中心に料理屋などそれを取り巻く職業が多かったが、植民地政庁の廃娼とそれに呼応した邦人社会の運動によって、一九二〇年代以降はそれらの職業に従事する者は急速に減少し、会社従業員や農業者などの「単身の男子本業者が多」〔橋谷 一九八五a、一二頁〕い社会へと移行したことが明らかにされている。そして、両大戦間期の特徴として、「民間のイニシアティブにもとづく非政策的移民で、しかも景気にきわめて反応的な男子単身者を中心とする進出であった」〔清水 一九八五a、三頁〕とし、他地域とは異なることを指摘している。このために、両大戦間期の東南アジア在留邦人の数は、植民地、満洲、北米、中南米と比較してはるかに少なく、増加傾向にあった一九三二年においても約三万五〇〇〇人〔大蔵省 一九五〇、二四頁〕にすぎず、「植民地を除く在外邦人総数の三〜四％台を占めるにすぎない」〔橋谷 一九八五a、七頁〕状況であった。

そうした中でも、最も人口が多かったのはフィリピンで、一九三〇年代になると東南アジア在留邦人の半数以上を占めていた。その多くは農業に従事する者であり、具体的にはダバオのマニラ麻栽培に関係していた〔橋谷 一九八五b〕。最盛期には在留邦人が二万人近くに達したダバオでは、その約半数が沖縄県人で、一九三〇年代に入ると家族同伴者も増加して「定着農民社会」が成立した〔早瀬 一九九六〕。また、この地では、他と異なり現地で地元の女性と国際結婚する男性も少なくなかった［大野 二〇〇八］。

次いで人口が多かったのが、マラヤと蘭印であった。マラヤではシンガポールにおいては商業人口が多く、一九二〇年代では会社員・銀行員が最も多くなっていた。しかし、漁業人口も一九二〇年代後半に急増し、一九二九年には八二五人となって、ついに商業人口を上回り第一位を占めるに至った。一方、マラヤでは、農業が大半を占め、そのほとんどがゴム栽培業従事者であった［清水 一九八五b／原 一九八六］。蘭印では、農業投資が多かったにもかかわらず大農園経営のために邦人の農業従事者は少なかった。商業人口が多く、それは各地に存在した物品販売商とジャワ島の港湾都市に拠点を置いた大中商社の会社員によって構成されていた［村山 一九八五］。仏印については、フランスの関税政策によって**図2**にも示されるように貿易関係がふるわず、在留邦人も一九二〇年代から一九三〇年代半ばまで三〇〇人前後で推移した［柏木 一九九〇］。タイの邦人数も、仏印とあまり変わらなかった。

三　進出の特徴

「ニッチ帝国主義」と「適応」した進出

戦前日本の東南アジアへの企業進出について、柴田善雅は「ニッチ帝国主義」と位置づけている［柴田 二〇〇五］。ニッチ（Niche）とは、直訳すれば「隙間」とか「くぼみ」という意味で、柴田は植民地宗主国による帝国主義的支配が確立した地域において、後発帝国主義が割り込み形成された事態を、そのように説明する。すなわち、欧米の宗主国系企業により植民地経済が支配されているなかで、その植民地体制が許容する範囲で、第三国事業者である日本企業が参入して活動し、一定の事業規模を得たことを表わしているのである。具体的には、既存産業に割り込んだマラヤ・蘭印・北ボルネオのゴム栽培、ダバオのマニラ麻栽培、そして宗主国系企業が関心を持たなかった新規事業への投資である鉄鉱石採掘事業などが、それに該当する。

この位置づけは、一九三〇年代までの日本の東南アジア進出をとらえるうえで、有益な視点を提供してくれる。つまり、日本の進出は、欧米の植民地宗主国が認めた範囲のなかで、参入する形で行われたということである。宗主国側の対応や法的規制が、進出の大きな条件になっていたといえる(4)。日本側は、その環境に適応していく必要があったのである。

第一次大戦期までは、仏印を除いた欧米各国は、東南アジアにおいて第三国との貿易だけでなくその直接投資も寛大に認めていた。すでに安定的な体制を築いており、第三国の開発はその地の経済成長に寄与すると考えられていたためである。このため、大規模法人から個人事業者に至る日本資本によって直接投資が行われ、栽培業を基盤に日本の進出が促進された。しかし、その規模がある程度まで大きくなれば、宗主国系企業の存在を脅かすことになり、圧迫を受けるようになる。たとえばマラヤの租借地払い下げ停止と売買制限、ダバオの土地法制上の規制、蘭印の入国制限などである。また蘭印の鉱物採掘権など、二〇世紀の早いうちから制限が始まっていたものもある。とりわけ石油については一九一八年の鉱業法の改正により、厳しい制限がなされた。その一方で、マラヤの鉄鉱石採掘のように、競争相手がなく、その地の収入源として見込まれていたため、一九三〇年代においても開発が進展した事業もあったのであった。

こうした状況のもとでは、植民地政庁からの警戒心を呼び起こさないような配慮が必要であった。そのためには、二つの方法が適していた。一つは、参入するのは民間事業者であることである。国策会社の場合には、その背後に国家の影が見え、日露戦争、第一次大戦、満洲事変と領域を拡げていた日本の膨張が、当該地域にまで及ぶとの懸念が生じる可能性が高かった。蘭印政庁は日本の南進論に敏感に反応し、日本企業の動向を警戒していた〔ポスト　一九九三〕。実際に、一九三六年に国策会社として台湾拓殖株式会社と南洋拓殖株式会社が設立されて事業を開始するまで、ほとんどが民間企業によって事業が行われた。

もう一つは、日本政府が前面に立って事業進出を支援しないということである。[5] これは前者と同じ理由によるものであるが、実際のところ、日本の法的権限が及ばず影響力も弱い地域のため、また日本の経済力が脆弱な側面を持っていたため、強力な国策的支援を行い得なかったという要素も強い。しかし、日本政府の支援が行われなかったというわけではない。この点については、次節で検討することとして、ここでは政府が企業進出を積極的に支援してきた日本の植民地・租借地や、租界があった中国とは、大きく異なるものであったことを強調しておきたい。また政府の強力な支援がない以上、各企業は景気などの経済状況の変動を直接受けやすかったということである。このように、一九三〇年代までの日本の東南アジア進出の特徴は、当該地域の植民地体制とその変化に適応しながら事業展開したことにあったのである。

植民地体制と貿易

この進出の特徴は、日本の東南アジアへの輸出にも当てはまる。第一次大戦期については、東南アジアでは、宗主国製品が途絶する一方で、ゴムの高騰と生産量の増大をはじめ錫や砂糖などの第一次産品の著しい増産は、人々に購買力を与え消費の拡大をもたらした。こうした状況に応じて、日本からの輸出、特に繊維製品の輸出が急激に増大したのであった。

また、一九三〇年代の輸出の急激な増大は、為替レートの引き下げという日本の政策が主要な要因となっていたものの、東南アジアの植民地宗主国の側にも要因があった。近年のイギリス帝国史研究で大きな影響を与えているジェントルマン資本主義論によれば、この時期のイギリスの対アジア外交政策は産業的利害よりも企業投資などへの支払いの円滑化という金融的利害にあったという。そのために植民地通貨の割高な設定がなされる一方で、植民地ではデフレ的環境への対応が必要になった。このことは蘭印も同様で、オランダ本国の金本位制維持のためにポンドに対して割高な通貨レートとなっていた。このため「不況下のアジア植民地も低廉な日本製品を強く求めており、英・蘭本国も「社会政策」的視点から植民地において歓迎される日本製品の輸入規制に積極化できない状況がつくられていた」［籠谷 二〇〇一、二二頁］のである。籠谷直人によれば、それゆえ、その後開催された日印・日蘭会商は、日本製品を排除することに特徴されるものではなく、支払いの源泉となる貿易黒字をつくるため、日本からの輸入とインドや蘭印からの輸出を調整する点や、オランダ人貿易商による日本製品の取扱割合の調整などに焦点があったのであり、日本側も実質的に対応して、日本との通商的相互依存関係は維持される方向となったことが明らかにされている［籠谷 二〇〇〇］。この点は、こうした貿易摩擦においても、その時期の東南アジアの政治的経済的条件に適応させて、輸出を維持しようとしたことが見て取れるのである。

四　進出に対する政府関与

在外公館による支援

東南アジアへの進出において、政府は強力な国策的支援を行わなかったが、様々な方法を講じた。その一つが、在外公館による支援であった。通商情報の提供だけでなく、進出の組織化、現地での交渉など、支援は多岐にわたった。その支援は、早くは、第一次大戦前から行われた。

河西晃祐は、一九一四年に蘭印ジャワ島中部の都市スマランで開催された国際植民地博覧会への参加で、在バタビヤ領事の浮田郷次が果たした主導的な役割を明らかにした［河西 二〇〇六］。すなわち、日本商品の進出の好機ととらえた浮田郷次は、積極的に外務省や農商務省を動かして、民間の製造業者や貿易業者らを組織し、政府から補助金を支給させて博覧会参加を実現した。そして、このことを通して、多様な中小企業に情報が提供され、商業ネットワークの形成がなされた。この事例は、この時期は、ともすれば「反官・反中央」の民間勢力が進出を目指したと考えられてきていたことに対して、政府も関与しており、むしろ官民の連携によって行われたととらえるべきであることを示している。

領事の支援は、フィリピンのダバオの土地問題でも行われた。一九一九年に日本人の土地租借を制限する土地法がフィリピン議会で可決されると、日本企業は結束して外務大臣に請願書を送って支援を要請した。この事態に初代マニラ総領事として来栖三郎が赴任し、日本企業や日本人会と協議して緩和修正案を練り、米総督と交渉した。この結果、一九二一年に修正案が議会で可決され、日本企業の既得権は守られた。ここでも「官民」の連携がなされ、その後も「官民一致」の協力体制は深められていった［吉川 一九九一］。

在外公館の援助は、個別の企業に対しても行われた。一九一六年における北ボルネオでの久原鉱業によるゴム農園の取得や、翌年の蘭印での野村徳七によるゴム農園の入手には、在外公館が買収交渉にあたるなど、積極的な支援を行ったのである［柴田 二〇〇五、一二一―一二四頁］。

また、第一次大戦を契機に東南アジア各地に日本人会がつくられたが、それは領事館の主導のもとであった。さらに一九三〇年代に入り、日本人商業会議所や経済団体連合会が設立されるようになると、外務省から助成金が出され、領事館はこれらを統制・指導するようになっていった。そしてこれらの団体は日本企業の権益擁護のために活動した［中村 一九九六／橋谷 一九九七］。

一九三〇年代の半ば以降になると、鉱業部門へ日本企業が急速に進出したが、その過程においても領事館の支援がなされた。フィリピンでは、ミンダナオ島スリガオ鉄鉱区をめぐって、日本企業に競合状態が発生したが、これの調整にあたったのが総領事館であった。また、仏印ではハノイ総領事であった宗村丑生が、日本側企業とフランス人協力者との提携を仲介して、合弁事業の実現を強力に支援した［安達 二〇〇二］。在外公館が持っていた現地の政財界との人脈や情報は、進出を支援するうえで、有用なものだったのである。また在外公館は在留邦人を擁護する任務を持っていたことから、その支援は比較的相手側の警戒をもたらさないと考えられたのであろう。しかし、それでも在外公館の関与を秘匿する場合もみられた。

金融などの支援

東南アジアに進出した日系栽培事業を分析した柴田善雅の研究によれば、一九四一年までの政府関連資金としては、東洋拓殖株式会社の直接的な事業参入と資金供給、台湾銀行の資金供給、台湾総督府特別会計による借入金利子補給資金などで支援が行われた。しかし、これらは日系企業の資金調達の困難を解消するものではなく、「資金繰りは大きな重荷になった」と結論している［柴田 二〇〇五、五四六—四七頁］。

鉱業では、石原広一郎が設立した南洋鉱業公司が、設立にあたり官営八幡製鉄所から安定的購入を約束されるとともに、一九二四年には大蔵省預金部低利資金二五〇万円が貸与され、ケママン鉱山買収・建設資金と船舶購入資金にあてられた［奈倉 一九八四］。これらは石原の鉱山経営の出発にとっては大きな意義を持つものとなったが、あくまでも初期的な援助にすぎなかった。このほか、東南アジア各地と日本を結ぶ商船会社の定期航路のうち、政府の命令航路になったものについては、政府から補助金が出された。このように東南アジアにおける事業に対して金融面での支援は行われたが、それらは「金額的支援としては十分なものではなかった」［柴田・鈴木 一九九五、五二頁］のである。

こうした支援に対して、企業側からその増大や体制整備の要望が出されたのが、一九二六年九月に外務省によって開催された、いわゆる「南洋貿易会議(6)」であった。この会議は反動不況後の南洋に対する貿易振興策を検討するとともに、企業および投資についてもその方策を模索するものであった。この会議に提出された東京商業会議所の意見書では、第一に主張された点は、「南洋企業会社ヲ設立スルコト」で、「政府ハ本会社ニ対シ金融上ノ便ヲ図リ又ハ社債ノ募集ヲ保証スル等ノ方法ニ依リ南洋方面ニ対スル企業及投資ノ発展ヲ促進スルヲ必要ナリ」と説明していた〔「第一回貿易会議ノ議題ニ対スル意見」東京商業会議所〕。また、第二には「南洋及印度ニ対スル貿易金融及企業金融機関ヲ特設スルコト」とし、貿易および企業に対する資金融通を促進することを主張していた〔同前〕。会議でも同様の議論がなされたが、結局何ら成果は出なかった。大蔵省側は財政上の困難を説明したが、国際協調の時期でもあり、前節で述べた当該地域への配慮も考えられるので、今後さらに研究を進める必要があろう。

南洋協会への援助

南洋協会は一九一五年に設立され一九四五年まで活動を続けた団体で、南洋の啓蒙宣伝を目的にした「「民」の意志によって運営された半官半民の文化経済団体」〔河西 一九九八、四九頁〕であった。雑誌の発行、次いで商品陳列所の経営、商業実習生の派遣などを行った。

この南洋協会は、設立当初から財団法人化する一九三九年まで、台湾総督府から多額の補助金を得ていた〔河原林二〇〇七〕。また一九一八年にシンガポールに農商務省〔一九二五年からは商工省〕から委託を受けて商品陳列所を開設して経営するようになると、同省からも補助金を受け、そのつながりが深くなった。その後、陳列所はスラバヤ、メダンにも開設された。こうした政府からの支援をもとに、協会は日本商品を紹介するとともに、南洋の経済情報を収集して日本で発信するなど、南方進出に貢献したのである。

さらに支部設置を通じて外務省ともつながり、外務省から資金を得て協会は「南洋商業実習生制度」を実施に移した。この制度は、邦人小売商の育成と増加を目的として、日本人青年を南洋へ派遣して、既存の小売商のもとで実習させ、後に資金を貸与して独立開業させるというものであった。一九二九年から第一回の実習生を募集し、一九三八年までのところ三〇〇人弱を派遣し二〇人ほどが開業した。この制度に対する外務省のねらいは、日中間の対立が強まるなかで東南アジアにおける華僑商人が「排日貨」運動を強めているとの危機感のもとに、華僑商人を通さずに日本製品を流通させるために、邦人小売商を政府の援助で育成することにあった［河西 二〇〇三］。このように、政府は南洋協会を使って流通部門での日本人の進出を促進したのである。

おわりに

本稿では、日本国内で見られた「南進論」の動向については取り上げられなかった。東南アジア進出を考える場合、これらの議論が与えた影響を考慮する必要はあるが、東南アジアの地域的特質を考えると、まずは進出の実態とそれをとりまく大枠の環境を把握することに主眼を置いたからである。おわりに、それをまとめてみたい。

日本の東南アジア進出が国策と強く結びつくようになったのは、確かに一九三〇年代後半であった。総力戦体制構築のために、「日満支経済ブロック」に南洋も加えることが本格的に検討され始めたからである［安達 二〇〇二］。とはいえ、それ以前においても、政府の支援は行われ、日本の東南アジア進出は官民の連携によって実現していった。政府の支援は、相手に配慮し前面に出なかったり、日本の植民地や満洲・中国でのあり方と大きく異なったりしていたため、見えづらかったのかもしれない。しかし、現在の研究状況においては、官民の提携を見ていかなければ、実像には迫れなくなっている。また同様に国策と強く結びつかない時期においても、当該地域では摩擦が生じた。それは、貿易だけでなく企業進出においても、日本が一定のプレゼンスを占めるようになれば見られたのである。これらの進出をめぐる様々な事態は、多様な主体が存在しつつも欧米列強の勢力圏として確立されていた東南アジア地域に、隣接する東アジアで帝国を形成した日本が後から参入していった経緯のなかでとらえることができよう。したがって、今後も、その進出の実態を明らかにしていくためには、日本の状況と東南アジアの国際環境と双方をふまえ、その相互関係にも留意することが重要であろう。

（1） この時期以降は、日本が東南アジアを自らの経済ブロックに組み込もうとする動きが強まるため、異なる特徴が顕著になる。それゆえ、この時期までを分析対象とした。
（2） 日本・東南アジア関係史についての研究史整理は、橋谷弘が一九九〇年代初めまでを文献リストも付して詳細に行っているので、参照されたい［橋谷 一九九三］。
（3） 以後、「シャム」は「タイ」で統一する。また、「英領マラヤ」は「マラヤ」、「仏領印度支那」は「仏印」、「蘭領東印度」は「蘭印」と記す。これらの地域名称は、本来「 」を付すべきだが、本文では煩雑になるので「 」をはずした。「南洋」「南方」「満洲」も同様に考えて扱う。
（4） この点は仏印の事例からよく理解できる。日本と仏印の経済関係は、他の東南アジア地域と比べてきわめて希薄であった。これはフランス政府が、一九〇〇年代はじめから仏印において保護貿易政策を採用し、日本の進出に対して、きわめて閉鎖的な態度をとり続けてきたからであった。
（5） たとえば一九三〇年に松田源治拓務大臣は、南洋協会に対してマレー半島とタイ南西部に自作農業移民を送り出すための調査を委託した。しかし政府は、この調査が政府からの委託であることを秘密にするように強く求めた。政府が移民政策を援助していることが、イギリス政府に知られれば強い警戒を受けることになり、それを恐れたためであった［原 一九八六、七五頁］。
（6） 正式には「第一回貿易会議」である。

【文献一覧】

安達宏昭 二〇〇二 『戦前期日本と東南アジア――資源獲得の視点から』吉川弘文館
石井修 一九九五 『世界恐慌と日本の「経済外交」――一九三〇～一九三六年』勁草書房
大蔵省 一九五〇 『日本人の海外活動に関する歴史的調査』第二〇巻（ゆまに書房による復刻版、二〇〇〇年）

大野俊　二〇〇八　「「ダバオ国」の日本帝国編入と邦人移民社会の変容」蘭信三編著『日本帝国をめぐる人口移動の国際社会学』不二出版
籠谷直人　二〇〇〇　『アジア国際通商秩序と近代日本』名古屋大学出版会
籠谷直人　二〇〇一　「綿業通商摩擦問題と日本の経済外交」秋田茂・籠谷直人編『一九三〇年代のアジア国際秩序』溪水社
籠谷直人　二〇〇六　「十九世紀の東アジアにおける主権国家形成と帝国主義」『歴史科学』一八五号
柏木卓司　一九九〇　「戦前期フランス領インドシナにおける邦人進出の形態――「職業別人口表」を中心として」『アジア経済』第三一巻第三号
河西晃祐　一九九八　「南洋協会と大正期「南進」の展開」『紀尾井史学』第一八号
河西晃祐　二〇〇三　「外務省と南洋協会の連携にみる一九三〇年代南方進出政策の一断面――「南洋商業実習生制度」の分析を中心として」『アジア経済』第四四巻第二号
河西晃祐　二〇〇六　「南洋スマラン植民地博覧会と大正期南方進出の展開」『日本植民地研究』第一八号
河原林直人　二〇〇七　「帝国日本の越境する社会的人脈・南洋協会という鏡」浅野豊美編『南洋群島と帝国・国際秩序』慈学社出版
柴田善雅　二〇〇五　『南洋日系栽培会社の時代』日本経済評論社
柴田善雅・鈴木邦夫　一九九五　「開戦前の日本企業の南方進出」疋田康行編『「南方共栄圏」――戦時日本の東南アジア経済支配』多賀出版
清水元　一九八五a　「特集にあたって」『アジア経済』第二六巻第三号
清水元　一九八五b　「戦前期シンガポール・マラヤにおける邦人経済進出の形態」『アジア経済』第二六巻第三号
清水元　一九九一　「日本資本主義と南洋」矢野暢ほか編『講座　東南アジア学』第一〇巻、弘文堂
正田健一郎　一九七八　「戦前期・日本資本主義と東南アジア」正田健一郎編『近代日本の東南アジア観』アジア経済研究所
眞保潤一郎　一九七九　「大東亜共栄圏論」『体系・日本現代史』第二巻、日本評論社
杉山伸也、イアン・ブラウン編　一九九〇　『戦間期東南アジアの経済摩擦――日本の南進とアジア・欧米』同文舘出版
中村宗悦　一九九六　「戦間期東南アジア市場における在外公館とその機能」松本貴典編『戦前期日本の貿易と組織間関係――情報・調整・協調』新評論

奈倉文二 一九八四 『日本鉄鋼業史の研究――一九一〇年代から三〇年代前半の構造的特徴』近藤出版社
橋谷弘 一九八五ａ 「戦前期東南アジア在留邦人人口の動向」『アジア経済』第二六巻第三号
橋谷弘 一九八五ｂ 「戦前期フィリピンにおける邦人経済進出の形態」『アジア経済』第二六巻第三号
橋谷弘 一九九三 「日本・東南アジア関係史研究の成果と現代的意義」『アジア経済』第三四巻第九号
橋谷弘 一九九七 「東南アジアにおける日本人会と日本人商業会議所」波形昭一編著『近代アジアの日本人経済団体』同文舘出版
早瀬晋三 一九九六 「「ダバオ国」の在留邦人」池端雪浦編『日本占領下のフィリピン』岩波書店
原不二夫 一九八六 『英領マラヤの日本人』アジア経済研究所
樋口弘 一九四一 『南洋に於ける日本の投資と貿易』味燈書屋
ポスト、ピーター 一九九三 「対蘭印経済拡張とオランダの対応」『岩波講座 近代日本と植民地 第三巻 植民地化と産業化』
村山良忠 一九八五 「戦前期オランダ領東インドにおける邦人経済進出の形態」『アジア経済』第二六巻三号
矢野暢 一九七五 『「南進」の系譜』中公新書
矢野暢 一九七九 『日本の南洋史観』中公新書
吉川洋子 一九九一 「戦前フィリピンにおける邦人の「官民接近」の構造」矢野暢ほか編『講座 東南アジア学』第一〇巻、弘文堂

個別史／地域史Ⅲ

第一次大戦後の金融危機と植民地銀行

——昭和金融恐慌下の台湾総督府と島内動向の視点から

波形昭一

はじめに

台湾銀行救済緊急勅令案（正式名称は「日本銀行ノ特別融通及之ニ因ル損失ノ補償ニ関スル財政上必要處分ノ件」）が枢密院で否決され、若槻礼次郎内閣（第一次）が総辞職に追い込まれた一九二七（昭和二）年四月一七日、その日は日曜日であった。遠く離れた台湾では総督府や銀行の幹部、有力実業家たちが台北市郊外の淡水でゴルフに興じていたという〔高北 一九二七、八六―八七頁参照〕。そこに「枢密院否決」の報が入る。「台湾銀行破綻か！」、台湾に激震が走った。いわゆる昭和金融恐慌時における台湾での一齣である。さすがに台湾銀行関係者はゴルフに参加していなかったらしいが、いかにものんびりとした台湾の雰囲気がうかがわれる。

ところで、昭和金融恐慌については、それが未曾有の信用パニックをきたしただけに、膨大な研究蓄積がある〔小川 二〇〇三参照〕。それら先行研究を詳細に整理する紙幅はないが、あえて一刀両断すれば、①震災手形問題をめぐる政治史・政党史研究、②台湾銀行と鈴木商店の癒着関係に注目する経済史・金融史研究、③鈴木商店と金子直吉に関する経営史研究の三つに分けられる。われわれが関心をもつ分類②については、「台銀はもちろん鈴木の機関銀行とはいえないにしても、台銀と鈴木との関係は、機関銀行と関係企業とのそれとに類似したものであった」〔加藤

一九五七、三六八頁〕とするとらえ方が一般的であり、後発の関連研究も多かれ少なかれ、これに依拠して展開されてきたといってよい。筆者も、このとらえ方に異論はない。

ただ、このとらえ方があまりに通説化したため、昭和金融恐慌の主役が台湾銀行であったにもかかわらず、これまでの先行研究の目線は、分類①―③の別を問わず、日本内地の範囲内にとどまり、植民地台湾にまで届かないきらいがあった。そこで以下、昭和金融恐慌に至る、いわば台湾銀行破綻前史を素描したうえで、この金融恐慌を台湾側から見たら何がいえるのか、を論じてみたい。

一　植民地銀行の「内地銀行化」と第一次大戦後の整理問題

一八九五年、日清戦争の勝利によって台湾を領有した日本は、その後ますます帝国主義的な対外膨張をめざし、日露戦争後には朝鮮、南「満洲(中国東北部)」の一部(関東州、満鉄付属地)および南樺太を植民地支配下におさめたが、こうした対外膨張・植民地獲得過程は必然的に植民地銀行の設立を促した。

その嚆矢が、一八九九年に設立された台湾銀行(本店・台北、資本金五〇〇万円)である。同行は、台湾における幣制統一・兌換銀行券発行、総督府事業公債の引受け、特産物(砂糖・茶・米など)取引への為替金融などを主要任務としたが、その最大の特徴は、債券発行を除いて、ほとんどあらゆる銀行業務の兼営(中央銀行・普通銀行・拓殖銀行業務など)が認められた一大国策銀行であったところにある。朝鮮には、第一国立銀行の朝鮮進出(一八七八年釜山支店開設)、韓国銀行の設立(一九〇九年)を経て、日韓併合の翌年(一九一一年)に朝鮮銀行(本店・ソウル、資本金一〇〇〇万円)が設立された。同行は、朝鮮における兌換銀行券の発行業務のほか財政業務、一般銀行業務を兼営する、台湾銀行と同様の一大国策銀行であった。中国・「満洲」に対しては、一八九〇年頃から一九一〇年頃にかけて「日清銀行」あ

表1　台湾・朝鮮両行の預金・貸出金地域別構成

（単位：千円，％）

台湾銀行

	1913年		1918年		1926年	
預金	43,287	100.0	389,201	100.0	92,807	100.0
台湾	20,727	47.9	34,341	8.8	36,282	39.1
内地	15,982	36.9	289,850	74.5	28,173	30.4
海外	6,578	15.2	65,010	16.7	28,352	30.5
貸出金	51,714	100.0	454,165	100.0	503,761	100.0
台湾	28,055	54.3	73,195	16.1	138,454	27.5
内地	10,316	19.9	238,866	52.6	347,428	69.0
海外	13,343	25.8	142,104	31.3	17,879	3.5

朝鮮銀行

	1914年		1919年		1924年	
預金	17,598	100.0	189,151	100.0	89,879	100.0
朝鮮	16,055	91.2	38,058	20.1	26,291	29.2
内地	479	2.7	82,920	43.8	14,977	16.7
満洲	1,063	6.1	44,555	23.6	33,856	37.7
その他	1	—	23,618	12.5	14,755	16.4
貸出金	23,454	100.0	323,590	100.0	328,507	100.0
朝鮮	18,127	77.3	103,922	32.1	77,839	23.7
内地	2,019	8.6	85,349	26.4	121,008	36.8
満洲	3,308	14.1	111,764	34.5	117,769	35.9
その他			22,555	7.0	11,891	3.6

出典：『台湾銀行各半季報告（第29・39・55回）』および渋谷禮治編『朝鮮銀行二十五年史』1934年，131–179頁より作成．
備考：出典の都合により台湾・朝鮮両行で年次が異なる．

るいは「満洲銀行」などの設立運動が繰り広げられたが、結局はいずれも実現せず、貿易金融・外国為替などの国際金融業務を専門とする横浜正金銀行（一八八〇年設立）の当該地支店がその役割を担った。

その後、台湾銀行と朝鮮銀行は、本来の営業領域である台湾・朝鮮を越えて海外（主に中国）・内地へ活動領域を拡大していく。海外への拡大志向は、辛亥革命（一九一一年）によって清朝が倒れ、中国が中華民国の建設へと大きく揺れ動く時代の潮流に対応した現象であり、台湾銀行は「日支提携論」を掲げて中国本部へ、朝鮮銀行は「鮮満一体化論」を掲げて「満洲」へと大きく旋回していくことになる。いわゆる「海外銀行化」の流れである。また一方、これに踵を接するかのごとく、第一次世界大戦（一九一四―一八年）の勃発が、台湾・朝鮮両行にさらなるビジネスチャンスをもたらした。この「天佑」を契機に両行は、内地企業との取引関係を強め、内地市場に向けて急旋回していく。その結果、**表1**のように内地支店の預貸金取扱高が異様なまでに膨張し、もはや両行は、台湾・朝鮮に基盤をおく植民地銀行というよりも、実態的には「内地銀行化」したというべき存在に変貌し、とりわけ台湾銀行にその傾向が強かった[波形 一九八五、三〇三―三二三頁参照]。

一九一八年一一月、第一次大戦は終結し、これを契機に台湾銀行、朝鮮銀行の両行をとりまく内外の環境は一変した。しかし、欧州諸国の戦後復興に助けられて、日本経済は戦後も一時的には好況に酔いしれており、台湾・朝鮮両行の積極的な経営は止むことを知らなかった。両行の「海外銀行化」「内地銀行化」＝膨張戦略がその矛盾を露呈するのは、戦後反動恐慌(一九二〇年春)以降の慢性不況過程においてである。台湾銀行と朝鮮銀行の大口取引先には世界大戦という「天佑」と両行の「内地銀行化」を利して急成長した新興企業が多く、大戦後その条件が消失し、かつ不況が長期化・慢性化するにつれて、それら企業は立ちどころに資金繰りに窮した。そのために台湾銀行と朝鮮銀行は巨額な大口固定貸付を抱え込み、それを弥縫するための資金手当てを大蔵省・日本銀行に泣きつく始末であった。両行は、一九二二―二五年にかけて三次にわたる整理を強いられ、「万年整理銀行」などと揶揄される有様であった[波形 一九八七、二六七―二八二頁参照]。こうした両行の苦境に追い打ちをかけたのが、一九二三年九月一日の関東大震災である。

二　震災手形処理問題と台湾銀行救済緊急勅令案の否決

関東大震災と震災手形処理問題

関東大震災は東京・横浜など日本経済の中枢地帯を壊滅的な状態に陥れ、第一次大戦後、不況の長期化に喘いでいた日本経済をいっそうの混乱状態に追い込んだ。この事態に政府(第二次山本権兵衛内閣)は、震災発生直後、九月末日まで債務支払の停止を認める支払猶予令(モラトリアム)を布き、さらに日本銀行震災手形割引損失補償令を公布して対処した。同補償令は、震災日以前に銀行が割り引き、その満期日が一九二三年九月三〇日以前の手形のうち、震災地（東京府、神奈川県、埼玉県、千葉県および静岡県）に関係する手形に限り、日本銀行が政府補償限度額一億円を条件に翌二四年三月末日まで再割引に応ずるというものであった。日本銀行による震災手形の再割引高は、四億三〇八一万円に達した。

震災手形処理問題は、ここから始まった。その後、震災手形の決済＝整理は遅々として進まず、景気回復の足かせとなるにつれて、震災手形は「財界の癌」とまで酷評される厄介ものになっていた。そのために補償期限の延長に関する法的措置が二度にわたって施され、一九二七年九月末日をもって最終期限とされたが、二六年末段階にいたっても二億六八〇万円の震災手形が未決済のままであった。そのうちの一億二一六四万円（五八・八％）が台湾・朝鮮両行の所持する手形で占められ、かつ台湾銀行所持分だけで未整理手形の実に半分（一億円、四八・四％）に上った。両植民地銀行に対する世評が厳しさを増すなかで、震災手形の整理が進まないのは、台湾銀行と鈴木商店（新興財閥）の癒着関係に基因しているのではないか、との疑いが強まってくる。事実、台湾銀行が所持する震災手形のうち、その約七割（六九六八万円、一九二七年四月一六日）が鈴木関係であり、同行総貸出額の五七・六％（約三億五六八五万円、一九二六年末）が鈴木関係であった［波形　一九八五、五〇四頁、五一四―五一五頁参照］。「震手は財界の癌」から「台銀は震手の癌」へ、さらに「鈴木は台銀の癌」へと、震災手形問題はしだいに「癌」の大本へと及んでいった。

震災手形関係二法案と台湾銀行救済緊急勅令案

一九二七年一月、若槻内閣は震災手形損失補償公債法案と震災手形善後処理法案のいわゆる震災手形関係二法案を第五二議会に提出した。前者は、関東大震災時の日本銀行震災手形割引損失補償令による損失補償（限度額一億円）の支払方法を現金交付から国債交付に切り替えたにすぎないが、後者は、未決済震災手形二億六八〇万円の処理方法に踏み込んだ法律案で、未決済震災手形を政府の手形所持銀行に対する貸付金（国債交付、期限一〇年以内）に振り替え、かつ手形所持銀行は手形振出人(債務者)と一〇年以内の年賦償還契約を結んで債務者の支払能力を回復させ、それによって政府からの借入金を弁済するというものである。

もはや震災手形処理の先送りが不可能なことは、政府・与党(憲政会)も野党(政友会・政友本党など)も共通に認識しており、衆議院委員会での審議は、ほぼ一カ月間にわたる野党の厳しい質問攻めにあいながらも進行し、三月二日、震災手形関係二法案は審査委員会の設置を条件に衆議院本会議に送られた。ところが、委員会審議の期間中に憲政会と政友本党が秘密裡に政策連盟(憲本連盟という)を結んでいたことが暴露され、これを境に政局は一変する。政友会は実業同志会と共同戦線を組んで猛然と反撃に転じた。とくに三月三日、四日の衆議院本会議場は動議、動議の連発で、前代未聞の殴り合いの場と化した。しかし最終的には憲本連盟による賛成多数で震災手形関係二法案は衆議院を通過し、貴族院に回付された。

貴族院委員会でも審議は紛糾し、政府に対する矛先は、震災手形問題の核心である鈴木商店と台湾銀行との癒着関係に向けられた。こうした状況下の三月一四日、一方の衆議院予算委員会で片岡直温蔵相の「失言」が飛び出した。政友会代議士の執拗なまでの質問に、「今日正午頃ニ於テ渡辺銀行ガ到頭破綻ヲ致シマシタ」〔日本銀行調査局編 一九六九、第二五巻、四三二頁〕と事実未確認の発言をしてしまったのである。そのために翌一五日、東京渡辺銀行は姉妹銀行のあかぢ貯蓄銀行とともに休業に追い込まれ、これを口火に中井・村井・左右田・八十四など主に関東圏の銀行が相次いで休業した。いわゆる金融恐慌の第一波である。政府は懸命な説得工作に努め、三月二三日、震災手形関係二法案は、台湾銀行調査会の設置を付帯決議とすることによって、ようやく貴族院を通過した。

帝国議会史上、未曾有の混乱を招きながらも、震災手形損失補償公債法と震災手形善後処理法は可決・成立し、三月二九日に公布された(五月一日施行)。だが、これで問題が解決したわけではなかった。日増しに強まるコール回収で資金繰りに苦しむ台湾銀行は、ついに三月二六日、鈴木商店に対して新規貸出の打切りを通告した。台湾銀行に見放された鈴木商店は、四月七日、一切の支払い停止に陥り破綻した。鈴木商店との縁切りは、台湾銀行をさらなる苦境に追い込んだ。鈴木商店の破綻でコールの引揚げが一気に加速し、同行の資金難を決定的にしたからである。政府・大蔵省は日本銀行に、台湾銀行への政府補償付き二億円融資を頼んだが拒否され、ついに非常手段に訴えるべく、同月一四日、台湾銀行救済緊急勅令案を上奏した。しかし、一七日の枢密院本会議で、激しいやりとりの末、本件は帝国憲法第八条および第七〇条にそぐわないとして否決されてしまった。枢密院本会議の閉会後、若槻内閣は総辞職した。台湾銀行東京支店では、同日夜に開かれた日本銀行と有力銀行とによる台湾銀行救済善後策協議会の成行に一縷の望みを託したが、結局、同協議会も物別れ状態におわり、ここに同行は絶体絶命の危機に立ちいたった。

三　台湾銀行の休業と台湾総督府

台湾銀行の「遮断」休業方式

四月一七日夜、台湾銀行東京支店では森広蔵頭取など在京の同行役員が集まり、翌一八日明け方まで夜を徹して鳩首協議を重ねた。その場には大蔵省の色部貢監理官と台湾総督府の後藤文夫総務長官（東京滞在中）が同席していた〔台湾銀行史編纂室編　一九六四、一一一頁以下参照〕。政府・日本銀行の援助も絶望的となるなか、役員会が下した結論は、台湾島内の本支店・出張所およびロンドン・ニューヨーク両支店を除き、その他島外の内地支店・海外支店を一八日以降三週間（五月八日まで）休業する、というものであった。それは、「全店休業」ではなく「島外店休業」という変則的な休業方式であった。役員会が解散したのは、一八日午前五時三〇分であったという。森頭取は、この旨を台北本店に打電するとともに、午前七時四五分これを公表した。

ところで、この変則的な休業方式の決定過程で主役を演じたのは、実は、台湾銀行ではなく台湾総督府であった。

紙幅の制約で詳述は不可能だが、防府市立図書館所蔵『上山満之進文書』の「昭和二年財界恐慌當時臺湾内地間往復電報」(写し)から、台湾銀行休業の決定過程における総督府の動きを検証し、その意味づけを探ってみたい。

当時、東京には後藤文夫総務長官のほか富田松彦財務局長・中田栄次郎財務局主計課長・一戸二郎総督官房秘書課長らの総督府幹部が滞在しており、後藤らから台北の上山満之進総督や総務長官代理の木下信内務局長に宛てて、台湾銀行をめぐる内地情報が電報で頻々と伝えられていた。金融恐慌の第一波が吹き荒れていた頃、すなわち台湾銀行休業の約一カ月前(一九二七年三月二〇日)、後藤総務長官は上山総督宛の電報で、かりに台湾銀行が破綻すれば「帝國台湾統治ノ威信ヲ根本的ニ破壊スルノ結果ニ陥リ台湾全島ハ名状スヘカラサル混乱ニ陥ル」ことが予想されるにもかかわらず、中央政府は「切実ニ之ヲ感ジ居ラサル恨ミナシトセス」と嘆じ、「台銀萬一ノ場合」は台湾銀行券の日本銀行券への差し替え、かつ「台湾殖産銀行」の新設に追い込まれるかもしれない、と危機感を募らせている。その後、四月中旬、台湾銀行救済緊急勅令案が枢密院に諮詢され、同勅令案の雲行きがあやしくなるにつれて、後藤総務長官ら在京中の総督府幹部の危機感はヒートアップする。

銀行の休業は、一般的な社会通念として、当該銀行の全店舗が休業することと同義に考えられていたから、後藤らは、台湾銀行の場合も台北本店をはじめ台湾・内地・海外の全店舗が休業に追い込まれるものと認識していた。ただ、台湾銀行の休業は、普通銀行の場合とは異なり、台湾(植民地)統治体制の危機に直結する可能性があり、後藤ら植民地官僚にとって、それだけは絶対に避けなければならないことであった。後藤らは、「台銀萬一ノ場合」⇓「全店休業」という認識の下に、いかにして台湾統治体制を死守すべきかに腐心する。その結果、①緊急勅令を発布して台湾銀行券を政府紙幣とみなす、②早急に(四月二一日基隆着の扶桑丸にて)日本銀行員を台湾に出張させて国庫金取扱いに当たらせ、かつ台湾の要所に同行支店を設置する、③台湾銀行その他の支払停止銀行の預金払戻しには、一人三〇〇円を限り台湾総督府の責任支出として代位弁済する、④混乱発生時の鎮静には警察力だけでは不充分で軍隊の出動を要するため、事前に陸軍当局と交渉しておく、などの諸方策がたてられ（後藤総務長官の上山総督宛電報、一九二七・四・一七）、そのための法令として勅令案「台湾銀行券ノ流通保持ニ関スル件」や律令案「台湾ニ於ケル支拂延期ニ関スル件」が起草されていた（後藤総務長官の上山総督宛電報、一九二七・四・一八）。後藤総務長官など在京中の総督府幹部らの、まさに切羽詰まった状況が感じられよう。

しかし、これらの諸方策は、一見緻密なようでありながら、時間的余裕のない切迫時には実効性に乏しく、逆に台湾統治の混乱を助長する危険さえあった。この窮境を救ったのが、「全店休業」から「島外店休業」への発想転換であった。四月一七日夜、つまり既述したように、枢密院による台湾銀行救済緊急勅令案否決⇓若槻内閣の総辞職⇓台湾銀行救済善後策協議会の物別れ、と風雲急を告げるなかで、後藤たちはこの発想転換にたどり着いたようである。後藤総務長官が上山総督に宛てた次の電報（一九二七・四・一八）が、その経緯を語ってくれる。これまでの電報で上申した「處理方ハ東京支店ノ閉店同時ニ本店モ閉店スルモノトシテノ處置ナルガ…（中略）…暫時ノ緊急處置トシテ東京支店ガ閉店スルトモ本店ハ事実上現在ノ侭営業ヲ続ケ…（中略）…全ク島内ノ営業範囲ニ限リ業務ヲ続クルコト、致シ度ク」と、初めて台湾銀行の島内店舗を島外から「遮断」する方策が提示された。台湾銀行の休業方式は、要するに、「変則的」というより「遮断的」というべきであり、そこに本質的意味がある。

後藤は、さらに続けて、①「本案ハ二、三日間ノ處置」であり、②「責任ハ總テ總督府ニ於テ之ヲ執ル」こととし、③台湾銀行の「東京重役ノ意嚮如何ニ拘ラス御断行セシメラレタシ」と付け加えている。ここから確認できる重要な点は、遮断方式への転換が、台湾銀行東京支店の重役側や大蔵省側からではなく、後藤長官など在京中の総督府側から発案されたことである。②と③にそれをうかがうことができる。一七日夜から翌一八日明け方まで台湾銀行東京支店で夜を徹した役員会がもたれ、その場に色部大蔵省監理官と後藤総務長官も同席していたことは前述したところであるが、おそらく、台湾本支店を除く島外店舗だけの休業に難色を示す大蔵省側と東京支店重役側を、後藤総務長官が会議の最終段階で、本案は「暫時ノ緊急處置」「二、三日間ノ處置」を理由に押し切ったものと推測される。

台湾総督府主導の休業決定

四月一八日、台湾銀行は台湾の本支店・出張所を開いたまま内地・海外支店の休業に踏み切った。しかし、それで問題がすべて片付いたわけではなかった。この遮断休業方式は暫定的処置として合意されたにすぎず、大蔵省はあくまでも「全店休業」の原則を崩さなかったからである。この点をめぐる四月一八―一九日の経緯を、『大阪銀行通信録』第三五七号(一九二七年五月)の「昭和二年金融恐慌誌」、および伊藤[伊藤 一九二七、「第一章　恐慌日誌」]を手がかりに整理してみよう。

遮断休業方式に法律上の疑義がないかどうか、台湾銀行東京支店の役員会は、あまりの慌ただしさのなかで、それを確認しないまま決断を下したようである。休業発表直後の一八日午前八時半、森頭取はこの点の了解を得るため大蔵省に出向き、同省を通してその法的妥当性を司法当局に質したのであった。ところが、司法当局からの回答は、台湾銀行の預金者(債権者)のうち島外預金者と島内預金者の間に不公平が生ずるため遮断休業方式は商法に違反する、というものであった。これを承けて大蔵省は、その日の夕刻、森頭取と後藤総務長官を招致し、遮断休業方式は法的に瑕疵があるから台湾の本支店・出張所も休業せざるをえない旨を言いわたした。日本銀行も同意見であった。

一方、台湾銀行の台北本店では、一八日早朝の森頭取からの入電通り、島内本支店は営業を継続する方針で動いており、総督府もまたそれを支援する態勢で臨んでいた。総督府は同日、預金者の保護および台湾銀行券の通用力維持のためには島内本支店の営業を継続することが絶対に必要であり、「此際島民各自漫リニ危惧ノ念ヲ抱クコトナク一ニ國家ノ施設ニ信頼シ深ク自重スルヲ要ス」[上山君記念事業会編 一九四一、三四五頁]と、上山総督名の諭告を発した。台湾銀行東京支店は、またもや窮地に立たされた。島内店舗の営業継続を台北本店に指示したばかりであり、とはいえ主管庁である大蔵省の通達を無視することもできなかった。東京支店では協議に協議を重ねた結果、一八日午後一〇時、大蔵省の通達に従うことを決断し、台北本店に対して翌一九日より島内本支店も休業するよう通牒した。この点をめぐって後藤総務長官ら在京総督府側が抵抗したことは想像に難くないが、それを確認する資料をもたない。

この東京支店からの通牒で、今度は、台湾総督府・台湾銀行台北本店に衝撃が走った。一八日も押し詰まった午後一〇時から翌朝明け方まで、徹夜の協議が総督官邸で続けられた。休業問題は台湾銀行にかかわる事柄であるから、本来ならば同行台北本店で協議されるのが筋であるが、協議の場が総督官邸であったということは、すでに台北本店が本店としての体をなしておらず、総督府が主導権を握っていたことを物語っている。その結果、下された決断は、台湾総督の命により東京における台湾銀行役員会の決議を無視して島内本支店は当初の決定通り営業を継続する、というものであった。一九日午前四時、台湾銀行台北本店はその旨を同行東京支店と大蔵省に告げたのであった。

四　台湾の預金取付状況

台湾銀行の内地・海外店が休業した四月一八日、内地日本では関西の一流銀行の一つである近江銀行が休業に追い込まれ、これを引き金に泉陽・蒲生・広島産業など関西・中国圏の二、三流銀行が次々と休業し、二一日には華族銀行といわれ東京五大銀行の一つに数えられた十五銀行までが休業した。休業銀行数は、一八日から二五日までの八日間で台湾銀行を含め一四行に及んだ。金融恐慌の第二波である。この第二波は、台湾銀行がその導火線であったことから、台湾にも大きなダメージを与えた。この点を預金取付状況をみることで確認してみたい。

台湾銀行休業直後の『台湾日日新報』には、「群衆心理の動き方　十九日の銀行窓口大したこともない」、「人心全く落附き銀行の窓口が閑散」といった見出しが躍っている（台日、一九二七・四・二〇、二一）。しかし、これらは総督府の厳しい報道管制によるものであって、必ずしも正確な表現ではない。台湾でも、パニック状態とはいえないまでも、それ相応の預金取付が発生し、台湾金融界を震撼させたのである。

四月一八日午前、内地情報を早くキャッチできる憲兵隊や軍司令部の関係筋(軍人、軍関係商人など)による預金取付が台湾銀行・台湾商工銀行・台湾貯蓄銀行などに殺到したという。一般預金者の取付は、この日の段階ではいずれの銀行にもなかったらしい。台湾での取付が本格化したのは翌一九日からで、この日は早朝から台湾銀行のほか島内の地場諸銀行および信用組合でも預金取付が発生した。取付がとくに激しかったのは台湾商工銀行で、四月一八―二三日の六日間で「引出総額八四百二十六万円ニシテ一日平均七十一万円ニ当レル」(木下総務長官代理の後藤総務長官宛電報、一九二七・四・二四)という[波形 二〇〇一、四六八頁参照]。信用力の高い三十四銀行台北支店でも、一時的とはいえ若干の預金取付にあい(台日、一九二七・四・二三参照)、台湾銀行基隆支店では「取附騒き當時大部分の五十圓札と小札取交ぜ百二十萬圓を用意して居たが二十一、二日頃迄は大口小口の預金引出しが續き總額八十萬圓に及んだ」(台日、一九二七・四・二七)とされる。また信用組合でも、「臺北市内の信用組合は取引の中心地といふ関係もあつたであらうが引出し客で一時は可成り騒いだ」(台日、一九二七・四・二六)という。

表2のように、四月一八日から二三日までの六日間で、預金の引出超過額は一四四四万円に上った。これは当時の台湾島内における銀行預金総額九六二〇万円(一九二六年末、『台湾総督府第三十統計書』一九二八年、四〇〇頁参照)の一五%に当たるから、台湾の預金取付が軽微であったとは決していえない。ただ、翌週の二五日以降、取付は急速に鎮静化したようであり、この点は台湾銀行券発行高の推移から容易に推察される。銀行券発行高は、同じ六日間で一一四二万円増加し(一二七・七%増)、翌週から収縮に転じている。

台湾の預金取付が早期に鎮静化した要因として、台湾銀行島内本支店の営業継続の効果があげられるが、経済団体や新聞等メディアの果たした役割も見落とせない。台湾銀行の島外支店が休業に追い込まれた四月一八日、台北商工

表2　銀行預金の引出状況と台湾銀行券発行高(1927年)

(単位：万円)

銀行預金				台湾銀行券					
4月	預入	引出	差引	4月	発行高	増減	5月	発行高	増減
16日	—	—	—	16日	4,122	—	1日	日曜日	
17日		日曜日		17日	日曜日		2日	5,109	−35
18日	194	310	−116	18日	4,315	193	3日	5,025	−84
19日	453	934	−481	19日	4,687	372	4日	4,991	−34
20日	267	477	−210	20日	4,830	143	5日	4,995	4
21日	282	434	−152	21日	5,062	232	6日	4,981	−14
22日	296	627	−331	22日	5,179	117	7日	4,958	−23
23日	371	525	−154	23日	5,264	85	8日	日曜日	
計	1,863	3,307	−1,444	24日	日曜日		9日	4,928	−30
				25日	5,265	1	10日	4,838	−90
25日	—	—	−44	26日	5,156	−109	11日	4,737	−101
26日	401	372	29	27日	5,123	−33	12日	4,683	−54
				28日	5,180	57	13日	4,616	−67
				29日	天長節		14日	4,604	−12
				30日	5,144	−36	15日	日曜日	

出典：木下信総務長官代理の後藤文夫総務長官宛電報(1927年4月24日，『上山満之進文書』)および『台湾日日新報』1927年5月1日，6日，19日より作成.

備考：台湾銀行券発行高とその増減については出典に合致しない箇所があり，発行高にもとづいて一部修正した.

会(会長・高木友枝、当時の台湾における経済団体の中核的存在)は臨時常議員会を開いて、「此際濫りに預金の引出等をなさず臺銀の営業継續並びにその整理を容易ならしむるやう極力援助すること」を決議するとともに、島内各地の経済団体に対して流言蜚語にのらないよう要請し、上山総督に決議内容を陳情した。同日、台北実業会(会長・中辻喜次郎)も、「本會員は冷静の態度を持し一日も速かに本島財界の安定を期す」と決議し、また桃園商工会、基隆商和会、台南商工会、台中商工協議会などの各地経済団体の動きも機敏であった(台日、一九二七・四・一九、二〇、二一参照)。四月一九日、台湾銀行本店詰めの久宗董理事は、メディア対策のために台北市内の各新聞・雑誌記者に協力を要請し、これに呼応する形で『台湾日日新報』は、辜顕栄・許丙・林熊徴・郭廷俊など台湾人有力者の談話を掲載して、とくに台湾人に対する「台銀安全キャンペーン」を張った(台日、一九二七・四・二〇参照)。

五　台湾銀行救済運動と兌換銀行券統一反対運動

台湾銀行救済運動と台湾金融機関救済法の成立

台湾ではただの一行も休業することなく、またモラトリアムも実施されなかったが、これで万事が収まったわけではない。来る五月九日に台湾銀行島外支店の営業再開が予定されており、もし休業期間の延長にでもなれば大混乱が必至であり、なんとしても営業再開予定日までに台湾銀行の法的救済措置を講じておく必要があったからである。

台湾銀行の法的救済措置の早期解決に率先して動いたのは、日本糖業連合会と内地在京の台湾関係事業家たちであった。政府・大蔵省に対しては、内地在住の台湾関係者やその団体のほうが機動的に活動できたからであろう。糖業連合会は早くも台湾銀行休業の当日(四月一八日)から活動を開始し、在京の台湾関係事業家らと台湾関係事業会社連合協議会を組織して、二三日、「政府は財界救済の為制定せらるべき日銀補償令中に臺灣銀行並びに臺灣諸銀行を包含せしめ以つて臺灣財界を救済せられたし」(台日、一九二七・四・二六、傍点は引用者)との要求を、首相始め関係各大臣・台湾総督府・日本銀行・台湾銀行の各方面に陳情した。一方、台湾でも同月二一日、糖業連合会台湾支部の幹部が台湾総督府および台湾銀行本店を訪問し、通貨の安定、島外為替の復活、生産資金の融通等について陳情した(台日、一九二七・四・二一、二二参照)。

こうした動きのなかで政府は、五月四日、日本銀行特別融通及損失補償法案と台湾金融機関救済法律案(正式名称は「台湾ノ金融機関ニ対スル資金融通ニ関スル法律案」)の二法案をモラトリアム勅令承諾案とともに第五三臨時議会に提出した。このうち台湾に直接関係する台湾金融機関救済法律案の要点は、日本銀行は台湾の金融機関に二億円を限り手形割引にて資金融通し(本法施行日より一年間)、この資金融通で同行が損失を受けた場合は政府がこれを補償する、というにあった。この法律案は、救済対象を「台湾銀行」から「台湾ノ金融機関」へ拡大することによって陳情団の意を汲んではいるが、その真の目的は、前内閣期に枢密院で否決された台湾銀行救済緊急勅令案と同様、台湾銀行の救済にあった。同月八日、台湾金融機関救済法律案は日本銀行特別融通及損失補償法案およびモラトリアム勅令承諾案とともに貴衆両院を通過し(九日に公布、即日施行)、翌九日、台湾銀行の内地・海外各支店は三週間ぶりに一斉に営業を再開したのであった。

兌換銀行券統一反対運動

前述したように、第一次大戦後、台湾銀行、朝鮮銀行など植民地銀行をめぐる諸環境は一変した。とりわけ両行の整理問題が表面化した一九二二年以降、植民地銀行制度の改革論が沸騰し、政府の各種調査・審議会(臨時拓殖経済調査会、帝国経済会議、金融制度調査会など)でも大きく取りあげられた。そうした改革論の一つとして、台湾・朝鮮両行がもつ兌換銀行券発行の特権を廃止して日本銀行券に統一すべきであるとする「兌換券統一問題」が論議された。これは、大戦後における植民地政策がいわゆる「内地延長主義」の方向に大きく転換する、そうした時代潮流に関連した現象であったと考えられる[波形　一九八七、二八二―二九二頁参照]。

ところで、兌換券統一問題が台湾でどのように受け止められていたかというと、当初は、むしろ無関心に近かったといってよい。ところが、台湾銀行の休業を契機に、まさに一枚岩のごとき統一反対運動が高まった。島内本支店を他の島外店舗から隔離するという同行の遮断休業方式は、台湾独自の兌換銀行券が通用することの重みを台湾関係者に再認識させる契機となったのである。

まず反対の狼煙を上げたのは、台北商工会であった。一九二七年五月二一日、台北商工会は、この日から宜蘭で開催された第一一回全島実業大会に、台湾銀行券の存続を訴える緊急動議を提出した。動議は満場一致をもって決議されたが、その決議文が強調するところは、「臺灣は政治經濟金融組織其他諸般の關係に於て内地と著しく事情を異にする」（台日、一九二七・五・二三、傍点は引用者）というにあった。

また、台湾の銀行も積極的に動いた。五月二二日、台北の銀行代表者は鉄道ホテル（台北駅前）に参集して、「本島獨立に銀行券發行権銀行の存置を絶對必要とするを信ずる」旨の陳情文を上京中の上山総督・後藤総務長官および田中義一首相ほか政府要路関係者に打電し、さらに彰化銀行専務取締役の坂本素魯哉を代表者とする陳情団を東京に送り込むことを打ち合わせた（台日、一九二七・五・二二、六・一三参照）。

この問題に対する『台湾日日新報』の取組みも強烈であった。連日のように、「臺銀發行権問題と輿論」「熱烈なる全島的運動」「本島民挙つて発行権存續に賛成」といったキャンペーンを展開し、「臺銀が發行券銀行であつた為めに本島の財界は大磐石の上に置かれ幸に大事に至らなかつたのである。若し日銀券に統一されてゐたならば到底あの場合切り抜け得なかつた」（台日、一九二七・五・二六）と、兌換券統一反対の論陣を張った。

おわりに

以上、昭和金融恐慌時における台湾銀行（植民地銀行）問題について、これまでの先行研究に欠落していた台湾側の視点から、つまり台湾総督府や台湾経済団体の動きを通して考察した。そこから得られた知見を整理すれば、次の三点が重要であろう。

まず第一は、台湾銀行の休業方式に関する最終決断が台湾総督府の主導のもとに下されたことである。総督府は、台北の台湾銀行本店（頭取の留守宅）をして同行東京支店役員会（頭取）の指示を無視させただけでなく、大蔵省・司法省・日本銀行の考えをも拒否した。植民地行政機関がここまで強硬姿勢をみせた例は稀であるが、それを可能にした根拠は何だったのか。それは、おそらく、いわゆる「六三法」＝「法律第三号」で与えられた、帝国議会を超越した律令発令権にあったのではないかと考えられる（台日、一九二七・四・二〇「社説」参照）。これは、ある意味で、第一次大戦後の政党内閣期に醸成されてきた「内地延長主義」に対する抵抗でもあった。

第二は、台湾銀行＝植民地銀行の危機について、大蔵省・日本銀行など日本内地側と上山総督・後藤総務長官など総督府側とでは、重点の置き所に大きな隔たりがあったことである。内地側がこの危機を、日本の金融システムないし金融制度の危機としてとらえるのに対して、総督府側は植民地統治＝異民族支配の危機としてとらえる傾向が強い。この違いは、たとえば台湾銀行の休業方式および兌換銀行券統一の問題によく示されている。いうなれば、内地（統治国）のルールを台湾（植民地）へ浸透させる「内地延長主義」的統治策をとるべきか、それとも両者を遮断する形の植民地統治策をとるべきか、をめぐる問題に帰着する。また、遮断的統治といっても、時代状況によってその意味は変わる。台湾銀行券発行権は、そもそも同行の設立当時には一朝有事の際に日本本土を護るための遮断措置として付与されたのであるが［波形　一九八五、六二頁参照］、昭和金融恐慌時の場合は、むしろ逆に内地金融システムの動揺から植民地台湾の統治体制を護るための遮断措置として機能したといってよい。

第三は、昭和金融恐慌時の台湾にあって、経済団体、とくに台北商工会が果たした役割はきわめて大きく、その存在感を増したことである。台北商工会は、一九〇九年の設立以降、つねに台湾における各地経済団体の中心として活動し、全島実業大会（一九一六年に第一回大会）をリードしてきたが、その法的位置づけはいまだ任意団体にすぎなかった［波形編著　一九九七、一七―三八頁参照］。しかし、台湾銀行休業時における台北商工会や全島実業大会は、総督府がいわばハード面の存在だとすれば、ソフト面、つまり「もはや現在では臺灣に無くてはならぬ民意暢達の一機關」（台日、一九二七・五・二五）として、台湾統治体制の重要な一翼を担う存在になっていたといえよう。

【文献一覧】

伊藤由三郎編　一九二七　『昭和金融恐慌史』銀行問題研究会
伊牟田敏充　二〇〇二　『昭和金融恐慌の構造』経済産業調査会
大島清　一九五五　『日本恐慌史論』下、東京大学出版会
小川功　二〇〇三　「日本における金融危機・金融恐慌研究の方向と課題」『経営史学』第三七巻第四号
桂芳男　一九七七　『総合商社の源流　鈴木商店』日経新書
加藤俊彦　一九五七　『本邦銀行史論』東京大学出版会
上山君記念事業会編　一九四一　『上山満之進』上巻、成武堂
台湾銀行史編纂室編　一九六四　『台湾銀行史』台湾銀行史編纂室
高北四郎　一九二七　『台湾の金融』台湾春秋社
高橋亀吉・森垣淑　一九六八　『昭和金融恐慌史』清明会出版部
中村政則　一九八二　『昭和の歴史2　昭和の恐慌』小学館
波形昭一　一九八五　『日本植民地金融政策史の研究』早稲田大学出版部
波形昭一　一九八七　「植民地金融政策の展開」および「植民地銀行政策の展開」渋谷隆一編著『大正期日本金融制度政策史』早稲田大学出版部
波形昭一編著　一九九七　『近代アジアの日本人経済団体』同文舘出版
波形昭一　二〇〇一　「金融危機下の台湾商工銀行」石井寛治・杉山和雄編『金融危機と地方銀行――戦間期の分析』東京大学出版会
日本銀行調査局編　一九六九―七〇　『日本金融史資料　昭和編』第二四―二六巻

トピック・コラム

日本の南洋群島統治

等松春夫

第一次世界大戦に参戦した日本は、一九一四年秋赤道以北太平洋のドイツ領ミクロネシアを占領した。一九一九年のパリ講和会議の結果、この地域は日本を受任国とする国際連盟C式委任統治領となったが、ABC三種あった委任統治地域中、その実態はもっとも直轄植民地に近かった。とはいえ、連盟規約第二二条に基づき「文明の神聖な附託」として「未だ自立せざる」住民を統治することには、植民地支配とは逆方向のベクトルも含まれていた。

一九三三年春、満洲事変を契機として日本が国際連盟からの脱退を宣言すると、日本の南洋群島統治継続の可否をめぐり多くの論議が生じた。中でも二人の東京帝国大学教授、蠟山政道(一八九五―一九八〇)と矢内原忠雄(一八九三―一九六一)は、委任統治制度の本質に触れる論争を行っている。

この論争は一九三三年五月から六月にかけて『改造』と『中央公論』誌上で展開された。蠟山は、委任地域の主権の所在という当時関心を集めていた論議を要約した上で、自らの委任統治観を述べる。蠟山によれば「国家主権と雖も国家共同態〈ママ〉の明示若しくは暗黙の承認のもとに信託された制限付のものとみるのが新らしい政治学の学説の示している所である」ので、「主たる同盟及連合国に〔委任地域の〕主権が与へられているとしても、その主権は国際連盟と伝ふ国際平和機構の存在と機能とに係わらしめられている一種の国際附託付の制限的主権であると言ふべきである」。そして蠟山は「事実の方が新旧思想の争ひの妥協として進展し、その事実を説明する妥当な概念が未だ発見されていない」として、連盟を脱退した国の受任国資格の有無、委任地域の主権の所在については明言を避ける。

一方、蠟山は論文の後半では、そもそも日本は国際連盟のような機構による平和の維持に信頼を置いておらず、日本の南洋政策は終始一貫して現実主義に立脚しており、南洋群島は名称は委任統治下でも実態は日本領土と変わらないと述べる。蠟山の見るところ、満洲事変の結果、日本は「かつて独逸殖民地帝国が建設せんとした膠州湾よりニューギネアに至る太平洋縦断策を継承して、北に満洲、南に南洋の両箇の生命線を築ひて、波浪静かならざる太平洋政策の地盤となし、戦略戦術的にもその根幹たらしめた」のだった。そして蠟山は「国際政治の一環としての新南洋政策」を提言し、今後「日本が太平洋に覇を唱へるや否やは、この地域の施政が一般国際政治の標準に合致し、文明の附託に背かずして、未開半開の人民の正しき指導者たり得るや否や」にかかっているのである、と結んだ。

この蠟山の「新南洋政策」を痛烈に批判したのが矢内原忠雄である。委任統治を「文明の神聖な附託」と語りながら南洋群島を太平洋制覇の拠点にせよと主張するのは、口では国際主義を唱えながらその実、露骨な帝国主義的拡張政策を推し進めることであり、蠟山の言動は「自殺的矛盾」である、と手厳しい。矢内原によれば委任統治の精神とは国際主義であり、それは従来の帝国主義的植民地支配を抑制するものでなければならない。むろん、矢内原といえども当時の国際社会がいまだ帝国主義的な段階にあり、委任統治制度が実質においては植民地支配の一形態であることを認めていた。しかし委任地域、特にC式地域は受任国の領土と変わらないと主張する受任国主権論を断固否定した。

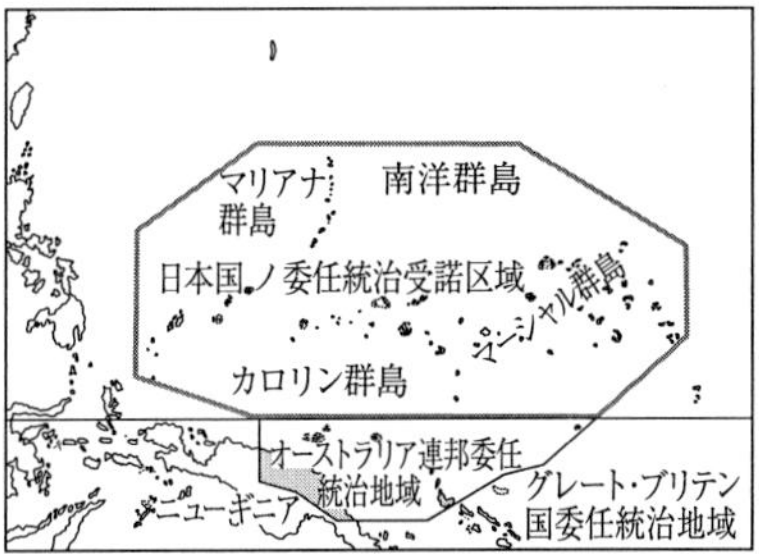

南洋群島地図

矢内原もまた委任地域の主権の存在をめぐる議論には深入りせず、「委任統治の規則の趣旨は受任国が何者の委任によりて施政を行ふかという点ではなく、むしろ如何なる精神によって施政を行ふべきかの点にある」と述べる。そしてこの精神を矢内原は国際主義と呼び、四つの原則に要約した。すなわち、①国際的監視、②軍事利用の禁止、③通商貿易の機会均等、④委任地域の住民を自立に至るまで保護・後見すること、である。特に重要な原則は、委任が永久ではなく、ABC式を問わず地域を将来自立させることである。これらの原則に照らして矢内原は蠟山の「新南洋政策」を批判したのであった。

もっとも、蠟山も矢内原も共に連盟脱退によっても日本は委任地域を失わないと述べ、受任国の義務を遵守することが日本の統治継続の実質的根拠になると考えていた。しかし、委任統治を現実政治的な権益拡張の手段ととるか、帝国主義を抑制する国際主義的制度とみるかで両者は袂を分かった。帝国主義の継続と、帝国主義の抑制、という委任統治制度が内包していた二面性を、ふたりの論争は改めて浮き彫りにしたと言えよう。

この論争から七年後の一九四〇年九月、南洋群島は日独伊三国同盟の締結に際して「主権は旧宗主国のドイツにある」という新解釈のもと、秘密交換公文でドイツから日本に譲渡され、アジア太平洋戦争に際しては日米両軍の凄惨な争奪戦の舞台となった。そして戦後は「戦略信託統治地域」の名のもとに米国の軍事利用が公然と可能な状態に置かれた。国際政治の非情の論理は蠟山と矢内原の議論をはるかに越えてしまったと言えよう。

人物コラム

林献堂

許雪姫
（中文翻訳）三澤真美恵

林献堂、名は朝琛、字は献堂、号は灌園。現在の台湾台中県霧峰郷の人、一八八一年生まれ、一九五六年没。七六年の生涯において三つの異なる政権による統治を経験し、台湾の割譲、国府による接収、中央政府の撤退という非常事態を目撃し、最後は日本で世を去った。彼の生涯は台湾史の縮図のひとつといってもよい。

幼少より科挙に応ずるための学問を修め、名家の子息としての教育を受け、その指導能力と適応能力は彼が一五歳の時にはすでに発揮されていた。一八九五年清国の敗戦により、台湾は日本に割譲された。彼は一家四十人余りを率いて泉州に避難し、事が収まってから帰台した。彼の父は挙人の資格を有していたが、日本統治下では意味がなく、役人になることもできないため、商人となることを選択した。だが、不幸にも一八九九年に世を去った。年まさに二〇歳の林献堂は家長となり、第一に家の事業を経営し、第二に霧峰区長に任じ、第三に台湾製麻株式会社、彰化銀行などの実業経営に参加することになった。

林献堂は、台湾人は日本統治下において差別待遇を受けており、必ずやこれを改善しなければならない、だが同時に流血は避け、合法的な範囲での抗争を堅持しようと考えていた。しかし、いかに進めればよいのか？　霧峰林家は早くも清代から北京朝廷や福建高官との結びつきを利用して台湾の地方官からくる圧力を減少させるという方法を採っていた。それゆえ、東京に赴き中央政府の高官に接近して政治運動を展開することが、彼の台湾民族運動における重要な基本路線となった。

台湾総督府は一八九六年四月に施行された六三法に依拠して台湾統治を行った。総督は法律の効力を有する命令を発することができ、行政、立法、軍事権を掌握するいっぽう、台湾人は納税するのみで参政権がなかった。一九〇七年に三一法が実施され、一九二一年に法三号が実施されると、総督は本国にない法令のみを発布できると規定されたが、台湾人が受ける圧迫は相変わらず改善されることがなかった。しかし、一九一八年に第一次世界大戦が終わると、民族自決思潮が広がり、日本でも民本主義運動が展開された。さらに、一九一九年同じく日本の植民地とされていた朝鮮では万歳事件（三・一運動）が発生して、これが日本にいた台湾人留学生に非常に大きな衝撃を与えた。林献堂が東京に赴いた際、これらの動きが結びつき、一九二一年に台湾議会設置請願運動が展開されることになった。その主要な目的は台湾総督府の委任立法権と台湾総督府の特別会計予算に対して協賛権を要求することにあった。換言すれば、それは総督に対して参政権を要求し、台湾の特殊性を主張することであった。

この運動は一四年にわたって継続し、一五回の請願を行ったが、一九三四年に至り総督府の圧迫のもとで中止せざるを得なくなった。実質的な参政権を獲得することはできなかったが、毎回の署名には連署人が必要であり、また本国の国会における衆参議員の紹介も必要であった。このため表面的には請願は成功しなかったが、台湾における民族運動の動きを促進し、台湾文化協会(林献堂経理)を成立させ、『台湾民報』(林献堂社長)を創立した。この三つの結合が日本植民地統治期において最も重要な右翼抗日運動となった。『昭和史の事典』ではこれを台湾独立運動とすら呼称している。

林献堂

一九三七年に盧溝橋事件が発生し、台湾もまた戦時体制下に入り、皇民化運動が展開された。一九四一年には皇民奉公会が設立されると、彼は中央本部に参与するよう命じられ、各地で台湾人に対して日本のために戦うことを勧める講演をせざるをえなかった。一九四五年四月一日、彼と二人の台湾人が貴族院議員に任命されるが、日本の敗戦までわずか四、五カ月しかなく、上述の職位はみな彼をして戦後の中華民国政府に対する原罪を備えさせることとなった。

戦後彼は三青団、国民党に加入し、新たな政権の下で生きて行こうとするが、政府は彼を信用せず、漢奸の総検挙では牢につながれ、二・二八事件では事業の最もよきパートナーであった陳炘、親友の林茂生らが非業の死を遂げた。加えて、「大戸余糧」(高額納税者からの余剰食糧強制買い上げ)や「土地改革」(小作料の上限引き下げ、私有地所有権の強制変更を伴う土地の再分配政策)の実行があり、県参議会員、省参議会員、参政員などに選出されたとはいえ、相変わらず不安が絶えなかった。彼は日本統治期のように台湾で圧迫を受けたら日本に避難するという昔ながらの策を踏襲しようとしたが、すでに日本国籍をもたず、日本に長期滞在するのは相当困難であった。ゆえに時折台湾に帰るという心積もりであった。ところが、思いがけず友人である劉晉鈺、李友邦らが白色テロで死亡したことにより、彼は故郷に帰りたいと思いながらも、帰ることができず、日本で生涯を終えざるを得なかった。

林献堂は、霧峰の家では「阿罩霧の三少爺(三番目の坊ちゃま)」と呼ばれ、台湾の人々からは「台湾議会の父」と称されている。

■岩波オンデマンドブックス■

岩波講座 東アジア近現代通史 第4巻
社会主義とナショナリズム 1920年代

2011年3月29日 第1刷発行
2019年7月10日 オンデマンド版発行

発行者 岡本 厚

発行所 株式会社 岩波書店
〒101-8002 東京都千代田区一ツ橋2-5-5
電話案内 03-5210-4000
https://www.iwanami.co.jp/

印刷/製本・法令印刷

ISBN 978-4-00-730902-1 Printed in Japan